中共中央在延安十三年史（15）

外 交 工 作 史

中国延安精神研究会 编
罗燕明 姜晓德◎主编

中共党史出版社

编辑委员会

总　序

李铁映

中国共产党在新民主主义革命时期的历史，是中国共产党在马克思列宁主义的指导下，创建自己的革命理论、开辟革命道路的探索史；是中国共产党领导人民大众浴血奋战，推翻“三座大山”，建立新中国的奋斗史；也是中国共产党人为民族独立和人民解放，用鲜血和生命谱写的无私奉献史。从 1935 年 10 月至 1948 年 3 月，即中共中央到达陕北至毛泽东和中央领导机关离开陕北的十三年，史称延安时期，则是这部历史中最为辉煌的篇章。

二十世纪三四十年代，世界革命运动风起云涌。被压迫民族和人民，与帝国主义和各国反动势力展开了英勇顽强的斗争。人民革命和人民解放战争是这一时期最鲜明的特征。

苏联社会主义建设取得了伟大成就，向世界人民展现了一条崭新的光明之路。以苏共为领导的共产国际，在支持世界无产阶级革命、被压迫民族与人民，争取民族独立和人民解放的革命斗争中，发挥了重要作用，推动了世界民族独立和人民解放革命运动的发展。

资本主义世界各国，经历了二十年代末和三十年代初的经济危机后，经济开始复苏。德国、意大利和日本法西斯国家，为了摆脱经济危机、转移国内阶级矛盾、在世界范围内争霸，挑起了第二次世界大战。

二十世纪三十年代中期，是中国国内阶级矛盾尖锐复杂、日本侵略中国、中华民族陷入深重灾难的时期。

1931 年 9 月 18 日，日本帝国主义发动了侵略中国的“九一八”事变，整个东北仅在 4 个多月的时间内被日本侵略者占领。1932 年 1 月 28 日，日本帝国主义入侵上海，继而于 1933 年入侵华北。1935 年夏秋，日本帝国主义又制造了侵略中国内地的“华北事变”，控制了包括北平、天津在内的河北、察哈尔两省的大部分地区。中华民族处于危急关头，亡国灭种的大祸迫在眉睫。

中国共产党及其领导的中国工农红军，首先举起抗日救国的大旗。

1931 年，在日本帝国主义侵略中国之始，中共中央发表宣言：以民族革命战争，把日本帝国主义者驱逐出中国。1933 年 1 月 17 日，中华苏维埃共和国临时中央政府提出，在停止对苏维埃的进攻、保证民众的民主权利等条件下，中国工农红军准备和任何武装部队订立共同抗日作战的协定。1934 年 7 月和 9 月，中共中央先后决定，将红七军团和红二十五军分别改编为抗日先遣队，北上抗日。1935 年 8 月 1 日，中共中央发表《为抗日救国告全体同胞书》（史称“八一宣言”），再次提出：只要国民党军队停止进攻苏区，实行对日作战，红军愿立即与之携手，共同救国。

但是，这些正确的主张和行动，没有得到国民党政府的响应。不仅如此，蒋介石坚持“攘外必先安内”的国策，指挥国民党军队对共产党领导的工农红军进行疯狂“围剿”。

中国工农红军各方面军，曾连续击败国民党军队的多次“围剿”。在第五次反“围剿”后，红军为了摆脱被国民党“围剿”的困境，为了抗击日本帝国主义的侵略，开始了战略转移。第一方面军即中央红军，于 1934 年 10 月开始长征，1935 年 10 月到达陕北。第二、四方面军也先后于 1936 年 10 月到达西北，实现了三大主力红军的胜利会师。从此，中国革命大本营奠基西北，陕北便成为中共中央和主力红军长征的落脚点、抗日战争的出发点。

中共中央到达陕北后，红军能否在这块贫瘠狭小的地方站住脚并得到发展；在日本帝国主义侵略中国日益加深、国内阶级矛盾仍然对立的情况下，中华民族能否团结起来战胜日本帝国主义，其中最关键的是建立抗日民族统一战线。国共两党实行第二次合作等问题，摆到了全党面前。

面对新的形势和任务，中共中央于 1935 年 12 月 17 日在陕西省安定县（今子长县）瓦窑堡，召开政治局扩大会议（即瓦窑堡会议），明确提出了抗日民族统一战线的理论和策略。会后，中国共产党以民族大义为重，积极推进从反蒋抗日、逼蒋抗日到联蒋抗日的历史进程，顺利实现了第二次国内革命战争向全民族抗日战争的战略转变，制定并执行了全面抗战的路线和持久战的战略方针，团结带领全国各族人民，取得了打败日本帝国主义的伟大胜利。

抗战胜利后，蒋介石又发动了反人民的内战，中国共产党团结带领全国人民继续英勇奋斗。到 1948 年初，解放战争取得了决定性胜利。中原、东北、华北、陕北、山东等战场，捷报频传，大部分地区得到解放，有的地区仅剩下少数几座孤城。这些胜利，为全国解放奠定了基础。

中共中央在延安十三年，经历了土地革命战争后期、抗日战争、解放战争的战略防御和战略反攻阶段三个时期。十三年中，中国共产党领导中国人民创建了彪炳史册的辉煌成就。

建立了广泛的统一战线。为了实现中华民族的大团结，共同完成党在抗日战争和解放战争时期的中心任务，中国共产党在认真分析我国社会主要矛盾、阶级状况，总结我们党历史经验的基础上，建立了广泛的统一战线。抗日战争时期，实现了以第二次国共合作为基础的抗日民族统一战线。这个统一战线，既有工人阶级、农民阶级、小资产阶级，也有民族资产阶级、开明绅士、地方实力派，还有以蒋介石为代表的英美派大地主、大资产阶级。我们党对不同阶级、阶层和社会团体，采取了有利于团结抗日的政策措施；对以蒋介石为代表的国民党，坚持了既联合又斗争的策略方针，确保了抗日民族统一战线的巩固和发展。解放战争时期，我们党适时建立了人民民主统一战线。这个统一战线，不仅包括工人阶级、农民阶级、城市小资产阶级、民族资产阶级、开明绅士、其他爱国分子、少数民族，而且包括海外华侨等各方面的进步力量。统一战线的建立，为夺取抗日战争和解放战争的胜利集结了强大的革命力量。统一战线是中国共产党的伟大创造，是中国革命的一大法宝。

建设了一支听党指挥、忠于人民、英勇善战的人民军队。1935 年 10 月，中央红军到达陕北时不足 8,000 人；连同红二、四方面军，陕北红军，红二十五军，南方红军和游击队，东北抗日联军等，不足 10 万人。1948 年 3 月，毛泽东离开陕北时，人民解放军已发展到 280 万人（其中正规部队 149 万人，地方部队 131 万人），民兵 550 万人，支前民工约有 600 多万人，在全国范围内形成了浩浩荡荡的革命大军。其间，红军改编为八路军、新四军，解放战争时期改称人民解放军。不管形势任务和军队的名称如何改变，党对军队绝对领导的根本原则，全心全意为人民服务的建军宗旨，打仗、做群众工作、生产的三大任务，始终没有变。同时，始终坚持政治工作是我军一切工作生命线的重要思想，适时进行新式整军，充分利用作战间隙加强战术技术训练，积极创新适应作战需要的武装力量体制等。所有这些，都极大地推进了把我军这个以农民为主要成分的革命军队，建设成为一支无产阶级性质的、具有严格纪律的、同人民群众保持密切联系的、能打胜仗的新型人民军队的历史进程。人民军队、人民战争，是中国共产党的又一伟大创造。

扩大了革命根据地和解放区。1935 年 10 月，中共中央到达陕北时，陕甘革命根据地是土地革命后期仅存的一块革命根据地。抗日战争胜利时，革命根据地发展到 19 块，面积达 100 万平方公里，人口近亿。1948 年 3 月，毛泽东离开陕北时，陕甘宁、晋察冀、晋冀鲁豫、晋绥、山东、中原等解放区大都连成一片，面积达 235.55 万平方公里，占全国总面积的 24.5%；人口 1.68亿，占当时全国总人口的 35.3%；并占领了 57 座城市。各革命根据地和解放区都为革命战争的胜利作出了重大贡献。以陕甘宁边区为例，仅从 1947 年 3 月至 1948 年 2 月，支前参战民工 2,181,664 人，支前牲畜1,478,708头，做军鞋 929,000 双。毛泽东曾说："延安和陕甘宁边区的人民对于全国人民是有伟大贡献的。"

创建了人民当家作主的新型政权。在中国共产党领导下，陕甘宁边区在汲取瑞金苏区建立苏维埃政权经验的基础上，1939 年 1 月 15 日至 2 月 4 日，在延安召开陕甘宁边区首届参议会，民选的参议员有工人、农民、知识分子的代表，也有商人和地主的代表。会议选举产生了人民当家作主的新型政权，制定了《陕甘宁边区抗战时期施政纲领》。其他根据地和解放区也相继建立了经过民主选举产生的民主政府。各级政府认真贯彻执行共产党的路线方针政策，充分发扬民主，努力为人民群众办好事，清正廉洁，深入开展土地革命，大力加强经济建设和文化建设，破除迷信、移风易俗，实行婚姻自由，整顿社会秩序，制定有关法律，创造了共产党局部执政、土地革命与接管城市的成功经验。创建人民当家做主的政权，是中国共产党的又一伟大创造。

加强了共产党的建设。1935 年 10 月，中共中央到达陕北时，全国共产党员仅有 4 万多人。1948 年 3 月，毛泽东离开陕北时，全国党员发展到 290 多万人。1939 年 10 月，毛泽东在《〈共产党人〉发刊词》中提出，建设一个全国范围的、广大群众性的、思想上政治上组织上完全巩固的布尔什维克化的中国共产党，并把这一任务称之为党的建设“伟大的工程”。各级党组织在严酷的战争条件下，始终把加强党的思想建设、组织建设、作风建设放在革命斗争中的首位，认真执行党的决议，严守党的纪律，充分发挥了共产党员的先锋模范作用和党支部的战斗堡垒作用。经过延安的学习整风，全党的思想更加统一，政治更加坚强，组织更加巩固，形成了理论联系实际、密切联系群众、批评与自我批评的优良作风，党的凝聚力和战斗力大大增强。在此基础上，召开了党的第七次全国代表大会，为党的建设进一步指明了正确方向。特别重要的是，延安时期形成了以毛泽东为核心的党的第一代领导集体。在理论和实践中建设党，是中国共产党最伟大的创造。

毛泽东思想成为党的指导思想。《毛泽东选集》一至四卷第二版收入的 159 篇文章中，有 112 篇文章是在延安时期撰写的，占 71%；收入《刘少奇选集》77 篇、《朱德选集》65 篇、《周恩来选集》116 篇、《任弼时选集》47 篇文章中，在延安时期撰写的分别为 29 篇、23 篇、39 篇、25 篇，分别占各自《选集》的 37%、35%、34%、53%。这期间，以毛泽东为代表的中国共产党人，系统总结了建党以来特别是土地革命战争时期的历史经验，以及抗日战争和解放战争中的实践经验，提出了一系列符合中国实际的具有独创意义的思想和观点，科学回答了时代和实践提出的新课题，形成了一个完整系统的科学体系，即毛泽东思想。毛泽东思想是马克思列宁主义基本原理与中国革命具体实践之统一的思想，即中国化的马克思主义。党的“七大”把毛泽东思想确立为党的指导思想。以毛泽东为核心的党的第一代领导集体，对如何认识马克思主义和中国实际，如何实现马克思主义与中国实际相结合，都作了深刻阐述，为马克思主义中国化、时代化、大众化，开辟了道路。

发展了新民主主义的文化。在解放区，利用举办识字班、夜校、冬学以及救亡室等形式，组织人民群众学文化。在条件具备的老解放区，大力创办小学、中学和大学，有的还进行了以解决教育脱离现实革命斗争为目的的教育改革。在国统区，党的地下工作者在人民群众中积极宣传共产党的理论和路线方针政策，并组织进步艺术家创作抗日救国和争取人民民主的文艺作品。

1940 年 1 月，毛泽东发表《新民主主义论》，提出建设民族的、科学的、大众的新民主主义文化的重要思想，推动了文化事业的发展。以陕甘宁边区为例，1935 年 10 月，中共中央到达陕北以前，有的县仅有几所小学、几十名学生，没有中学，95%以上的农民是文盲。到 1940 年，陕甘宁边区已有小学 1,314 所，中等学校 7 所，其中小学生达 4.36 万余人，50%左右的青壮年扫除了文盲。中共中央和边区政府还先后成立了中央党校、抗日军政大学、陕北公学、马列学院、中国女子大学、青年干部训练班、鲁迅艺术文学院、延安自然科学院等 30 余所院校和研究机构，为党培育了数十万各类专门人才。1942 年 5 月，毛泽东发表《在延安文艺座谈会上的讲话》，系统回答了文艺“为什么人”服务和“如何服务”等重大问题，推动了文艺事业的繁荣发展。一批以《黄河大合唱》、歌剧《白毛女》、平剧《逼上梁山》、长篇叙事诗《王贵与李香香》等为代表的文艺精品相继推出，在社会上产生了巨大反响。

研究和开展了民族宗教工作。中共中央到陕北不久，1936 年党就开始研究回族和宗教问题。1937 年 7 月，中共中央成立了少数民族工作委员会。党的六届六中全会讨论了少数民族工作问题，制定了民族区域自治政策。1939年初，建立了民族问题研究室。这期间，党颁发了一系列关于民族问题的重要文件，认真执行民族政策，实行民族平等，尊重各民族的文化和风俗习惯，帮助少数民族改善与提高生活水平，发展生产和教育，采取多种措施消除民族隔阂，积极改善各民族间的关系。中央党校和陕北公学先后办起了少数民族干部培训班、蒙古青年队和少数民族工作队。党还创办了中央民族学院。陕甘宁边区推选大批少数民族的代表担任边区县、区、乡参议员和政府委员。许多抗日根据地，建立起回族救国会等爱国团体和几十支回民抗日武装。我党还制定并执行了符合我国实际的宗教政策，公开宣布：人民群众有信仰宗教的自由，也有不信仰宗教的自由；共产党员可以同某些唯心主义者甚至宗教徒建立在政治上的反帝反封建的统一战线。正是在这样的理念和政策的指导下，宗教工作取得了显著成效，调动了广大信教群众参加和支持抗日救国、打倒蒋介石、解放全中国革命斗争的积极性。

吸引了大批有志青年和知识分子奔赴延安。中共中央专门作出大量吸收知识分子的决定。共产党正确的路线和方针政策，在解放区乃至全国各地产生了积极影响。特别是共产党领导的八路军、新四军和敌后抗日武装力量的不断发展及其取得的辉煌战果，与国民党政府消极抗日、不断退让的所作所为及其恶劣后果，形成了鲜明的对照。“延安”和“西安”分别成了代表两个政党、两个政府、两种社会、两种前途、两种命运的政治性概念。广大有志青年和知识分子，掀起了奔向延安和各解放区、投身革命的热潮。全国各地奔向延安的知识分子就有4万多人。这些革命青年来到延安、解放区和作战部队后，认真学习，积极工作，刻苦改造世界观，自觉接受战火的考验，成长为坚强的革命战士，成为治党治军治国的骨干力量。

开展了广泛的国际交流。我们党冲破国民党的严密封锁，利用各种合法的和隐蔽的手段，广泛宣传共产党的主张，驳斥国民党恶意编造的种种谣言和污蔑，积极争取外援，赢得了国际社会对共产党领导的革命事业的同情、理解和支持。一方面，我们党继续加强与苏联共产党和政府的交往，得到了他们在政治、经济、军事等方面对我党领导的革命斗争的支持，特别是1945年8月苏联出兵东北，推进抗日战争胜利的进程，加速了日本帝国主义的投降。同时，我们党还积极争取国际社会进步组织和人士对我们的支持。不少国家、政党和进步团体，都派出了到延安和其他解放区的考察组、援助团、医疗队等组织，在道义、物质、技术等方面对我提供支持。白求恩、马海德、柯棣华等外国朋友的名字，在中国家喻户晓；埃德加·斯诺的《红星照耀中国》小册子，在全世界产生了广泛影响；毛泽东和英国记者贝特兰以及和美国记者安娜·路易斯·斯特朗的谈话，对世界各国政府和人民了解中国的抗日战争和解放战争产生了很大作用。另一方面，我们党充分利用日本发动侵华战争后帝国主义之间的矛盾，积极推进反对日本帝国主义国际统一战线的建立。抗日战争初期，虽然美英曾一度实行“不干涉”中日战争的消极政策，并一度企图以牺牲中国利益为条件同日本妥协，但太平洋战争的爆发，终于使中、美、英在抗日的基础上走到了一起。

取得了抗日战争和解放战争的伟大胜利。在中国共产党倡导建立的抗日民族统一战线旗帜下，中国人民同日本侵略者进行了艰苦卓绝的殊死斗争，经过8年抗战，共歼灭日军150多万人。其中，共产党领导的抗日武装，坚持人民战争的思想和游击战的战略战术，抵抗了60%的日军、90%的伪军，歼灭日军52.7万余人、伪军118.7万余人。这些战绩，迫使日军放弃了向北进攻苏联的计划，削弱了日军南下太平洋的实力，推动了美国、苏联在亚洲及太平洋对日战争的胜利，终于使日本帝国主义在投降书上签字。这是一百多年来中国人民反抗外敌入侵第一次取得胜利的民族解放战争，洗雪了十九世纪四十年代以来中华民族百年耻辱，成为中华民族由衰败到重新振起的转折点。

从1946年6月开始的解放战争，至1948年3月毛泽东离开陕北时，歼灭国民党军2,244,790人(其中正规军1,454,287人，非正规军790,503人)，取得了解放战争的决定性胜利，形成了经略半壁江山、势如破竹的战略进攻之势，为实行战略决战创造了有利条件。

培育了延安精神。广大共产党员带领人民群众在与穷凶极恶的国内外敌人的殊死搏斗中，在继承和发扬中华民族优秀传统和井冈山精神、长征精神等革命精神的基础上，培育了以坚定正确的政治方向，解放思想、实事求是的思想路线，全心全意为人民服务的根本宗旨，自力更生、艰苦奋斗的创业精神为主要内容的延安精神。培育了不怕鬼，不信神，独立自主，走自己的路的思想境界。延安精神，是中国共产党人在延安时期革命精神中的集中概括，充分体现了党的性质和宗旨、优良传统和作风，充分体现了中国共产党人的崇高品德和高尚情怀，是党魂、军魂和民族魂中的重要内容。邓小平指出："我们一定要宣传、恢复和发扬延安精神"，"我们不是靠马克思主义的科学理论和上述的革命精神参加革命到现在吗？从延安到新中国，除了靠正确的政治方向以外，不是靠这些宝贵的革命精神吸引了全国人民和国外友好人士吗?"邓小平的这些论述，深刻阐明了延安精神的重大意义。

1948年初，解放战争的形势发生了根本性变化。国民党军队由战略进攻转为"全面防御"，我军则结束了长期以来所处的战略防御地位。正如毛泽东所说："这是一个历史性的转折点。这是蒋介石的二十年反革命统治由发展到消灭的转折点。这是一百多年来帝国主义在中国的统治由发展到消灭的转折点。""这个事变一经发生，它就将必然地走向全国的胜利。"同时，土地改革、整党、整军运动，在全党全军和全国新老解放区陆续展开。

为适应形势任务深刻变化的需要，中共中央和毛泽东、周恩来等中央领导同志，于 1948 年 3 月 23 日离开陕北，前往河北省平山县西柏坡，开始了领导全党全军和全国人民解放全中国、迎接新中国诞生的新的伟大征程。

延安时期十三年取得的成就充分说明，中国人民是伟大的人民，中国共产党是伟大的党，人民军队是伟大的军队，毛泽东思想是马克思主义中国化的伟大理论。然而，这些伟大不是自然而然地产生和发展的，而是经过艰苦奋斗，用血与火铸就的。中国人民，只有在共产党的领导下，才能找到正确的革命道路，团结起来，实现民族的独立和人民的解放；中国共产党，只有围绕党的中心任务，坚持不懈地加强自身建设，密切联系群众，为实现人民的根本利益而英勇奋斗，才能真正发挥核心领导作用；人民的武装力量，只有在共产党的领导之下，经过艰苦细致的思想政治教育和艰苦卓绝的战争锤炼，才能真正成为一支听党指挥、忠于人民、英勇善战的人民军队；毛泽东思想，只有中国共产党人坚持把马克思主义的基本理论与中国实际和时代特征相结合，才能产生并得到丰富与发展。

历史是前人的实践和创造，是现实的基础和对未来的昭示。列宁曾说："忘记过去就意味着背叛。"我国古代也有"灭其国必先去其史"的史例和警言。苏共亡党、苏联解体，与乱心摄魂、污史糟人有关。在新的历史时期，要搞垮中国，就会从否定中国共产党、否定社会主义制度、否定毛泽东思想、否定老一辈无产阶级革命家入手。一切不愿看到中国振兴的力量，都会利用这套巫术。涂鸦、妖魔化中国，这是他们的惯伎，在人类历史上屡见不鲜。

当前，我们党领导全国人民已进入二十一世纪的第二个十年。世情、国情、党情、民情，与延安时期相比，已经发生了根本性变化。但党的性质和宗旨没有变、不能变，也不会变，实现中华民族的伟大复兴，建设社会主义，最终实现共产主义的伟大目标没有变、不能变，也不会变。延安时期形成的毛泽东思想，仍然是并将永远是党的精神力量，延安时期培育的延安精神，仍然是现代化建设和改革开放不可或缺的精神动力；延安时期形成的党的优良作风，仍然对新形势下社会主义精神文明建设具有重要借鉴意义。

为从中共中央在延安时期的历史中汲取政治营养、精神动力和历史智慧，中国延安精神研究会从2007年开始，启动了“一史两志”，即中共中央在延安十三年史和陕甘宁边区志、延安地方志工程。

这一工程共分三个部分，共40余个课题，约2,500多万字。第一部分是历史资料，设有中共中央在延安十三年《重要文献选编》、《重要会议资料》、《对重大事件处理资料》等20多个课题；第二部分是总论，设有《中共中央领导同志论延安精神》、《中共中央在延安十三年历史》、《中共中央在延安十三年编年史》等课题；第三部分是分论，主要包括延安时期的政治、经济、军事、文化、社会、教育、外交等各项事业的发展史和《陕甘宁边区志》、《延安地方志》。

经过200余名专家学者历经近10年的共同努力，这项工程已经基本完成。这部大型系列史书，资料真实丰富，论述较深刻，脉络清晰，反映了延安时期我们党带领人民进行的主要活动、取得的成就和创造的经验。广大参研人员坚持理论与实际、历史与现实相结合的原则，付出了艰辛劳动。

“一史两志”科研成果，为深化延安时期中共党史研究开了个好头，打下了一定的基础。但要真正把这一历史时期的宝贵财富全部挖掘出来、研究清楚、得出符合历史实际并对现实有借鉴价值的成果，还须继续深入进行研究。

我相信，通过广大理论工作者的共同努力，党史研究工作一定能在不太长的时间内推出更多精品力作，并一定能够充分发挥研究成果以史鉴今、资政育人的作用。

前　言

1945 年 2 月，斯大林、罗斯福、丘吉尔在克里米亚半岛签下了雅尔塔协议。他们没有把蒋介石政权放在眼里，更没有把延安当作一支力量。三年后，毛泽东率中共中央离开陕北，东渡黄河，来到河北的小山村西柏坡，在这里开始筹划指挥三大战役。

毛泽东在人民解放军占领南京时挥笔写下："天若有情天易老，人间正道是苍桑!"

三巨头目睹了命运之神怎样光顾中国共产党。

中国革命的胜利不仅改变了中国面貌，而且大幅修正了他们划定的世界政治版图。

斯大林向中共中央表示："胜利者是不能被审判的。凡属胜利了的都是正确的。"

至于美国人，至今仍在徒劳地追究"谁丢失了中国?"

这一切是怎样发生的呢？全部秘密都在延安。

本书将叙述中共中央在延安 13 年的外交工作史。这是中共中央领导全党和中国革命的一个侧面。

中国革命之伟大足以影响世界格局。但是如果处理不好中国革命与世界的关系，这个革命是很难成功的。

中共中央在延安时期的外交工作史，在纵向上可以分为六个阶段：

1. 苏维埃运动后期（1935—1937）；
2. 全民族抗战初期（1937—1941）；
3. 全民族抗战中期（1941—1944）；
4. 全民族抗战后期（1944—1945）；

5. 争取和平民主时期（1945—1946）；

6. 解放战争初、中期（1946—1948）。

本书的体例按六个时间段设立章节，根据中共中央重大涉外活动和事件厘定章节的标题。

在横向上，中共在延安的外交工作史可以分为联苏外交和对美英外交两大领域。

联苏外交是中共中央一贯坚持的原则。共产国际时期，联苏外交表现为从莫斯科到延安的党内上下级关系。中共中央在处理这一关系时学会了把马克思主义理论和共产国际指示变通地用于中国革命的实际，把苏联的国家关切与中国抗战与革命的利益结合起来，走出了一条独立自主、自力更生的道路。共产国际的解散为中共中央独立解决中国革命与世界问题铺平了道路。苏联出兵东北后利用日本战利品向中共提供了前所未有的最大援助。这个援助本不在斯大林外交政策与国际战略的议程中。它是中共中央通过自主决策和战略行动争取到的。

联苏是中共中央的原则，但这并不意味着中共的外交重点不会发生变化。在前三个阶段，中共中央外交战略的重点是联苏。1941 年 6 月苏德战争爆发后，这一重点开始转向联合美英。

与苏联、共产国际仅在国家之间或大国之间划分敌友相比，中共的统战策略要灵活得多、细化得多。中共始终根据中国抗战与革命利益，区别对待西方列强，把日德与英美、英美过去的政策与现在的政策、西方国家的政府与人民、西方政府的顽固力量与友好力量，以及美与蒋等区分开来，故可以最大限度地利用矛盾，孤立最主要的敌人，调动一切积极因素，化腐朽为神奇，极大地减少了中国革命发展的外交阻力。

历史证明，在战后远东政治秩序的安排上，苏联的外交政策存在很大不足，美蒋是彻底的失败者，中国共产党成为最大赢家。

党中央在延安13年的外交工作始于苏维埃运动时期。中华苏维埃共和国设有外交部，工作范围除了负责国际外交外，还包括处理苏维埃政权与国内其他政治力量的关系，含义与统战工作相近。当需要专指国际关系时，中共中央的习惯用语是“国际战略”。但这不包括中共中央与共产国际的党内上下级关系。全民族抗战爆发后，中共中央把苏区改为国民政府所辖的政治特区，并提出“抗日的外交”。它不再包括国内关系，仅指中共的国际主张和要求国民政府采取的外交方针与政策。

党中央在延安13年的外交工作是新中国之国家外交的前身。这个转变遵循了两条路径。一条是共产国际党内上下级关系向中苏平等关系的演变。季米特洛夫主政共产国际后，放弃了此前干预包办各国党内事务的政策。他只对中共中央作必要的策略指导和劝诫，不再插手中共自身组织，并努力协调苏联与中共的策略分歧，为中国革命积极争取苏援等。然而在受到共产国际同样对待的各国支部之间，鲜有政党像中共那样靠自身力量取得政权。这应归功于党中央到达陕北后坚持的独立自主和中国化的发展方向，以及正确处理与共产国际、苏联的关系。1950年2月，毛泽东同斯大林签署的新中苏条约体现了这一路径的成果。它取代了1945年两国签署的不平等条约。

另一条路径是发展面向世界的“半独立外交”，直到上升为主权外交。“半独立外交”不仅受到国民党政府的反对，共产国际和苏联也颇有微言。中共中央先于国民党提出了“抗日外交”，为发展“半独立外交”争取了话语权。1935年党中央到达陕北后即邀请斯诺来访，随后敞开边区大门，对西方国家先民间往来，后官方接触。1938年10月，中共中央提出“着眼于长期性，不重在眼前的利益，而重在将来的增援”的方针。1941年皖南事变，中共中央首次开展对西方国家的官方外交，以此打击国民党的反共气焰。苏德战争和太平洋战争使中共的外交重点转向了英美国家。1944 年美军观察组访问延安。中共中央就此提出发展“半独立外交”，与美军建立了短暂但是必要的合作关系。抓住这一机遇，中共中央于 1945 年 5 月争取到了罗斯福总统的支持，成功派出中共代表董必武加入中国政府代表团，一起出席联合国创建大会。这是中共首次登上国际舞台。战后，美国政府决定支持国民党反动派发动反革命反人民的内战，由中共的盟友变为政治对手。但这已无法挽救蒋家王朝失败的命运了。1949 年元旦，毛泽东发出“将革命进行到底”的战斗号令。1 月 19 日，党中央发布《关于外交工作的指示》，庄严宣告：“帝国主义在华的特权必须取消，中华民族的独立解放必须实现，这种立场是坚定不移的。”它标志着新中国的主权外交即将到来。

抗日统一战线包括国内和国际两条战线。国内战线是基础，国际战线是抗日民族统一战线的外交表现。党中央坚持两条战线同时作战，将两者密切地结合起来。一方面以国际统战工作成就和推动抗日民族统一战线，利用苏联和西方盟国力量约束国民党反动派，挽救危机不断的国共合作局面；另一方面通过“坚持抗战，反对投降”、“坚持团结，反对分裂”、“坚持进步，反对倒退”的坚定立场，通过开辟敌后战场和八路军新四军的力量增长，通过陕甘宁边区和各敌后根据地民主建设的示范作用，来争取国际的同情、援助与合作。

在自身努力的基础上，寻求国际支持和援助，借助苏美之手战胜日本帝国主义。这无疑是中国政府的胜利，也是中国共产党和中国人民的胜利。

然而这种胜利是不完全的。美国向日本投掷原子弹和苏联出兵中国东北后，日本无条件投降。中国人民为抗战胜利做出了重要贡献，付出的民族牺牲时间最长，死人最多，但在享有对日胜利权益方面只能扮演配角，屈居第三。日本政府可以向苏美低头服输，决不愿承认败于中国。国民党政府为换取苏联出兵中国东北而被迫付出的代价，甚至不能从战败国日本方面获得相应补偿。苏美英主宰了胜利，将中国权益限制在雅尔塔体系之中。

抗战胜利是件好事，仍难遂中国人民的意愿。

中国共产党还有一种成功。它是从抗日战争中孕育出来的，青出于蓝而胜于蓝。它超越了抗战胜利，弥补了抗战胜利的不足和缺憾。在抗日战场和解放战场上，在国内国际统一战线中，在处理与各类盟友的关系中，一句话，在强敌强友的环伺下，中共由小变大，由弱变强，越战越强，直到取得全国胜利。正是由于这个胜利，中国人民才站起来了，能够与昔日的盟国和敌国，苏联、英国、美国、日本等列强建立平等关系。

“谁是我们的敌人？谁是我们的朋友？这个问题是革命的首要问题。”1931 年九一八事变以来，日本成为中国人民的主要敌人。这个问题是清楚的。中国外交和中共外交面临的主要问题是交朋友，“联合世界上以平等待我之民族”，共同打倒日本帝国主义。

在交友问题上，国民党的国家外交和中共的外交所处的基本态势都是以弱寻强，以弱联强，求得外援。但是他们的选择是不同的。

国民党全民族抗战前实行“攘外必先安内”的错误政策，全民族抗战开始后又推行依赖外援的片面抗战路线，先依赖苏援，后依赖美援。巨额外援没有帮助国民党取得战场胜利，反而助长了它的腐败。中国在国际舞台上仍然深陷“弱国无外交”的困境。相反，中国共产党却取得了以弱联强的外交成功。

延安 13 年的全部外交经验可以归结为以弱联强的经验。

在国际统一战线中，特别是在与苏联、共产国际的关系中，中共是弱小的一方。强大的盟友占有更多资源，拥有更多选择，代表了统一战线的整体利益和战略利益。强友可以把弱者置于羽翼之下予以保护，亦可能为了整体利益而牺牲局部利益的弱者。

中共没有消极追随强友，被其牵着鼻子走，而是从结盟中获得了利益，最终使自己发展起来。

党中央是怎样做到这一点的呢？

高举抗日民主的旗帜。中共中央1931年首倡抗日，1935年首倡抗日民族统一战线，1936年首倡国共合作，1937年首倡抗日外交，在全国人民和世界各国面前树立了坚决抗日决不妥协投降的形象。在高举抗日旗帜的同时，中共中央没有放弃民主的旗帜。或者说，在共产国际和苏联提出异议的情况下坚持了这面旗帜。中共中央主张的民主始于苏维埃工农民主。到达陕北后，中共中央提出了建立中华民主共和国的政治要求。1937年国共合作开始后，中共中央又把民主与抗日相提并论，提出抗日民主的政纲，一方面要求国民党政府放弃一党独裁，实行民主政治；另一方面在延安和各敌后根据地进行民主建设的尝试。1940年，中共中央提出新民主主义理论，强调无产阶级在包括抗战在内的整个新民主主义革命时期都是革命的领导者。1945年，正当苏美英划分世界势力范围作出远东政治安排的时候，中共七大不失时机地提出了战后建立新民主主义中国的政治目标。解放战争开始后，中共中央由抗日民主的口号和政策转入了人民民主的口号和政策。如果说，抗日的旗帜反映了中华民族的利益与要求，那么民主的旗帜便代表了人民革命的利益与要求。

武装斗争与统战工作相结合。大力发展八路军新四军等人民武装力量，广泛开辟敌后根据地，用军事实力和人民政权来支持强化中共的政治影响力，使其成为国际上不可忽略的力量。苏联政府把中共看作共产国际除苏共外最重要的力量，美国政府一度愿意与八路军新四军合作，就是因为中共拥有武装力量和根据地。正如毛泽东指出：“在中国，离开了武装斗争，就没有无产阶级的地位，就没有人民的地位，就没有共产党的地位，就没有革命的胜利。”

自力更生为主，同时不放弃一切可能争取外援。中共中央汲取了西路军失败的教训，确立了自力更生的原则。该原则在中共经营抗日根据地和维持武装斗争时发挥了重要作用。无论争取外援还是保卫苏联，都不能以损害中共根本力量为代价。

必须区分盟友。中共反对国民党所谓“敌人只有一个，其他皆是朋友”的政策。这种政府表面把日本以外的国家一律平等看待，实际上是亲英亲美。毛泽东指出：“第一是苏联和资本主义各国的区别，第二是英美和德意的区别，第三是英美的人民和英美的帝国主义政府的区别，第四是英美政策在远东慕尼黑时期和在目前时期的区别。在这些区别上建立我们的政策。”

坚持联苏支苏。首先，苏联是社会主义国家。苏联利益和人类利益一致。斯大林是中国人民的朋友。中共中央把联苏视为任何情况下都不可动摇的大局和原则。苏德条约、苏日条约使苏联一度受到西方舆论的责难，中共中央也有不同意见。战后斯大林不支持“建立一个新民主主义的中国”的七大路线，要求中共与国民党在中华民国体制下“共商建国”。在这些不利场合，中共中央顶着政治风险，坚持了联苏支苏的立场。其次，在全局性的国际问题和国际战略上，与苏联保持一致，服从苏联决策，不谋求苏联改变政策。从苏维埃运动的世界革命战略到国际反法西斯统一战线，再到反对双方帝国主义战争的中立避战政策，最后回到反法西斯统一战线，中共中央都服从和支持了苏联。最后，必须充分考虑苏联合理的战略关切。雅尔塔协定和中苏条约对中共利益的损害极大，公开场合，中共还是颂扬这两个文件。苏联出兵中国东北后，中共中央决定进军东北，对苏军在中国东北的行动，采取维护苏联外交责任的方针，强调为苏军坚持反对之事我必须照顾，不要使其在外交法律上为难。

在中国问题上，以中国革命利益为中心，坚持中国道路，对共产国际不恰当的主张趋利避害，为我所用，坚持走马克思主义和苏联经验中国化的道路。中国问题是中共与苏联、共产国际产生意见分歧的主要领域，包括抗日民主、国共合作、对蒋斗争、保卫苏联与配合作战、半独立外交、“托派”问题、整风运动、新疆问题等。这些问题怎么处理，对苏联的国际战略没有重大影响，但对中国革命生死攸关。正是在这些问题上，中共中央不仅坚持了自己的道路，并且有效地将与苏分歧控制在最小范围。共产国际多次批评中共不以工人阶级集中的敌占大城市为中心。中共中央承诺加强该项工作，相机提出“荫蔽精干、长期埋伏、积蓄力量、以待时机”的白区工作方针。欧战爆发后，共产国际要求中共在双方帝国主义战争中严守中立。中共中央表态赞成、执行，反对国民党加入英美战线。而在中国抗日战场，中共中央则变通地要求“将侵略中国的日本帝国主义和现时没有举行侵略的其他帝国主义，加以区别”。共产国际不赞成中共关于抗日民主和反顽斗争的主张，担心这么做可能导致国共破裂，逼蒋降日，认为只有在战胜日本后中国人民才能着手实现民主。中共中央理解这一点，向共产国际解释了自己的策略，指出这些策略对制止蒋介石反共降日、争取时局好转是有效的，从而取得莫斯科对中共反顽斗争的默许。延安整风只批判党内教条主义，并不苛求共产国际和苏联。在反托与新疆问题上，中共中央权衡利弊，采取了服从苏联安排的立场。

在对美英外交方面，中共中央最重要的经验有两条。一是通过民间外交推动官方外交；二是把西方的政府与人民，以及政府中的开明进步分子与顽固敌对分子区别开，培养了一批对中共友好的人士。

在国际舞台上，中国是半封建半殖民地的弱国。在国内舞台上，相较于国民党，中国共产党又是小党、弱党、在野党。这样一个国家，这样一个党，纵有伟大抱负和世界眼光，也没有可能直接改变或影响国际秩序。

中国共产党的选择是以中国革命为中心，以外交战略服从和服务于国内革命，通过改变中国来改变世界。雅尔塔协定损害了中国利益。中苏友好同盟条约牺牲了人民革命的利益。中共中央没有直接反对两个条约，而是顺应国内外和平民主的形势要求，派毛泽东亲赴重庆谈判。同时中共中央决定进军东北，以中共在东北的军事存在说服和推动斯大林转变政策。内战爆发后，毛泽东提出了中间地带理论，并做出“一切反动派都是纸老虎”的著名论断。这是中共中央首次独立发表关于国际关系和国际局势的主张。随着解放战争由防御转入进攻，人民革命的不断深入，最后是中华人民共和国的创建，中共在自己的土地上终于成长起来了，成为领导新中国进而影响世界的核心力量。

目　录

第一章　贯彻共产国际七大方针，建立抗日统一战线（1935—1937）

中共中央到达陕北后根据共产国际七大确定的世界反法西斯主义统一战线策略，制定了联蒋抗日战略和以反对日本帝国主义为主要内容的外交工作方针，开始从苏维埃运动转向抗日统一战线策略。对于这一转变，中共中央与共产国际、苏联有不同的关切。中共中央坚持把莫斯科所要求的急速转变，与红军对自身安全的考虑密切结合起来，通过西安事变的和平解决，在全民族抗战爆发后很快实现了国共合作。

第一节　共产国际七大与瓦窑堡会议

1935 年 11 月 7 日，中共中央机关从陕北吴起镇经下寺湾到达安定县瓦窑堡。这一天正值十月革命节。不久，党中央收到从甘肃定边县苏区打来的电报，说来了一个可疑的人，自称张浩，要找党中央。[①]

党中央没有人认识张浩。张闻天估计这个张浩可能是共产国际派来联络的，故让政治保卫局局长邓发前往探查。邓发到了定

① 中华全国总工会中国工人运动政策研究室编：《张浩纪念集》，上海人民出版社 1986 年版，第 21 页。

边才知道，此人果然来自共产国际。他就是为中央领导所熟悉的湖北籍老党员林育英，当时的身份是中华全国总工会驻赤色职工国际的代表和中共驻共产国际的代表。

林育英，又名林仲丹，生于 1897 年，湖北黄冈人，林彪的堂兄，湖北党组织的早期党员之一，长期在湖北和上海从事白区工人运动，时任第六届中委、全国总工会驻赤色职工国际代表，以及中共常驻共产国际代表团成员等职。林育英具有丰富的白区工作经验和党内斗争经验。

1935 年 7 月至 8 月，共产国际召开第七次代表大会，急需派人把会议精神及时传达给中共中央，这时尚未得到中共中央现在何处的消息。中共代表团决定选派林育英执行这一重要使命。林育英出席了共产国际七大，参与《八一宣言》的起草，熟悉会议精神，是共产国际和中共代表团派往中国的最佳人选。

由苏联入境中国有三条道路。最近的路线是走东北。1931 年九一八事变后，东北全境已被日本人占领。第二条路线是从新疆入境，路途遥远，耗日太久。比较合适的是经蒙古入境。但是这条路线同样堪称艰难险阻，不仅要徒步人迹罕见的大漠，而且要冒险穿越层层封锁线的白区。

林育英为完成这次危险的旅行进行了精心准备。他更换了化名。他在苏联的化名叫李复生，改为张浩。为了身边不留片纸只言，他反复背诵党的文件和通讯用的密码规则，牢记于心中。他还搞了一件光板的羊皮大衣，备好货物，装扮成商人。与林育英回国的还有在苏联受训的报务员赵玉珍。他们未等共产国际七大闭幕即启程了。

他们从蒙古入境，赶着一峰骆驼，驮着货物，一路打听党组织，走了几个月，首先到达了银川。进城时，他们遇到了麻烦。张浩的南方口音引起了守城连长的注意，他们被扣留下来。随后一个多月，张浩就住在这个白军连队。他沉着机智地应付着，与连长、士兵打成一片，终因没有露出任何马脚而被释放。想必因为混迹于白军之间，张浩才可能准确地打听到朱毛“赤匪”正向银川南去不过几百公里的陕甘流窜。他赶上骆驼，轻快上路，直奔那里，在陕北定边县终于同党组织取得了联系。①

1935 年 9 月，中共中央率一、三军从川康地区北上。8 月，张浩由蒙古入境南下，南北对进，两支箭头交汇于陕西北部。党中央于 10 月 19 日抵达紧邻定边的吴起镇。半个月后，张浩一行也到了定边。

11 月 18 日（或 19 日），张浩由赤卫队专程护送到瓦窑堡，与张闻天和中央其他领导同志见了面。张浩当即向他们传达了共产国际七大的精神和《八一宣言》。当时毛泽东、周恩来还在陕甘根据地南部的直罗镇前线指挥作战。11 月 20 日，张闻天派人送信，向他们通报了张浩回来的情况。直罗镇战役结束后，12 月中旬，毛泽东从前线回来，张浩才见到了他。

张浩来得正是时候，使困境中的中共中央恢复了与共产国际中断一年多的联系，从而获知盼望已久的共产国际的指示。

党中央到达陕北时，国际局势正在发生重大变化。联共（布）中央和共产国际鉴于法西斯主义的兴起及其对人类和平和国际工人运动的威胁，制定了反法西斯统一战线的新策略方针。

此前，联共（布）中央和共产国际执委会对资本主义灭亡基本趋势的判断和基于这种判断而采取的国际战略，一直沿用一战和十月革命的经验。1928 年，当资本主义国家还在接近一场空前的世界经济危机时，共产国际便召开第六次代表大会宣布，资本主义制度总危机已进入“第三时期”，将发生帝国主义国家之间的战争、帝国主义国家反对苏联的战争、反帝的民族解放战争、帝国主义干涉战争和巨大的阶级斗争。英美对立成为国际矛盾的

① 李海文、熊经浴：《张浩传》，当代中国出版社 2001 年版，第 101—103 页。

核心和重新瓜分殖民地的焦点。[①] 大会通过新的《共产国际纲领》，断言“当前世界经济内部矛盾的发展，资本主义总危机的加深，以及帝国主义对苏联的武装进攻，都不可避免地要导致革命的大爆发。这一爆发将在若干所谓文明国家内把资本主义埋葬在它的废墟下；并在殖民地引起胜利的革命，大大地扩展无产阶级专政的基础，从而把社会主义在全世界的最后胜利向前推进一大步。”[②]《纲领》分析了法西斯主义的危害，但是没有给予足够的警惕，反而把社会民主主义当作防范重点，认为“‘左派’是各国社会民主党内最危险的部分……而社会民主党本身……也常常扮演法西斯的角色”；“对于正常的资本主义制度来说，实行法西斯主义以及同社会民主党进行合作，都是非常手段。”[③]

1929 年世界经济危机的爆发，推动了法西斯主义思潮在各国蔓延，其严重性远远超出共产党人的预想。1933 年 1 月，德国纳粹党领袖希特勒上台执政后实行了恐怖统治，残酷镇压共产党人，迫害一切进步力量，发出疯狂的反苏、反共、反凡尔赛和约的战争叫嚣。显然，新世界战争的危险，不是帝国主义国家重新瓜分世界或联合进攻苏联，而是法西斯侵略势力对民主秩序与人类和平的威胁。在纳粹或法西斯政党的统治下，共产党人将首当其冲，成为第一个牺牲品。与民主制度相比，法西斯统治不是离过渡到无产阶级专政阶段这一目标更近，而是更远。对联共（布）中央和各国共产党人来说，调整政策势在必行。

从 1932 年起，苏联对外交政策作出调整。苏联建国后奉行和平反战的政策，把维护国家安全放在第一位。但是意识形态上

① ［英］珍妮·德格拉斯选编：《共产国际文件第 2 卷（1923—1928）》，世界知识出版社 1964 年版，第 629—630 页。

② 《共产国际文件第 2 卷（1923—1928）》，第 695 页。

③ 《共产国际文件第 2 卷（1923—1928）》，第 661—663 页。

的对立，加上把帝国主义国家看作铁板一块的僵化观点，使苏联无法摆脱外交孤立状态。法西斯主义的兴起加剧了德日与西方国家之间的矛盾。西方国家怕惹祸上身，对苏关系出现松动。苏联抓住机会通过建交、订立互不侵犯条约或中立条约，同许多西方国家改善了关系。为约束日本在中国的扩张势头，1932 年 12 月苏联政府与中国国民政府恢复了四一二政变后中断的外交关系，又于 1933 年 11 月同美国建交。苏联政府不仅通过双边关系反战维和，还向西方国家提出成立欧洲集体安全体系的建议，并改变了对凡尔赛和约的立场，于 1934 年 9 月正式加入国际联盟。1934 年 1 月，斯大林在联共（布）第十七次代表大会上充分肯定了这些政策，明确表示“欢迎那些在某种程度上主张维护和平的国家，揭穿那些准备战争和挑拨战争的人并摘下他们的假面具”。[①]

另一方面，联共（布）中央开始改变过去只关注工人阶级和下层群众的统战工作。1934 年 5 月 23 日，《真理报》发表文章，提出共产党人同社会民主党人联合反对法西斯主义的主张。[②] 接着，共产国际执委会主席团决定把反法西斯统一战线问题列入共产国际第七代表大会议程，并请季米特洛夫担任报告人。

季米特洛夫是保加利亚党的领袖，因在德国法庭上揭露“国会纵火案”而成为著名的国际反法西斯斗士。季米特洛夫获释后被斯大林接到苏联，委以领导共产国际和制定反法西斯新策略的重任。1934 年 7 月 1 日，他向共产国际执委会提交了共产国际七大报告提纲的草案，同时建议大会研究三个问题：1. 关于社会民主主义问题；2. 关于统一战线问题；3. 关于共产国际的领导问题。这三个问题反映了新策略方针的主要内容。

---

① 《斯大林全集》第 13 卷，第 265—266 页。

② 马红霞、马熙文：《共产国际和中国革命的关系》，陕西人民出版社 2005 年版，第 180 页。

法共率先尝试了新策略，1934 年 7 月与社会党领导人达成了“统一行动公约”。接着，法共领导人多列士又提出更广泛的“人民阵线”策略，有效地阻止了法西斯主义思潮在法国人民中的蔓延。① 这充分证明新策略是可行的。

经过一年酝酿，1935 年 7 月 25 日至 8 月 20 日，共产国际第七次代表大会在莫斯科召开。65 个国际支部、371 名代表和 139 名列席代表出席了会议。出席大会的中国代表有王明、康生、高自立、林育英、吴玉章、孔原、赵毅敏等 20 多人。大会听取了季米特洛夫的长篇报告《法西斯的进攻和共产国际在争取工人阶级的统一反对法西斯的斗争中的任务》。报告详细分析了法西斯主义的根源、性质和后果，指出法西斯所以能够取得政权，主要因为工人阶级的分裂，首先是社会民主党领袖的阶级合作政策，其次也因为各国共产党人所犯的一些错误，包括对法西斯危险的低估和关门主义态度。报告阐明了统一战线的意义、内容和形式，批驳了错误意见和认识，回答了一些国家建立统一战线时遇到的基本问题等。季米特洛夫宣布：“共产国际及其支部准备与第二国际及其支部谈判建立工人阶级统一的问题，以反对资本的进攻，反对法西斯和帝国主义的战争危险。”②

大会通过了这个报告，并在决议中指出：“面临法西斯主义对工人阶级及其已获利益、对所有劳动者及其基本权利、对各国人民的和平与自由的严重威胁，共产国际第七次代表大会宣告，在目前的历史阶段，国际工人运动的当务之急，就是建立工人阶级的战斗统一战线。”

大会的另一项成果是讨论了共产国际执委会的工作，指出不

① 1936 年，法国“人民阵线”包括 98 个政党和组织，赢得当年 6 月的议会大选而上台执政。

② 《共产国际第 7 次代表大会文件 I》，中国人民大学出版社 1991 年版，第 429—509 页。

少支部过晚地执行统一战线策略，而执委会给予这些支部的政治帮助也很迟缓，往往成为马后炮。为此，大会指示共产国际执委会把工作重点转移到制定世界工人运动的基本政治、策略路线方面，在决定任何问题时，必须根据各个国家的具体情况和特殊条件，避免直接干涉各党的内部组织的事务。这些指示对改进共产国际的领导作风和工作机制具有重要意义。

共产国际七大的基本精神是把共产国际成立以来实行的各国共产党人通过不同阶段夺取政权的阶级斗争策略，改为世界反法西斯主义统一战线策略。

中国体现了新策略的一个重要的战略方向。而拥有红军、红色根据地和中华苏维埃共和国的中国共产党则是共产国际和苏联在远东地区的一支重要力量。鉴于中国革命的分量和战略地位，大会特意安排来自中央苏区的中国代表高自立①在开幕式上致词，安排王明、康生、周和生为大会主席团成员，并选举王明、毛泽东、张国焘、周恩来为共产国际执委，康生、秦邦宪为候补执委。

共产国际七大关注西方国家的情况，没有深入讨论殖民地半殖民地各国民族解放运动的新策略问题，只笼统提出要建立反帝统一战线。为了适应斯大林 1927 年关于苏维埃化的指示精神，根据季米特洛夫报告起草的大会决议采纳了中共驻共产国际执委会代表团的建议，认为“在中国，必须扩大苏维埃运动和加强红军的战斗力，同时要在全国范围内开展人民反帝运动。在运动中要提出如下口号：武装人民进行民族革命战争，以反对帝国主义奴役者，首先反对日本帝国主义及其中国仆从。苏维埃应成为联

① 高自立（1900—1950），化名周和生，江西萍乡人，曾任中华苏维埃中央政府工农检查部副部长、土地部部长。1934 年 6 月赴苏联学习，在共产国际七大上当选为共产国际监察委员会委员。

合全中国人民进行解放斗争的中心。”①

决议没有具体说明中共怎样应对日、蒋及其他列强，以及怎样成为这样的中心。虽然会前和会中，中国代表介绍了中国情况，并获得了相当的喝彩，但是太浮夸，无法使各国代表信服或用作决策依据，如周和生竟说中国苏区包括16个省区共1340个县，红军共有48.5万人，游击队有99.5万人。② 曼努意斯基所做的七大总结高度评价了中国苏维埃运动和红军长征的胜利，认为第五次反“围剿”的失败是因为敌强我弱，“不得不放弃了江西的中央苏区”，③ 没有触及真正的原因。在这种情况下，中共代表团根据大会精神起草的《八一宣言》成为共产国际指导中共中央执行反法西斯统一战线新策略最重要的文件。

1935年6月，莫斯科东方大学中国部主任、出席共产国际七大的中国代表吴玉章等获知“‘何梅协定’及平津日寇屠杀我爱国人民及上海《新生》事件等等难忍的消息”，便急电请在苏联南方基斯罗沃德斯克疗养的中共驻共产国际代表团团长王明返回莫斯科，共同商讨对策。④ 王明回来后，听取了吴玉章等人的意见，根据共产国际新的策略方针，起草了《为抗日救国告全体同胞书》的初稿。7月14日，中共代表团召开了有13名成员参加的会议讨论草案。会上决定成立一个七人委员会对其进行修改。15日草案修改完毕，由王明译成俄文，于19日交给米夫审定。起草期间，王明还向斯大林口头汇报了草案内容，得到后者的赞同。草案定稿后，9月10日经共产国际执

① 《共产国际第7次代表大会文件I》，第42—43页；《共产国际有关中国革命的文献资料（1929—1936）》第2辑，中国社会科学出版社1982年版，第449页。

② 《党史资料丛刊》1982年第1辑，上海人民出版社1982年版，第155页。

③ 曼努意斯基：《共产国际第7次代表大会的总结》，东北书店1949年版，第53页。

④ 《历史研究》1981年第4期。

委会书记处成员飞行表决通过，24 日由执委会书记处会议批准，10 月 1 日以中国苏维埃政府、中国共产党中央的名义发表，刊登在巴黎《救国报》上。发文日期宣布为 1935 年 8 月 1 日，简称《八一宣言》。[①]

中共驻共产国际代表团是 1928 年中共第六次代表大会根据共产国际的提议设立的。设立这个机构的目的是取代共产国际驻中共代表，在中共中央与共产国际之间建立联系。与作为上级组织指导中共中央的共产国际代表不同，代表团的职责是代表中共中央向共产国际反映情况和意见，而不是相反。1931 年 10 月，中共六届四中全会进入中央政治局的王明受中共中央派遣，来到莫斯科担任中共代表团团长，并在 1932 年 9 月共产国际执行委员会第十二次全会上当选主席团委员，会后又被选为执委会政治书记处书记。这样，王明便拥有了中共代表和共产国际领导的双重身份。

王明是靠捍卫共产国际路线上台，十分在乎与共产国际保持绝对一致，常借共产国际名义给中共中央下指示，几乎把代表团变成了中共中央的上级机关。希特勒上台后，联共（布）中央和共产国际开始酝酿策略转变，王明对中国革命的看法随之发生一些变化。1934 年 5 月，季米特洛夫接管共产国际，随即展开了共产国际七大的筹备工作，就新策略问题组织讨论。在这种情况下，王明加快了转向共产国际新策略的步伐，指示中共中央纠正关门主义倾向。可惜这一切来得太晚，没能挽救中央红军第五次反“围剿”的失败。即便如此，共产国际七大背景下产生的《八一宣言》还是起了亡羊补牢的积极作用。

首先，《八一宣言》揭露了华北事变中日本帝国主义的侵略

---

① 中共中央党史研究室第一研究部译：《联共（布）、共产国际与中国苏维埃运动（1931—1937）》第 15 卷，中共党史出版社 2007 年版，第 33 页。

行为和南京政府的投降政策，指出中华民族面临生死存亡的问题，“我国家、我民族，已处在千钧一发的生死关头。抗日则生，不抗日则死，抗日救国，已成为每个同胞的神圣天职！”其次，把建立反帝统一战线具体化为抗日救国策略，放弃了几个帝国主义国家瓜分中国、保卫苏联、加速苏维埃革命等提法，突破了只注重下层统一战线的局限，不分党派地赞扬了抗日将领和爱国人士，指出“只要国民党军队停止进攻苏区行动，只要任何部队实行对日抗战，不管过去和现在他们与红军之间有任何旧仇宿怨，不管他们与红军之间在对内问题上有任何分歧，红军不仅立刻对之停止敌对行为，而且愿意与之亲密携手共同救国。”第三，提出了建立全国统一的国防政府和抗日联军的主张以及抗日救国的十项行政方针。[①] 这与共产国际七大决议关于“苏维埃应成为联合全中国人民进行解放斗争的中心”的提法有很大不同，较符合共产国际要求各欧洲党“建立无产阶级统一战线政府，或者反法西斯人民阵线政府”的政策。

8 月 7 日，王明在共产国际七大上作了题为《论殖民地半殖民地的革命运动和共产党的策略》的报告，进一步发挥了《八一宣言》关于“全中国统一的国防政府”和“全中国统一的抗日联军”的主张，并提出“必须在党的工作各方面都起转变”，不仅“反对很厉害的关门主义，而且“应当重新审查苏区经济政策方面的许多问题。例如，对富农的政策应当改正。”[②] 这些观点显然是中共代表团集体起草讨论《八一宣言》时提出来的。

《八一宣言》产生后很快就传到北平和国内其他城市。1935 年 10 月 1 日，《八一宣言》在《救国报》第十期第二版上刊出。

---

① 中央档案馆编：《中共中央文件选集》第 10 册（1934—1935），中共中央党校出版社 1991 年版，第 518—525 页。

② 《王明言论选辑》，人民出版社 1982 年版，第 436—440 页。

《救国报》是中共代表团在莫斯科编辑、巴黎出版和国内秘密发行的一份中文报纸，1935 年 5 月创刊，共出版过 16 期，后因法国政府刁难更名为《救国时报》，先后由廖焕星和李立三主编。①

在世界法西斯主义势力日益猖獗的背景下，中国直接受到日本帝国主义入侵带来的亡国威胁。1931 年，日本关东军制造九一八事变，霸占了中国东北全境。希特勒上台后，日本军国主义加快了侵略中国的步伐。1933 年，日军侵占热河，与国民政府签订“塘沽协定”，迫使中国军队退至延庆、通州、宝坻、芦台一线以西、以南。

1935 年，日军相继制造“察东事件”、“河北事件”、“张北事件”，胁迫国民政府以换文方式签订“何梅协定”和“秦土协定”，使中国丧失了华北大部分地区的实际主权。接着关东军特务机关长土肥原贤二抛出《华北高度自治方案》，要求在华北五省二市（冀、鲁、晋、察、绥、平、津）成立华北共同防赤委员会，并在通州策动成立了以汉奸殷汝耕为首的傀儡政权冀东防共自治政府。在日方压力下，1935 年 12 月 18 日，国民政府在北平成立了以宋哲元为委员长的冀察政务委员会。这一系列侵华事件统称华北事变。中日民族矛盾从此上升为中国的主要矛盾。

在日本侵略者步步紧逼下，国民党当局采取了尽量避战和步步退让的政策。一方面蒋介石缺乏抗战自信，认为中国军队战则必败，期待通过外交手段和国际社会的制裁来阻止日本的侵略野心。另一方面，他又视中共和红军为心腹之患，害怕中国民众奋起会危及自己的统治，只把外敌入侵视为一时之痛，奉行“攘外必先安内”的反动方针。

---

① 杨树先：《关于〈八一宣言〉的发表情况》，《党史资料丛刊》1981 年第 1 辑，上海人民出版社 1981 年版；陈落：《关于〈八一宣言〉出现于国内的时间》，《党史资料丛刊》1981 年第 4 辑，上海人民出版社 1982 年版。

正因为观察到蒋介石的这一弱点，日军在入侵华北的过程中始终打着反共防共的旗号，极力诱导国民党当局妥协、退让乃至投降。但是这一政策并不能掩盖日军实际的侵略行为给中国人民根本利益造成的损害，也不能消除国民政府的广大官员和国民党军队广大官兵亲身感受到的无路可退的现实威胁，反而提醒中国各阶层群众，只有中国共产党才能在民族救亡中起到中流砥柱的作用。

1935 年 12 月，北平率先爆发了要求“停止内战、一致抗日”的一二·九学生运动，接着在上海等大城市，文化、妇女、教育、职业等各界救国联合会相继成立，并响亮地喊出了建立“联合战线”的要求。至此，中国大城市的民众运动在大革命失败八年后再次掀起全国性的新高潮。一二·九运动是中共河北、北平、上海等地方组织在与中央失去联系的情况下组织的。当时，以中共中央和中国苏维埃政府名义发表的、已传入国内并广泛散发的《八一宣言》为党领导的抗日救国运动指明了方向。

在上述背景下，远在陕北的党中央和红军正在为自己的基本生存而斗争。陕北地广人稀，供给困难。红军初来乍到，立足未稳，体力和兵力都急待恢复，而蒋介石仍在调集军队准备“围剿”红军。更加不利的是张国焘分裂中央分裂红军的行为，使党中央的权威受到前所未有的严重挑战。

作为有利因素，国际国内环境的深刻变化已为中国革命展示了新的前景和机会。这种机会并非唾手可得。如果中共中央仍然坚持长征前的关门主义政策，或仅为生存计，仍狭隘地把推翻国民党统治当作主要政治目标而忽略民族大义，有可能被迅速发展的国内外形势边缘化。但是如果不顾眼前的生存危机，忘记大革命失败血的教训，为抗日而失去警惕，无原则地与国民党宿敌尽释前嫌，那也可能导致历史悲剧的重演。新的政策必须把眼下的生存与未来的发展结合起来，把阶级利益与民族命运结合起来。

在张浩到来之前，中共中央重点考虑的，是眼下怎样立足西北和克服党内危机，挽救红军和中国革命于危难之中，但对关乎全民族生存的日本帝国主义侵华事件仍然做出了及时的反应。

1935 年 6 月 15 日，中共中央以中华苏维埃共和国临时中央政府主席毛泽东和副主席项英、张国焘，中国工农红军革命军事委员会主席朱德和副主席周恩来、王稼祥的名义发表《为反对日本并吞华北和蒋介石卖国宣言》，率先打出了抗日反蒋的旗帜，号召全国工人、农民、海陆空军以及一切爱国志士、革命民众起来，“反对日本帝国主义占领华北，反对蒋贼等卖国，坚决对日作战，恢复一切失地，驱逐日本帝国主义出中国”。6 月 29 日，中央政治局常委在两河口召开会议，听取博古关于华北事变、日军向北平进攻的情况报告，决定以中共中央名义发表宣言或通电，写文章，并准备向国民党军派工作人员。7 月中旬，毛泽东会见徐向前等红四方面军指挥员时再次提出“北上抗日”的口号，指出今后一、四方面军的行动方针，就是北上抗日，建立川陕甘革命根据地，促进全国抗日高潮的发展。①

10 月，上海中央局根据《八一宣言》的精神，以中共中央名义向全党发布了《中央为目前反日讨蒋的秘密指示信》。作为一份党内文件，《秘密指示信》比公开的《八一宣言》更明确地提出，在新的社会基础上实现抗日讨蒋的任务，总的策略方针是进行广泛的统一战线，联合一切抗日讨蒋的力量来打倒日本帝国主义消灭蒋介石。② 根据中央档案的记载，许多苏区和白区的党组织都收到了这封信，甚至包括远在海南岛的琼崖特委。③ 我们无法断定，已到陕北苏区的中共中央是否也收到此信，但无疑这

① 《毛泽东年谱（1893—1949）》上卷，第 462 页。

② 中央档案馆编：《中共中央文件选集》第 10 册（1934—1935），第 561 页。

③ 殷子贤、曹雁行：《1935 年 10 月〈秘密指示信〉作者考》，《近代史研究》1990 年第 3 期。

时已开始了新政策的酝酿。

11 月 13 日，张闻天主持召开中央政治局会议（对外称中共西北局会议），明确提出实现战略转变的任务和灵活运用广泛的统一战线策略。会后党中央发布了《为日本帝国主义并吞华北及蒋介石出卖华北出卖中国宣言》和《关于开展抗日反蒋运动工作的决定》。

这时党中央提出抗日反蒋新策略，仍停留在一般号召上，还没有通过一些具体措施同红军为克服眼下生存危机而进行的保卫扩大苏区及粉碎敌人“围剿”的努力紧密联系起来，也没有考虑放弃土地革命和苏维埃运动。①

党中央做出这种反应是可以理解的。那时，党中央远离中日冲突的前线，尚未同共产国际和国内中心城市恢复联系，除非经过一定时间的观察思考，不可能即刻做出全面的战略调整。就中共中央的主观条件而言，尽管 1935 年 1 月召开了遵义会议，党内仍然缺乏检讨以往政治路线的思想基础。相反，为了达成党内一致，集中解决当时具有决定意义的中央军事策略和组织问题，会议还肯定了六届四中全会以来“党中央的政治路线无疑义的是正确的”。遵义会议后，党中央的领导权威仍不太巩固，受到张国焘的挑战。先期到达陕北后，党中央需要避免因剧烈的路线变动而引起党内新的分歧。这或许是党中央难以靠自身力量较快完成策略转变的深层原因。

张浩带来的共产国际的指示精神加速了这一转变。张浩向张闻天传达了中共代表团讨论《八一宣言》时提出的四条指示：1. 关于统一战线政策；2. 关于成立国防政府和抗日联军的主张；3. 把苏维埃工农共和国改为苏维埃人民共和国；4. 改变对富农

---

① 《毛泽东年谱（1893—1949）》上卷，中央文献出版社 2013 年版，第 481—482 页。

的政策。[1] 11 月 28 日，中华苏维埃政府主席毛泽东和中革军委主席朱德联名发布《中华苏维埃共和国中央政府、中国工农红军革命军事委员会抗日救国宣言》，提出在抗日反蒋的前提下与任何政治派别、武装队伍、社会团体等组织抗日联军与国防政府。12 月 6 日，西北中央局发布《党中央关于改变对付富农策略的决定》。这些转变不是基于党内对苏维埃运动后期“左”倾错误的自觉反省，而被解释为形势变化所致。但是，共产国际权威使中共中央得以避开党内分歧与争论，迅速一致地接受新策略，这一点具有重要意义。它使中国共产党赢得了一年半的时间来适应抗日战争的全面爆发。

一二·九运动发生的第八天，中共中央在陕北安定县（今子长县）瓦窑堡召开了政治局会议。1935 年 12 月 17 日至 25 日，会议持续了八天。参加会议的有张闻天、毛泽东、周恩来、博古（秦邦宪）、王稼祥、刘少奇、邓发、凯丰、张浩、李维汉、邓颖超、吴亮平、郭洪涛等。会议先后听取了张闻天关于政治形势和策略问题的报告，张浩关于共产国际七大精神的传达报告，毛泽东关于军事战略问题的报告。与会者结合全国政治形势，重点讨论了共产国际的指示精神，一致表示同意转向新策略。会议据此研究并调整了中国党的政策，于最后一天通过了张闻天起草的《关于目前政治形势与党的任务决议》，即《瓦窑堡决议》。主要内容如下：

一、目前形势最基本的特点，是日本帝国主义准备并吞全中国，把全中国从各帝国主义的半殖民地，变为日本的殖民地。

二、党的策略路线，是发动、团聚与组织全中国全民族一切革命力量去反对当前主要的敌人：日本帝国主义与卖国贼头子蒋

---

① 《联共（布）、共产国际与中国苏维埃运动（1931—1937）》第 15 卷，第 8 页。

介石。

三、组织国防政府与抗日联军，这是反日反蒋的民族统一战线之最广泛的与最高的形式，也是全中国一切反日反卖国贼力量的联合战线的政权组织和反日反卖国贼的民族革命战争的统一领导机关。

四、把苏维埃工农共和国改为苏维埃人民共和国，它不但是代表工人农民的，而且是代表中华民族的。

五、党内主要危险是关门主义，光有下层的统战工作是不够的，还应建立上层的统战工作，同时也不放弃对右倾机会主义的斗争。

六、为扩大与巩固共产党而斗争。①

1935 年 12 月 27 日，毛泽东根据会议精神在党的活动分子会议上作了《论日本帝国主义的策略》的报告，着重阐述了同民族资产阶级在抗日的条件下重新建立统一战线的可能性和重要性，以及共产党和红军在这个统一战线中的具有决定意义的领导作用。

抗日国际统一战线是抗日民族统一战线重要的组成部分和外交表现，体现了中国共产党外交工作方针的重大转变。上述几个文件都谈到了这一转变，概括起来有以下十点。

一、中日民族矛盾上升为中国的主要矛盾。100 年以来，中国是好几个帝国主义国家共同支配的半殖民地的国家。由于中国人民对帝国主义的斗争和帝国主义国家相互间的斗争，中国还保存了一种半独立的地位。1931 年九一八事变开始了变中国为日本殖民地的阶段。现在是日本帝国主义要把整个中国从几个帝国主义国家都有份的半殖民地状态改变为日本独占的殖民地状态。

---

① 中央档案馆编：《中共中央文件选集》第 10 册（1934—1935），第 598—623 页。

二、日本帝国主义吞并华北并准备吞并全中国的行动，把一切不愿当亡国奴，不愿充汉奸卖国贼的中国人，迫得走上一条唯一的道路：向着日本帝国主义及其走狗汉奸卖国贼展开神圣的民族战争。中国革命进入新的阶段，全国性的大革命形势就要到来。

三、日本帝国主义单独吞并中国的行动，使帝国主义内部的矛盾，达到了空前紧张的程度。美国帝国主义完全为着他自己帝国主义的目的，是同日本帝国主义势不两立的，太平洋战争是必然的结果。而英国却妄求日本的某些让步与妥协，使它的主要力量能够拿了去对付它的主要敌人：苏联美国与意大利。

四、世界处在大革命与大战争的前夜。一切帝国主义国家的经济危机，以及由此产生的革命危机，使得帝国主义除了战争找不出第二条挽救死亡的出路。日本大举进攻中国与意大利大举进攻阿比西尼亚，可能引发第二次帝国主义大战。而中国与阿比西尼亚的民族革命战争，各帝国主义国家，及其许多殖民地半殖民地革命危机的成熟，将引发世界大革命。世界反革命力量在削弱，世界革命力量在增长。中国革命脱离了过去的孤立。世界革命是中国革命有力的帮手。同时中国革命成了世界革命的伟大因素，将来则要以全民族的雄伟阵势帮助世界革命。

五、苏联第二个五年计划即将完成，红军有威力战胜敢于向它开火的帝国主义。在使用一切和平方法无效而日本反积极向苏联挑战的情况下，苏联准备打击这个野蛮侵略者。这就把中国革命，日本革命和苏联反对侵略者的斗争会合在打倒日本帝国主义的基础之上。苏联是中国革命最有力量的帮手。

六、争取国际援助。抗日战争需要国际人民的援助，首先是苏联人民的援助。这是中国抗日战争和中国革命取得胜利的一个必要的条件。把苏联红军同中国红军在反对共同敌人日本帝国主义的基础之上结合起来，首先是技术条件的结合。

七、对于中国的民族运动表示同情赞助或守善意中立的民族或国家，建立亲密的友谊关系。苏维埃人民共和国的外交政策，建设于不放弃一切可能争取反对日本帝国主义和中国卖国贼的胜利的基础之上，同一切和日本帝国主义及其走狗卖国贼相反对的国家、党派，甚至个人，进行必要的谅解、妥协，建立国交，订立同盟条约等等的交涉。谁愿为着自己的利益而同时有利于苏维埃人民共和国抗日讨伐卖国贼的斗争者，苏维埃政府均愿与之发生友谊的关系。

八、日本共产党领导的日本工农及被压迫民族正在准备着伟大力量，为打倒帝国主义日本，建立苏维埃日本而奋斗。这就把中国革命同日本革命在打倒日本帝国主义的共同目标上会合起来。日本革命民众是中国革命民众的有力的帮手。联合朝鲜、台湾、日本国内的工农及一切反日力量，结成巩固的联盟。

九、争取卖国贼军队和日本帝国主义军队的士兵，向少数民族提议建立共同斗争的联盟，执行灵活的外交政策，等等。

十、苏维埃人民共和国对海外华侨宣告，称赞他们历来帮助中国革命的爱国举动。一切国民党政府引导华侨沦于奴隶牛马的政策，均当彻底铲除，而代之以积极保护华侨的政策。在目前，一切被日本帝国主义及其他帝国主义国家排斥驱逐的华侨同胞，苏维埃给予托庇的权利，并欢迎华侨资本家到苏区发展工商业。

与中共六大政治决议案的国际战略相比，抗日国际统一战线策略最大的变化是把日本帝国主义作为中华民族的主要敌人，把美英等其他反日的西方国家列入可能联合的统战范围。中共六大政治决议案的主张是“联合世界无产阶级和苏联”，“推翻帝国主义统治”。

瓦窑堡会议通过的抗日民族统一战线和国际统一战线策略同共产国际七大关于建立反法西斯统一战线的精神以及《八一宣

言》主张建立抗日反帝统一战线的精神基本一致。它没有简单地重复共产国际指示，而是结合了中国革命实际，针对华北事变、一二·九运动等政治状况和长征以来红军现状做出的。更重要的是它坚持了中国共产党在土地革命战争和红军长征中积累起来的正反两个方面的经验。

第二节　恢复与莫斯科的联系

红军长征之前，中共中央与共产国际的电讯关系主要通过上海中央局中转。1933 年 1 月，以博古为首的中共中央临时政治局，因在上海无法立足，迁移到了江西瑞金（中央苏区）。走时上海成立了上海中央局，任务是代表中央领导白区工作，担任中共中央与共产国际的联络中介。中央苏区没有大功率电台，无法与莫斯科直接沟通，只能用小电台在苏区与上海中央局之间沟通，再由上海中央局通过大功率的国际电台与莫斯科沟通。临时中央留下两部电台，中央台负责联系中央苏区，国际台负责联系共产国际。两位台长分别是李有才和程祖怡。临时中央走后，上海党组织多次遭到敌人破坏，与中央苏区的电讯也时断时续。1934 年 10 月，国民党中统抓获上海中央局临时书记兼组织部长盛忠亮，盛自首叛变。敌人在他家蹲守抓到了程祖怡，顺藤摸瓜又抓了李有才等人，搜缴收发报机多台和一批无线电器材，彻底切断了中共中央与共产国际的电讯联系。①

恰在这时，临时中央领导第五次反“围剿”失败，被迫退出

① 《党史资料丛刊》1981 年第 1 辑，第 23—28 页；中国人民政治协商会议江苏省委员会文史资料研究委员会编：《中统内幕》，江苏古籍出版社 1987 年版，第 152 页。

中央苏区，开始了长征。在整个长征过程，共产国际及其中共代表团无从直接掌握中共党内和红军中发生的一切事件，只能通过报刊广播推断红军主力的大致走向。中共代表团团长王明在《新条件与新策略》一文中说，他根据上海出版的日文“新闻联合”通讯社 1934 年 11 月 14 日的消息，才得知中央红军撤出了瑞金。1935 年 8 月 7 日，他在共产国际七大上演讲，提到红军长征路线，讲到一、四方面军会师后，正在川、康、甘、陕创建新苏区，并说红军总数已达 50 万。他指出，这是“根据敌人的中外报纸消息”得出的数字。①

红军长征开始后，中共中央与留在江西的以项英为书记的苏区中央局之间存在电讯联系，向后者通报过遵义会议的情况。②俄罗斯档案中现存一份署名“上海中央局奈兰（Найлан）”的信件，写于 1934 年 12 月 29 日。信中在谈到上海中央局遭敌破坏时说，为了使共产国际了解上海的情况，只能通过联络员送去一些文件和党组织的有关资料等。③

这些联系都是间接的、零星的、滞后的，无法适应国内和国际形势的迅速变化。为了改变这种状况，恢复与中共中央的电讯往来，共产国际做出了巨大的努力，从 1935 年初起就采取了两项有力措施。

一是在靠近中国边界的地区，海参崴、伊尔库茨克、阿拉木图等，加强各电台地方通讯终端局的力量，用较近的通讯距离来抵偿功率较小的中方电台。1935 年初，共产国际派李立三、段子俊和一个搞无线电技术工作的波兰人来到阿拉木图建立交通站，负责接送国内方面的往来人员，并试图恢复与中共中央的电讯联

① 《王明言论选辑》，人民出版社 1982 年版，第 448—449 页。

② 陈丕显：《赣南三年游击战争》，《中共党史资料》第 2 辑，第 15 页。

③ 李永昌：《中共中央与共产国际电讯联系》，《百年潮》2003 年第 11 期。

系。[①] 1935 年 8 月 3 日，李立三向米夫提交了一份报告，全面汇报了他在阿拉木图的工作，指出这项工作的基本目的是同中国陕西苏区、红二十六军或红二十五军建立无线电联系和人员交通线。关于无线电联系，他已派出两人携密码从新疆入境，于 1935 年 4 月到达乌鲁木齐。5 月 12 日两人已离乌东行。关于交通线，已设好乌鲁木齐和塔城两个中转联络站，目前正在建立哈密站，准备相继建立兰州、平凉、包头、仓口四个联络站。现存俄罗斯的有关档案中有一封 1936 年 6 月 25 日共产国际书记处联络处主任缪勒尔写给季米特洛夫的信，真实叙述了 1934 年秋中共中央和共产国际中断联系和 1936 年 6 月恢复联系的情况。在这项工作中，李立三、刘长胜以及在阿拉木图、莫斯科工作的三个保加利亚和一个丹麦人以及莫斯科电台的工作人员等做出了重要贡献。档案记载，各电台的地方通讯终端局 1933 年起就多次捕捉过苏区的讯号，而且苏区收到了这边的回讯。甚至 1934 年秋莫斯科和苏区之间经上海的联系中断后，双方也偶尔收到过对方的讯号，但是时间极短，很快就消失了。显然这是不稳定的，而且无法做出实质性的沟通。“因为苏区没有任何可以和莫斯科进行直接联系的密码。所有同苏区进行的密码交换都必须通过地方通讯终端局联系中心的密码的帮助，和中共中央的密码的帮助”。因此，需要立即建立苏区和莫斯科之间的直接电讯，并配备密码用于这种联系。缪勒尔说，季米特洛夫和周恩来做过恢复同中央苏区直接和稳定的联系这一极为重要的指示。根据他们的指示，联络处往阿拉木图和伊尔库茨克派去了熟练的技术人员，同时加强莫斯科电台的力量，还往天津、上海、香港派出人员，处处致力于建立这种联系。另外还经蒙古进行调查以便为苏区准备所需的工作人员。经过共同努力，1936 年 6 月 1 日，阿拉木图电台再

① 唐纯良：《李立三全传》，安徽人民出版社 1999 年版，第 189 页。

次收到苏区电台的讯号。缪勒尔立即指示下属所有电台跟踪监听。6月7日，伊尔库茨克电台也收到了。8号和9号，李立三建立的电台收到两封电报，其中一封来自中共中央书记处，对恢复联系表示高兴。①

第二项措施是派专人回国建立联系。1935年4月，共产国际和中共代表团特派正在莫斯科学习军事的阎红彦，扮成商人，携密码，从新疆入境寻找中共中央。阎红彦入境后经伊犁、迪化、兰州、宁夏、绥远，最后辗转至北平才得知中央红军已到陕北。与张浩相比，阎红彦起个大早，赶了晚集，直到1935年12月才抵达瓦窑堡与党中央取得联系。② 差不多前后被共产国际派回国的还有刘长胜。1933年1月，刘长胜化名罗英进入莫斯科共产国际列宁学院学习，两年后毕业。1935年上半年被派遣回国，经过了李立三的交通站。此前，交通站派出过两批人，携带电台和密码入境，没有成功。李立三编写了一套密码交给刘长胜。刘长胜入境后直到1936年5月才找到党中央，他带去了王明1935年8月7日在共产国际七大上的报告。党中央也使用过刘长胜带去的密码，莫斯科无人能识。康生只好带着电文专程到高加索找在那里疗养的李立三，才完成破译。③ 上节提到张浩被派回国负有传达共产国际七大会议精神的重大使命。同时，他也为党中央带来了恢复通讯所必需的密码。

在共产国际尝试恢复联络的同时，中共中央也做出了同样的努力。长征出发时，党中央不完全清楚上海中央局被破坏的具体情况。中统特务陈蔚如回忆，中统特工曾利用上海区破获

---

① 李永昌：《中共中央与共产国际电讯联系》，《百年潮》2003年第11期。

② 毕兴、贺安华：《阎红彦传略》，四川人民出版社1987年版，第81—82页。

③ 中共中央党史研究室编：《中共党史资料》第41辑，中共党史出版社1992年版，第161—162页；李永昌：《中共中央与共产国际电讯联系》，《百年潮》2003年第11期。

的中共秘密电台发出假情况，试图与红军电台联系，以迷惑长征途中红军的方向。红军发现后及时中止了与上海电台的联系。[①] 直到遵义会议后，1935 年 3 月 5 日，中央收到二、六军团处任弼时的电文，方知上海中央局遭破坏后无法恢复与共产国际电讯的情况。在这前后，中央也收到过莫斯科电台的呼号，并做出回呼，无奈电台功率太小，发报后对方捕捉不到信号。党中央对失去与共产国际联系一事高度重视，6 月初在泸定桥会议上专门研究了这一问题，决定派潘汉年[②]和陈云[③]携密码到上海恢复党组织及其电讯，伺机打通与共产国际的联系，向其汇报中共中央的情况。[④] 两人一前一后离开长征队伍，7 月下旬相会于上海，得知共产国际即将召开第七次世界代表大会。中共代表团副团长康生派来的人正在上海组织国内党员参加七大，动员从苏区来上海医伤的陈潭秋和其他人去苏联，特请陈云、潘汉年同往。[⑤]

1935 年 9 月，陈云等人陆续到达莫斯科，共产国际七大已拉上帷幕。他们的到来使出席这次会议的中共代表团终于获得了直接来自中央和红军长征的消息。10 月 15 日，在共产国际执委会书记处非常会议上，陈云详细报告了红军长征和遵义会议的情况。此前，共产国际仅凭中国报刊了解长征情况，不知道有个遵义会议。五次反“围剿”胜利了还是失败了？红军损失多大？为

---

① 中国人民政治协商会议江苏省委员会文史资料研究委员会编：《中统内幕》，第 140 页。

② 潘汉年（1906—1977），江苏宜兴人，时任红军总政治部宣传部部长兼地方工作部部长。

③ 陈云（1905—1995），江苏青浦（今上海青浦县）人，时任中共中央政治局常委。

④ 《党史研究》1987 年第 2 期。

⑤ 中共中央文献研究室编：《陈云传》（上），中央文献出版社 2005 年版，第 181—182 页；李永昌：《中共中央与共产国际电讯联系》，《百年潮》2003 年第 11 期。

什么要西征？那些著名的中共领导人近况如何？这些都是国际七大代表极为关心的重要问题。陈云原原本本地回答了事情经过和真相。他指出，遵义会议“撤换了‘靠铅笔指挥的战略家’，推选毛泽东同志担任领导……我们的党当然犯过某些错误，但它用自己的力量纠正了。像陈独秀、李立三、瞿秋白犯错误时期需要共产国际出面干预的情况，再也不会有了。目前，我们的党在新的情况下能够自己提出新的任务。”① 陈云还化名施平在《共产国际》上发表《英勇的西征》，又以国共之外第三者身份，署名廉臣，在巴黎《全民月刊》上发表《随军西行见闻录》，向全世界和全中国宣传介绍红军长征的事迹。陈云的报告和文章产生了广泛影响，不仅使共产国际和联共的领导人了解到中共的情况，而且加深了他们对中国革命和工农红军的认识和信心，争取到了他们对中共中央新领导班子的认可和支持。

与陈云担负的向共产国际汇报的政治使命不同，潘汉年的任务主要是恢复中共中央因上海秘密电台被敌破获而中断的与共产国际的电讯联系。他携带了无线电呼号、密码、波长和时段离开长征队伍来到上海，于 6 月 20 日致信共产国际驻沪代表，要求共产国际安排中共中央与上海局重建无线电联系，设立直接联系的单独电台。他解释说，中共中央怀疑上海中央局暗藏叛徒，不想直接与其建立联系。他还汇报了中共中央新的负责同志叫“波克利夫（他的中文名字叫张闻天）”。他指出，中共失去共产国际的直接领导是一个严重的现象，“我们现在急需共产国际在红军行动方向上，以及苏维埃和红军在国统区开展反帝斗争条件下对蒋介石的斗争策略问题上的指示和帮助”。这封信是 8 月 1 日

① 《陈云文集》第 1 卷，中央文献出版社 2005 年版，第 9、33—34 页。

递交到共产国际执委会手里的。[①] 潘汉年到莫斯科后，在共产国际执委会书记处 10 月 15 日非常会议上，汇报了第五次和第六次（指国民党军队在 1933 年至 1935 年对中国苏区的“围剿”）反“围剿”时期中共中央同十九路军和福建人民政府领导人谈判和签约的情况，批评了临时中央在这一问题上的错误。[②]

陈云和潘汉年为共产国际带去了电台呼号，但这种呼号不是供莫斯科而是供中共中央同上海联系用的，依然解决不了双方之间的电讯沟通。[③]

1936 年 4 月，红军东征期间，党中央决定派遣政治局委员邓发作为中共代表赴苏联，军事方面的任务是：（1）对日作战彼我双方之共同步骤问题；（2）两军委通讯联络问题；（3）我军向绥远行动并向绥远创立局面问题；（4）技术问题，能否接济步枪、步弹、轻重机枪、高射机枪、步兵炮、新式架桥设备、无线电器材，如可接济，我军在秋天全部开赴绥远接运一次至二次；（5）人的帮助问题，担任特种技术教育者数人，担任作战者数人。[④] 邓发 6 月从西安动身，随一戏班子徒步西行，入冬才到达新疆乌鲁木齐，而后被苏联领事馆人员转送到苏联。

以上零星的人员往来，只能为双方传递密码、呼号。但是光有密码、呼号是不够的。中共中央仍无法与莫斯科取得联系，原因是缺少大功率的电台。这个问题无法马上解决，也不能无限期拖下去。中央政治局瓦窑堡会议做了研究。12 月 23 日通过的

① 《联共（布）、共产国际与中国苏维埃运动（1931—1937）》第 14 卷，中共党史出版社 2007 年版，第 449—452 页。

② 《联共（布）、共产国际与中国苏维埃运动（1931—1937）》第 15 卷，第 47—55 页。

③ 李永昌：《中共中央与共产国际电讯联系》，《百年潮》2003 年第 11 期。

④ 秦生：《红西路军史》，中国社会科学出版社 2011 年版，第 16 页；张培森主编：《张闻天年谱》上卷（1900—1941），中共党史出版社 2000 年版，第 315 页。

《中央关于军事战略问题的决议》，把“完成与苏联的通信联络”作为今后六个月要完成的任务之一。前一天，毛泽东、周恩来还致电彭德怀，命令中革军委三局局长“王诤仍留后方主持与国际联络”。为此，中革军委三局专门成立了无线电十一分队。赵玉珍任队长，具体负责收发报工作。他们用缴获东北军的一部50瓦电台在山顶呼叫共产国际电台，1935年底至1936年初的一个晚上曾收到共产国际的一份电报。[①] 但这部电台还是功率太小，无法做到畅通。

1935年12月31日，上海地下党给中央送来一部百瓦电台。运至澄城后，中共中央即电令彭德怀、左权、聂荣臻，由一军团派出一个团或一个师前往接应。中央还通过在西安搞统战的同志购买大功率电台和无线电设备。[②]

共产国际得知中共中央没有合适的电台难以恢复通讯后，十分着急，于1936年4月冒险派出但忠余等七人携电台、枪支和现金入境。他们经内蒙古、宁夏一路而来，到安边时，遭遇民团发生激战。结果六人牺牲，一人被捕。[③]

经多方努力，六个月内“完成与苏联的通信联络”的计划如期实现。

6月16日，中共中央秘书处用张浩带回的密码从瓦窑堡向共产国际发出一份长电，详细报告了国内形势和党内情况，并说：“你们派出的人，林育英12月就到了，但有7个人带电台已达苏区边境被民团杀害了6人，余1人及电台尚在民国手上。”29日，毛泽东电告彭德怀：“远方电台已通，中央的报告已发出，不久

① 李海文、熊经浴：《张浩传》，当代中国出版社2001年版，第136页；何立波：《中共同共产国际恢复电讯联系的前前后后》，《党史博采》2003年第1期。

② 《党史研究》1987年第2期。

③ 徐林祥：《中共与共产国际秘密电讯联系的建立、中断和恢复》，《安徽史学》1997年第2期。

当有回电。”三天后，7 月 2 日，中央收到王明的回电：“收到你们用李复生密码发长电的一、六、八、九、十、十一各点。”当晚，张闻天致电博古：“国际电台已畅通。”①

1940 年 3 月，任弼时从莫斯科回到延安，用共产国际机要处交给他的两套通讯密码建立了一个秘密通讯机构，专门负责与共产国际联络，对外称“农村工作部”或“农委”。经过多次试验，效果良好。1940 年 11 月，该机构正式工作。党中央只有毛泽东一人有权使用它的电台。“农村工作部”设在延安小砭沟，靠近中央警卫团驻地。部长是吴德峰，副部长帅孟奇。由任弼时直接指导，他和师哲担任电文翻译。经手者只有极少数机要人员。1943 年 5 月，共产国际宣布解散，电台工作结束，资料交给了中央机要局。1944 年“农村工作部”撤销。

“农村工作部”处理的都是中共中央与莫斯科联系的绝密电文。1946 年 12 月，党中央撤离延安前，毛泽东为了保密命令师哲在他亲自监督下，将这批电文全部烧毁了。②

第三节　“第一号”电报

在党中央到达陕北至国际电台畅通这段时间里，由于所处政治环境和地位不同，更因为缺少及时沟通协调的技术手段，中共中央与共产国际在反蒋还是联蒋的策略问题上，渐次发生了分歧。直到双方建立了经常性的稳定的电讯往来，分歧才得

① 何立波：《中共同共产国际恢复电讯联系的前前后后》，《党史博采》2003 年第 1 期。

② 《峰与谷——师哲回忆录》，红旗出版社 1992 年版，第 201—202 页。

以解决。

抗日反蒋是中共中央根据共产国际七大精神结合中国局势和红军处境确定的方针。1935 年 12 月瓦窑堡会议通过的《关于目前形势与党的任务决议》，把抗日放在第一位，反蒋放在第二位。由于蒋介石坚持“剿共”，调集重兵包围红军，而红军又远离抗日前线，不反蒋便无法抗日，甚至不能生存，故抗日必须从反蒋开始。瓦窑堡会议在作军事决议时规定当前总方针是“准备直接对日作战的力量”，“主要目标还应该是汉奸卖国贼的军队”，当前任务是“打通苏联”与“巩固扩大现有苏区”，以“打通苏联”作为中心任务。①

瓦窑堡会议后，中共中央开展了政治与军事两条战线的工作。在政治方面，党中央发起了倡导国防政府和抗日联军的全国性运动，张闻天、毛泽东等领导亲自出面写信、会谈，开展了对国民党中央军和地方军的统战工作，与南京政府也有间接的人员接触。在军事方面，红军进行了东征战役，进入山西开辟新的根据地和抗日通道。

1936 年 4 月，当东征取得成果时，蒋介石调集了中央军汤恩伯部入晋，与阎锡山的军队一起阻拦红军东进，迫使红军主力撤回陕西境内。汤、阎西渡黄河尾随跟进。蒋介石又命令驻陕西的东北军和杨虎城十七路军以及周边各路中央军和地方军共同“围剿”红军。恰在这时，中共中央对东北军的统战工作取得重大进展。张学良接受了中共的主张，同意停止内战一致对外，联共联苏，共同反蒋抗日。从 5 月初起，双方开始酝酿一个秘密的西北计划，共同成立西北国防政府和西北抗日联军。

西北计划综合了瓦窑堡会议提出的组织全国统一的国防政府

---

① 中央档案馆编：《中共中央文件选集》第 10 册（1934—1935），第 598—623 页。

和抗日联军、打通苏联争取援助，扩大红军，巩固扩大苏区，准备直接对日作战等一系列军政任务。主要内容是，西北国防政府以兰州为中心，经新疆、宁夏与苏蒙打通；张学良任政府主席和联军总司令，中共代表任副职；新政府成立后，将越过南京政府直接与苏联政府签署军事互助条约，用苏联援助取代南京政府给予东北军的供给。

与原来全国统一的国防政府和抗日联军的设想不同，西北计划首先是一个军事暴动的方案：东北军以“剿共”名义夺取兰州，肃清蒋系朱绍良部，控制去新疆的西部通道；红一方面军和十五军团向北夺取宁夏全境，打通苏蒙，负责为新政府和联军接取苏联援助；红二、四方面军在陕南担任对蒋防务；十七路军则留驻陕西，与陕北苏区共同构成新政府的东部区域。

当时，包围红军的国民党兵力多达 286 个团 40 多万人。陕北苏区的全部红军不足 3 万人，且武器弹药严重不足，人力经济资源匮乏。尽管红军英勇善战，并运用了机动灵活的战术，但只凭红军一支力量很难打破敌人“围剿”，更无法开辟抗日局面。因此，西北计划成为中共中央的唯一选择和希望。5 月 18 日，中共中央以西北革命军委的名义发布《关于西征战役的行动命令》，并调集红二、四方面军配合行动，同时加紧联络共产国际。

6 月 16 日，中央书记处从瓦窑堡向共产国际发出了电台畅通后的“第一号”电报，全面汇报了中共中央到达陕北后的情况和西北计划。电报直接发给中共代表团团长王明，由他转交共产国际执委会主席季米特洛夫。电文长达 2500 多字，共报告了 11 个问题。王明陆续收到这些问题，于 7 月 2 日回电接收完毕。

电报第一个至第四个问题，是关于中央和红军主力落脚陕北以来东征、西征、陕甘苏区和红军兵力的情况。第五个问题，反映了张国焘另立中央分裂红军的错误，以及红四方面军目前情况。红四方面军以前有 4 万人，现在总计约 2 万人。第六个问题，关于红二方面军，其兵力约 2 万人，认为政治上强于红四方面军。第七个问题，关于国民党军队在西北地区和红军周边的兵力部署。

第八个和第十个问题是电文重点，[①] 详细汇报了西北计划，以及请共产国际帮助解决执行该计划所必需的财政问题和军事装备。张学良对反蒋曾一度犹豫，原因之一是东北军要靠南京政府供给。苏联援助是实施西北计划的关键。电文说东北军战士每月的薪饷支出是 200 万元，全靠南京拨款。若是军队发动起来，这些拨款就会完全停止。杨虎城军队有 3 万人，靠陕西省供给，已经不够了。甘肃省有 600 万人口，将来的税收收入也不够供给 20 万红军和东北军的。东北军加入抗日联军后，必须向七八万红军战士支付和东北军同样数目的薪饷，否则红军很难扩充。电文请王明向共产国际了解一下，能否每月向中方提供 300 万元的援助，并开始在国外华侨和全世界工作当中募捐。关于军事装备，电文说，希望得到飞机、重炮、弹药、步枪、高射炮、浮桥等。

中央书记处已经估计到国际的援助可能受苏中关系和苏日关系的约束，所以请王明了解一下，“政治局势是否允许给中方提供援助和能提供多大程度的援助”。

电文强调了发动西北运动的时机。当时，中国刚发生西南桂系反蒋事件。电文指出，“现在鉴于两广运动在展开，又出现了宋哲元在华北、刘湘在四川的骚动等，有必要加速在中国西北地区的运动。”“我们预计两个月内……根据靠近苏联和在中国西北部铲除蒋介石势力的原则，将会出现军队的普遍发动。”

第十个问题，介绍了陕北苏区的中央政治局委员、书记处书

① 电文第九个问题在现存史料中缺失。

记以及回国人员的情况。[①]

在长达半年的时间里，中共中央根据莫斯科传来的零星消息和意见，始终认为共产国际是赞同抗日反蒋的。东征期间，党中央收到共产国际七大两个决议的文本，经研究认为，“中央以前的决议基本上同这些决议相符合”。[②]

深信西北计划能够得到支持，一个重要原因是有新疆盛世才的先例。苏联从 1933 年起同盛世才建立了合作关系，向其提供了大量的军事装备，甚至出兵帮助平定叛乱。新疆一时成为苏联援助中国革命的一个重要基地。在西北计划中，与盛世才的合作和取道新疆是打通苏联的可选方案之一。苏联没有理由不同意这个方案。

但是在长达两个月的时间里，共产国际不仅没有正式答复中共的西北计划，反而提出了一些问题。这些电报没有保存下来，但从后来中共中央发出的藏于俄罗斯的电报中，我们可以了解莫斯科关心的问题。例如，中共中央 6 月 30 日致王明的电报回答了共产国际对中共政治路线的质疑。电报强调瓦窑堡会议的“政治决议完全贯彻了共产国际七大决议精神”，即“共产国际的抗日反蒋广泛统一战线路线”。电报还指出，中央政治局后来根据客观形势的变化多次通过了贯彻这一路线的具体的政治决议，取得了很好的效果：“不但团结了我们自身的力量，而且赢得了学生、知识分子、工人、农民和所有不想当殖民地奴隶的人的热烈支持和同情，也赢得了抗日武装力量的支持和同情。”[③] 为了说明问题，中央书记处还发去了张闻天在瓦窑堡会议的政治报告和毛

① 《联共（布）、共产国际与中国苏维埃运动（1931—1937）》第 15 卷，第 223 页。

② 《张闻天文集》第 2 卷，中共党史出版社 1992 年版，第 80 页。

③ 《联共（布）、共产国际与中国苏维埃运动（1931—1937）》第 15 卷，第 228 页。信中“2 月的政治决议”一句，应为“12 月的政治决议”即瓦窑堡决议之误。

泽东《论反对日本帝国主义的战略》两个文件。

中央书记处 7 月 2 日再次致电王明，谈到了张学良和东北军的问题。此前，张学良曾向中共中央领导人提及，他在欧洲时苏联政府拒绝他到莫斯科。他认为，此事说明苏联对他怀有宿怨，不愿帮助他。中共中央也担心这一点，怕影响西北计划获得批准，决定向共产国际解释。张闻天起草签发了致王明的电报，全面汇报了争取张学良及东北军的经过：由于粉碎了他对陕北的进攻、优待和释放了其被捕军官，并发送抗日救国统一战线的各种宣言，结果 1935 年 12 月即得到反应，有了双方的第一次谈判。张学良现在“十分信赖苏联，多方设法帮助我们打通国际联络”。电报又说，张学良请求中共派人为其策划，并提出加入中共。我们“将来拟许其入党，因为这是有益无害的。”

张闻天不仅肯定张学良和东北军是可靠的力量，而且指出国共双方都在争夺东北军，目前已到了“最后决斗的时期，我们客观与主观的条件虽都好过蒋介石，但还要用一把很大的力量，国际的援助是一个重要条件。”

他再次强调了西北计划刻不容缓：“西南发动已二十余日，……华北韩复榘、宋哲元酝酿响应，已经发出双方不得进行内战的宣言，但尚无军事行动。近日有代表到西安，约张共同举事……东北军在西北的发动决不容缓，我们计划至迟到八月应该发动。八月上旬二、四方面军可到甘南，那时实是最好时机。”他请求对方即行回复。①

“第一号”电报和后来几份中央电报在共产国际执委会内部引起了热议。原来，西北计划和反蒋策略与苏联政府的想法大相径庭。季米特洛夫拿不定主意，决定上报斯大林听取指示。他在

① 张培森主编：《张闻天年谱》上卷（1900—1941），第 338 页；杨奎松：《西安事变新探：张学良与中共关系之谜》，江苏人民出版社 2010 年版，第 122—123 页。

报告中引用了“第一号”电报和6月30日电报的内容，附上刚收到的张闻天在瓦窑堡会议上的政治报告，毛泽东《论反对日本帝国主义的战略》的讲话，以及中华苏维埃政府1936年2月21日《关于召集全国抗日救国代表大会通电》和中共北方局1936年3月10日《关于抗日救国的呼吁书》。

他把上述电报和文件中的全部问题归结为三点，请斯大林给予指示。三个问题是：（1）关于中共和中国红军在西北的政治军事计划，以及与此相关的中共在建立抗日人民统一战线问题上总的政治方针；（2）关于向中国红军提供物资援助；（3）关于中共中央书记处多数成员与其个别成员张国焘之间的分歧。①

第四节　从反蒋到逼蒋的国际背景

从中共中央到达陕北起在一年时间里，中苏两国在南京、国共两党在莫斯科和中国国内就抗日问题进行了多次会谈。这些会谈是蒋介石迫于国内外党内外的压力提议的。在日本威胁下，蒋奉行“攘外必先安内”的反动政策。在“安内”方面，他以军事“围剿”为主，政治“溶共”为辅，全力对付中共和红军。在“攘外”问题上，他在对日退让放任的同时，寄希望于外交斡旋，利用列强限制日本扩张。他在中苏、国共会谈中的立场体现了这一方针。

在中苏会谈中，蒋介石本人亲自出面，从1935年10月到1936年1月，多次约见苏联驻华大使鲍格莫洛夫，重点谈了两个问题。一是提议签订针对日本的中苏军事互助条约。蒋要求苏联

① 《联共（布）、共产国际与中国苏维埃运动（1931—1937）》第15卷，第228—229页。

提供援助，却对中国应承担的义务百般敷衍，甚至使用流氓手段要挟，暗示苏联如果不同意互助条约，中国将被迫接受日本要求，参加“广田反共三原则”的谈判。二是请苏联政府介入国共关系，帮助他解决中共和红军问题。蒋介石声称这是他所提问题中最重要的一点：“如果我们能就这个问题达成协议，其他问题也就迎刃而解了……共产党可以公开存在，但是任何一个国家都不允许一个政党拥有自己的军队。苏联必须利用自己的威望劝说红军承认事实上的政府，那时中国政府就能抗日了。”[1]

苏联政府对中苏互助关系抱有很大期待，但对签署军事互助条约犹豫不决，只同意签署互不侵犯条约。苏联政府怀疑蒋介石的抗日诚意和决心，担心中蒋介石圈套，造成苏联单独对日，蒋介石则拿苏援去对付共产党和红军的荒唐局面。苏联外交人民委员部的立场是，应该支持在中国日益强大的主战派，如果中国确实要投入抗日，我们则准备给予力所能及的支援。但是现在时机不到，不能自我束缚。[2]

苏联很清楚，蒋介石提出红军问题，其目的是想从外交上解除苏联和共产国际支持中共的义务。这对苏联政府确实是一个难题。基于外交准则和反日立场，苏联大使鲍格莫洛夫承认中国统一的正当性，表示“拥护中国的政治团结和经济稳定”。同时又以不干涉中国内政为由反对介入国共关系，拒绝对中共施压和担任调停。苏联还拒绝了蒋介石提议中苏关系以1923年《孙文越飞宣言》为基础。表面理由是不干涉中国内政，实际因为这个宣言强调共产主义和苏维埃制度不适合中国，承认它等于“给英勇的中国共产党和中国红军背后捅一刀”。[3]

---

① 《近代史资料》总79号，中国社会科学出版社1991年版，第228—229页。

② 《近代史资料》总79号，第225页。

③ 《近代史资料》总79号，第232页。

关于国共关系，苏方建议两党直接谈判，而“苏联可以随时给蒋或国民党中央的代表赴莫斯科的签证。”① 随后苏联安排了国共莫斯科会谈。

1936 年 5 月，苏联政府对中苏会谈犹豫和消极的态度发生了重要转变，由怀疑蒋介石的抗日诚意，转向相信他可能抗日。外交人民委员部 5 月 19 日给驻华大使的一封信反映了苏联政府对蒋介石看法的转变。在苏联政府看来，蒋介石愿意抗日的主因是日本人的逼迫。信中说，近三个月来，日本军阀肢解中国的方针占了上风。日本对蒋谈判几乎已停滞，日本军阀已在准备并部分地实际占领了华北，把殷汝耕治下的范围扩展到整个冀察地区。在日本武装力量保护下进行的大规模走私活动，对于推行“蚕食”中国的政策具有重大作用，客观上迫使蒋介石和南京政府走上抗日之路。近据各种线索获得几件情报，确证蒋介石准备武装抗日。② 这一新的判断大大缩短了中苏两国在中共和红军问题上的差距。现在，苏联政府不仅在外交辞令上赞成中国统一，实际也默认了蒋介石要它向中共施加压力的要求，即通过共产国际推动中共放弃反蒋策略，转向联蒋抗日。

在与中共中央失去联系期间，共产国际执委会对中国事务的判断，除考虑苏共苏联的意见外，主要依靠以王明为首的中共代表团。1936 年 1 月，中共代表团在苏联安排下应约参加了国共莫斯科会谈。国民党方面的代表是中国驻苏武官邓文仪。邓文仪受蒋介石委托，利用他和王明昔日同在莫斯科中山大学就读的关系，提出会面。中共代表团先派潘汉年出面，后由王明主谈，双方进行了四次接触。邓文仪带来了蒋介石与中共联合抗日的三条意见：1. 撤销苏维埃政府，人员参加南京政府；2. 红军改编为

① 《近代史资料》总 79 号，第 226 页。

② 《近代史资料》总 79 号，第 231—232 页。

国民革命军，受蒋介石指挥，与国军互派政工人员，可从政府得到部分武器粮食，驻防内蒙；3. 恢复国共合作关系，或中共合法化。王明提出实际谈判之前双方应先停止军事行动。邓文仪回答说，谈判开始之前，任何一方都不想停止军事行动。他还转告王明，蒋介石主张双方应在莫斯科谈好协议，然后寄往苏区签署。王明反对这么做，坚持任何具体条款的谈判必须在南京和苏区之间进行。中共代表团不了解红军今天的具体要求，因此不能代替中共中央做出决定。①

与苏联外交人民委员部的角度不同，中共代表团和共产国际执委会认为，蒋介石提出谈判是迫于全国抗日呼声使出的骗人伎俩。在这种情况下，中共中央应更高地举起抗日旗帜，把组织全民抗日当作一切工作的中心。3 月 5 日，米夫、王明和中共代表团其他成员为共产国际执委会书记处起草了《关于中国的形势和中共的任务的指示》，认为中国已经出现了实行中共新策略和建立统一阵线的特别有利的条件。国民党内不仅是单个人而且是与国民党关系密切的整个团体以及国民党的一些组织，有可能在最近走上与国民党上层的政策而彻底的决裂的道路，并加入到强大的全民民族解放斗争战线中来。《指示》预言中国可能出现类似俄国二月革命的形势，中共应该利用这一“千载难逢的机会”，把所有力量，其中包括军队的力量联合起来，并根据《八一宣言》阐述的条件和立场成立联合军队和联合国防政府。②

3 月 23 日，王明在共产国际执委会主席团上提出改变打倒南京政府和蒋介石的口号。他解释说，这样做收效较小，而采取另一种更迂回的政策，收效会更大些。他建议：“我们应当继续把

---

① 《联共（布）、共产国际与中国苏维埃运动（1931—1937）》第 15 卷，第 89—102、104—107、108—110 页。

② 《联共（布）、共产国际与中国苏维埃运动（1931—1937）》第 15 卷，第 156—167 页。

抗日的口号提到首位，并在这个口号下，要求南京政府履行自己关于统一战线和对日作战的诺言。因为只有这样我们才能揭露蒋介石的伎俩，否则我们正好中了圈套。”王明认为，国民党及其军队只有先分裂才可能部分地加入统一战线，但是中共不宜公开提出分裂国民党的口号，这样反被蒋介石利用。中共应当提出同所有国民党军队包括南京军队联合起来的口号，反对所有进行内战的人，从而达到实际分裂国民党的目标。①

此时，中共代表团与中共中央都坚持反蒋对于实现抗日统一战线是必要的。不同的是，中共代表团主张利用全国性的政治斗争方式达到这一目的。4 月 16 日，王明和康生为此拟订了一份政治行动计划。他们认为，建立抗日统一战线的条件业已成熟。一方面是国际形势：东京的军事暴乱、日本进攻中国的威胁，斯大林关于援蒙的谈话等。另一方面是国内形势。民众反日斗争日益高涨，蒋介石集团与反对派之间斗争的尖锐化，红军打着抗日统一战线口号向晋绥进攻，中共新政策在民众和国民党军队中深入人心，不仅民众，而且中国军队的许多高级军事指挥人员和将领都开始寻求在国内同红军和共产党联合和在国外同苏联联合的自救道路。他们列举了七个方面的力量：张学良军、广西派、阎锡山、杨虎城、十九路军集团、马占山集团、抗日群众组织，认为应在近期把这些力量组织起来，“成立一个共同的政治组织，也就是以集体或个人资格参加的所有抗日政党和团体的同盟，以便在统一的政治领导下，联合一切抗日力量和群众组织。”他们断言：“如果我们能够成功地做到这一切，那么全国的形势将会完全不同于现在，特别是南京政府军的状况必然会发生有利于抗日

① 《联共（布）、共产国际与中国苏维埃运动（1931—1937）》第 15 卷，第 178—182 页。

斗争的变化。”①

王明和康生把这一方案称作“近期计划”。在他们看来，成立“全国统一的国防政府”必须先从建立“共同的政治组织”开始。中共中央则主张从军事行动入手，把建立西北国防政府当达到这一目标的必由之路。

莫斯科会谈之后，国民党当局又以专人送信到苏区的方式开始了国内会谈或接触。蒋介石通过陈立夫为首的CC派和宋子文在国统区找到了两位中共党员董健吾和张子华，托他们带话，向中共中央提议联合抗日。两人在张学良的帮助下进入苏区，在东征战役开始后一周，于2月27日到达瓦窑堡。他们向党中央汇报了国民党上层内部有联日反共和联共抗日两种力量，指出“蒋介石亦有与红军妥协反日的倾向”。② 中共中央表示同意会谈，并提出五条具体意见：1. 停止一切内战，全国武装不分红白，一致抗日；2. 组织国防政府与抗日联军；3. 容许全国主力红军迅速集中河北，首先抵御日寇迈进；4. 释放政治犯，容许人民政治自由；5. 内政与经济上实行初步与必要的改革。③

5月初，中共中央收到张子华带来的国民党回信，里面包括四项条件：1. 国民党欢迎中共武装队伍参加对日作战；2. 中共军队参加对日作战时，与中央军同等待遇；3. 中共如有政治意见，可通过即将成立的民意机关提出，供中央采择；4. 中共可选择一地区试验其政治经济理想。④

此时正值中共中央为打破国民党重兵“围剿”而制订西北

① 《联共（布）、共产国际与中国苏维埃运动（1931—1937）》第15卷，第189—195页。

② 《毛泽东年谱（1893—1949）》上卷，第516页。

③ 《毛泽东年谱（1893—1949）》上卷，第519页。

④ 中国人民政治协商会议全国委员会文史资料工作委员会编：《文史资料选辑》第71辑，中华书局1980年版，第14—15页。

计划和决定西征的时候。南京方面迫于形势提出的谈判条件，对中共抗日反蒋方针的影响十分有限。重兵包围下的中共中央必须优先考虑红军的生存发展以及苏区的巩固扩大，把统战重点放在有助于打破“围剿”的和周边的国民党军队上，而不是寄希望于南京方面递过来的橄榄枝。5月8日至9日，中央政治局在延长县交口镇召开扩大会议讨论当前形势。张闻天作总结发言，指出现在形势是抗日与卖国的两极分化，“联日反共”或“联共抗日”尖锐地提到群众的面前。如果要“剿共”就只有与日本联合。中间周旋的余地越来越小。故在策略方面，要坚持统一战线。东征在政治方面得到了胜利，现在则要以西北国防政府为主要一环。①

6月16日，党中央向共产国际发出“第一号”电报，全面汇报了西北计划，没有涉及与南京的接触。在党中央看来，这一接触较之于西北计划，对于改变国民党反共政策无足轻重。

就在等待共产国际正式批复的时候，国民党召开了五届二中全会。在党内外抗日呼声的压力下，蒋介石对抗日问题说了一些积极的话，并作了新的承诺，从而引起国内社会的关注。这并不表明他想根本放弃攘外安内的政策，但至少他已把政治安内作为解决中共和红军问题的可选途径。中共中央8月初收到南京方面提出的“新四条”：1. 军队统一编制、统一指挥、取消工农红军名义；2. 政权统一，取消苏维埃政府名义；3. 容纳各派，集中全国人才；4. 共产党停止没收地主土地等政策。国民党当局要求中共尽快予以答复。②

8月10日，中共中央政治局研究了这些变化。会议听取了潘汉年关于中苏谈判和国共谈判一些情况的报告。潘汉年在莫斯科

---

① 张培森主编：《张闻天年谱》上卷（1900—1941），第320页。

② 程中原：《张闻天传》，当代中国出版社2006年版，第215—216页。

参加了中共代表团与邓文仪的谈判，回国后又奉中共代表团和中共中央之命，与国民党代表曾养甫和张冲保持接洽。

毛泽东在会上作报告和结论，指出蒋介石依靠日本出卖投降的基本战略没有改变，但他准备开国防会议，实行局部的对日作战等，战术有所改变，而战术的改变有可能影响其战略的动摇。蒋现在也说统一战线、国防政府，要同我们来往，这是为了得到群众的拥护和日本的退让，以巩固他的统治。我们愿意与南京谈判，现在还是这个方针。在今天我们应该承认南京是一种民族运动的大力量。我们可以承认统一指挥、统一编制，在许多策略方面要有所改变，但是一定要停止"剿共"，一定要实行真正的抗日。又说，民众抗日已经冲破蒋介石的压迫，但是还没有冲破蒋介石的最高界限，即还没实现民主。"抗日必须反蒋"的口号，现在已不适合，要在统一战线下反对卖国贼。①

张闻天表示同意毛泽东的报告，指出应在蒋的军队和组织内部开展统战工作。在统一战线中巩固我们的力量，是两位一体不可分离的任务。不仅要巩固我们的力量，更要准备联结很多力量，尽量使蒋孤立，防止蒋在统一战线中叛变，记取 1927 年大革命的教训。②

会议通过了毛泽东报告和结论，并决定他起草一份致国民党的公开宣言，张闻天起草一份党内指示，阐述逼蒋抗日的新政策。

这次会议基于蒋介石基本战略未变战术有所改变的判断，调整了过去的对蒋策略，由反蒋转向逼蒋，但是没有改变西北计划。8 月 12 日，中共中央致电红二、四方面军，在部署西北计划的同时，宣布了新的对蒋策略。电文指出，三个方面军的目前任

① 《毛泽东年谱（1893—1949）》上卷，第 567 页。

② 《张闻天文集》第 2 卷，中央党史出版社 1992 年版，第 134 页。

务是配合东北军打通苏联、巩固内部、出兵绥远，建立西北国防政府，用此国防政府去推动全国统一战线，造成全国国防政府的基础。关于新的对南京策略，电文说，认定南京为进行统一战线之必要与主要的对手，应与南京及南京以外之国民党各派，同时地分别地进行谈判。依据过去与南京谈判的基础，在忠实进行抗日准备，实行国内民主与实行停止“围剿”等前提之下，承认与之谈判苏维埃、红军的统一问题。继续停战议和请蒋抗日的号召，目前阶段，实行他不来攻我不去打，他若来攻，则一面坚决作战，一面申请议和。在抗日进军路上，遇到蒋介石部队和其他部队，实行先礼后兵政策。防御时用反对卖国贼捣乱抗日后方口号。进攻时用反对卖国贼拦阻抗日去路口号，但不论何时，均取一面作战，一面讲和政策。

又说，所有以上对南京的策略，都是为着分化南京，揭破其欺骗，孤立其首领，争取其群众，排斥其汉奸部分，而推动其爱国部队，使之走向真正抗日救亡的道路。同时影响南京以外各派，求得创造西北局面的便利。①

三天之后，中共中央收到了共产国际对“第一号”电报的正式批复。

第五节　共产国际“8·15指示”

共产国际执委会在正式批复“第一号”电报之前，花了两个月调研中国问题，听取了各方意见。由于西北计划与苏联对华政策相去甚远，季米特洛夫专门请示了斯大林。斯大林批复的具体

① 郝成铭、朱永光主编：《中国工农红军西路军·文献卷》上卷，甘肃人民出版2004年版，第154—156页。

意见无存，但无疑体现在苏联政府的立场之中。

1936年7月23日，共产国际执委会书记处召开了有关中国问题的会议，就中共的政策、组织、领导、干部、工作方针等问题作出“严肃而有根据”的决议。与会者包括季米特洛夫、王明、康生、皮克、马尔蒂五人。会议汇集了三方面的意见。一是苏联政府的立场，即维护苏中关系大局，联蒋抗日，以蒋和南京政府为中心实现中国统一。二是中共中央的西北计划，带有反蒋武装斗争的性质。三是处于前两者之间的中共代表团的意见，主张联合反蒋力量成立全国抗日同盟。

王明向会议报告了瓦窑堡决议，中共中央恢复电讯后打来的“第一号”电报和其他电报，就中共中央政治局的决议向共产国际执委会书记处提出了批评性意见和中共代表团的建议。①

季米特洛夫作了重要讲话，对中共中央和中共代表团的两种反蒋策略均持程度不同的批评立场，认为王明对中共中央的批评性意见在很大程度上既适用于王明也适用于中共代表团的一些人。不过，王明的建议可以基本采纳，需要作一些修改。其中一部分还应转交国内采纳和审议。

他指出，现在中国的任务不是扩大苏区和扩充红军，而是要寻找一些机会、一些途径、一些合适的口号和合适的办法，争取把绝大多数中国人民联合起来反对日本侵略者。现在应该强调成立中华民族共和国、中华民族议会，并向蒋介石和国民党指出共产党人、红军和苏区愿意在普选基础上为建立统一的民族的中华民族共和国而奋斗。中共应在实现抗日统一战线的过程中实现中华共和国和中华议会。那时苏区再向中华议会派出自己的代表，并提出建立苏维埃作为中华共和国的民主机构的问题，直至中国劳动人民在争取苏维埃政权的斗争中取得最终的胜利。

---

① 王明的发言没做速记记录。

在季米特洛夫的讲话中，“中华民族共和国”和“中华民族议会”是取代此前国防政府和抗日联军的新提法，区别是前者不排蒋，只需改造南京政府。后者以反蒋抗日力量为基础，需另立政府。

关于对蒋策略，季米特洛夫强调高举国家统一的旗帜，指出蒋介石把自己装扮成主张中国统一的人，打着反分裂的旗号反对苏区，并成功地把国家的四分之三组织起来，而日本的侵略又给中国人民联合抗日提供了强大的推动力。在这种情况下，中共应该高举国家统一的旗帜，以红军作为后盾，成为这场斗争的发起者。“其余一切都要服从这一基本任务。”①

根据季米特洛夫的意见，会议决定把王明的建议作为起草共产国际对中共中央指示的基础，责成王明、康生、陈云、米夫等做最后审定，报季米特洛夫批准。7 月 27 日，季米特洛夫把修改后完的文件草稿上报斯大林征求意见。斯大林批示“同意”。②最后定稿于 8 月 15 日发向中共中央书记处，署名共产国际执委会书记处。

“8・15 指示”的基本精神与季米特洛夫 7 月 23 日讲话一致，语气有所缓和，因为考虑到对中共中央应鼓舞士气，不能一味指责。指示说，中共中央瓦窑堡决议和“第一号”电报已知悉，“基本上同意你们所采取的建立抗日民族统一战线的方针，但是我们认为，党和红军的领导必须对抗日民族统一战线的实质和性质有一个明确的认识，因为在这个问题上犯错误会给中国劳动人民造成致命的后果。”

电文提出了五点意见。1. 在抗日民族统一战线中，中共应坚

---

① 《联共（布）、共产国际与中国苏维埃运动（1931—1937）》第 15 卷，第 230—234 页。

② 《联共（布）、共产国际与中国苏维埃运动（1931—1937）》第 15 卷，第 240 页。

持政治、组织和红军的独立性。2. 为团结一切抗日力量，中共应声明，它主张成立统一的中华民主共和国，在普选基础上召开全国议会，成立全国国防政府，苏区成为中华民主共和国的组成部分并实行为全国确立的民主制度。3. 放弃蒋介石和日本侵略者等量齐观的方针，停止红军和蒋军之间的军事行动，同蒋军协商一致抗击日本侵略。如果蒋继续进攻红军，红军可以自卫，同时继续坚持同国民党及其军队达成抗日的方针。4. 把“立即对日宣战”的口号改为“日本侵略者从中国滚出去”的口号。5. 保持与张学良的接触，但不能把他视为可靠的同盟者。①

这是一份盼望已久的指示，中共中央立即进行了研究，并对照反省了自己的路线和政策，得出的结论是：“九个月来统一战线工作，虽原则上执行了共产国际七次大会路线，但在对南京及西南等问题上，我们是犯了错误的”。② 从8月下旬起，中共中央相继出台了一些纠偏举措。9月15日和16日，中共中央还召开了34人参加的政治局扩大会议，专门研究“8·15指示”提出的问题。

“8·15指示”与中共现行政策的异同主要涉及对蒋策略、民主共和国、对西南事件的立场、西北计划四个问题。

关于对蒋策略。由于此前中共中央已放弃了抗日反蒋的提法，共产国际与中共中央在要不要联蒋的问题上已无原则分歧。但“8·15指示”强调对日作战“必须有蒋介石军队或者其他绝大部分的参加”，“必须采取停止红军和蒋介石军队之间的军事行动并同蒋介石军队协商一致抗击日本侵略者的方针”，敦促中共正式向蒋介石建议，立即停战谈判，缔结抗日协议，甚至替中共

① 《联共（布）、共产国际与中国苏维埃运动（1931—1937）》第15卷，第240页。

② 张培森主编：《张闻天年谱》上卷1900—1941，第360页。

列出了四条谈判要求。对于这种紧迫性，中共中央不得不考虑。8月25日，毛泽东为党中央起草了《中国共产党致中国国民党书》，首次称蒋介石为“蒋委员长”，接着两次电令中共对蒋谈判代表潘汉年速回保安领受新的方针，限期返宁开始谈判，“以期在短期内成立统一战线”。他强调，“这是我们进行整个统一战线的重心。”①

如何联蒋是一个十分复杂的问题。由于蒋介石坚持“剿共”，联蒋必须以蒋放弃“剿共”为前提。当时中共和苏联都估计蒋介石有转变的可能，但如何推动他转变，共产国际和苏联并无良策。苏联寄希望于苏中谈判，试图通过外交压力和提供援助的可能，促使蒋介石下决定与日本开战。但在谈判中，苏联受制于主权原则无法正面提出停止“剿共”的问题，反而不得不承认蒋介石有责任统一中国。因此要保住中国红军的力量，苏联只能通过共产国际建议中共积极参加国共谈判。但是它没有提供中共在谈判中制胜的策略。季米特洛夫在7月23日共产国际执委会书记处会议上曾设想“在中国创造这样的局面，在蒋介石的军队中，在国民党中造成这样的运动，使蒋介石不得不同意建立这样的抗日统一战线，使蒋介石及其南京军队的其他总司令们进一步同意建立共同的抗日统一战线”。② 这一设想只考虑在纯政治运动范围采取措施。中共中央根据“8·15指示”的一般原则，结合自己以往经验，特别是武装斗争的经验，提出了迫蒋、逼蒋抗日的方针。8月30日，中共中央致电二、四方面军领导，指出“我们的基本方针是迫蒋抗日，造成各种条件使国民党及蒋军不能不与我们妥协，以达到两党两军联合反对日本的目的”。电文中，“造成

① 《毛泽东年谱（1893—1949）》上卷，第573、574页。

② 《联共（布）、共产国际与中国苏维埃运动（1931—1937）》第15卷，第232页。

各种条件”，包括了以下政治与军事措施：联合东北军，与西北其他各部谈判，造成西北新局面；为反对日本截断中苏关系图，准备冬季打通苏联；发展甘南、陕南，使之与陕北、甘北苏区相呼应；迫使胡宗南停止于甘肃以东。[①] 9月1日，中共中央向全党秘密发出了《中央关于逼蒋抗日问题的指示》，强调“在逼蒋抗日的方针下，并不放弃同各派反蒋军阀进行抗日的联合。我们愈能组织南京以外各派军阀走向抗日，我们愈能实现这一方针。”[②] 9月15日和16日的中央政治局扩大会议更深入地讨论了逼蒋与联蒋问题。毛泽东主张“要用各种办法逼蒋抗日。加紧对南京以外各党派的统一战线工作，更能逼蒋走到抗日。我们改倒蒋为批蒋，改反蒋为联蒋，而我们的警戒是不能放松的。”[③] 会议上也有同志强调“联蒋抗日是具有重要意义的”。毛泽东指出：“联蒋问题，我们一方面要联，现在还没有实行联……他和我们联合是可能的，但哪天可实现联合，是说不定的。我们的方针应如此，那方面的事情要由他自己去决定。”[④]

关于民主共和国。中共中央遵照“8·15指示”，向南京方面发出了关于成立全国统一的中华民主共和国和国防政府的倡议，并表示“苏维埃区域即要成为全中国统一的民主共和国的一个组成部分。”但对民主共和国的理解和解释，与共产国际有所不同。共产国际强调全国统一，意在以南京政府为基础，不主张另立国家和政府。中共中央则认为，中华民主共和国“是较之一部分领土上的苏维埃制度在地域上更普及的民主，较之全中国主

① 郝成铭、朱永光主编：《中国工农红军西路军·文献卷》上卷，甘肃人民出版2004年版，第170—171页。

② 中央统战部、中央档案馆编：《中共中央抗日民族统一战线文件选编》中卷，档案出版社1985年版，第252页。

③ 《毛泽东年谱（1893—1949）》上卷，第580页。

④ 金冲及：《抗战前夜中共中央战略决策的形成》，《历史研究》2005年第4期。

要地区上国民党的一党专政大大进步的政治制度”，与国民党政府“没有丝毫相同之点”。[①] 毛泽东更进一步指出：“民主共和国是资产阶级性质的，但不是国民党所说的西方现代国家，它是有资产阶级参加的工人农民国家。”[②]

关于对西南事件的立场。1936 年 6 月，广东地方势力陈济棠和广西地方势力李宗仁、白崇禧发出“北上抗日”通电，组织西南联军，出兵湖南，同蒋军发生激战。6 月 12 日，中共中央以苏维埃政府和红军名义发布《为两广出师北上抗日宣言》，予以支持。“8·15 指示”批评这么做“是错误的”，“在政治上更正确的做法是坚决反对继续煽动由日本帝国主义者挑起的内讧，集中主要火力对准日本帝国主义。”中共中央没有完全接受这一批评，只承认做法上存在不足，认为“赞成他们的抗日发动，是正确的。但我们更应要求他们在实际行动上表现他们抗日的诚意，主要的给人民以抗日救国的一切民主权利，发动群众的抗日运动。也只有这样，他们才能把抗日运动坚持与扩大下去，才能使抗日运动成为有力的运动。”[③] 西南事件的发生和结局与中共没有直接关系。中共中央可以站在中立立场上总结处理西南事件的经验。张闻天在 9 月 15 日政治局扩大会议上指出，“我们应反对反蒋战争，不应如从前给上海指示信所说的同情反蒋战争……对西南问题，他发表抗日宣言，我们拥护是对的；但在对他挑拨内战上并没有严厉的批评是不对的；对于他没有在广东、在军队中发动群众，我们也没有严厉的批评，也是不对的。因此，我们好像袒护了西南，丧失了我们的立场。在发动西北抗日战争上，我们应接

① 中央统战部、中央档案馆编：《中共中央抗日民族统一战线文件选编》中卷，第 260—261 页。

② 《毛泽东年谱（1893—1949）》上卷，第 580 页。

③ 中央统战部、中央档案馆编：《中共中央抗日民族统一战线文件选编》中卷，第 252 页。

受这一教训。我们要联合蒋介石抗日，要指出那种认为反蒋战争是有进步性质的说法是错误的。”①

关于西北计划。令中共中央感到失望和遗憾的是，“8·15 指示”对“第一号”电报提出的最紧要的、而眼下正在紧锣密鼓实施的西北计划不置可否，甚至只字不提！实际上是婉拒了这个计划。“8·15 指示”字里行间与西北计划相抵的论述比比皆是，其中最严厉的莫过于对西北计划重要合作者张学良个人所表示的极端不信任。“8·15 指示”批评中共中央“甚至打算吸收张学良入党”，将其上纲到能否坚持党的独立性的重大原则问题，警告说张学良在西南反蒋运动失败后，“完全有可能产生新的动摇甚至公然背叛我们”。中共中央没有接受这一意见，仍然坚信张学良主张抗日是真诚的，是可靠的同盟者。但是由于西北计划没有苏联支持便无法实施，中共中央被迫放弃了这一计划，并把这一决定通知了张学良，请他“继续保持与南京的统一”。② 同时，中央还搁置了吸收张学良入党一事。

第六节 争取苏联援助

“8·15 指示”体现了苏联、共产国际推动中共联蒋的意图。它否定了中共的一些做法和打算，却没有对红军去向和苏区命运提出建设性意见。尤其是它对西北计划的拒绝，压缩了中国革命的战略选择空间。实际上，调整对蒋策略不能立马解决中共的眼下困难。中国红军和苏区面临的最大问题仍然是如何生存下去。中国革命的实际情况是，只有保住红军和苏区并使其发展起来，

① 《张闻天文集》第 2 卷，第 147—148 页。

② 《毛泽东年谱（1893—1949）》上卷，第 574 页。

联蒋策略才能取得实际效果。如果中共没有红军和苏区，没有这些“逼”的手段，纵然高举联蒋反日，也难使蒋介石就范。无论生存或逼蒋，党中央都必须把发展红军和保护苏区置于首位。

但是目前中央只能在“8·15指示”限定的范围内采取行动，所能做的就是尽量利用它允许的或没明文禁止的政策。接到“8·15指示”的第十天，8月25日，中共中央通过中共代表团向共产国际提交了一份新的报告，直截了当地提出，整个红军的行动方针必须早日确定。中央认为，二、四方面军集中甘南后，红军主力必须占领甘肃西部或宁夏、绥远一带。报告摆出了这么做的三个理由：“为着避免与南京冲突，便利同国民党成立反日；为着靠近苏联，反对日本截断中苏关系的企图；为着保全现有根据地”。前两个理由照顾了苏联的立场，第三个理由反映了中共的困难所在。电文说：“目前红军之财政、粮食已达十分困难程度，只有占领宁夏才能改变这一情况。”

中共中央在报告中指出，红军所要占领的这一地区很有可能通过谈判获得南京政府承认，即便如此，当地土著统治者也不会自动出让防地。这一带为黄河、沙漠、草地所束缚，且布满着为红军目前技术条件所不能克服的许多坚固的城池堡垒及围寨。依红军现时条件，要取得这一地带，没有新的技术之及时的援助是很困难的。在时机上，进取这一地带，仅能利用冬季黄河结冰之时。但地冻不利于用坑道方法攻城。希望苏联方面解决飞机大炮两项主要的技术问题。如果答应，则无论如何困难，红军都决乘结冰时节，以主力西渡，接近新疆与外蒙。

关于军事部署，报告在“第一号”电报的基础上略加修改：（甲）一方面军约1.5万人攻宁夏，其余担任保卫苏区，12月开始渡河，从外蒙接取机炮，并占领宁夏。（乙）四方面军12月从兰州以南渡河，首先明年春暖，逐步向甘凉肃三州前进，沿途坚城置之不攻，待从外蒙或新疆到来之技术兵种配合攻取。（丙）二方面军位于甘南，成为苏区与陕甘南部的联系。

中共中央还提出了第二套方案。报告说，如果苏联不赞成目前直接援助之方针，或结冰渡河时机又已过去，则我们只好决心作黄河以东之计划，把三个方面军之发展方向放到甘南、陕南、川北、豫西与鄂西，待明年冬天再执行黄河以西的计划。但这种做法有下列的损失：（甲）将被迫放弃现有陕甘宁苏区；（乙）红军发展方向不是抗日方向而是内战方向；（丙）无法避免与南京发生军事冲突。（丁）日本有乘机截断中苏关系的可能；（戊）宁、青、甘等反革命会加强堡垒，投靠日本，使尔后西进发生困难。

党中央令王明全权向苏联方面交涉，希望在红军驻地问题上，同南京谈判的结果能够与向苏联提出的问题在大体上不相抵触，使共产国际与苏联对中国的方针，不致因红军局部要求而破坏其统一性。①

对照往来电文不难看出双方兴趣所在。党中央关心红军命运，希望得到苏联援助；苏联注重联蒋，要求中共尽快与南京成立反日。为缩小分歧，党中央对“第一号”电报的方案做出调整：1. 在战略方针上把反蒋改为逼蒋，同时把国共谈判作为红军获得驻地的可能途径；2. 取消西北国防政府计划，改为红军只攻占这一地带，以取得给养及援助，不再联手友军另立政府；3. 改与友军的联合军事行动为红军一家之行动。

“8・25 报告”措辞缜密，经过仔细推敲。它在“8・15 指示”规定的联蒋框架下，保留和坚持了“第一号”电报要求扩大红军、巩固扩大苏区和打通苏联的基本政策，这也正是瓦窑堡会议确定的方针。

报告发出后第三天，党中央令西北军委向共产国际汇报了西

① 郝成铭、朱永光主编：《中国工农红军西路军・文献卷》上卷，第 163—165 页。

北地区国民党军和红军的兵力部署：1. 白军番号、位置及其动向。陕、甘、宁、晋、青五省兵力，共计 268 团约 40 万人。2. 目前陕甘宁苏区状况，县城只有九城，八城不足 200 家，总人口 40 余万，红属人口比例超过江西苏区，物产贫乏。3. 红一方面军状况，正规军 2.1 万人，地方部队 6000 人。4. 西北红军的行动。[①]

9 月 6 日，为了催促莫斯科痛下决断，西北军委又通报了日军飞机和伪满军队正在侵犯察北、宁夏的情况，指出日伪行动是"以经营整个西北，切断中苏蒙联络为目的。"[②]

这些报告无懈可击，且不容怠慢，很快逐级上报到苏联政府。9 月 8 日，卡冈诺维奇和莫洛托夫向斯大林转报了中共中央提出的中国红军行动的两个方案，指出第一方案的完成将取决于苏联的援助，第二方案"不是抗日方向，而是内战方向"。

两人向斯大林建议：1. 同意中国红军的第一个行动方案，即：占领宁夏地区和甘肃西部。同时坚决地指出，不能允许红军再向新疆方向前进，因为这样做可能使红军脱离中国的主要区域。2. 事先确定，在中国红军占领宁夏地区后，将给予 1.5 万到 2 万支步枪，八门加农炮、十门迫击炮和相应数量外国型号弹药的援助。武器在 1936 年 12 月前集中在蒙古人民共和国南部边境，并通过著名的乌里茨基外国公司出售，同时准备运输工具把它们运到宁夏。9 月 9 日斯大林对两人的报告做出批复：同意。[③]

9 月 11 日，中共中央接到共产国际执委会书记处对"8 · 25

① 中国人民解放军历史资料丛书编审委员会：《巩固和发展陕甘苏区军事斗争（1）》，解放军出版社 1999 年版，第 636—645 页。

② 黄修荣主编：《苏联、共产国际与中国革命的关系新探》，中共党史出版社 1995 年版，第 322 页。

③ 《联共（布）、共产国际与中国苏维埃运动（1931—1937）》第 15 卷，第 251—252 页。

报告”的回复。电文说同意你们占领宁夏和甘肃西部地区的计划，同时，坚决地指出不能允许红军再向新疆方面前进，以免红军脱离中国主要地区。在占领宁夏区域以后，将给你们帮助。①

电文没有透露援助方式、武器品种、数量，但这已足够了，对久困的中共和红军来说，不啻一场及时雨。其意义不仅在西北计划放弃后红军的军事行动有了着落；在党内，对张国焘分裂主义也是一大打击。此前，张国焘曾向党中央提出四方面军独自进军青海、甘西，接通新疆和苏联的计划。党中央在“8·25报告”中向共产国际提出的军事部署，一方面保“攻宁夏”为重点，另一方面又照顾张国焘西进，如此分散兵力实为不得已之举。共产国际复电明确拒绝红军西进，恰合党中央之意。党中央迅速将喜讯通知二、四方面军，令其“坚持执行共产国际指示，准备在两个月后占领宁夏。”② 同时，抓紧调整部署，把一、四方面军分兵攻宁和西进，改为三个方面军合力攻宁，把夺取宁夏作为“打通苏联、发展红军、开展西北局面和对日作战的枢纽。”③

9月27日，中央又接共产国际来电，称苏联已决定从外蒙提供援助，红军应当迅速夺取绥远（应为宁夏——笔者注）定远营，并前伸至外蒙边境接取物资。

对这份电报，中央喜忧参半。喜的是接取援助的方位和路线大致确定。9月11日来电只说红军占领宁夏区域后苏联给予帮助，没具体说占领宁夏哪个区域或地点。现在攻宁有了明确的战略战役目标：夺取定远营。忧的是红军夺取或到达定远营后还要北上至少500公里才能接到援助，而且仍然不知装备的品种数量。

---

① 郝成铭、朱永光主编：《中国工农红军西路军·文献卷》上卷，第183页。
② 郝成铭、朱永光主编：《中国工农红军西路军·文献卷》上卷，第187页。
③ 《毛泽东年谱（1893—1949）》上卷，第582页。

10月2日，中共中央回电，要求苏联提供相当数量的飞机、大炮等各种轻重武器和军事装备；并说明红军由宁夏定远营穿越沙漠接取援助相当困难，希望苏蒙军队能运送物资到定远营附近地区，确保接运成功。①

此时，党中央推动三个方面军会师共同攻宁的工作取得了重大进展。10月10日，中共中央、中华苏维埃中央政府、中革军委发出《为一、二、四方面军在甘肃境内会合给全军的贺电》。鉴于同共产国际已商定把夺取定远营作为攻宁的中心任务，以及国民党军对红军紧逼压迫的态势，中央在了解大军过黄河的技术难度后，把原定12月攻取宁夏的计划果断提前至11月。10月11日，中共中央及军委即制定了《关于十月作战纲领》，决定11月10日前全军完成宁夏战役准备。

10月18日，中共中央又接到共产国际执委会书记处一份不祥的电报，告之10月2日所提两项要求均无法满足。电文说：

你们对于你们实际上所能得到的帮助，了解得不十分正确。我们已找了一家外国公司，它同意卖给需要的实物，并把货物送到外蒙边境，但不能超过外蒙古边境100公里以外。并且运去的货物并不像你们要求得那样多，它大约有550吨至600吨左右，其中没有飞机和重炮。这家公司将负责提供150辆汽车以及所需的司机与汽油。外蒙古人民共和国既不能担负护送货物的责任，也不能加入反对日本的统一战线，否则将等于对日本宣战。为此，你们必须派遣足够数量的武装部队到外蒙边境来接收货物和担负沿途保护的责任。

原来，苏联和外蒙古1936年3月12日签署了《苏蒙互助协定书》，规定缔约一方遭到第三方军事进攻时，另一方将给予包括军援在内的全力援助。这个第三方当时主要指日本，但隐

① 黄修荣主编：《苏联、共产国际与中国革命的关系新探》，第318—319页。

含了坚持对蒙主权的中国，因此遭到南京政府的抗议。这使苏联政府既不愿亲自也不能派蒙古人民共和国出面援助中国红军。苏联甚至不能说这是为了抗日，只能用外国公司走私外国武器的非法形式，私下向中共提供援助。这种援助不可能包括红军攻坚所必需的重型武器，也不可能运至中国腹地，只能在国境线上交接。

这样一来，红军攻宁接物的难度加大了。中央原来设想，只有苏联提供技术援助，红军才能攻克宁夏境内“坚固的城池堡垒及围寨”。否则，红军只能“作黄河以东之计划”，被迫向内战方向发展。现在事情演变成红军只有先攻取这些地方至少是定远营，才能取得援助。更糟糕的是，眼下又获知，即使拿下定远营，也仅仅是接取援助的第一步。为了有限的武器还需要穿越几百公里的沙漠地带。

但是红军攻宁已成弦上之箭，不得不发。一方面，打通共产国际作为长征路上确定的目标已成为全党的一致要求。张国焘甚至比党中央更急于西渡黄河，以便速取援助，抢先“机械化”。[①]另一方面，国民党军为阻断红军打通共产国际，集中了优势兵力，试图利用黄河天险把红军三大主力一举消灭在东岸。10 月 16 日，蒋介石下达“进剿令”，22 日又亲飞西安督战。在这种情况下，红军西渡攻宁不仅有军事上的逼迫，在政治上也成为一种自卫自保的行为。

宁夏战役在没有把握和前景不明的情况下仓促上马。这是一场充满巨大风险的战役。中共中央不得已而为之，只能寄希望于尽力缩小攻宁与接援之间的时空来降低风险。10 月 24 日，红四方面军一部在南敌胡宗南、毛炳文、王均、关麟征等部的重压

① 刘统：《北上，党中央与张国焘斗争纪实》，广西人民出版社 2004 年版，第 294 页。

下，从靖远一带抢先渡河。刚一展开，中共中央便急电共产国际赶快实施援助计划，并坚持要求运货汽车能够送得更远，以减少红军在冰天雪地里跨越500里沙漠的严重困难。①

但是宁夏战役还在渡河阶段就失利了。毛炳文率国民党重兵冲至渡口所在地的靖远、海原地域。中革军委和红军总部试图发起海（原）打（拉池）战役破敌。由于三大主力会合不久，组织协调不力，没有成功。河东红军主力被迫北退离开黄河沿岸。过河部队包括红三十军、红九军、红五军及四方面军指挥部，共2.1万多人，成为一支孤军。

10月30日，中共中央向共产国际报告了这一情况，指出已渡河的四方面军之两个军准备向定远营、中卫一带进军。余一半尚未渡河。蒋介石集中70余团密集齐头向北猛进，企图压迫我于宁夏地域而消灭之。我现处南北两敌之间，中间回旋地已极狭。

当时，中共中央和军委的作战决心是先破南敌，再取宁夏。身为红军总政委的张国焘不愿执行命令，想先取接济后打南敌。中央向执委会书记处反映了这一分歧，同时要求"公司货物事请速准备。"② 显然，无论采取哪种方案，苏联的援助计划都必须尽快准备，马上实施。

但是几天之后，11月3日，中共中央接到的是共产国际突然变更援助的通知。电文说："在详细研究之后，我们坚决认为从外蒙提供援助的方法是不可能实现的……现在已经决定目前不采用从外蒙提供援助的方法。同时，我们正在研究经过新疆提供援助的方法。如果我们将大约1000吨物资运到哈密，你们能不能占领甘肃西部前来接运？并请通知我们接运的办法以及你们准备

① 黄修荣主编：《苏联、共产国际与中国革命的关系新探》，第320页。
② 郝成铭、朱永光主编：《中国工农红军西路军·文献卷》上卷，第361页。

采用什么样的具体的运输方式?”电报列举了作出这一决定的理由，最重要的一条是“有引起日本与苏联严重冲突的可能。”①此时，日本策动伪蒙军队正在进攻宁夏的东邻绥远。绥远省主席傅作义决定抗击，受到全国抗日舆论的支持。苏联担心，此时通过蒙古边境援助中国红军，不仅可能引来日军对苏蒙的进攻，而且会招致中国政府和舆论的抗议。

这一决定对处在紧要关头的宁夏战役来说无异于釜底抽薪。中共中央甘冒如此风险开展宁夏战役，是为了打通共产国际取得援助；而取得援助又是红军占领和经营宁夏的重要条件。现在援助计划突然变动，宁夏战役失去了目标和条件。

11 月 8 日，中央被迫搁置宁夏战役计划，过河部队统一组成西路军，由徐向前、陈昌浩领导。同日，中央致电共产国际，指出从哈密输送物资的办法对于我们主力红军已经没有用处了，这个改变已经太迟了。已经过河的红军大约 2.1 万人，到 5000 余里外的哈密接取是不可能的，除非你们能汽车将物资送至安西。

11 月 13 日，中央政治局召开会议讨论红军行动方向和统一战线问题，会后向共产国际通报了情况：“甲、蒋介石部队已将红军主力与红军已渡河者从中隔断，渡河者现组成西路军，受徐向前、陈昌浩指挥，人数二万二千，令其依照共产国际新的指示向接近新疆之方向前进。首先占领凉川地区，然后向肃州前进。请你们确实无误的准备从××接济物品，并以准备情形迅即电告我们。乙、在河东之主力军不得不改变行动方向，现拟第一步从庆阳镇原分水南下，占领平凉泾川长武邠州正宁宁县等战略机动

① 黄修荣主编：《苏联、共产国际与中国革命的关系新探》，第 321 页。

地区，尔后或出山西，或出豫鄂，依情况再定。”[①]

12 月 2 日，共产国际通过新疆给予中共的援助得到苏共中央政治局的批准，数量增加了，十分可观。物资方面包括 1166 吨箱装货物，由苏联外贸人民委员会负责提供卡车、燃料、弹药等。资金方面，在已拨出的 200 万卢布的基础上再提供 50 万美元和 5000 卢布。其中 15 万美元已用于订购外国飞机。在人员方面，组成了一支进入新疆的远征军，包括 484 名相关专业的军人，队长是莫云科夫大校。[②] 这一切都因西路军的失败而失去应有的意义，只是无谓地增加了盛世才的力量。

1936 年 6 月恢复共产国际电讯后，中共中央同共产国际、苏联保持了积极的密切沟通。这一联系对于中共向抗日民族统一战线策略转变、克服张国焘分裂主义、争取抗日民主领导权及苏联的支持援助起到了重要作用。中共同共产国际的关系既是党内上下级关系，又带有国际性或跨民族性。张闻天、毛泽东等中央领导人在处理这些关系时，坚持了党性和民族性，尊重共产国际、苏联的领导，从维护国际反法西斯和抗日大局出发，尽量同共产国际和苏联保持一致，同时又注意不照抄俄国革命的经验和共产国际的指示，从中国革命实际出发，始终把发展红军力量放在首位，初步摸索出了以武装斗争与统战工作密切配合为基础的逼蒋联蒋策略。

这一时期，党中央在处理与共产国际、苏联的关系时也存在很多不足，最沉重的教训莫过于以宁夏战役为肇始的西路军失败。中共中央和共产国际为保存西路军尽了最大努力，终未挽回

① 中国人民解放军政治学院党史教研室编：《中共党史参考资料》第 15 册，第 523 页。

② 马细谱等译：《冷战年代的中国与世界：季米特洛夫日记选编》，广西师范大学出版社 2002 年版，第 48—49 页。

败局。西路军的失败是1934年11月湘江战役之后红军实力又一次重大损失。在这里，我们不做深入讨论。只须指出，由于国际关系、国内政治、地理环境等多方面因素的制约，从苏维埃运动起，包括整个抗日战争时期，争取大规模的苏联援助对中共和中国革命来说都一个可望不可及的奢望。苏联援助的落空、宁夏战役的被迫取消、西路军的失败，使中共中央终于认识到中国革命只能走自力更生的道路，争取外援是必要的，但决不能以牺牲中国革命的本钱——红军力量为代价。

第七节 接待斯诺

1936年下半年，党中央在频繁的战斗间隙首次接待了一位访问苏区的西方新闻记者——埃德加·斯诺，通过他的口笔向全世界传播了中共领导人、红军将领及广大指战员和西北苏区的崇高形象，披露了长征的传奇故事，公布了中国共产党的政治主张。

斯诺1905年生于美国，1928年来华受聘上海英文报纸《密勒氏评论》任助理编辑，后又兼任纽约《太阳报》和伦敦《每日先驱报》特约通讯员及北平燕京大学新闻系讲师。在华期间，斯诺结识了史沫特莱、宋庆龄、鲁迅等进步人士及一些中共地下党员，目睹了北平学生一二·九抗日救亡运动。随后得知党中央和红军到达陕北，他萌发了进入苏区采访中共领导人的想法。1936年上半年，他通过宋庆龄向中共中央提出采访，并附上一份提问用的问题单子，共提了十个问题。该申请很快获得了批准。随后，斯诺从北平动身，会合另一位外国友人马海德医生，在中共地下组织和张学良的安排下，经西安、延安进入陕甘苏区，于7月9日抵达安塞县。在这里，他们受到周恩来的热情接待。周恩来回答了斯诺的问题，帮他安排了需92天的活动日程。

7 月 13 日，斯诺一行到达中共中央所在地保安，受到毛泽东、张闻天、博古等中央领导的欢迎，被安排在中华苏维埃临时中央政府西北办事处外交部驻地下榻。翌日，临时中央政府举行了欢迎晚会。

党中央十分重视斯诺的来访申请，认真研究过他提出的十个问题，并形成了原则性的答复意见。5 月 15 日，中共中央在大相寺召开了专门会议，就这些意见作进一步的讨论。与会中央领导有张闻天、毛泽东、博古三人。此外还有党内熟悉国际事务的一些领导同志，如王稼祥、凯丰、罗迈、林伯渠、杨尚昆、陆定一、吴亮平等人。会议遗存了一份原始记录。里面提到的议题是“对外邦如何态度——外国新闻记者之答复”。可以看出，这是一次中央国际政策研讨会，紧紧围绕对斯诺提问的答复展开。

斯诺精心准备的十个问题，都是询问中共的国际主张。这些问题远不如中共眼下面临的战争局势和国共关系那样紧迫，但涉及中共在冲破“围剿”重返政治舞台的下一步战略问题，因而引起了中共领导人的极大兴趣和高度重视。

会议由张闻天主持。毛泽东当时在中央分管外交，即统一战线工作。国际战略是统战工作的重要组成部分。所以会议一前一后，由毛泽东作报告。他先逐条报告了斯诺的提问和中央所拟的答复，然后与会者展开讨论，最后毛泽东讲话。

斯诺十大问题，最核心的是中共对一般资本主义国家的态度。前面谈到，中共瓦窑堡会议已经对日本与西方国家作了区分，指出“日本帝国主义要把整个中国从几个帝国主义国家都有份的半殖民地状态改变为日本独占的殖民地状态”，并提出苏维埃政府要与同情赞助中国抗日或守善意中立的民族或国家建立亲密的友谊关系这一政策。但是这些主张毕竟是原则性的。现在，斯诺的提问十分具体，不仅涉及对苏维埃政府对西方国家的总政策，还包括如何处理不平等条约、外国在华财产及土地、外来投资和贸易、外国人政治权利、传教、与西方国家结盟等具体问题。这些问题用一句话来概括，就是中共的抗日统一战线会不会照顾西方在华利益。

与会者就这一问题进行了热烈的讨论。张闻天指出，我们的总方针是在国际关系上运用广泛的统一战线策略，同一切不反对中国自由、独立、领土完整的帝国主义国家建立友好关系。要处理好同英美各国的利益关系，向外国记者说清楚，日本侵略中国也危害与威胁英美各国的利益、太平洋的和平与世界和平。其他同志也作了发言，一致意见是要把西方国家及人民的利益同中国人民的利益联系起来。毛泽东最后指出，现在对国际各国统一战线与国内统一战线问题，我们只能说日本侵略中国，也侵犯了各国在中国的利益；关于不平等条约的问题，将来根据双方利益得到解决，并尊重他的利益。①

斯诺到达保安后第三天就受到毛泽东的接见。7 月 15 日—16 日、17 日—18 日、23 日以及 9 月 23 日，他们进行了多次的谈话。每次谈话前，斯诺先拉出一份问题单子交毛泽东思考准备，然后按约定的时间见面。他先后“向毛泽东提交了五、六组关于不同角度的问题”。② 同来的马海德医生也参加了最初的谈话，他只是旁听，没有发言。谈话经常在晚上和深夜进行，吴亮平担任翻译。他当时职务是中央宣传部副部长，并负责中华苏维埃中央政府西北办事处“外交部”的工作。

在 15 日的谈话中，毛泽东按照大相寺会议精神回答了斯诺最初提出的十个问题，系统阐述了中共的国际统一战线战略以及有关中国与各国关系的政策方针。要点如下：

---

① 程中原：《张闻天传（修订版）》，当代中国出版社 2006 年版，第 187—189 页。

② ［美］埃德加·斯诺：《红星照耀中国》，李方准、梁民译，河北人民出版社 1996 年版，第 90 页。

1. 苏维埃政府对资本主义国家的总政策是什么?

今天的根本问题是同日本帝国主义的斗争。中国苏维埃和中国人民因此要同各国、各国人民、各党派和各群众组成反对日本帝国主义的统一战线。

2. 苏维埃政府如何区别友好国家和帝国主义国家?

列强中有的不愿参加一场新的世界大战，如美国、英国、法国、荷兰和比利时这些国家。其次是一些长期处于强国威胁之下的国家和较小的民族。除了日本以及那些帮助日本的国家，反战国家、殖民地和半殖民地国家、社会主义国家能够组成一个反侵略、反战、反法西斯的世界联盟。上述各种类型的国家中，凡是愿意参加这个共同战线的，都将作为友好国家受到我们的欢迎。

3. 苏维埃政府是否承认北京政府和南京政府缔结的对外条约?

日本人事实上已在破坏这些条约。如果其他国家想同中国保持和平的通商关系，就必须制止日本。什么更为迫切，修改条约，还是民族救亡?对我们来说更为重要的是抗日。将来我们将根据这些国家战时的表现来制定政策。那些曾在中国的独立和解放战争中给予援助的国家可以享有同中国亲密友好和互利的关系。积极协助过日本的那些国家不会得到同样的待遇。

4. 你们的政府是否承认外国在中国的财产权，也就是说是否承认现有的外国投资?

苏维埃政府欢迎外国资本的投资。只有在中国取得独立和民主之后，才有可能把大量外资用于大规模地发展生产事业。合法的外债将得到承认。凡是为建设目的和用于建设的外债，我们都将认为是合法的。我们将不承认任何“政治借款”，也不承认任何用于打内战、打红军或其用途违背整个中国人民利益的借款。我们将承认用于建设铁路、电讯、无线电、航空线、发展工业或农业、救济灾荒等等的借款。

5. 关于外国政治权利和外国投资，苏维埃政府的政策同国民党的政策有什么基本不同？

国民党将其外债主要用于进行军阀内战或打红军，或者把钱浪费在其他愚蠢的行动上。它的借款给中国的政治主权造成更大的损失。人民政府如果建立起来，外国借款和外国投资应就只能被用来发展中国经济生活中的基本生产能力。同南京的政策相反，对影响中国独立政治权利的外国投资，一概不予承认。

6. 苏维埃对外国传教士的新政策是否意味着将承认他们的财产权？

是的。但这不包括日本传教士。

7. 苏维埃政府目前对美国政府和人民的希望是什么？

我们认为美国人民和美国政府对中国是有远见的。他们将同中国人民结成统一战线以反对日本帝国主义及日本所代表的法西斯战线。这是他们目前能帮助中国的最好办法。但是也有一些目光短浅的美国政治家以为中国的灭亡与他们无关。随着历史面貌的进一步暴露，我们相信他们会放弃“孤立主义”政策，美国将觉悟到它在太平洋的真正责任是同直接威胁美国理想和利益的日本帝国主义作斗争。

8. 苏维埃政府目前对英国政府和英国人民的希望是什么？

我们对英国人民的态度同对美国人民的态度差不多。英国政治家中有一派过去采取了错误的政策。英国政府奉行的政策实际上使得日本占领中国领土成为可能。英国如继续动摇并像过去那样采取观望政策，那将对英国毫无好处。

9. 很多人认为中国如果苏维埃化，将受到苏联的支配，置于“莫斯科控制”之下。

法西斯宣传中包含的真实性是如此之微小，肉眼几乎无法看到。随着中国革命的胜利，中国人民将能够把俄国人民当作真正的兄弟来欢迎。斯大林说：“革命不能输出。”同样正确的是，革命也不能输入。在共产国际的所有决定或在苏联的宪法中，我们找不出苏联统治苏维埃中国的任何规定。但是，我们不用到远处去找，就在我们的邻国法西斯日本，就能看到对中国实行法西斯统治的十分具体的计划。

10. 中国是否可能同民主的资本主义国家建立反帝、反法西斯的联盟？

中国同资本主义民主国家缔结反法西斯条约是完全可能和合乎需要的。参加反法西斯战线以实行自卫，是符合这些国家的利益的。[①]

7月16日的谈话从晚上9点至凌晨2点，话题深入到了反对日本帝国主义的战略问题。毛泽东指出，如果中国打败了日本，这将意味着中国人民大众已经觉醒并取得了独立，帝国主义在中国的主要问题也就得到解决了。中国想要成功地反对日本，也必须争取别国的支援。但是，这并非说，没有外援，中国就无法和日本进行战争。也不是说，我们必须等到有了同外国的联盟才能开始抗日。如果中国单独作战，相对地说，牺牲就会大些，战争的时间也会拖得长些。中国战胜日本帝国主义要有三个条件：第一是中国抗日统一战线的完成；第二是国际抗日统一战线的完成；第三是日本国内人民和日本殖民地人民的革命运动的兴起。三个条件中，中国人民的大联合是主要的。如果日本的革命起来得快，则这次战争将迅速结束。如果这些条件不能很快实现，战争就要延长。但结果还是一样，日本必败，中国必胜。在抗日战争中，中国所占的优势，比内战时红军的地位强得多。中国经济的不统一、不平衡，对于抗日战争反而有利。日本人民的革命，不仅是可能的，而且是肯定的。一旦中国人民有了自己的政府，苏联将会站在与我们握手的国家的前列。中国的迫切任务是收复

① 《毛泽东文集》第1卷，人民出版社1993年版，第390—399页。

所有失地，而不仅仅是保卫我们在长城以内的主权。不容许日本保留中国的寸土。我们不会把我们的军队开进抗日军队占领的任何地区去。人民必须享有组织与武装自己的权利。但学生与群众仍然没有自由，不能得到动员、训练和武装。如果人民群众能享有经济、社会与政治的自由，那末他们的力量将能成百倍地增长。我们的战略方针，应该是使用我们的主力在很长的变动不定的战线上作战。中国军队必须在广阔的战场上进行高度的运动战，迅速地前进和迅速地后退，迅速地集中和迅速地分散。这并不是说要放弃一切重要的军事地点，对于这些地点，只要有利，就应配置阵地战。但是转换全局的战略方针，必须是运动战。阵地战虽也必需，但是属于辅助性质的第二种的方针。被我们俘虏和解除武装的日军官兵将受到优待。我们不会杀死他们，而是会像兄弟那样对待他们。我们将采取一切措施使得与我们并无冲突的日本无产阶级出身的士兵站起来反对他们自己的法西斯压迫者。①

在7月18日和19日的谈话中，毛泽东向斯诺介绍了苏维埃政府的对内政策，指出现在我们的目的，不能是社会主义，更不能是共产主义，我们要求的是全民族的民主共和国的建立。即使实现了民主共和国，我们也不能立即实行社会主义。在中国，实现社会主义，大概不会像苏联那样快，因为中国是一个半殖民地半封建的国家，有着较长的和更困苦的路要走。②

7月19日这天，张闻天也接受了斯诺的采访，两人直接用英语交谈。张闻天向客人介绍了中国共产党的历史和政策，指出，我们在现阶段所关心的，是要取缔日本帝国主义的（在华）利益，因此我们主张立即没收这类企业，剥夺其经营权，来为正在

① 《毛泽东文集》第1卷，第399—406页。
② 《毛泽东年谱1893—1949》上卷，第559页。

进行民族解放斗争的中国人民造福。对于其他外国帝国主义，我们愿意采取温和的方针，按照苏维埃法律购买其重大利益，对帮助我们进行抗日战争或同我们合作的列强给以特别的照顾。①

在 7 月 23 日的谈话中，毛泽东更深入地阐述了一个“特殊问题”：中共与共产国际、苏联的关系。他指出共产国际不是一种行政组织，除起顾问作用之外，并无任何政治权力。虽然中国共产党是共产国际的一员，但决不能说苏维埃中国是受莫斯科或共产国际统治。中国共产党仅仅是中国的一个政党，在它的胜利中，它必须是全民族的代言人，它决不能代表俄国人说话，也不能替第三国际来统治，它只能为中国群众的利益说话。毛泽东在回答红军何以能够胜利的问题时指出，原因有三：第一，红军是民众的军队，人民群众千方百计地支持它。第二，依靠共产党用正确的战略战术来领导。第三，红军的指挥员是能干、正确、聪明、忠实和真诚的。在回答抗日战争结束后国内革命的主要任务时指出：中国革命属于资产阶级民主革命的性质，因此首要工作是调整土地问题——实行土地改革。②

9 月 23 日，毛泽东再一次同斯诺谈话，谈了联合战线问题，向他解释了共产党为什么改变对国民党的政策。③

10 月，毛泽东还连续几个晚上同斯诺谈了个人历史和红军长征的经过。

毛泽东在谈话中不仅详细广泛地阐述中共中央现行对内对外的方针政策，随着对话的深入，他还深入思考了日后中日战争的形势和进程，特别是中国军队争取胜利的战略方针，初步提出了

---

① ［美］埃德加·斯诺：《红色中华散记 1936—1945》，奚博铨译，江苏人民出版社 1991 年版，第 99 页。

② 《毛泽东年谱 1893—1949》上卷，第 561 页。

③ 《毛泽东文集》第 1 卷，第 407—411 页。

不朽军事名著《论持久战》的一些重要观点。①

斯诺在陕甘苏区的采访不受任何限制。7 月底到 9 月下旬，他和马海德医生冒险去了前线，目睹了彭德怀率领的正在浴血奋战的红军主力部队。后来马海德留在部队作了随军医生。在苏区和前线，斯诺广泛接触了从领袖、红军将领到广大干部、群众和红军士兵各类人员。先后接受斯诺采访的领导人有周恩来、毛泽东、张闻天、李德、冯文彬、王观澜、博古、林伯渠、徐特立、林彪、萧劲光、彭德怀、左权、聂荣臻、邓小平、徐海东等。

经过三个多月的采访，斯诺的工作大致结束。这时，党中央已下决心实施宁夏战役，战事骤紧。毛泽东亲自安排斯诺的返程事项，四次致电中共驻西安张学良处的代表刘鼎，要他联系东北军保证安全。10 月 12 日，斯诺离开苏区，经西安回到北平。到北平后，他立即向中外媒体发表了苏区见闻，宣传了中共的政治主张，传播了中国共产党人和工农红军的形象，打破了国民党反动派对中共和红军的污蔑。1937 年 10 月，《红星照耀中国》在伦敦出版，很快被译成多种文字，畅销各国。1938 年 2 月，中译本《西行漫记》在中国出版。

同斯诺来访的还有著名的马海德医生。他是美国人，1933 年来到中国上海行医，曾积极参加宋庆龄倡导的马列主义学习小组。他同情中国革命，一直向往中央苏区，现如愿以偿。斯诺走后，马海德留下工作，于 1937 年 2 月加入中共，新中国成立后入中国籍，把毕生精力献给了中国人民的解放和建设事业。

党中央领导对斯诺来访的接待开启了中国共产党与苏共、苏

① 毛泽东指出："这些问题的主要论点，还在两年之前我们就一般地指出了。还在一九三六年七月十六日，即在西安事变前五个月，卢沟桥事变前十二个月，我同美国记者斯诺先生的谈话中，就已经一般地估计了中日战争的形势，并提出了争取胜利的各种方针。"《毛泽东选集》第 2 卷，人民出版社 1991 年版，第 443 页。

联、共产国际之外的国际社会和西方国家交往的大门。斯诺只是西方的一名记者，不具官方背景。党中央把对他的接待当作中国革命与西方沟通的重要渠道。

第八节　处理西安事变的国际背景

1936年12月12日凌晨，西安事变爆发。为了改变国民党当局“攘外必先安内”、“围剿”红军的反动政策，打开全国的抗日局面，张学良、杨虎城两位爱国将军在劝说无效的情况下对前来督阵的蒋介石实行了“兵谏”，派兵在华清池逮捕了蒋及随行高级将领，并发表了改组南京政府、停止一切内战等八项政治主张。

中共中央在第一时间得到了张学良的密报：“吾等为中华民族及抗日前途利益计，不顾一切，今已将蒋及其重要将领陈诚、朱绍良、蒋鼎文、卫立煌等扣留，迫其释放爱国分子，改组联合政府。兄等有何高见，速复。”①

此时，中共中央和红军正处在长征结束后最险恶的关头。11月22日，主力红军取得了山城堡战役的胜利，歼灭国民党军一个多旅，但还不足以扭转红军的被动局面，也没有动摇蒋介石剿灭红军的决心。就在中共中央建议共产国际重新考虑西北计划之际，西安事变不期而至。这一事件在中共、共产国际和苏联中引起了完全不同的反应。

蒋介石被扣的消息在苏区传开，广大军民群情欢悦，喜出望外，人人奔走相告，杀蒋呼声，不绝于耳。但中共中央没有感情用事，一开始即着眼于停止内战共同抗日的大局。事变当日，党

① 《毛泽东年谱（1893—1949）》上卷，第620页。

中央在党内提出了七项任务：（一）揭发蒋介石对外投降，对内镇压民众与强迫其部下坚持内战之罪状，拥护张、杨等之革命行动。（二）号召人民起来，要求张、杨南京及各实力派，立即召集抗日救亡代表大会，在西安开会讨论抗日救亡大计。（三）号召人民及全国军队，积极注意日本与汉奸之行动，防止并准备抵抗他们乘机侵犯上海、南京、青岛、华北与晋绥。（四）推动南京及各地政权中之抗日派，响应西安起义，并严重对付亲日派。（五）稳定西西派、黄埔派，推动欧美派、元老派及实力派，积极站在抗日救亡方面。（六）号召人民及救亡领袖要求南京明令罢免蒋介石，并交人民审判。（七）推动宋子文、孙科、孔祥熙、蔡元培、李石曾等，争取英、美、法三国谅解与赞助。①

与此同时，中共中央积极联系共产国际，于 12 月 12 日零时向共产国际报告了行动计划：（一）周恩来、张学良、杨虎城组织三人委员会，以叶剑英为参谋长主持工作。（二）在西安召集抗日救国代表大会，准备半个月内召开会议。（三）组织抗日联军，以红军、东北军、十七路军，晋绥军四支军队为主，争取陈诚领导的蒋系军队加入其中，抵抗日本之可能进攻。（四）以林森、孙科、宋子文、于右任、孔祥熙、陈立夫等暂时主持南京政府，防止和抵抗亲日派勾结日本进攻上海与南京，准备成立革命的国防政府。（五）争取蒋介石全部军队。中共请求共产国际支持上述行动，“特别是（一）在世界舆论方面援助我们；（二）争取英、法、美三国赞助中国革命政府与革命的军队；（三）苏联积极援助中国”。②

12 月 13 日，中央政治局讨论了西安事变问题。会议认为这

① 中央统战部、中央档案馆编：《中共中央抗日民族统一战线文件选编》（中），第 315—316 页。

② 杨奎松：《西安事变新探——张学良与中共关系之谜》，江苏人民出版社 2010 年版，第 322—323 页。

次事变是革命的，与西南事变是显然不同的，没有任何帝国主义的背景，完全站在抗日的立场上。毛泽东指出："我们对西安事变的说明是革命，但不是共产党干的，是他们自己的英勇。这对于争取蒋的内部与资产阶级是有利的。我们暂不即发表宣言，但在实际上应积极做。我们应以西安为中心的来领导全国，控制南京，以西北为抗日前线，影响全国，形成抗日战线的中心，并且这一地区又很巩固，应抓紧这一环去做。"①

中共中央最初估计，西安事变将以西北为中心直接推动全国抗日形势的高涨。但是国内外形势很快呈现出极为复杂的局面。一是国民党内部出现分歧，亲日派力主讨伐西安的意见，已在党内占了上风。南京发出了讨伐令，派出了讨伐军和飞机，由何应钦任总指挥进攻陕西；而英美派为救蒋则主张和平解决，要求在进攻前先尝试和平营救。二是日本政府明确表示反对南京政府在抗日联共基础上与西安妥协。三是西方舆论对张、杨的指责多于同情，称其为叛变以及与共党合作，破坏统一。四是阎锡山等地方实力派，或观望，或劝西安同南京妥协。五是苏联政府反对事变，试图与张、杨和中共划清界限。

在这些因素中，苏联政府的立场尤出中共中央的意料。12月14日，《真理报》发表题为《中国事变》的社论，说南京政府最迫切的任务是统一中国，然张本人一贯采取"不抵抗"政策，现乃以抗日运动从事投机，俨然高揭抗日旗帜，实则助日使中国分裂，使中国更加骚乱。② 该报另一篇评论几近把张学良等同于汉奸："毫无疑问，张学良部队举行兵变的原因，应当从不惜利用一切手段帮助日本奴役中国的事业的那些亲日分子的阴谋活动中

① 金冲及：《抗战前夜中共中央战略决策的形成》，《历史研究》2005年第4期。
② 中国社会科学院现代史研究室编：《西安事变资料第1辑》，人民出版社1980年版，第219—221页。

寻找。臭名昭著的日本走狗汪精卫的名字同陕西省发生的张学良部兵变紧密相连，这也绝非偶然。”① 12月19日，苏联驻华代办司皮礼瓦尼克又发表声明，宣称苏联政府不但与西安事变始终无任何联络，且自“满洲事变”以来，苏联政府无论直接或间接，皆未与张学良发生任何关系。苏联政府与中国共产党亦无任何联络，因此对于中国共产党之行动，不负任何责任。②

《真理报》、《消息报》急于指责张、杨，驻华代办为摆脱干系不惜公开辩白，均出于苏联政府避恶趋利的本能考虑。事变前，德日刚刚签订针对苏联的《反共产国际协定》。该协定不仅符合英法等国奉行绥靖主义试图祸水东引的期待，给了倡导集体安全体系的苏联当头一棒，而且使苏联政府骤感两面受敌正在变成可怕的现实。如果中苏关系再因苏联转恶，导致南京政府降日，后果不堪设想。在苏联政府看来，这种危险来自张学良。

事变之前，张学良同中共的联系在南京几乎是一个公开的秘密。张学良有意推动人们相信他得到了苏联支持，并同中共订立了抗日同盟。③ 在中苏谈判和国共会谈的背景下，他只是在推动抗日民族统一战线和国际统一战线方面先行了一步。兵谏抹杀了这一性质，呈现出与本质相反的现象，似乎西安、中共、苏联共同策划了搞掉蒋介石的阴谋。

12月16日，苏联政府通过驻华临时代办向中国政府声明：苏采取明确谴责张的立场，张的行为客观上只利于日本；苏同事变和张没有任何关系；苏对中国红军不负责任；中国政府应制止传播苏与事变有某种关系的谣言。这一声明得到了中国政府的认

① 张培森、程中原、曾彦修：《张闻天与西安事变》，《党的文献》1988年第3期。

② 中国社会科学院现代史研究室编：《西安事变资料第1辑》，第219—221页。

③ 《近现代史资料》总79号，第249页。

可和好评。[①]

《真理报》、《消息报》辟谣过了头，把张、杨与亲日派强扯在一起。苏联人自己不相信，南京也不以为然。中国大使向苏联外交人民委员李维诺夫指出，苏联报纸“把张学良的举动与对此事毫不相干的汪精卫的诡计相提并论是不对的”。李维诺夫承认，“我不认为张学良与日本人有联系，我认为他上某人心怀叵测别有用心的建议的当。”他还表示“我们一贯主张中国统一，从不同情中国将军的内战。”[②] 苏联政府没有拿出应对事变的积极建议，只是一味地指责西安，偏袒南京。这么做客观上鼓励了亲日派的讨伐气焰，增加了内战的危险，实际上不利于和平解决问题。

《真理报》的立场令中共中央领导人大失所望。他们一致反对该报对张学良的指责，并向共产国际书记处强调，张、杨“其行动是完全带着革命性的”。[③] 12 月 19 日，中央政治局会议讨论了苏联政府的立场。毛泽东说：“苏联《真理报》两次的评论，对西安事变认为同两广事变一样。日本说苏联造成，苏联说日本造成，双方对于事变的实质，都有抹杀。”张闻天认为：“苏联因为日本的造谣，只能这样说。同时苏联如表示同情，便可以使与南京对立。这样的舆论，自然对局部的利益是有些妨碍的。然而我们是不是能采取这一立场？当然是不可能的。”[④]

推动共产国际决策的主要因素是联共的国际战略，苏联的对外政策是这一战略的重要组成部分。实际上，共产国际对西安事变的反应最初与中国苏区差不多。12 月 12 日，事变作为喜讯传

① 《近现代史料》总 79 号，第 248—249 页。

② 《近现代史料》总 79 号，第 247—248 页。

③ 张友坤、钱进主编：《张学良年谱》，社会科学文献出版社 1996 年版，第 1149 页。

④ 《党的文献》1988 年第 3 期。

到共产国际执委会，引起了机关一片欢呼。“有人用拳头不停地敲着桌子喊着‘杀’！有人搓着手激动地喊道：‘抓住了！’”中国代表团的一致意见是杀蒋。王明草拟了致中共中央的电报，并报斯大林批准。这份电报后来被斯大林制止了。

在这种情况下，季米特洛夫保持了冷静的头脑。事变后起初几天，他已掌握了来自多方面的信息和建议。首先是中共中央的意见，它集中体现在12日24时请求共产国际支持的电报上。

其次是执委会和中共代表团机关人员要求杀蒋的热议和情绪。

第三是邓发关于中国党情况的汇报。邓发受党中央委派前来苏联洽谈援助问题。他于1936年6月离开西安，步行至新疆，冬季才出境，刚到莫斯科不久。12月3日，邓发向共产国际汇报了中国党和红军的情况，并提交了一份书面报告。邓发指出，中共与张学良已建立了非常密切的友好关系，他本人就是在张学良的帮助下进入苏联的。又说他接触过张学良，认为张是抗日统一战线的忠实拥护者。邓发的汇报虽然是几个月前的情况，但仍有助于季米特洛夫了解事变的背景和性质。

第四是苏联政府的立场，它包括苏联政府和公开报刊的社论、声明、谈话等。此外还有季米特洛夫从苏联外交官那里了解到的情况。12月12日，他接待了苏联政府副外交人民委员斯托曼尼亚科夫来访。斯托曼尼亚科夫负责苏中在莫斯科的谈判，专为事变而来。他提请季米特洛夫注意苏联政府的立场。首先，斯托曼尼亚科夫对张学良作了“好的乐观的评价”。接着他谈到西安事变已引起了反苏运动。他向季米特洛夫指出，苏联应该谨慎和巧妙地对待这些反苏运动。①

事变前三天，季米特洛夫还听取了中苏南京谈判的苏方全权

① 马细谱等译：《冷战年代的中国与世界：季米特洛夫日记选编》，广西师范大学出版社2002年版，第49页。

代表鲍格莫洛夫关于中苏谈判情况的介绍。当时，苏联驻华外交人员十分关注蒋介石飞临陕西一事。11月6日，鲍格莫洛夫就此事急电斯托曼尼亚科夫，说“看来现在他（蒋）试图消灭红军，以求从我们的会谈中完全抹去红军这个问题。近几日得到情报说蒋介石已在前线集中16个师……去打红军，而且已经发起全面进攻。”又说：“蒋介石了解张学良与红军领导的默契，所以他不相信张，决定纯粹动用嫡系部队去打红军。”当时，鲍格莫洛夫正准备在回国，他请求离华前见蒋介石一面，把话说清。由于蒋介石短期内不能返回南京，鲍格莫洛夫请孔祥熙、宋子文代转苏方的所有疑问。他在给莫斯科的电报中说：“我们不会因我未同蒋介石会晤而受到任何损失。”①

我们不知道蒋介石是怎样回复的。难以置信的是，鲍格莫洛夫竟一夜之间改变了看法。回国后，他带给季米特洛夫的消息是，中国形势一片大好！季米特洛夫在日记中记录了12月9日鲍格莫洛夫关于中国形势的谈话要点，共六条：

1. 日本对中国的侵略将继续下去；

2. 南京不会再作出重大原则的领土让步；

3. 中国将对日作战；

4. 统一战线运动正在迅速发展；

5. 蒋介石将在对日本开战前夕并同苏联协商后才决心同共产党和解；

6. 蒋介石不会在西北追剿红军。②

按照这六点的说法，蒋介石陕西之行并非红军之灾，反而是抗日之幸，统战之福！

季米特洛夫是否相信这六点似乎并不重要。重要的是鲍格莫

① 《近代史资料》总79号，第233—234页。

② 马细谱等译：《冷战年代的中国与世界：季米特洛夫日记选编》，第49页。

洛夫表述了苏联政府的观点。季米特洛夫善于协调苏联与中国党的分歧。他汇集了上述意见，于 12 月 14 日致信斯大林，附上邓发的报告。该信没有迎合苏联政府对张学良的指责，而是另有一番用意地把张学良的行动与中共中央联系起来。信中说："虽然我们还没有直接来自［中共］中央的通报，但很难想象张学良在采取冒险行动时没有同他们商量或甚至没有他们的参与。"这封信最重要的内容是向斯大林提出了和平解决冲突的建议。季米特洛夫指出，"我们认为，有必要劝告我们的中国同志采取独立的立场，反对任何内讧，以便和平解决冲突，一切捍卫中国领土完整和国家独立的党派在民主的基础上协商一致和所持共同行动，同时强调党以前在给国民党的公开信中和毛泽东答记者问中所持的立场。"① 15 日下午，季米特洛夫受到斯大林的召见。回来后他召集了共产国际执委会东方书记处讨论中国问题。王明和邓发参加了会议。16 日，季米特洛夫携讨论结果向斯大林和苏共中央作了汇报。经磋商，季米特洛夫最后敲定了执委会书记处致中共中央的指示，当日发出。指示说：

1. 张学良的行动，无论其意图如何，在客观上只能损害中国人民的力量结成抗日统一战线，并助长日本对中国的侵略。

2. 既然这次行动已经发生，就应该考虑实际情况，中国共产党要坚决主张以下述条件为基础和平解决冲突：

（1）通过吸收几名抗日运动的代表和维护中国领土完整和国家独立的人士参加政府的办法改组政府；

（2）保障中国人民的民主权利；

（3）停止实行消灭红军的政策，并与红军合作抗击日本侵略；

（4）与同情中国人民反击日本帝国主义进攻的国家实行合

① 《联共（布）、共产国际与中国苏维埃运动（1931—1937）》第 15 卷，第 263 页。

作。

季米特洛夫最后建议不要提同苏联联合的口号，并要求向国统区党组织通报电文。①

共产国际指示对张学良采取了批评的态度，同时也照顾了中共中央对事变和张、杨的看法。所列四项和平条件，与张学良的八项主张大致相同。电文没有提及对蒋介石本人的处理意见，而蒋的人质地位对于解决方案的达成是不言而喻的。

这份共产国际指示对中共中央没有发挥影响。大概密码出了问题，机要人员完全译不出来。中共中央 18 日回复共产国际，“请即检查重发，至要”。

但是围绕事变引发的国内政治形势的变化，已不容催等共产国际指示了，必须马上做出决定。这时，中共中央收到了周恩来从西安报告的一个重要情况：“蒋态度开始表示强硬，现亦转取调和，企图求得恢复自由，对张有以西北问题、对红军求降求合完全交张处理之表示。”②

此前，中共中央的方针是把蒋介石排除在抗日统一战线之外。因为，张、杨虽有逼蒋之举，但在蒋转变之前，联蒋是不成立的。周恩来奉中央之命到达西安后形势发生了变化，出现了内战与和平两种可能。周恩来准备了两手：一是说服蒋团结抗日；二是蒋拒绝谈判，那就公审他，宣布罪状。但这样将引起更大规模的内战，给日本亡华制造便利条件。周恩来向张学良指出，应争取好的前途，避免坏的前途。③

周恩来十分清楚，事态朝内战还是朝和平发展，很大程度上取决于蒋介石的态度。争取好的前途必须先争取蒋。如果蒋被捕

① 《联共（布）、共产国际与中国苏维埃运动（1931—1937）》第 15 卷，第 265—266 页。

② 转引自《文献和研究》1986 年第 6 期。

③ 丁晨编：《亲历中国共产党 90 年》，人民出版社 2011 年版，第 123 页。

后坚持顽固立场不变，即使各方有和平愿望，内战也在所难免。中共中央、张、杨作了这种情况下以战求和的行动部署。周恩来在17日致中央的报告中指出："张同意在内战阶段不可避免围攻西安前行最后手段。"① 只过了一天，蒋开始"转取调和"。因此，"除蒋"已无必要，反而危及和平与抗日，造成内战。

至此，和平解决的全部条件已经成熟。12月19日中共中央政治局会议做出了决定。毛泽东在会上分析了西安事变引起的黑暗与光明两个方面，胜利或失败两个前途，日帝、亲日派同中共、抗日派两大营垒，指出现在光明面被黑暗面掩盖住，我们应坚定地站在抗日的立场上，对于光明面予以发扬，对于黑暗面给以打击，争取和帮助西安方面，把阵线整理好，打击讨伐派，反对内战，要求和平，夺取胜利，把红军、东北军、西安的友军、人民、南京的内部分化、国际援助六种反内战的力量团结起来，使内战结束，变国内战争为抗日战争。会议通过了给党内的《中央关于西安事变及我们的任务的指示》，提出了南京与西安间在团结抗日的基础上和平解决的政策，并决定以中华苏维埃中央政府和中共中央的名义发出公开通电。毛泽东提出："我们准备根据这样的立场发表通电。共产国际指示还未到，或者要停两天再发。"

12月20日，中共中央终于看到了共产国际重发的16日指示，当即回复："同意你们的意见，我们也已经基本上采取了这种方针。"②

12月25日，张学良护送蒋介石返回南京。临行前，蒋介石

---

① 转引自《文献和研究》1986年第6期。

② 黄修荣、黄黎：《西安事变中的"莫斯科回电"解密》，《北京日报》2005年12月4日。

接受了张、杨的主张，并向周恩来保证"停止'剿共'，联红抗日"。[①] 在中共中央，张、杨，共产国际，苏联，南京政府和蒋介石的共同努力下，西安事变获得令人满意的解决，由此揭开了第二次国共合作的序幕。

第九节　在莫斯科指导下推进国共合作

中共中央和共产国际在和平解决西安事变的问题上采取了一致立场，但在事件起因、性质等问题上仍然存在不同看法。12 月 27 日，《消息报》社论高度评价和平解决，把功劳归之于南京政府，声称两广事变和西安事变的和平解决是南京政府的成功，证明了其政策的改变，强调"最后而重要之教训，为举凡一切反对南京之企图，目前客观上均属有利于日本侵略者"。[②]

相反，在同一天召开的中共中央政治局扩大会议上，毛泽东强调事变本身具有革命性，将其视为推动蒋改变政策的主要因素。他指出："我们过去估计西安事变带有革命性是对的，如果它没有革命性便不会有这样好的结果。西安事变给国民党以大的刺激，成为它转变的关键，逼着它结束十年的错误政策，结束十年内战，而内战的结束也就是抗战的开始。西安事变促进了国共合作，是划时代的转变，是新阶段的开始。"

毛泽东主张继续坚持"逼蒋"策略。他指出："蒋介石释放后，他的动摇是否最后结束？现在还只能说是结束的开始，我们要动员一切力量结束他的动摇。西安事变使蒋介石的地位降低

① 中央档案馆编：《中国共产党关于西安事变档案史料选编》，中国档案出版社 1997 年版，第 272 页。

② 中国社会科学院现代史研究室编：《西安事变资料》第 1 辑，第 221—222 页。

了，而我们的地位提高了。我们在西安事变中实际地取得了领导地位，应利用这一有利形势开展全国局面，把红军扩大起来，与张、杨更加团结，成为抗日的核心，这是我们当前的任务。我们的具体策略是推动左派，争取中派，打击右派。”①

与会者赞同毛泽东的报告。林伯渠指出：“党对这次事变的处置，所采取的策略路线完全是正确的。”他又说：“国际对西安事件总的分析是对的，但有些没有顾到中国实际情形，应多多供给他们实际材料。”②

会后，中共中央向党内发出了《中央关于蒋介石释放后的指示》，认为在斗争中推动以蒋介石为首的国民党中间派的转变，“这个过程的快慢，首先决定于抗日派力量的壮大。”《指示》提出了宣传和平解决的胜利，继续督促逼迫蒋介石实现承诺，巩固西安发动的胜利以及东北军、西北军与红军的团结，使陕甘首先成为抗日根据地与策源地，在南京政府中推动左派，争取中派，反对右派，实行改组南京政府等七项任务。③

继续“逼蒋”事出有因。蒋介石归宁后于 12 月 26 日发表《对张杨的训词》宣泄私愤，大骂张杨受“反动派”煽惑毁坏纲纪，绝口不提放弃攘外安内之策，反自诩一贯以国家为重，不计个人得失，为维护纲纪而拒绝签字与下令。《解放日报》随即针锋相对地公布了蒋介石在西安作出的六项秘密“承诺”，要求他履行诺言。28 日，毛泽东发表《关于蒋介石声明的声明》，对蒋介石之《训词》进行了尖锐的剖析。同日，他在红军大学演讲时进一步指出，现在蒋介石出于无奈，已经承认了停止内战、一致抗日的条件，但并没有签字。对于这个问题，蒋介石签字当然

① 《毛泽东年谱（1893—1949）》上卷，第 631—632 页。

② 金冲及：《抗战前夜中共中央战略决策的形成》，《历史研究》2005 年第 4 期。

③ 延安革命纪念馆编：《延安革命纪念馆陈列内容 · 资料选编》第 2 辑，第 95—96 页。

好，但签了字这个人也会赖着不执行啊，就是不签字，迫于形势，他也有可能执行。究竟执行不执行呢？这就要全国人民进一步努力，逼迫蒋介石执行。世界上很多事情不可能都是顺利的，都要有一定的压力才能成功。①

中共中央公布蒋介石的秘密承诺，惹恼了蒋介石和南京政府。宋子文通过潘汉年和宋庆龄向中共中央及共产国际提出强烈抗议，认为这是背信弃义之举。蒋介石扬言“不再受这些诺言的约束，也不履行任何条件”。② 他下令关押张学良，调兵重入潼关，大有重开内战之势。

共产国际认为这与中共中央“逼蒋”的政策有关。1937 年 1 月 2 日，共产国际书记处对中共中央提出了批评：“中共过去以推翻蒋介石和南京政府来建立反日统一战线的策略是不对的，这个策略到现在还没有解决……不要老叫蒋介石在西安做出什么保证，也不应当提对日宣战，尤其不要着重提联合苏联。”③

1 月 19 日，共产国际执委会书记处又给中共中央下达了一项相同内容的指示，措辞更加严厉。电文发出前几经讨论，并报批过斯大林。④

电文指出：和平解决可能遭到破坏，“这不仅是由于竭力挑起内战的日本帝国主义者及其走狗在搞阴谋，而且也是由于你们党采取了错误的步骤。现在比以往任何时候都可以更清楚地看出，党以前所采取的争取通过排除蒋介石和推翻南

---

① 《毛泽东年谱（1893—1949）》上卷，人民出版社中央文献出版社 1993 年版，第 633 页。

② 《联共（布）、共产国际与中国苏维埃运动（1931—1937）》第 15 卷，第 275—276 页。

③ 杨云若、杨奎松：《共产国际和中国革命》，上海人民出版社 1988 年版，第 396—396 页。

④ 马细谱等译：《冷战年代的中国与世界：季米特洛夫日记选编》，第 52—53 页。

京政府的办法来建立统一战线的方针是不正确的。尽管近来党对自己的政策作出一些修改，但还没有彻底摆脱这种错误方针。特别是［中共］中央在蒋介石被释放后发出的指示证明了这一点。”

电报指责中共“实际上在执行分裂国民党，而不是同它合作的方针。同蒋介石和南京达成的协议本身被看作是蒋介石和南京的投降。同西安人的合作被当作是反对南京的同盟，而不是同他们采取联合行动反对共同的敌人。”

关于目前应采策略，电报提出以下三点：

（一）“现在党的主要任务是争取切实停止内战，首先是使国民党和南京政府放弃消灭红军的政策，争取同南京采取联合行动反对日本侵略者，即使在初期没有正式协议。由此出发，党应该公开宣布和坚决实行这样的方针：支持国民党和南京政府所采取的一切旨在停止内战，联合中国人民的一切力量，保卫国家领土完整和独立，反对日本侵略的措施。”

（二）同张、杨的合作“必须服从实现这一主要任务的需要”。电报要求中共中央在西安人地区实行“四不”政策：1. 不应进行共产党的公开发动；2. 不应对蒋介石在西安作出的承诺发表议论；3. 不应提出立即对日宣战的要求；4. 不宜过分强调同苏联结盟的口号。

（三）“在全国，特别是在国民党统治区，必须加强群众运动争取实现全国的统一和和平，以反对外来侵略，尤其要要求制止亲日派集团策划的讨伐行动，而一旦讨伐军派出，你们的任务就是自卫，但是你们自己无论如何不应为这种事态转折提供口实。”

共产国际执委会书记处要求中共中央上报根据本指示精神采

取的具体措施。①

共产国际几乎全盘否定了中共此前的反蒋、逼蒋，没有看到这些政策对蒋转向抗日所起的推动作用。尽管如此，上述批评并非全无道理。西安事变和平解决后，历史条件和社会舆情都发生了很大变化，如果简单沿用对抗和结盟的方式“逼蒋”往往引起负面效应。蒋介石在西安的六项承诺，当时约定严格保密，过一段时间再由他履行。中共中央过早公开了六项承诺。这么做固然使蒋介石丧失脸面，也使他反过来指责中共“违背诺言和缺乏诚信”。如果将其承诺留在手里作为砝码，待迫不得已时再公布，更有利于取得政治上的主动。

电报对美国记者史沫特莱在西安的行为提出质疑。史沫特莱原是共产国际执委会政治书记处 1934 年 4 月 3 日派往中国出版外围反帝期刊《中国论坛》的进步记者。② 她不是共产党员，活动很随意，来华后很快被租界警察盯上，外出受跟踪，居住被监视，住所遭搜查。她经常自作主张接触地下党，多次导致共产国际和中共的联络点暴露、党员被捕。西安事变和平解决后，她在西安广播电台发表英语和德语讲话，披露蒋介石的承诺，以见证人身份向国际人士证实这一消息的可靠性。《纽约时报》随后发表了《帮助中国叛乱的美国女人》、《中国谴责美国女人》、《中国叛乱中的妥协》等消息。共产国际对此十分恼怒，要求中共中央“取消她以共产党人的名义……发表演讲的机会，必须在报刊上谴责她的所作所为”。两天后，毛泽东、周恩来请潘汉年转告南京：红军没有宣传与张、杨的联合；蒋不应相信亲日派的造谣；中共事先不知道史沫特莱在西安的错误宣传，史已来苏区，

① 《联共（布）、共产国际与中国苏维埃运动（1931—1937）》第 15 卷，第 270—272 页。

② 《联共（布）、共产国际与中国苏维埃运动（1931—1937）》第 14 卷，第 10 页。

将劝她谨慎发言。①

共产国际的电报反映出，莫斯科生怕中共中央弄出点差错葬送来之不易的和平局面。这种担忧有一个重要背景。苏联正在开展清除托派的运动。1月28日，共产国际向中共中央通报了莫斯科审讯皮达可夫等反苏托洛茨基总部的情况。该案被定性为勾结纳粹德国，密谋暗杀苏联领导人，促成苏联在战争中失败等，闹得很大。中国托派涉及中共在第一次国共合作时期的策略。共产国际担心托派在中国的活动和对中共的渗入，可能造成它对中共抗日统一战线策略的失控。这将影响苏联以中制日的外交战略。共产国际多次指示中共中央清查托派分子，指控吴亮平、左权等人有托派嫌疑，却得到重用，怀疑张、杨、阎锡山周围有托派插手。②

中共中央处在逼蒋到联蒋的转变中，对蒋新策略难免有不周之处。如周恩来在处理西安事变期间不恰当地向宋子文和宋美龄通报了中共中央曾收到宋庆龄转交的5万美元。此款本来是几个月前毛泽东通过潘汉年请宋庆龄利用亲情关系向宋子文借用的。宋庆龄是共产国际的秘密党员，受王明领导。她早在四一二政变时已与其弟分道扬镳，不便借钱，于是典押了她在上海莫里哀路的一处房产，加上“赖以为生”的抚恤金（广东省国民政府因孙中山逝世而发），凑足5万美元钱寄给毛泽东。宋庆龄没有申明这是她的私房钱，使中共中央误以为此钱来自宋子文。③ 加上西

① 中央统战部、中央档案馆：《中共中央抗日民族统一战线文件选编》，第370—371页。

② 《联共（布）、共产国际与中国苏维埃运动（1931—1937）》第15卷，第278—280页。

③ 这个误解不可思议地延续了多年。1954年毛泽东将这笔钱偿还了宋庆龄。而宋庆龄个人捐助给中共中央的真相直到李湄出书才大白于天下。见李湄：《家国梦萦——母亲廖梦醒和她的时代》，人民文学出版社2015年版，第291—296页。

安事变期间，宋氏兄妹积极劝说蒋与中共合作，对张、杨表示同情，被周恩来视为可争取的力量。在会谈中，周恩来请他俩以后通过二姐与中共联系。这实属不慎之举，给宋庆龄造成了很大被动。宋庆龄在1月26日致共产国际王明的信中，反映了“可能威胁我的工作和损害我将来在中国可能与之有联系的任何运动”的一些情况，包括中央公布蒋介石私下承诺，放任史沫特莱在西安的活动，以及向宋氏兄妹透露她与中共的秘密联系等。她指出：“我提出这些情况供您研究，希望您能着眼于业已发生的情况，给我提供关于今后行为方式的建议。”[①] 3月13日，王明致电中共中央书记处询问这些问题，委婉地表达了共产国际的批评。[②]

1月20日，共产国际执委会书记处发出给中共中央的另一项指示，以询问的方式建议把苏区体制转变为人民革命管理体制。包括苏维埃政府变为民主的人民革命政府；红军变为人民革命军；在中心城市保留非政权性的群众组织苏维埃；放弃没收土地等。执委会书记处试图通过苏区的率先转变来推动全国民主共和国的成立。它要求中共中央“极其认真地考虑和讨论这个问题”。[③] 该指示的意思是在国共合作的问题上，中共应先对苏区和红军作出改变。

这时党中央刚从保安迁入延安。接到共产国际19日和20日两项指示后，中央书记处20日复电报告了西安目前的情况和蒋介石归宁后的动向，解释了中共当前的策略，强调“我们仍为贯

---

① 《联共（布）、共产国际与中国苏维埃运动（1931—1937）》第15卷，第275—277页。

② 《联共（布）、共产国际与中国苏维埃运动（1931—1937）》第15卷，第286页。

③ 《联共（布）、共产国际与中国苏维埃运动（1931—1937）》第15卷，第273页。

彻国内和平，团结一致抗日”。关于西北联军问题，报告说，红军未公开参加联军，但有配合计划，仅在南京攻击西安时，红军才公开参加联军。①

共产国际推动国共合作实现抗日统一战线的大政方针是正确的，但在指导中共策略方面，由于不熟悉中国实际，把危险归于蒋受亲日派、讨伐派的影响，看不清蒋即使转变政策也念念不忘削弱西安和中共的力量。从年初起，蒋一方面发出国共谈判的邀请，提出召开五届三中全会研究各方意见；另一方面扣押张学良，以调防、调任为由离间张、杨部队，逼其内讧、火并，加紧剿灭西路军。这些困难绝非莫斯科所能想象。

为响应南京的邀请，1 月 24 日，中央政治局常委开会研究国共谈判事项。会议根据共产国际指示的精神决定在民主共和国成立前，先实行区域的统一：苏区取消国号，改为人民革命政府；南京成立民族革命政府；人民革命政府作为一个地方特区南京管辖。毛泽东从谈判策略考虑，提出对国民党五届三中全会只谈民族革命阵线问题，不要谈人民革命阵线。会议还讨论了共产国际的批评。毛泽东指出：西安事变将蒋扣留，我们是主张和平解决的。释放蒋后，我们军队开去，还是为了和平。我们的错误，是在 1935 年 12 月决议时提出了抗日没有放弃反蒋，然而在 5 月间还是渐渐在变，彻底的转变是在共产国际指示以后。西安事变后，我们通电中说将蒋交人民裁判，是不对的。②

上述方案和策略报批莫斯科后没有得到完全的肯定。2 月 5 日，共产国际提出了不同的意见。来电指示，中央给国民党五届三中全会的电报最好仅限于声明：共产党支持南京各种旨在停止

① 中央档案馆编：《中国共产党关于西安事变档案史料选编》，中国档案出版社 1997 年版，第 340—341 页。

② 《毛泽东年谱（1893—1949）》上卷，第 645—646 页。

内战团结抗日的措施；共产党准备同国民党和南京政府进行协商，以便用民主的方式对苏区政权进行改组；承认南京政府为全国政府；调整中央政府同各地区政府的关系。

2 月 5 日共产国际指示的主要思想是，国共谈判主要谈如何改组苏区政权，而不是协商南京政府的改组。在这个策略下，共产国际书记处建议暂不发表关于我们苏区政策作哪些根本改变的具体声明，因为这需要仔细讨论，并使所有党派和民众做好认真准备。[①] 显然，季米特洛夫希望用中共的诚意而非联合其他力量施压的办法来推动南京的转变。

2 月 9 日，中央政治局常委会讨论通过了《中共中央给中国国民党三中全会电》，第二天发出。这个文件把 24 日的决定和 2 月 5 日共产国际指示的精神合并成一个新方案。它要求国共都作出改变，蒋变我亦变。这就是著名的“五项要求和四项保证”的由来，它后来成为第二次国共合作的基本议题。

五项要求是向国民党提出的：1. 停止内战，集中国力，一致对外；2. 保障言论、结社、集会自由，释放一切政治犯；3. 召集各党各派各界各军的代表会议，集中全国人才，共同救国；4. 迅速完成抗战准备工作；5. 改善人民生活。电报说，如果三中全会能确定此国策，中共愿作出四项保证：1. 停止推翻国民政府；2. 苏维埃政府改名为中华民国特区政府，红军改名为国民革命军，直接受南京指导；3. 特区实施普选；4. 停止没收地主土地，执行抗日民族统一战线之共同纲领。[②]

2 月 15 日至 22 日，国民党召开了五届三中全会，把“剿共”政策调整为和平统一。会议通过的《关于根绝赤祸之决议案》，

---

① 《联共（布）、共产国际与中国苏维埃运动（1931—1937）》第 15 卷，第 282 页。

② 《中共中央文件选集》第 11 册（1936—1938），中共中央党校出版社 1991 年版，第 157 页。

即谓“和平统一”之意，向中共提出四个条件作为国共合作的最低要求：

1. 统一军队，取消红军；
2. 统一政权，取消苏维埃政府；
3. 停止宣传共产主义，接受三民主义；
4. 停止阶级斗争。

在会议宣言中，五届三中全会比五届二中全会更进一步，首次出现了“抗战”一词，曰“超过忍耐之限度，而决然出于抗战。”①

尽管五届三中全会把“和平统一”解释为中共改过自新，国民党“博爱为怀”，中共中央还是给予了积极评价，将其视为国民党政策转变的开始。

3月1日，毛泽东在凤凰山住处会见了史沫特莱，指出：国民党政策的转变诚然至今还不能令人满意，但是业已开始了他的转变，三中全会的决议，可以看作这种开始转变的证据。中共中央也发文指出：“国民党三中全会是一个有重大意义的会议。虽然三中全会的宣言和决议没有明确性具体性，没有坚定的方针，没有批判自己的过去的政策的错误，有许多非常含混的语句，但无论如何他是表示国民党政策开始转变。”②

苏联媒体最初质疑国民党五届三中全会决议案，认为“宣布的是中国人民不能接受的亡国政策等”。但是共产国际很快看出了端倪，同意了中共中央的上述判断。3月5日，共产国际书记处指示中共中央向南京表示，我方准备按照该决议案开出的四个条件“开始进行具体的谈判”。同日，共产国际在另一项指示中

① 荣孟源主编：《中国国民党历次代表大会及中央全会资料》下册，光明日报出版社1985年版，第435、428页。

② 《中共中央文件选集》第11册（1936—1938），第169页。

回答了中共中央关于如何防止南京讨伐红军的问题，指出最重要的条件是，在国统区开展反内战的群众运动；加强红军自身建设；正确处理与张、杨队伍的关系，“以便共同进行防御”，并在国共合作的基础上，联合一切力量投入抗战；在国民党军队中开展工作等。① 这就等于允许中共出于自卫目的，可以联合张、杨以及在国民党军队中开展工作。

这时国共谈判已进入联蒋阶段，国共合作已成趋势。从2月起，中共中央先后派出周恩来、叶剑英、林伯渠、博古等同国民党的代表围绕合作条件举行了多次会谈。针对国民党的四项条件，中共中央坚持了以我方之改变换取对方之改变的策略，并将谈判情况和进程不断上报共产国际，以取得支持。

西安事变和解以来，苏联政府已大大接近实现其争取中国政府转向抗日的外交目标。此时能做的事不是中苏谈判，而是国共谈判，推动两党合作及国内和平的实现。此前，共产国际对中共在国共谈判中的策略指导是强调党在抗日民族统一战线中的独立性，坚持对军队和边区的控制。这一点在国民党五届三中全会之后的新阶段仍然没有太大变化。王明在国共谈判出现困难时，曾在《救国时报》上著文剖析国民党四项条件，揭露亲日派借此消灭红军收编中共，阐述中共主张。他指出：“反日民族统一战线的真正实质，是国共及其组织之间的政治协定而同时保存一切参加党派和组织的完全政治上和组织上的独立性。”② 这个观点充分反映了共产国际对国共谈判及合作所持的立场。

而中共中央对于在对蒋谈判及国共合作中如何保持党的独立性和政治主动权，有着比上述主张更为深入的了解。4月5日，

---

① 《联共（布）、共产国际与中国苏维埃运动（1931—1937）》第15卷，第284—285页。

② 《王明言论选辑》，第534页。

中共中央致电共产国际，全面汇报了周恩来与蒋谈判的经过及共产党对各方面的策略方针。电文指出："我们坚持在不妨碍苏区实行民主制度及共产党在红军中的独立领导的原则之下进行一切谈判"，"决不能忍受投降收编之诬蔑"。同时也说明，现在蒋介石最关心的是保住他的领袖地位，因他明知共产党的独立不能改变，与共产国际的关系不能取消，以及共产党不会无条件拥护他。鉴于这种情况，中共中央的对策是：1. 提出一个民族统一战线纲领，以抗日十大纲领和国民党一大宣言作为共同基础，征蒋同意，成立新的民族联盟，共同推举蒋为领袖。2. 提出修改国民大会组织法选举法的草案，如蒋同意上述统一纲领及这一修改，我们可答应赞助蒋为总统。3. 准备提出修改宪法的草案，在全国范围内进行民主运动以影响蒋。①

电文最重要的内容是向共产国际阐明了中共中央准备把争取民主作为新阶段的重要策略。4月15日，中共中央发出《告全党同志书》，全面论述了这一问题，指出："自西安事变和平解决与国民党三中全会之后，中国革命的形势已经进入了一个新的阶段。这个阶段的任务，即是要巩固已经取得的国内和平，争取民主权利与实现对日抗战。"② 5月8日，毛泽东在中共全国代表会议上进一步指出，"争取和平"是前一阶段的中心一环。这个阶段已经过去了。现在的任务巩固和平，这是同"争取民主"相关联的。我们的结论不是回到"停止内战"或"争取和平"的旧口号去，而是前进一步，提出"争取民主"的新口号。历史给予我们的革命任务，中心的本质的东西是争取民主。他发出质问："'民主'，'民主'是错的吗？我以为是不错的。"③

① 《中共中央文件选集》第11册（1936—1938），第180—182页。
② 《中共中央文件选集》第11册（1936—1938），第193页。
③ 《毛泽东选集》第1卷，人民出版社1991年版，第271—274页。

对中共来说，国共谈判及合作是一种改变生存方式的斗争。中共过去是武装生存，现在须转向政治生存。“争取民主”即成为中共中央应对蒋以和统之名行“溶共”之实的新策略，同时又是此前逼蒋策略的继续和发展。它包含在国共合作中反制蒋之独裁与反共灭共的深刻意义。

西安事变对蒋介石来说不仅是他的政治失败，更使他感到遗憾的是“剿共”功亏一篑。现在只有国共谈判一条路可走。中共代表要求南京首先下令在全国范围内停止内战，特别是停止马步芳、马步青对西路军的进攻。但是蒋对解决西路军问题没有诚意，实际上是放任“二马”肆意下手。他的目的是收编红军，取消中共的武装和苏区，要毛、朱脱离红军，出来做事。由于双方差距太大，谈判迟迟没有取得实质进展。对于达成的协议，国民党也不愿马上公开，立即实行，直到七七事变。

第二章 坚持国内国外两条统一战线（1937—1941）

全民族抗日战争初期，只有苏联一家支持中国抗日。这一时期，中苏之间，国共之间，以及中共与苏联、共产国际之间的关系交织一起，异常复杂多变。中共中央制定了抗日的外交方针和独立自主的原则，坚持把共产国际的指示与中国抗战实际结合起来，把支持苏联对欧战的和平中立立场与维护中国抗战利益结合起来，把抗日国际统一战线与抗日民族统一战线结合起来，打退了国民党两次反共高潮，初步开辟了面对英美官方的外交。

第一节 抗日的外交方针和独立自主原则

1937 年 7 月 7 日，日本以卢沟桥事件为肇始发动了全面侵华战争，至 11 月，北平、天津、上海、太原相继沦陷。

日军的不断进攻和略地，一方面打消了蒋介石希图就地解决的幻想，迫使他终下决心抵抗；另一方面推动了国共合作的实现。8 月 22 日，国民政府军委发布命令，把红军改编为八路军，不久又将南方红军游击队改编为新编第四军。9 月 22 日，国民党中央通讯社发表《中共中央为公布国共合作宣言》，次日蒋介石就该宣言发表谈话，承认了中共和特区的合法地位。第二次国共合作由此开始。

中国共产党在抗日战争时期，始终奉行全面抗战的路线，反对国民党仅依靠政府力量和外援的片面抗战路线。

卢沟桥事变第二天，中共中央向全国发表了号召抗战的宣言，强调人民、政府、军队总动员，“筑成民族统一战线的坚固的长城，抵抗日寇的侵略”！7月21日，中共中央书记处发出《关于目前形势的指示》，指出事变的发展有两种可能的前途，或者发展为积极的抗战和全国性的抗战，或者由于冀察当局的让步，由于南京对于发动全国性抗战的迟疑及英法的态度而暂时求得妥协。“我们的总任务，是在争取第一个前途的实现，反对一切丧失任何中国领土主权的妥协”。23日，中共中央就冀察当局宋哲元对日妥协一事发出《中国共产党为日本帝国主义进攻华北第二次宣言》，重申反对妥协让步，坚持全面抗战的主张。

8月22日至25日，中共中央在陕北洛川召开政治局扩大会议，讨论制定全面持久抗战的方针、任务及相关政策。会议决议指出，中国进入了实行抗战的阶段。这一阶段的最中心任务，是动员一切力量争取抗战的最后胜利。我们同国民党及其抗日派别的区别与争论，已经不是应否抗战的问题，而是如何争取抗战胜利的问题。争取抗战胜利的中心关键，是使国民党发动的抗战发展为全面的全民族的抗战。

11月12日，毛泽东针对上海太原的失陷进一步提出国共之间两种抗战方针的分歧。一种是中共的全体人民总动员的全面抗战。一种是国民党的单纯政府的片面抗战。而片面抗战是一定要失败的。

中共中央在提出全面抗战主张的同时，提出了抗日的外交方针。该方针的形成有一个历史过程。

早在1936年，毛泽东就对美国记者斯诺阐述过苏维埃政府关于同反侵略和反对日本的国家组成世界联盟的主张。1937年5月3日，毛泽东在中共全国代表会议上又指出，一般帝国主义和中国的矛盾，已变为日本帝国主义和中国的矛盾。日本完全征服中国的政策把其他帝国主义和中国的矛盾推入次要的地位，扩大了这些帝国主义和日本帝国主义之间矛盾的裂口。因此，便在中国共产党和中国人民面前提出了中国的抗日民族统一战线和世界的和平阵线相结合的任务。“中国不但应当和中国人民的始终一贯的良友苏联相联合，而且应当按照可能，和那些在现时愿意保持和平而反对新的侵略战争的帝国主义国家建立共同反对日本帝国主义的关系。我们的统一战线应当以抗日为目的，不是同时反对一切帝国主义”。①

6 月 22 日至 23 日，毛泽东会见美国远东问题专家毕森一行，进一步指出，中国反对日本侵略的斗争得到了苏联的同情。同时，今天的资本主义世界也分化成了两个对立的部分，一部分要求和平与维持现状；另一部分成法西斯侵略者和世界大战的煽动者。共产党竭尽全力阻止中国加入法西斯阵线。现在，中国已拒绝加入法西斯阵线，并转向反法西斯阵线。

关于英国在华势力增强问题，他指出，不能把日本和英国看成是同样的帝国主义国家。否则，我们将不得不同他们都作战，或者说，不得不同时和所有帝国主义作战。这是错误的和危险的。只有托洛茨基分子才会作出这样的结论。共产党的政策恰恰与此相反，我们必须从一切反日国家取得帮助。至于其他帝国主义国家提供的援助，这必须是在一定的范围之内，这些国家的政策必须与日本的政策有所不同。主要是在这一点上要有所不同：即中国的主权必须维护。②

七七事变后，7 月 21 日，党中央在《中央关于目前形势的指示》中分析了世界大国对日本侵华和事变的立场，将其分为对华

① 《毛泽东选集》第 1 卷，第 252—253 页。

② 托马斯·阿瑟·毕森：《抗日战争前夜的延安之行》，东北工学院出版社 1990 年版，第 51—52、54、56 页。

同情但期待中日妥协（英法）、静观事态（美国）、严密关注事态（苏联）、响应日本（德意）四种类型，指出日本法西斯有可能向苏联同时实行挑衅，以引起德意向苏联的进攻，以造成世界大战。关于对日政策，指示要求实行全面的抵抗，不但要在军事上实行抵抗，而且必须根绝日寇在中国的一切政治上经济上的特殊势力，与汉奸亲日派，肃清一切亲日派汉奸分子，实现国共两党的亲密合作。①

7月23日，毛泽东在《反对日本进攻的方针、办法和前途》一文中首次提出上述方针和主张概括为“抗日的外交”。这时“外交”一词已不同于苏维埃时期，不再包括中共与国内力量的关系，仅指中共的国际主张和国民政府应采取的外交方针与政策。毛泽东在文中把“抗日的外交”作为全面抗战方针之八项办法的第四项。内容如下：

“抗日的外交。不能给日本帝国主义者以任何利益和便利，相反，没收其财产，废除其债权，肃清其走狗，驱逐其侦探。立刻和苏联订立军事政治同盟，紧密地联合这个最可靠最有力量最能够帮助中国抗日的国家。争取英、美、法同情我们抗日，在不丧失领土主权的条件下争取他们的援助。战胜日寇主要依靠自己的力量；但外援是不可少的，孤立政策是有利于敌人的。”②

同日，中共中央在《中国共产党为日本帝国主义进攻华北第二次宣言》中提出：“立即实行全面的对日抵抗，停止对日外交谈判，实行武装缉私，抵制日货，没收日本帝国主义在华的一切银行矿山工厂与财产，取消日本帝国主义在中国的一切政治的与经济的特权，封闭一切日本大使馆领事馆与特务机关逮捕一切日本侦探与汉奸，解除日寇与汉奸在中国内地的一切武装的与非武

① 《中共中央文件选集》第11册（1936—1938），第291—293页。

② 《毛泽东选集》第2卷，人民出版社1991年版，第347页。

装的团体。”“立刻实现抗日的积极外交，拥护国际和平阵线，反对法西侵略阵线同英美法苏等国订立各种有利于抗日救国的协定。”①

8月25日，毛泽东在《日本进犯中国的近因及其前途》的长文中，分析了日本进犯中国的国际环境，指出英日谈判、美国的“中立”政策是推动日本发动战争的重要因素。②

当日，中共中央洛川会议通过的《抗日救国十大救国纲领》，把抗日外交列为第一条和第五条。第一条是打倒日本帝国主义。对日绝交，驱逐日本官吏，逮捕日本侦探，没收日本在华财产，否认对日债务，废除与日本签订的条约，收回一切日本租界。为保卫华北和沿海各地而血战到底。为收复平津和东北而血战到底。驱逐日本帝国主义出中国。反对任何的动摇妥协。第五条是抗日的外交政策。在不丧失领土主权的范围内，和一切反对日本侵略主义的国家订立反侵略的同盟及抗日的军事互助协定。拥护国际和平阵线，反对德日意侵略阵线。联合朝鲜和日本国内的工农人民反对日本帝国主义。③

10月16日，刘少奇在《抗日游击战争中各种基本政策问题》也论述了“以集中反对日本帝国主义，努力取得其他各国的援助及世界的同情为原则”的抗日对外政策，包括：（一）对日绝交。（二）除开日本的侦探官吏及资本家外，对其他一切中立国家的侨民一律保护。（三）日本侨居中国的诚实人民，亦予以保护。（四）优待从日军中俘虏过来的士兵及伤兵，并护送他们回队。（五）组织与援助朝鲜台湾人民的独立运动。（六）注意

① 《中共中央文件选集》第11册（1936—1938），第296、297页。

② 中国人民解放军政治学院党史教研室编：《中共党史参考资料》第8册，第55页。

③ 《毛泽东选集》第2卷，第347页。

进行国际宣传，努力取得国际的援助。①

此外，张闻天、周恩来、朱德等领导人也多次谈过抗日外交的问题。

总括起来，抗日的外交方针可归结为以下五项原则：

1. 断绝与日本的一切邦交，没收日本在华财产、废除与日本签订的一切条约，收回日本租界，坚持抗日到底的立场，反对任何投降、妥协、让步。

2. 与苏联结成政治军事同盟。

3. 联合国际上一切反日力量，争取西方国家同情，拥护国际和平阵线。

4. 联合受日本压迫侵略的国家和日本国内的工农群众反对日本帝国主义。

5. 争取一切外援。

这些原则以后在抗日战争的不同阶段随着国际形势的变化又得到发展和丰富。

1938 年 10 月，毛泽东在扩大的六届六中全会上所作《论新阶段》的报告提出了自力更生为主同时不放松争取一切外援的方针。主要内容如下：

一是争取外援，应努力去做，着眼长期，不重眼前。他指出，从长期战争与集中反对日本帝国主义的原则出发，组织一切可能的外援，是不可忽视的。当前任务是：坚决反对所谓走德、意路线的主张；力争各民主国家与苏联对我增加物质援助，尽力促成国联制裁日本；设立机关，收集一切敌军暴行，宣扬于国外，唤起全世界注意，起来惩罚日本法西斯；各党派、团体推出代表，组织国际宣传；保护一切同情国家在中国的侨民；保护华侨，经过华侨推进各国反日援华运动。一切这些，我们都应努力

① 《中共党史教学参考资料》（二），人民出版社 1981 年版，第 181—182 页。

地做。根据抗战的长期性，外交方针也应着眼于长期，不重在眼前的利益，而重在将来的增援，这一点远见是必要的。

二是以自力更生为基本立脚点，另一个立脚点是中国与世界的联系。他指出，中国已紧密地与世界联成一体，中日战争是世界战争的一部分，中国抗日战争的胜利不能离开世界而孤立起来。新的抗战形势中可能暂时地减少一部分外国的援助，加重了中国自力更生的意义，中国无论何时也应以自力更生为基本立脚点。但中国不是孤立也不能孤立，中国与世界紧密联系的事实，也是我们的立脚点，而且必须成为我们的立脚点。我们不是也不能是闭关主义者，中国早已不能闭关。

三是外援应区分过去与现在、西方与东方、主要与可能、现时与将来。毛泽东指出，过去各民主国家在某种程度上援助中国，主要是其人民同情中国。现在，日寇进攻的深入，加深了英、美、法、苏对日本的矛盾。英国有可能同日本进行某种程度的妥协。但是根本妥协是困难的。东方问题与西方问题在当前具体情况下有某种程度上的区别。苏联与中国的友谊是增长的，中、美、苏三国有进一步亲近的可能。但是我们不可忘记资本主义国家与社会主义国家的区别，不可忘记资本主义国家政府与人民的区别，更加不可忘记现时与将来的区别。我们对前者不应寄以过高的希望。应该努力争取前者一切可能的援助，但过高希望则不适宜。中华民族解放运动与外援的配合，主要的是和先进国家与全世界广大人民反法西斯运动之将来的配合，以自力更生为主同时不放松争取外援的方针，应该放在这种基点之上。①

1939 年 9 月 28 日，毛泽东在《苏联利益和人类利益的一致》一文中进一步指出，中国的外交政策，很明显的，应该是抗日的

① 《毛泽东外交文选》，中央文献出版社、世界知识出版社 1994 年版，第 15—17 页。

外交政策。这个政策以自力更生为主，同时不放弃一切可能争取的外援。而所谓外援，在帝国主义世界大战爆发的情况之下，主要地是在下列的三方面：（1）社会主义的苏联；（2）世界各资本主义国家内的人民；（3）世界各殖民地、半殖民地的被压迫民族。只有这些才是可靠的援助者。此外的所谓外援，即使还有可能，也只能看作是部分的和暂时的。当然，这些部分的暂时的外援，也是应该争取的，但决不可过于依赖，不可看作可靠的援助。对于帝国主义战争的交战各国，中国应该严守中立，不参加任何的一方。那种主张中国应该参加英法帝国主义战线的意见，乃是投降派的意见，不利于抗日和不利于中华民族独立解放的意见，是应该根本拒绝的。

1940 年 12 月 25 日，毛泽东在《论政策》中指出，虽然共产党是反对任何帝国主义的，但是既须将侵略中国的日本帝国主义和现时没有举行侵略的其他帝国主义，加以区别；又须将同日本结成同盟承认“满洲国”的德意帝国主义，和同日本处于对立地位的英美帝国主义，加以区别；又须将过去采取远东慕尼黑政策危害中国抗日时的英美，和目前放弃这个政策改为赞助中国抗日时的英美，加以区别。我们的策略原则，仍然是利用矛盾，争取多数，反对少数，各个击破。我们在外交政策上，是和国民党有区别的。在国民党是所谓“敌人只有一个，其他皆是朋友”，表面上把日本以外的国家一律平等看待，实际上是亲英亲美。我们则应加以区别，第一是苏联和资本主义各国的区别，第二是英美和德意的区别，第三是英美的人民和英美的帝国主义政府的区别，第四是英美政策在远东慕尼黑时期和在目前时期的区别。在这些区别上建立我们的政策。我们的根本方针和国民党相反，是在坚持独立战争和自力更生的原则下尽可能地利用外援，而不是如同国民党那样放弃独立战争和自力更生去依赖外援，或投靠任何帝国主义的集团。

1941 年 5 月 1 日，毛泽东起草了《陕甘宁边区施政纲领》，指出在尊重中国主权与遵守政府法令的原则下，允许任何外国人到边区游历，参加抗日工作，或在边区进行实业、文化与宗教的活动。其有因革命行动被外国政府压迫而来边区者，不问其是宗主国人民或殖民地人民，边区政府当一律予以恳切的保护。

第二节 外事机构与外事接待

1935 年 11 月，中华苏维埃共和国临时中央政府驻西北办事处成立。1936 年 1 月 26 日西北办事处设立了“外交部”，办事处主席（先博古，后林伯渠）兼任“外交部”部长。“外交部”下辖交际处，办事处秘书长伍修权兼任交际处长。

1937 年 9 月 6 日，中华苏维埃共和国临时中央政府驻西北办事处正式改名为陕甘特区政府，“外交部”随之撤销。1938 年 3 月 7 日，边区政府秘书处设立招待科，负责来延安中外来宾的接待工作。4 月 15 日，改招待科为交际科，金城任科长。1939 年改交际科为交际处，金城任处长、周志杰任副处长。交际处内设联络科、招待科、总务科。联络科和招待科直接与客人接触，有机会陪同客人会见党政军负责同志，参观游览、参加群众大会、文艺晚会和宴会；总务科负责后勤。除陕甘宁边区的交际处外，各敌后根据地的外事接待也由当地交际处承担。

军队方面的外事接待工作除总部外还由八路军驻各地办事处承担。包括：

1. 驻陕办事处（1937. 8—1946. 9）；2. 驻晋办事处（1937. 3—1938. 2；1938. 8—1945. 8）；3. 驻沪办事处（1937. 8—11）；4. 驻南京办事处（1937. 9—11）；5. 驻武汉办事处（1937. 10—12）；6. 驻湘办事处（1937. 12—1940. 9）；7. 八路军新四军驻重庆办

事处（1938. 6—1945. 8）；8. 驻豫北联络处（1937. 8—1938. 春）；9. 驻豫北办事处（1941. 10—1945. 8）；10. 驻甘办事处（1937. 8—1943. 11）；11. 驻新疆办事处（1937. 8—1942. 9）；12. 办事处（1938. 1—1940. 10）；13. 驻香港办事处（1938. 1—1942. 1）；14. 驻洛阳办事处（1940. 5—1942. 2）；15. 驻成都办事处；16. 贵阳交通站（1939. 1—1941. 1）；17. 八路军驻桂林办事处（1938—?）；18. 八路军驻衡阳办事处（1938—?）。

这些办事机构，负责向国民党统治区人民介绍敌后抗日根据地的斗争情况，联络友军及各界爱国人士和广大群众参加抗日斗争，调集物资支援各个敌后抗日根据地，接待中共过往人员，掩护与联系中共地方组织等任务。

新四军在国统区也设有公开合法的办事处、留守处、通讯处、采购处、联络站、兵站，负责接待工作。主要有苏区中央分局各地红军游击队总接洽处（1937. 9—11）；2. 新四军驻赣办事处、上饶办事处（1938. 1—1941. 1）；3. 新四军赣南办事处—新四军驻池江通讯处（1937. 9—1939 冬）；4. 新四军景德镇办事处（1937. 12—1939. 2）；5. 新四军贵溪办事处（1938. 4—1939. 3）；6. 新四军福州办事处（1938. 1—1941. 3）；7. 闽西南义勇军驻龙岩办事处、新四军驻龙岩通讯处、新四军第二支队龙岩白土留守处（1937. 10—1938. 5）；8. 新四军三支队崇安留守处（1938. 2—1941. 2）；9. 新四军闽浙边后方留守处（1938. 3—10）；10. 新四军温州采购办事处（1938 年下半年—1941 年秋）；11. 新四军江抗南三乡办事处—新四军江南指挥部驻锡南办事处（1940. 8—1941. 8；1943 年夏—1944. 11）；12. 新四军后方（小河口）留守处（1938 年夏—1939 年夏）；13. 八路军、新四军皖东北办事处（1939. 9—1940. 3）；14. 新四军驻湘办事处（1938. 8—1940. 9）；15. 新四军平江留守处（1938. 2—1939. 6）；16. 新四军浏阳办事处（1937. 9—1938. 3）；17. 新四军郴州通讯处（1938. 4—1939. 6）；

18. 新四军七里坪留守处（1938.3—12）；19. 新四军第八团竹沟留守处—新四军竹沟留守处（1938.3—1939.11）；20. 新四军、八路军驻桂林通讯处、办事处（1938.9 或 1938.10—1941.1）；21. 新四军驻上海办事处（1941.3—1942.12）。1941 年皖南事变后，上述机构根据中共中央的决定逐步撤销了。

边区外事工作在党的领导下，主要是做争取团结教育各方上层人士的工作，广交朋友，巩固和发展统一战线。

毛泽东指出："从长期战争与集中反对日本帝国主义的原则出发，组织一切可能的外援，是不可忽视的。……根据抗战的长期性，外交方针也应着眼于长期性，不重在眼前的利益，而重在将来的增援，这一点远见是必要的。"① 正是从这种远见出发，中共中央多次强调要大力加强国际宣传和外交工作。

1944 年，中外记者参观团和美军观察组到延安，中共中央作出《关于外交工作的指示》，强调外国记者、美军人员到延安，"是我们在国际间统一战线的开展，是我们外交工作的开始"。为做好接待，党中央决定周恩来主管这一工作，中央秘书长杨尚昆直接领导交际处的政治、业务工作。②

斯诺和马海德之后，访问延安及敌后根据地的西方人士、爱国华侨、国际进步团体络绎不绝。其中有些是短期采访，有些到延从事抗战工作，服务于边区军民。还有西方国家的官方人士到延，与共产党建立合作关系，或为国共合作而来。

西安事变的和平解决吸引了一批进步人士和国际友人到访。美国革命女记者、作家史沫特莱在西安事变中与中共中央建立了合作关系。她于 1937 年 2 月来到延安，积极从事抗日宣传活动。

---

① 中央档案馆编：《中共中央文件选集》第 11 册，第 617、618 页。

② 陕西省地方志编纂委员会编：《陕西省志外事志》，陕西人民出版社 2001 年版，第 316 页。

3 月 1 日，毛泽东会见了史沫特莱，回答了她对中日战争与西安事变提出的一些问题。史沫特莱著有《伟大的道路》。

王安娜是德国人，原名安娜·利泽，随丈夫、中共党员王炳南进入中国，1937 年 3 月来到延安，住了两个月，后在中共南方局领导下进行抗日统战工作，著有《中国——我的第二故乡》。

斯诺夫人海伦 5 月访问延安，先后五次采访毛泽东，还采访了朱德、周恩来等领导人及红军女战士，后著有《续西行漫记》。

抗战前其他到访的外国人还有美国女记者韦尔斯、摄影师厄尔·列夫、美国外交政策协会远东问题专家毕森、美国《太平洋事务》杂志主编欧文·拉铁摩尔、美国《美亚》杂志主编贾菲，以及维克托·基恩、托马斯·彼德森等人。

抗战初期到延安的有贝特兰和郑律成。1937 年 10 月 25 日，毛泽东会见了英国记者贝特兰，就中共与抗战、抗战情况和教训、抗战中的八路军、抗战中的投降主义、民主制度与抗战等问题发表了谈话。

朝鲜学生郑律成于 1937 年 10 月到延安入陕公学习，后执教鲁艺，成为著名的抗日音乐家，创作了《延安颂》、《延水谣》、《中国人民解放军歌》等 300 余首歌曲。

1938 年到访的有白求恩率领的加美医疗队、世界学联代表团、南洋华侨司机回国服务团、前德共中央委员汉斯·希伯、美国军官卡尔逊、越南革命领袖胡志明、美国记者王公达等。

2 月，毛泽东还会见了合众社记者王公达，就中国抗战的前途、八路军的作战、国共合作的永久性，中共的主张等问题回答了王公达的提问。

白求恩是加拿大共产党员，3 月率加美医疗队到达延安，后在晋察冀根据地从事战地医疗救护，忘我地为八路军和群众服务，1939 年 11 月殉职于敌后战场。中共中央专门发电悼念。毛泽东撰写了《纪念白求恩》一文，将白求恩精神誉为“国际主义的精神”和“共产主义的精神”。

卡尔逊4月访延，时任美国总统副官，来华使命是观察中日战争。他是第一位访延的美国官员。访问期间，他先后拜访了毛泽东、张闻天、萧劲光等中共和八路军领导人。5月5日，毛泽东同他进行了谈话。离延后，他又赴内蒙、山西、河北、山东等敌后根据地访问。8月返回汉口后，他将所见所闻透露给了西方新闻界，引起美国和国民党一些人的不满，于9月被召回美国。1940年发表《中国的双星》，客观地介绍了中共的情况，指出中共是最生气蓬勃最进步的政治组织。

世界学联的全名是世界学生保障和平自由文化联合会，是共产国际所属的群众组织，总部设在巴黎。6月29日至7月4日，世界学联代表团访问了延安。代表团共四人。团长是法国人柯乐满，团员包括加拿大人雷克南、英国人傅路德、美国人雅德（女）。延安为他们举行了万余群众参加的隆重的欢迎仪式，并安排他们在各地各单位参观、座谈。7月2日，毛泽东会见了代表团全体成员，回答了他们的提问。毛泽东指出，边区是一个民主的抗日根据地。中共的基本主张是坚持抗战、坚持统一战线、坚持持久战。要缩短战争时间必须加强三个条件，即统一战线更加巩固与扩大，日本国内人民的帮助和世界各国的帮助。抗战胜利后，中共的主要任务是建立一个自由平等的民主国家。中国青年、学生在抗战中的特殊责任是争取本身的权利、受教育的机会和教育改革。

南洋华侨司机回国服务团来自马来西亚，共11人，领队彭士馨，团员翁亚东、郭嘉、陈全、李玉、郑荀、丘乾水、李荀、黄国光、余林、彭士钦。他们全是技术工人，抗战热情很高，被边区政府安排在边区各地从事革命工作。

1939年到访的有印度援华医疗队、朝鲜医生方禹镛、德国医生米勒、奥地利医生傅莱、新西兰友人路易·艾黎、美国合众社记者罗伯特·马丁等。斯诺第二次访问了延安总部。

印度医疗队由爱德华、卓克华、巴苏华、木克华、柯棣华等大夫组成，于 2 月到达延安。爱德华、巴苏华、柯棣华被安排在延安东北的拐峁八路军医院工作。卓克华、木克华执教于八路军卫生学校。他们在边区和敌后服务了三四年，以后陆续回国。其间，加入中共的柯棣华不幸病逝于晋察冀边区。

路易·艾黎于 3 月到延安。此前他在汉口参加中国工业合作事业。到延后开办了中国工业合作社延安事务所，与中共建立了经常性的合作关系，为边区经济建设和中国抗日战争做出了贡献。

方禹镛是朝鲜医生，夏天从国民党部队辞职毅然来到延安工作，任拐峁八路军医院内科主任。1943 年 2 月，《解放日报》在他 50 岁时高度评价了他的工作和服务精神。战后，方禹镛回到朝鲜。

1940 年到访的有日共领导人野坂参三和南洋华侨视察团。

野坂参三是经共产国际介绍于 3 月到延。他本打算取道回国，来后发现此途难行，便滞留延安。他应中共中央的邀请参加了延安抗日，任总政对敌工作部顾问、延安日本问题研究室主任日本工农学校校长等职。中共中央给他的任务是：1. 调查研究日本的军事、政治、经济及社会的实际情况，将其报告给中共中央；2. 对前线日军士兵的宣传工作给予指导和帮助；3. 日本俘虏的教育工作。中央军委反复磋商并在 1940 年 10 月决定建校，野坂参三担任这所日本工农学校校长。战后，野坂参三经东北转道苏联回国。

5 月 31 日，由南洋爱国华领袖陈嘉庚率领的南洋华侨回国慰劳视察团访问了延安。视察团共三人。除陈嘉庚外，还有筹赈会常委侯西反和南侨总会秘书李铁民。这次访问是因为国民党发起的第一次反共高潮引起了海外华侨的不安。为了了解南洋侨资在中国的使用情况，视察团向国民党政府提出访延要求，受到百般阻拦未果后，在国民党官员寿家骏的陪同监视下得以成行。视察团受到了中共中央领导人的接见。通过参观考察和座谈，他们亲眼看到了中国的光明和希望，弄清了国共磨擦的真相。原来，共产党是在国民党丢弃的敌后发展抗日武装，而非国民党所说在搞封建割据和内战。这次访问使陈嘉庚成为中共坚定的拥护者。

1941 年 10 月，东方各民族反法西斯大会在延安召开。参加大会的有来自日本、犹太、印度、印尼、菲律宾、马来西亚、泰国、缅甸、越南、朝鲜等国家和地区以及中国的蒙、回、藏、彝、苗、满、汉等 18 个民族的 130 余名代表。会议宣布成立东方各民族反法西斯同盟，朱德当选为同盟主席。大会通过了《东方各民族反法西斯代表大会宣言》、《告日本人民书》、《致蒋介石委员长、毛泽东同志并转国共两党与抗日将士及中国人民书》、《致苏联前线将士及全体人民书》、《告英美各国人民书》。

大会成立了东方各民族反法西斯同盟，其宗旨是："团结东方各民族的力量，建立巩固的反法西斯统一战线，援助中国、苏联及一切被德日意法西斯奴役压迫的民族、国家，共同打倒法西斯强盗，为东方各民族的自由、平等与解放而努力"。

1942 年 5 月，斯大林派出苏联野战外科医生阿洛夫来到延安服务。他一直工作到新中国成立后才回国。

1943 年到访的有美国著名评论家艾金森和英国物理学家威廉·班德及其夫人克兰尔。班德夫妇是从晋察冀边区到延安的。1945 年春，他们在英国出版了《与中共相处两年》，又名《新西行漫记》。

1944 年，外籍人士访延掀起高潮。官方、民间、团体、个人，络绎不绝。如中外记者参观团，美国军事观察组，莫里斯（林迈可）夫妇、西奥多·怀特（白修德）、赫尔利等。英国人林迈可是燕京大学教授，到延后担任了八路军通讯部技术顾问，工作到战后回国。美国记者白修德访延后出版了《中国的惊雷》。

1946 年到访的有马歇尔、美国记者斯蒂尔。2 月，以英国友人任桐年为首的国际公谊救护队由重庆抵达延安。成员有英、中、美、加、新西兰等国的基督教友。他们带来了三卡车共计七吨的救济药品及外科器材，以其医疗服务帮助了人民解放战争。

解放战争爆发后到延安的有英国援华总会；西方记者斯特朗、李敦白、斯蒂尔、哈默、罗德里克、陈依范等；捷克牙医罗别愁、美国农业专家阳早和寒春等。

第三节 应对莫斯科的政治帮助

1937 年 11 月 29 日，毛泽东率在延安的党中央领导到机场迎接从苏联回国的中共驻共产国际代表王明、康生和同机到达的中共驻新疆代表陈云。王、康不是被中央召回的。他们受共产国际指派回国，任务是加强中央领导班子，使中共能够承担新时期的任务。

七七事变后，中苏关系取得了突破性发展。1935 年开始的中苏谈判，历经两年波折，终于有了结果。8 月 21 日，苏联期待已久的《中苏互不侵犯条约》得以签订。中国政府通过该条约获得了苏联的物资援助和军事援助。11 月，苏联即派遣红军志愿航空兵来华作战。苏联得到了中国政府抗战到底的保证。这使日本无力北进，减轻了德日《反共产国际协定》给苏联造成的两面受敌的压力。

苏联上述外交成果的取得不完全是苏中谈判的结果。除日本全面入侵对南京政府的逼迫外，很大程度上得益于共产国际方面的工作。季米特洛夫接手中国事务后，大力推进中共向国共合作和抗日民族统一战线政策转变。没有这种转变很难有南京政府的转变，也不会有苏联的外交成就。不过，季米特洛夫认为，中共的政策转变是在共产国际的督促下实现的，不够自觉和彻底，对南京政府的抗战决心仍有消极影响。他的想法在中国同志提供的材料中得到了证实。七七事变当天，季米特洛夫会见了前一天到达莫斯科的中共中央政治局委员王稼祥。王明和邓发在场陪同。

王稼祥在第四次反“围剿”战争中负重伤，几年不见好转，中央批准他赴苏疗伤，同时肩负向共产国际汇报工作的任务。7月10日，他向共产国际东方书记处提交了《关于中国的政治形势和中共的任务给共产国际执行委员会的报告提纲》。提纲分析了西安事变以来的中国政治形势，国民党三中全会后的新政策以及对中共和红军的立场，民族统一战线的发展前景，中共在争取建立统一战线斗争中的优势与弱点及其任务。

王稼祥的报告提纲给季米特洛夫留下了深刻的印象，以下几点尤其引起他的注意。一是关于中共的弱点。王稼祥指出，党的主要力量限定在贫困人少地区；在国统区和中心城市的工作和组织薄弱；在蒋介石的军队中的工作薄弱；党内和群众中对南京新政策的解释不力；党和军队中农民成分占绝大多数；财政和粮食供应困难。二是关于恢复中共在国统区、大城市工作。他特别提到上海的条件较为宽松，建议从苏区培养选派一些力量、或从北方学生党员和在莫斯科的中共党员中派出干部，到这些地方加强工作，“用新的方式进行工作和实行新的政策”。三是提纲汇报了1937年4月中共中央处理张国焘错误期间抗大学员许世友等人密谋携枪出走未遂而被捕的事件，以及周恩来在崂山受国民党土匪袭击的案件。王稼祥提出重新审查苏区和国统区党内托洛茨基分子，调查红四方面军被捕的“敌对分子”。[1] 四是关于加强中共

① 《联共（布）、共产国际与中国苏维埃运动（1931—1937）》第15卷，第313—321页。

中央的领导力量。他指出，中央政治局还没有满额，一部分在莫斯科，一部分在其他地方。应该充实和加强中央委员会和政治局。应该准备召开六届六中全会和党的第七次代表大会，以便深入讨论当前的所有问题，增补中央委员会和总结过去的经验。

除上述材料外，王明在8月10日召开的共产国际执委会书记处会议上也谈到中共在目前环境中的任务。他只讲了在苏区和红军工作之外的若干任务，认为中共承担这些任务面临三个困难。一是中共党员对巨大政策转变的认识可能发生思想上的混乱和实际工作的迷误。这需要通过最严重的思想斗争和马克思列宁主义理论的教育来解决。二是老干部难以适应新环境。其中许多人出身农民，有武装斗争的经验，但是完全缺乏非苏区群众工作的经验，甚至有些人连大城市中工人运动的一般概念也没有。重新教育老干部，使其适应新环境采用新方法，不是一件容易的事情。他主张从群众革命运动中生长起来的积极分子中提拔新干部。三是日军正在通过托派渗入中共内部，首先利用的是托洛茨基—陈独秀—罗章龙匪徒，从内部破坏共产党。王明说，这一阴谋所以特别危险，是由于我们党的队伍的革命警惕性，还是异常薄弱的，是由于党所进行的反对敌人侦探、奸细的斗争，还是没有系统的。同时，一切党的组织（连党的领导机关在内）审查干部的工作，还是作得异常不充分的。①

报告得到了季米特洛夫的赞许。会后王明根据季米特洛夫的指示把报告改成文章，以《日寇的新侵略与中国人民斗争的新时期》为题，发表在巴黎《救国时报》九一八特刊上。

季米特洛夫根据中国同志谈的情况和建议在书记处会议上提出了改进中国党的意见，主要一点就是由共产国际派人帮助中共

---

①　王明：《日寇的新侵略与中国人民斗争的新时期》，上海文粮书店，第27—36页。

中央把握政策，从内部加强中国党的领导力量。他说：“你们找不在共产国际任何一个支部处于这种状况并能像中国共产党这样在几年间对自己的政策和策略作出如此根本性的转变。”

关于派人的原因，他具体谈了三条。

一是中国红军是一支农民军队，工人的比例很小。当前最重要的任务是把中国的工人群众，工人阶级置于共产党，而不是国民党或其他政治派别的影响之下，以便共产党不仅依靠它拥有的武装力量，而且能以某种形式依靠国统区以及上海、广州和中国其他中心大城市的工人阶级。这样的干部在国外有。他们可以帮助党。

二是必须纠正中共的托派政策。季米特洛夫说，从中国党的文件中可以看到“含有使党和党的干部堕落、从思想上解除武装的危险性，并可能导致某种涣散……我们从这里纠正的可能性十分有限……需要有对国际形势很有研究的新人来帮助中共中央。”

三是党中央人手不够。“它的组成人员，它的机构以及它周围的人还能否进行工作的问题，这是一个十分严肃的问题。这里确实需要赶紧尽一切可能来加强党的领导，保护党中央的积极分子，在党中央与党员群众和工人阶级之间建立良好的联系。”①

季米特洛夫提议立即成立一个专门委员会，就中共问题向书记处提出建议。会议决定由季米特洛夫、邓发、康生、库西宁、莫斯克文、王稼祥和王明组成专门委员会，王明牵头，在五天内拿出具体意见。

王明很快起草了建议书，经 10 月 10 日共产国际书记处会议通过后成为共产国际的决议。它有八项内容。1. 为了成为全国性政党，中共必须重新分配干部和经费，以便在主要城市和战略中

---

① 《联共（布）、共产国际与抗日战争时期的中国共产党（1937—1943. 5）》第 18 卷，中共党史出版社 2012 年版，第 1—4 页。

心建立自己的组织。2. 重新教育老干部，提拔新的干部。3. 争取党在国统区活动的合法化。4. 加强工人和工会工作。5. 红军改编为国民革命军后通过作战行动成为全国军队中最有战斗力的部队。6. 坚定不移地实行抗日民族统一战线政策。7. 应当尽一切手段加强同托派的斗争。8. 加强保卫中国的国际运动。①

11 月 11 日，斯大林会见了季米特洛夫、王明、康生和王稼祥。他在听取汇报后，做出了重要指示。

斯大林首先对书记处的决议表示不满，认为已经过时。“这就是人们坐在办公室想出来的东西！”他指出，决议中“用一切手段加强同托派的斗争”的措辞是不够的，“应当追捕、枪毙和消灭他们。他们是全世界的挑衅者，是最可恶的法西斯代理人。”

关于中共的任务，他指出现在主要进行民族战争，不是土地革命和没收土地。但必须规定捐税以满足战争需要，不能从一个极端走到另一个极端，什么都不收。民族战争结束后才会出现怎样内战的问题。中国目前情况比 1918 年—1922 年的俄国有利。俄国因社会革命分裂了。中国的民族战争却把国家和人民联合起来。中国拥有巨大的人力资源，只要在业已开始的抗战中坚持住，就一定会胜利。

在听取了蒋介石只允许八路军编制三个师的汇报后，斯大林指出八路军应该有 30 个师，而不是三个师。这可以在现有师的编制下通过组建预备团来实现。

关于八路军的作战方式，斯大林赞同毛泽东的游击战原则，因为八路军没有炮兵。

关于外交，斯大林说，英美不希望中国战胜，因为会对印度

① 《联共（布）、共产国际与抗日战争时期的中国共产党（1937—1943. 5）》第 18 卷，第 9—11 页。

和印支等国产生影响。但他们也不希望日本独吞猎物。

关于中共七大，他说不宜进行理论争论，应放在战争结束之后。现在不要谈中国非资本主义发展道路的问题。

他最后指示，在乌鲁木齐需派合适的八路军代表和党的代表。①

根据斯大林谈话的精神，书记处在决议中加强了关于反托问题的论述，提出要经常不断地审查党内军内一切可疑分子，特别是暗藏的托洛茨基分子、陈独秀分子和罗章龙分子。在这方面中共做得还远远不够。对待托派像对待一个政党或一个派别那样，是完全错误的。在中央去年的宣言中提出了能否让托派参加抗日民族统一战线问题，这是绝对不能允许的。②

“去年的宣言”，是指1936年4月25日中共中央发出的《为创立全国各党派的抗日人民阵线宣言》。《宣言》把托洛茨基主义者同盟列入各党派，呼吁他们参加抗日人民阵线。

11月14日，共产国际书记处又一次讨论中国问题。季米特洛夫提出，共产党力量弱小，在国共统一战线中不要提谁占优势，谁领导谁的问题。应当运用法国共产党组织人民阵线的经验，遵循“一切服从统一战线”，“一切经过统一战线”的原则，努力从政治上影响国民党，做到共同负责、共同领导、共同发展，不要过分强调独立自主。

会后当天王明、康生从莫斯科动身，经新疆回国。中共驻共产国际代表团团长一职由王稼祥代理。

与此同时，共产国际或苏联还向延安派出了情报人员，建立了苏联红军驻中国特区无线电中心站，由安德里阿诺夫上尉负

① 马细谱等译：《冷战年代的中国与世界：季米特洛夫日记选编》，第59—61页。

② 马细谱等译：《冷战年代的中国与世界：季米特洛夫日记选编》，第10页。

责，任务是收集军事情报，并与莫斯科保持沟通。

从莫斯科召回中共干部参加工作也是中共中央的急迫要求。11 月 10 日，中央请尚在新疆的陈云向共产国际转发一份电报，说全国工作大开展，领导干部不够分配，请共产国际即刻将陈云、康生、邓发、李立三、吴玉章、滕代远、孔原、陈潭秋、高自立、曾山等诸同志派回中央工作。又说，过去你们答应派大批干部回来，不知究竟派了多少，何以至今毫无消息，是否途中发生了问题？①

中央开出的名单不包括中共驻莫斯科的主要负责人王明。季米特洛夫派王明回国，一是因为他的地位；二是他能很好地领会共产国际的意图。有了这两条，王明成为能够帮助和影响中共中央的不二人选。但是，季米特洛夫没有改组中央领导班子的意思，更不想用王明取代毛泽东。他在王明回国前向他交代：你回中国去要与中国同志关系弄好，就是他们要推选你当总书记，你也不要担任。②

共产国际与中共中央的分歧，主要表现在两个问题上。一是党的任务和策略。共产国际主张把党的工作重点转移到国统区和中心城市，使党成为从事合法活动的全国性政党。而洛川会议则强调统一战线中的独立自主原则，主张通过山地游击战发展红军力量、创造敌后根据地，以此作为中共参与国共合作和民族统一战线的本钱和基础。二是托派问题，共产国际要求中共不折不扣地执行苏联的政策，把托派当作日伪、汉奸、特务等敌对势力来对待。中共中央则把托派当作国共之间众多小党之一，希望将其纳入统一战线，共同抗日。

① 中共中央文献研究室编：《陈云传》上册，中央文献出版社 2005 年版，第 223 页。

② 王稼祥在中央书记处工作会议上的发言（1941. 10. 8），存中央档案馆。

12月9日至14日，中共中央召开政治局会议，史称十二月会议。王明在张闻天的政治报告后作了长篇发言，对报告和洛川会议以来的中央主张提出了批评，认为不该太强调民主、民生问题，不应提改造国民党政府的口号，以及谁吸引谁的问题，主张共同负责共同领导，一切经过统一战线等。①

王明的发言由于传达了斯大林和共产国际的指示，对与会者产生了重要影响，给张闻天和毛泽东造成很大的压力。毛泽东在发言中对洛川会议方针作了解释，强调应当坚持山地游击战的原则，指出所谓独立自主是对日本作战的独立自主，战役战术的独立自主。

会议没有就统一战线方针和战略问题作出新的决议，但是肯定了中共驻共产国际代表团的工作，认为在王明同志领导下的代表团，几年来首先在关于抗日民族统一战线新的政策的确定与发展上给了中央以极大的帮助，对培养干部、出版报纸书籍、反奸等表示满意，认为完成了中央与共产国际交给的任务。

会议还讨论了对托陈派的政策。七七事变后，国民党在中共的要求下释放了一批政治犯，其中包括陈独秀。陈独秀出狱后，托派罗汉即向中共中央表示，陈独秀愿意回到党的领导下工作。中共中央表示欢迎他们的转变，并提出联合抗日的三个条件：公开声明与托派脱离关系并承认错误；公开表示拥护抗日民族统一战线政策；在实际行动中表示出诚意。② 王明听说此事后大吃一惊，随即表示坚决反对，说我们和什么人都可以合作抗日，只有托派是个例外。他提出了一个重要理由：斯大林正在反对托派，如果知道中共联系托派，后果不堪设想。③

① 《王明言论选辑》，人民出版社1982年版，第536—545页。
② 《中共中央文件选集》第11册（1936—1938），第335页。
③ 周国全、郭德宏：《王明传》，安徽人民出版社1998年版，第163页。

托派在苏联是一个严重问题，但是中国托派是一个小团体，孰轻孰重，一目了然。因此，会议接受了王明的意见，决定不再联系托派，以维护同共产国际、苏联关系的大局。

会议讨论了七大的召开。王明拿出一个 16 人的政治局委员及候补委员名单，把六届五中全会以来的人员排名变动了一下。前三位是毛泽东、周恩来、张国焘；张闻天排第七。会议决定成立准备召集七大委员会，毛泽东任主席，王明任书记。

其他组织安排：增补王明、陈云、康生为中央书记处书记；周恩来、王明、博古、叶剑英组成中共代表团，负责与国民党谈判；项英、周恩来、博古、董必武组成长江局，领导南方党的工作。日常分工，张闻天党务，毛泽东军事，王明统战。

在十二月会议上，王明至少部分地达到了目的。会后，他赴武汉参加中共代表团和长江局的工作，把两个机构合二为一，对外称中共代表团，对内是长江局，自任团长书记，开始教条式地贯彻共产国际的指示，把工作重点放在大城市和同国民党上层的关系上，擅自以中央名义甚至毛泽东个人名义发表声明和谈话，与延安党中央形成分庭抗礼之势。

王明右倾路线得逞一时除他打着共产国际旗号外，还因为抗战初期国共关系尚好，掩盖了问题以及国民党可能加害于共产党的危险。

苏军上尉安德里阿诺夫在一份中国之行报告的附件中记录了 1938 年 2 月 2 日他对张闻天的采访。张闻天谈到了武汉地区群众性的抗日运动取得很大成绩。国民政府“成立了军事动员委员会，其任务是监督群众运动，但实际上现在国民党已经没有力量在像长沙、汉口、武汉这样的城市里建立什么监督。群众运动不受它的监督，打出的不是它的口号，而是我们的口号。实际上，对我们的书报检查几乎已经不存在。可以公开发表关于八路军的材料。仅在汉口一地就有 40 到 60 种报纸经常刊登关于我们的消息。在全中国有200多种报纸成了我们的义务宣传员。一些国民党人士指责我们把从政府那里得到的八路军薪饷用到宣传上和支付那些刊登关于我们的材料的报纸的费用。实际上，报纸编辑这样做仅仅是为了利用我们在群众中的影响来保证他们报纸的销售。”①

在日军全面进攻，中国军队屡战屡败、半壁河山相继沦陷的背景下，王明领导长江局配合国民党政府的武汉保卫战，把抗日民族统一战线工作和宣传搞得轰轰烈烈。张闻天叙述的武汉政治形势——“革命运动的浪潮在迅速发展，而国民党却落在了后面”，完全符合共产国际的期待，十分接近工作重点向国统区和中心城市转移，使党成为从事合法活动的全国性政党这一目标。但是党的实质性工作，组织南方新四军的力量，发展敌后根据地和游击战等却被王明放在一旁，有些工作甚至借口影响国共合作而予取消。

1938年2月27日至3月1日，中央政治局在延安召开“三月会议”，党内分歧进一步扩大，甚至出现了领导危机。王明作了《目前抗战形势与如何继续抗战和争取抗战胜利》的报告，毛泽东作军事问题的发言。两人在统一战线和军事战略上发生了激烈的争论。毛泽东提出“在今天的形势下，王明不能再到武汉去。”这个意见没有被与会者接受。会议表决五票对三票，通过了折中方案：王明去武汉留一个月再回来。②

三月会议涉及中央领导集体以谁为核心的问题。当时党内，张闻天负总责，七大准委位列第六；毛泽东自遵义会议入常以来已成为实际的决策核心，尚无名分，准委排第一；王明背后是共

① 《联共（布）、共产国际与抗日战争时期的中国共产党（1937—1943.5）》第18卷，第22—23页。

② 周国全、郭德宏：《王明年谱》，第103页。

产国际，肩负帮助中央的使命，回国后即入核心层，准委第二，仅次于毛泽东。解决核心问题有两个途径，一是召开七大，二是共产国际定夺。

王明选择了七大途径。他认为有共产国际的支持，加上统战的声势名望和武汉轰轰烈烈的政治形势，自信能够用其纲领征服全党。3月11日，王明起草了《三月政治局会议的总结》，在《群众》、《解放》两刊上公开发表，号召所有地方党立即积极地开展七大议程的讨论，宣称“任何一个同志都有权利明确详尽地发表他对于中国革命全部问题——特别是抗战和争取抗战胜利问题的意见”。①

在这种情况下，中共中央和毛泽东选择了共产国际的途径，指示赴苏求援的政治局委员任弼时向莫斯科汇报十二月会议的情况。这既可求得共产国际对中国党的理解，又可切断王明的国际后路，于党内和外交都是一步高棋。

任弼时经新疆出境，3月底到达莫斯科。4月14日，他代表中共中央向共产国际提交了《中国抗日战争的形势与中国共产党的工作和任务》书面报告大纲，全面介绍了七七事变以来中国抗日战争的发展过程，中共坚持抗日民族统一战线、实行全面、持久抗战的方针政策。

5月18日，任弼时和王稼祥一起出席共产国际执委会主席团会议。任弼时就书面报告的四个主要问题向会议作了口头说明。这份报告和他的口头汇报堪称中共中央处理与共产国际、苏联关系的外交杰作。

任弼时高度评价了共产国际对中共的指导帮助，虚心承认中共对国共合作长期性认识不充分以及工作方式存在严重的缺点。他表示，十二月会议根据王明带回的共产国际指示，详细检查了

① 《王明言论选辑》，第593页。

统一战线工作，认为共产党号召的民族统一战线获得了最大的成功，会议将全面贯彻共产国际指示。

他尖锐地揭露了蒋介石以统一和抗战的名义消灭共产党及其武装力量的阴谋，指出中国党由毛泽东发表了谈话，说明苏联一党存在，是因为社会主义国家不存在其他政党的社会基础。德意的法西斯党专政并非只有一个党。英法美等国许多党合法存在，仍然保持了统一。国民党过去以武力消灭其他政党已遭失败，今日合作反能统一，并能抗战。毛泽东的谈话得到很好的印象。蒋介石亦声明，只要意识统一，思想可以自由，复兴社不能代表国民党。

关于法国人民阵线的经验，任弼时巧妙地借用汪精卫的话，说明中共的不同之处是拥有红军和苏区，这是国民党最害怕的。

关于军事战略，任弼时介绍了八路军采取运动战游击战的作战方针及其效果，指出伤亡比例我军为敌方三分之一。国民党军队已逐渐认识阵地战与运动战、游击战互相配合的重要意义，而开始采取新的作战方针。随着中日战争范围更加扩大，特别是万一武汉等城市失陷以后，游击战争在抗日战争中的特殊作用与意义将更为重大。①

任弼时雄辩地说明，中共中央目前的方针政策完全符合共产国际路线，且已取得巨大的成就。

在主席团会议讨论任弼时报告时，季米特洛夫指出，中共一年来建立了抗日统一战线，尤其是朱、毛等领导了八路军执行了党的新政策，共产国际认为中共的政治路线是正确的，中共在复

① 《联共（布）、共产国际与抗日战争时期的中国共产党（1937—1943.5）》第18卷，第41—86页。

杂的环境及困难条件下真正运用了马列主义。[①]

6 月 11 日，共产国际执委会主席团经过认真研究表决，批准了中共代表团对主席团的声明，声明要求共产国际给予中国人民反对日本侵略者的斗争以全力支持；批准了关于声明和中共代表报告的两个决议。第一个决议说：主席团“表示完全同意共产党的政治路线，并表示共产国际支持中国人民反对日本侵略者的解放斗争”。第二个决议说：“中共的政治路线是正确的。中共在复杂和困难条件下所灵活实行的向抗日民族统一战线政策的转变，致使国共两党重新进行合作，使各民族力量团结起来与日本侵略者作斗争。”

在此基础上，决议对中共中央作出了 12 点指示。1. 统一战线不能以限制各政党的独立性为目的。2. 在贯彻义务兵役制、建立新军、动员人民参战等方面给予国民政府以积极的帮助，同时应当运用自己的经验和一切能力来进一步开展敌后的游击运动，建立游击运动的基地。3. 促进国防工业和国民经济以适应战争需要，争取工人状况的一定改善，并提高他们的觉悟和纪律性。4. 在进行自卫战争方面支持国民政府和蒋介石，这不排除而是首先不断反对亲日派和妥协派。5. 切实实行孙中山的进步原则，对国民党施加影响。6. 在全国，首先在大城市、战略要地、军工和铁路工人中建立党的组织，在敌占区特别是大城市建立地下党组织。7. 不搞红色工会，只在国民党工会中工作，使其成为广泛的群众组织。8. 改善农民的极端贫困和无权状况，组织农民游击队。9. 在少数民族中开展广泛的工作。10. 加强和扩大八路军和新四军的战斗力、政治工作，以表明自己是全国军队最先进的突击部队。在大力组织敌后游击队和游击区时应本着承认中央国民政府政权的精神。11. 加深党的政治、思想和组织上的统一；消

① 《王稼祥选集》，人民出版社 1989 年版，第 138 页。

除可疑分子和托派；党的刻不容缓的任务，是根据马恩列斯的学说来加强干部党员的教育，不断根除一切宗派主义和右倾机会主义投降倾向的残余；重新教育老干部，培养新的积极分子。12. 肯定中央开除张国焘是正确的。①

12点决议考虑了中共的一些实际情况，综合了不同意见，缩小了双方的策略分歧。

7月上旬，王稼祥动身回国。任弼时接替他的工作。临行前，季米特洛夫同两人谈话，就中共中央领导核心问题做出重要指示。他说："应该支持毛泽东同志为中共领导人，他是在实际斗争中锻炼出来的。其他人如王明，不要再去竞争当领导人了。"②

9月14日，中央政治局召开会议。王稼祥传达了共产国际指示和季米特洛夫的意见。传达分五个问题。

关于中国党路线的估计。季米特洛夫认为中共一年来建立了抗日统一战线，尤其是朱、毛等领导了八路军执行了党的新政策，共产国际认为中共的政治路线是正确的，中共在复杂的环境及困难条件下真正运用了马列主义。

关于国共合作与统一战线问题。（1）统一战线是建立起来了，但今天还不够广泛与坚固，这是总的估计。（2）民族统一战线的特点，是包括地主、亲日反共分子，这是一种进步，另一方面还有反共亲日分子的破坏。（3）对国民党的估计，一般在战争中是会进步的，顽固派是阻碍抗战进步，蒋及国民党主要部分在战争中妥协的可能更少。（4）中共任务是发展与巩固统一战线。第一，诚意拥蒋，拥护国民政府。加紧反亲日派斗争。第二，中共党员在政府与军队中起模范作用，在政治上、工作上去影响国

---

① 《联共（布）、共产国际与抗日战争时期的中国共产党（1937—1943.5）》第18卷，中共党史出版社2012年版，第94、97—101页。

② 徐则浩：《王稼祥传》，当代中国出版社2006年版，第187页。

民党，如过去恩来影响张、杨即是很好的。第三，中共提出拥护三民主义是正确的。第四，中共以不参加国民政府为有利，但军事、国防部门可以参加。（5）经常要反对日寇、汉奸利用磨擦阴谋破坏统一战线的行为。

关于国际援华运动。援华运动做得不够，主要是我们对国际宣传做得不充分、不通俗。今后，中共要将日寇的野蛮政策、残酷行为写成控告书，并将中国人民英勇抗战情形向世界公布。

关于中共七大。要着重于抗战中的实际问题，不应花很久时间去争论十年内战的问题。总结十年经验要特别慎重。决议要特别注意短期的、实际的东西。要吸引许多新的干部。

关于党内团结问题。王稼祥说，季米特洛夫与我的谈话有下列各点：（1）今天中共在全国取得公开存在，在群众中有很大的威信，党在公开活动中是可能影响国民党的。（2）今天日寇特别要很巧妙的挑拨破坏党内的团结，如制造什么周恩来与毛泽东的冲突等。（3）今天的环境中，中共主要负责人很难在一块，因此更容易发生问题。在领导机关中要在毛泽东为首的领导下解决，领导机关中要有亲密团结的空气。在我临走时他特别嘱咐，要中共团结才能建立信仰。在中国，抗日统一战线是中国人民抗日的关键，而中共的团结又是统一战线的关键。统一战线的胜利是靠党的一致与领导者间的团结。这是季米特洛夫临别时的赠言。①

9月29日至11月6日，中共中央召开了扩大的六届六中全会。王稼祥传达了共产国际的指示和季米特洛夫的意见。毛泽东作了《论新阶段》的政治报告和总结报告；张闻天作《关于抗日民族统一战线与党的组织问题》的报告；周恩来作了中央代表团工作报告。全会批准了中央政治局的路线，确立了以毛泽东为首的中央领导体制，基本上克服了抗战初期王明的右倾投降主义

① 《王稼祥选集》，第138页。

错误。

全会闭幕前发出了给斯大林和季米特洛夫的致敬电，高度评价他们对中国革命和中国共产党的指导和帮助，指出“你们的指示是完全正确的。我们代表中国共产党全体党员和四亿五千万被压迫的中国人民谨向你们表示衷心的感谢。”①

第四节 反顽斗争与周恩来赴苏

1938 年 10 月武汉失守。日军由战略进攻转入战略保守。国民党政府损兵折将，丧失半壁河山，汪精卫投敌。共产党领导的八路军新四军深入敌后，开辟了广阔的战场和根据地，力量迅速增长。抗战步入相持阶段，呈现错综复杂的政治局面。

1939 年 1 月，国民党召开五届五中全会调整政策，实行反共抗战并举，确定了“溶共”、“防共”、“限共”的方针。会后不久国民党开始部署军事磨擦和反共事件，在敌后根据地不断制造杀害我军干部战士、伤病员及我方工作人员的惨案。年底至 1940 年春，国民党掀起了第一次反共高潮，顽军各部在陕甘宁和晋察冀发起军事进攻。

针对国民党的反共行为，中共中央开展了政治、军事、思想全面斗争。1939 年 7 月 7 日，中共中央在纪念抗战两周年的时局宣言中提出了“坚持抗战，反对投降；坚持团结，反对分裂；坚持进步，反对倒退”的三大政治口号。② 9 月 16 日，毛泽东提出了“人不犯我，我不犯人；人若犯我，我必犯人”的军事斗争原

---

① 《联共（布）、共产国际与抗日战争时期的中国共产党（1937—1943. 5）》第 18 卷，第 102 页。

② 《中共中央文件选集》第 12 册（1939—1940），中共中央党校出版社 1991 年版，第 143 页。

则。1940 年 3 月 11 日，他又提出了“发展进步势力、争取中间势力、反对顽固势力”以及“有利、有理、有节”的策略。① 在理论方面，毛泽东相继发表《〈共产党人〉发刊词》、《中国革命和中国共产党》、《新民主主义论》、《目前抗日统一战线中的策略问题》等重要著作，深刻阐述了中国革命的性质、任务、阶段和前途，以及克敌制胜的三大法宝。1940 年春天，中共反顽斗争取得了军事政治双胜利，打退了国民党的第一次反共高潮。

在这一期间，中共中央与共产国际保持了密切的沟通，争取到了斯大林和季米特洛夫对抗日反顽斗争的理解和支持。

1939 年 5 月 7 日，中共中央书记处鉴于国内形势恶化建议共产国际与中共建议定期互通情报机制。中方提供国共关系、军事形势、八路军和新四军状况、中共在全国的活动等情况；共产国际向我通报国际形势、苏联情况、共产国际执委会书记处及其主要支部的活动情况、国际无产阶级和兄弟党支持中国人民抗日斗争的情况、日本发生的事件和局势等。②

季米特洛夫 5 月 21 日复电接受了这一建议。关于国民党反共，他承认迫害共产党人是准备投降的组成部分，但将反共归于蒋身边的投降派和反共分子，认为中共“应该把全部火力集中于反对在蒋介石周围、国民党内外和军队中的投降派……孤立投降派和反共派”。又说“动员群众，加强国共合作是同投降派和反共派作斗争的最好方式。在开展反投降斗争，公开揭露反共运动的叛卖性质的同时，党不应该给人提供破坏民族战线的口实，而要不顾一切千方百计地扩大和巩固民族战线。”③

---

① 《毛泽东选集》第 2 卷，人民出版社 1991 年版，第 590、745、750 页。

② 《联共（布）、共产国际与抗日战争时期的中国共产党（1937—1943. 5）》第 18 卷，第 134 页。

③ 《联共（布）、共产国际与抗日战争时期的中国共产党（1937—1943. 5）》第 18 卷，第 138 页。

6月4日，中共中央在给共产国际的“关于国共关系问题的第1号通报”中列举了国民党各种反共现象，然后指出：“所有这一切首先可以并且应该用日本代理人和亲日投降派，即公开的和隐蔽的汪精卫追随者、在蒋介石周围和在地方上活动的反共分子以及一小撮托洛茨基分子搞的阴谋和进行的挑衅来作解释。但罪魁祸首毕竟是蒋介石本人。他自始至终主张共产党与国民党合并，并在中国消灭共产主义。”①

为了取得一致，共产国际成立了执委会书记处直接领导下的中国问题研究小组，② 由执委会干部部高级顾问莫尔德维诺夫主持，成员包括共产国际的中国问题专家，以及在莫斯科的中共高级干部。任弼时、林彪、毛泽民、马明方等人都参加了讨论。书记处为小组规定了四个研究主题：

1. 如何巩固民族统一战线，制止投降；
2. 如何加强抗日战争；
3. 如何加强八路军和中国共产党；
4. 如果投降和与国民党决裂成为事实，应该怎么办。

书记处要求小组不作决定，每个成员都说出自己的意见，最后汇总上报。③

① 《联共（布）、共产国际与抗日战争时期的中国共产党（1937—1943.5）》第18卷，第143—145页。

② 小组成立时全称“中共中央文献资料研究小组”，任务是起草中共七大文件。6月5日小组召开第一次会议，恰逢中共中央发来第1号通报，结果扩大了工作范围，形成了一个长期计划，即不仅准备七大文件，还要研究中国目前形势和国共合作，国民党的组成、政治派别和内部斗争，以及1925年至1927年国共关系由合作到破裂的历史。共产国际执委会书记处没有批准这个计划，把小组改为“中国问题研究小组”。《联共（布）、共产国际与抗日战争时期的中国共产党（1937—1943.5）》第18卷，第140—141、146—148页。

③ 《联共（布）、共产国际与抗日战争时期的中国共产党（1937—1943.5）》第18卷，第154页。

在讨论中，主持人莫尔德维诺夫与小组的中共党员发生了争论。

他认为中共六届六中全会不应提出新式的民主共和国，这与中共承认国民党的领导地位相矛盾。训政转向宪政时，否认国民党一党专政无助于民族统一战线和国共合作。因为“民族统一战线实质上是建立在承认国民党在抗日民族解放战争中的领导作用的基础之上的。”

任弼时作了解释，指出六届六中全会没有说现阶段不允许有一党专政，而是说不能建立一党专政。如果承认国民党专政，那就意味着共产党将会被赶入地下。“我们应当帮助国民党实行民主化。”他引用了六届六中全会决议：“这一新中华民主共和国的建立，将是在长期艰苦抗战中去打下基础和在抗战胜利后去发扬光大的”。

关于边区，莫尔德维诺夫认为它的存在违背中国法律，主张取消。这样既能集中力量发展八路军，又可使蒋放心，让八路军获得政府100%的装备，成为蒋最信任的最强大的对日作战力量。

这一主张遭到了中共党员的一致反对。任弼时在发言中全面论述了边区存在的必要性，指出边区已成为民主政权的典范，具有全国性的政治影响。取消边区不能换来国民党的政治进步，国民党还会要求我们取消党和军队。林彪指出，边区和八路军可以相互帮助。取消边区不能根除磨擦增加国共团结。这是政治问题，不是技术问题。毛泽民指出，边区向全中国展出政治前景。如果取消边区，那么中共中央、学校、各机关住在哪里？

小组内部，主要在中共党员之间，还讨论了如何消除陕甘宁边区两个政权的冲突问题。

莫尔德维诺夫实际上把国民党反共制造军事磨擦归咎于中共实行的政策过左，包括新式共和国的纲领，坚持边区存在，对国民党军队开展地下工作，在宣传中突出和夸大中共的抗日成就，把蒋毛并列，在国统区与国民党争夺对群众组织的领导权等。他认为中共在重犯 1925—1927 年第一次国共合作时的极左和冒险错误，使蒋无法相信我们。而整个问题的关键在于要让蒋知道八路军和共产党都是他在抗战中的可靠支柱和基本力量。他甚至认为国民党军队与八路军之间发生武装冲突往往因为我方犯了宗派主义错误。

莫尔德维诺夫想通过迁就蒋介石来维持民族统一战线。针对这一主张，林彪指出统一战线可以在战争中得到巩固。当然，应该避免不必要的磨擦和冲突，但有时也不能靠一味的让步来调节冲突，有时以磨擦反磨擦反而取得了积极的效果。我们不能根除磨擦和冲突，因为加入统一战线的是不同阶层和政党，而且因为我们的影响在扩大，力量在加强。毛泽民也指出，正是因为我们有力量，有党、军队和民众，才建立了统一战线。

莫尔德维诺夫还对党的发展提出异议，认为中共不应在农村和国统区发展党组织，这会遭到国民党反对。中共应把发展工业区和敌占大城市的党组织作为党的中心任务，而延安不可能成为领导这项工作的中心。[①]

莫尔德维诺夫的上述见解，包括对历史和现实的看法，在共产国际颇具代表性，部分观点折射出苏联在对华政策和外交战略方面重国轻共的缺陷。在他眼里，中共简直成了妨碍蒋介石积极抗战的消极因素。[②]

中国问题研究小组从 7 月 5 日讨论起活动了一个半月。8 月 19 日，莫尔德维诺夫向季米特洛夫提交了关于小组工作结果的书面报告。报告没有接受中国同志的意见，反而加强了对上述

① 《联共（布）、共产国际与抗日战争时期的中国共产党（1937—1943. 5）》第 18 卷，第 153—190、193—200、202—236 页。

② 《联共（布）、共产国际与抗日战争时期的中国共产党（1937—1943. 5）》第 18 卷，第 250—276 页。

错误观点的论证。在回答执委会书记处的四个问题时，他提出只要蒋介石继续抗战，中共在任何情况下都要支蒋到底，满足他提出的各种条件。如果国民党投降，国共破裂成为事实怎么办？莫尔德维诺夫没有真正考虑这个问题，只是简单地说，中共应号召人民、军队，一切爱国者以及国民党群众继续开展游击战。

莫尔德维诺夫建议，所有这些问题应向中共七大提出，此前应同中共中央领导人讨论，并紧急邀请毛泽东和中组部部长陈云来苏磋商。

报告与中共中央的立场相去太远，也不符合共产国际一再肯定中共路线的基本判断。

季米特洛夫接到报告后未置可否。不到两周，苏德签订《互不侵犯条约》，欧战爆发，反对双方帝国主义战争成为共产国际关心的新问题。

但是毛泽东 9 月 26 日同斯诺关于实现民主的谈话仍然引起了季米特洛夫的不安和警惕。10 月 21 日，斯诺在《每日先驱报》上公开了谈话内容。毛泽东谈道："现在处于共产党控制下的地区，在行政方面独立于蒋介石政府。在消灭国民党独裁和取代它建立共产党人及其他人士的民主机构之前，中国不可能完全统一。"季米特洛夫认为斯诺的报道是对蒋的挑衅，要求毛泽东确认是否说了这样的话，以此提醒中共中央不要发表此类不利团结的言论。

从一般意义上讲，延安接待西方记者和美国军官是中共中央绕过重庆向世界发出自己声音和寻求半独立外交的重要举措。苏联和共产国际对此既不理解也不适应。莫尔德维诺夫在 8 月 19 日的报告中酸溜溜地抱怨中共简直把斯诺、史沫特莱、卡尔森等当成了自己人。当中共中央答应与斯诺断绝关系后，季米特洛夫仍不放心，回电"坚决请求不要让毛泽东和其他中国同志再向外国记者发表谈话”。①

9月中旬，共产国际迎来中共中央的一位重要客人——周恩来。他此行的直接目的是疗伤，到达莫斯科后即住进医院。与周恩来同来的还有邓颖超、王稼祥、陈昌浩、李德等人。

12月29日，已出院的周恩来向共产国际提交了关于中国问题的书面报告，随后又在1月17日和19日共产国际执委会主席团会议上作了口头汇报。

周恩来依据国内材料全面回答了共产国际关心的问题。报告长达5.5万字，分四个部分：1. 中日战争的新阶段；2. 抗日民族统一战线与国共合作；3. 党及八路军新四军的工作；4. 党的第七次大会及其准备工作。

报告重点是第二部分。在这部分，周恩来讲清了一个重要问题，中国统一战线的形式和特点。他指出，中国民族统一战线在形式上没有共同纲领，也没有各党联合组织。在法律上，统一战线似乎不存在。然而在事实上，中国统一战线的范围和内容又极广泛，中国各阶级都参加了。“这种包含各阶级各党派各地方各军队的统一战线，虽无法定形式，却有实际的内容。然而正因其广泛，内容便甚复杂。国民党最重形式，同时亦常承认已成之事实，故于统一战线宁愿迁就许多事实，而不愿假以名义。所以情况好时，统一战线可以因事实的存在而发展；情况坏时，又可因不合法而受到许多打击……统一战线总是存在着和发展着的，而且国共两党的重新合作，正为中国统一战线的主要内容。”

他根据毛泽东的分析论述了中国统一战线的八个特点：

一、是全民抗日的，但国民党压制工农的阶级政策妨碍民族

① 《联共（布）、共产国际与抗日战争时期的中国共产党（1937—1943.5）》第18卷，第291、292、295页；《联共（布）、共产国际与抗日战争时期的中国共产党（1937—1943.5）》第19卷，中共党史出版社2012年版，第31页。

阵线的扩大，使上层阶级趋向妥协；

二、以三民主义为政治基础，但三民主义有许多不同解释。国民党利用民权主义为一党政治服务，压制其他党派；

三、是有军队的。国共有军队，许多地方势力亦有军队。这保障了国共两党能够重新合作。如果共产党武力发展，可以促进统一战线进步，而且会有决定的作用。否则，便有分裂危险；

四、有 15 年经验；

五、是不平衡的，同时也是不平等的。共产党及其力量在局部发展，国民党有时还能容忍；

六、是长期性的。统一战线是保证抗战的，但抗战期中并不能保证统一战线不生变化，所以统一战线要在长期中求进步，同时也会遇到危险；

七、大多数民众尚未组织起来，他们虽参加了抗战，尚不能给统一战线以有力的组织基础。这给了各方分工分区组织民众的可能；

八、处在新的国际环境中。国际反共协议的破产，给中国统一战线以助力，但国际反苏新结合，尤其英法的挑拨，也不会不给中国以影响。

周恩来试图说明中国统一战线是在矛盾中发展的。

周恩来接着分析了国民党与国内阶级变化、蒋介石及其国民党的基本思想和基本政策、中共的统一战线政策、中共对蒋及其国民党政府的态度、中共对各地方及各党派的关系。

他指出，我党在统一战线中一向坚持以下原则：1. 一切服从抗日，抗日高于一切；2. 三民主义是统一战线的政治基础；3. 国共合作是统一战线的组织基础；4. 国民党的进步、共产党及其军队的巩固和发展是统一战线的保证；5. 坚持长期抗战，反对投降分裂；6. 为中华民主共和国的彻底实现而斗争。

周恩来还论述了中共在统一战线中的策略路线。

关于争取民主，指出“坚持国内民主与改善民生，争取抗战自由及国民大会的民主，并在陕甘宁晋察冀边区及游击区，树立模范的民主政治、动员工作及改善人民生活以推动全国。”

关于反顽斗争策略，指出要“在思想上批评，在行动上抗议，如‘人不犯我，我不犯人；人若犯我，我必犯人’，不过这种犯人仍是自卫的性质，希望促其觉悟。”

周恩来在第二部分并回答了共产国际关心的一些具体问题。

关于国共合作的形式，指出我党所提之三种合作形式，第一种为共产党员加入国民党，而仍保留自己的党籍，这是国民党万难接受的；第二种为国共两党成立共同委员会，在现在亦尚无此种可能，只在个别地方，可以争取事实上的实现；第三种维持目前关系，即双方在不拘形式上互相来往接洽，大致这种情形在重庆在某些省份的上层可以渐渐实行，但大多数地方还谈不上。

关于中共的发展，指出这是国民党及许多地方势力最不放心的问题。当我党六中全会提出中共不在国民党内发展时，蒋介石曾一时有国共两党分区领导、分区发展的说法，但以后并未再提。许多地方势力也很担心共产党在他们的地域内发展，所以限制共产党发展和分区发展的主张，连地方上较进步的势力也都赞成。因此，在某些较进步的省份，共产党上层分子可以与之进行统一战线，但当地共产党部则不能公开。

关于保有边区的原因，指出这不仅因为历史的原因，而且在抗战的现阶段，也必须保有这一边区，使之保卫中共的领导，巩固八路军的后方，并推动全国民主政治的实现。只要全国真正的民主实现，则边区正如中共所声明，将失掉它单独存在的意义。

在报告第三部分，周恩来汇报了党和军队的工作。对于共产国际多次强调的党在敌占区的工作，周恩来承认“就全般说，我们对敌占的大城市中工作是注意得不够。”①

周恩来两天来的报告给与会者留下了全面深刻的印象。1 月 20 日，主席团决定成立中国委员会，季米特洛夫亲自主持，周恩来参加，会同中国同志和执委会干部部及其他部的工作人员为主席团拟订相应的建议。

与俄国人为主中国人为辅的中国问题研究小组不同，中国委员会不仅可以在给主席团的建议方面做出决定，更重要的是，这些建议是以周恩来报告为基础的。

1 月 29 日，季米特洛夫向斯大林提交了周恩来报告的要点，附言说：“鉴于中国的局势和共产党的特别复杂的斗争条件，中共中央需要在两个基本问题上得到建议：（1）为了防止中国统治集团向日本帝国主义投降，共产党应该采取怎样的方针和措施。（2）为了在目前条件下继续进行斗争，特别是鉴于国民党领导集团实行迫害共产党和消灭特区及八路军、新四军的政策，共产党应该采取怎样的方针和措施。”他强调这些问题正在与中国同志一起讨论，“恳请您提出建议和作出指示”。②

2 月 19 日，季米特洛夫又向斯大林提交了他与周恩来共同制定的两个决议草案，一份是主席团关于中共代表团报告的决议，另一份是为七大拟定的中共中央基本政治方针。

共产国际还研究了中共中央委托周恩来申请的年度资金援助，包括党和军队两份预算，约 35.8 万美元。2 月 23 日，季米特洛夫致信斯大林，请求批准。

2 月 25 日，季米特洛夫接通了斯大林的电话。斯大林表示他没有时间阅读送来的中国问题材料，答复说“请你们自行决定。

---

① 《联共（布）、共产国际与抗日战争时期的中国共产党（1937—1943.5）》第 18 卷，第 303、309、310、326 页。

② 《联共（布）、共产国际与抗日战争时期的中国共产党（1937—1943.5）》第 19 卷，第 11、12 页。

我们将提供30万美元的援助。”[1]

斯大林正在忙于苏芬战争。同时，他对中共也十分放心。苏德签约以来，苏联一直承受与德瓜分波兰带来的巨大的国际舆论压力。周恩来到达莫斯科后，曾向共产国际提交毛泽东《关于国际新形势对新华日报记者的谈话》，并分发各兄弟党，表示中共站在苏联政府一边。共产国际立即给予点赞，说中国党领导正确，给了苏联很大支持。[2]

正当共产国际执委会主席团研究对中共的决定和指示时，传来了中共打退国民党第一次反共高潮的好消息。此前季米特洛夫一直关注阎锡山旧军对中共新军的进攻，要求中共中央报告情况。[3] 3月6日，中共中央报告："山西新军和旧军之间的武装冲突已被制止，这是共产党和八路军调停的结果……现在我们的政策是坚持抗日统一战线，承认阎锡山占有一定的地盘，以保留在共产党和国民党之间的这个中间力量。"电文最后强调："这一切都是我们进行坚决斗争和采取正确策略的结果。"[4]

鉴于讨论半年的中国党政策和策略的相关问题在实践方面已经产生了结论，共产国际执委会主席团成员于3月11日对中国问题以飞行表决的形式做了最后的决定：批准中国委员会起草的各项决议。共四项内容：（1）根据中共代表团报告（周报告）做出的主席团决议；（2）批准为七大拟定的中共中央基本政治方针；（3）成立中共中央直属中央监察委员会；（4）关于动员中

---

① 中共中央党史研究室第一研究部编：《共产国际、联共（布）与中国革命文献资料选辑（1938—1943）》第20册，中共党史出版社2012年版，第52页。

② 《周恩来年谱1898—1949》，中央文献出版社、人民出版社1989年版，第449页。

③ 《联共（布）、共产国际与抗日战争时期的中国共产党（1937—1943.5）》第18卷，第342页。

④ 《联共（布）、共产国际与抗日战争时期的中国共产党（1937—1943.5）》第19卷，第54页。

国青年的决议。

主席团决议指出："中国共产党的政治路线是正确的。共产党在日中战争期间为动员中国人民的力量起来同日本侵略者作斗争做了大量工作，坚决实行抗日民族统一战线策略，近来在自己队伍的成长方面也取得了成绩，成了国内一个巨大的政治因素。"①

经主席团批准的第二项决议明确提出了"国民党反对派"这个概念，指出"国民党反动派投降的危险在整个战争期间还从来没有像现在这样突出地显露出来。"现在最大的危险，与其说是汪精卫，还不如说是国民党反动派。"这些人口头上以忠于孙中山三民主义作掩饰，而实际上想从内部将民族解放战争的堡垒让给敌人……当民族解放斗争的胜利需要国共密切合作和中国武装力量一致同外来敌人作斗争的时候，他们却不断地唆使国民党反对共产党，人为地制造国民党军队和八路军之间的摩擦和冲突。当八路军和边区成为抗日民统一战线的一个最重要的基础，成为最彻底反对外国奴役者的保证的时候，他们却力图消灭边区，解散八路军。""鉴于所有这些情况，动员千百万中国人民克服投降危险乃是共产党的中心任务。"②

这些决议表明，周恩来赴苏成功地争取到了共产国际对中共反顽斗争的支持。

周恩来辞行前，季米特洛夫请他回延安后向中共中央通报"我们就中国问题所讨论和协商的所有情况"，要求中共中央"认真加以研究和完全独立地作出最后决定"，并反馈对某些问题的

① 《联共（布）、共产国际与抗日战争时期的中国共产党（1937—1943.5）》第19卷，第40页。

② 《联共（布）、共产国际与抗日战争时期的中国共产党（1937—1943.5）》第19卷，第42—48页。

不同意见并说明理由。[①]

3月26日，周恩来一行九人抵达延安。

第五节　苏联需要我们的支持

苏联是中国抗战的主要援助方，也是中共为自己争取外援的主要来源。这种支持是双向的。中共不仅以抗日战争和人民革命的方式支持了苏联，而且在苏联因对外政策不当受到各国责难时，中共中央也给予了坚定的政治支持。这种场合共有两次，一次是苏德条约，一次是苏日条约。

1939年8月23日，苏联政府在倡导集体安全体系无望的情况下，为了反击慕尼黑阴谋，维护国家安全，与纳粹德国签订了《苏德互不侵犯条约》，附之以瓜分东欧的秘密议定书。9月1日，德国侵入波兰。3日，英法对德宣战，欧战爆发。17日，苏联红军按秘密议定书进驻波兰，占领了西乌克兰和西白俄罗斯等地区。斯大林签署这个条约，从苏联国家利益来说，虽为军事与外交的成功之举（保持和平从我求人转为人求我），但政治上失分很大，被西方舆论指责与法西斯为伍。共产国际欧洲各支部奉行反法西斯统一战线的政策，现在需要一夜转弯，陷入被动和党内混乱。苏联声望一落千丈。

苏联是中国抗战最大的援助国。苏德缔约和欧战爆发对中国抗战局势的影响有利有弊。国民政府及新闻界对此亦有乐观和悲观两种反映。一些英美派及自由主义分子则从道义上谴责了苏德条约以及苏联对波兰的占领。

① 《联共（布）、共产国际与抗日战争时期的中国共产党（1937—1943.5）》第19卷，第62页。

根据六届六中全会确定的争取外援应区分“过去与现在、西方与东方、主要与可能、现时与将来”的外交原则，中国共产党对这一事件一开始就采取了支持苏联的鲜明立场。它积极评价了苏德条约的意义，支持苏联对交战双方采取和平中立的立场，在坚持区别对待和利用矛盾的原则下强调了两大交战集团的帝国主义性质。9 月 1 日，即德国进攻波兰的当天，毛泽东根据前一天中央政治局会议的讨论，回答了《新华日报》记者关于国际新形势和中国抗战问题的提问。他指出该条约是苏联社会主义力量增长和苏联政府坚持和平政策的结果。它打破了英法挑动苏德战争的阴谋，打破了德意日反共集团对于苏联的包围，巩固了苏德两国间的和平，保障了苏联社会主义建设的发展。在东方，则打击了日本，援助了中国，增强了中国抗战派的地位，打击了中国的投降派。在这一切上面，就安置了援助全世界人民争取自由解放的基础。这就是苏德互不侵犯协定的全部政治意义。

毛泽东反驳了把英法苏谈判的破裂归咎苏德条约的观点，指出“张伯伦以损人的目的开始，以害己的结果告终。这将是一切反动政策的发展规律。”

他还论述了第二次世界大战的性质和发展阶段，指出早已开始了的第二次帝国主义战争的片面性状态，由于“不干涉”政策而发生的一方进攻、一方坐视的局面，今后势必由全面性的战争起而代之。这场战争已进到新的阶段。双方都是帝国主义的目的，都是为了争夺对殖民地半殖民地和势力范围的统治权，完全不是正义的。世界上只有非掠夺性的谋解放的战争，才是正义的战争。他强调共产党决不赞助任何掠夺战争，同时批判了第二国际部分社会民主党正在蹈袭第一次大战时的覆辙，准备赞助新的帝国主义战争。

毛泽东也指出了帝国主义之间的不同。他说，美国在中立的名义之下，暂时不参战，不取消国内民主政治和平时的经济生活，对于世界的和平运动是有利益的。

他最后落脚到中国抗战战争。指出日本受苏德协定打击，其前途更加困难，对中国正面进攻的可能性不大了，今后将“以华制华”、“以战养战”，在其占领地继续军事“扫荡”，经过英国迫降中国。中国的战略退却已完结，战略相持已到来。他强调，中国万万不可放弃现在的时机和打错主意，而应该采取坚定的政治立场。在外交方面，不论是日本的引诱和英国的引诱，中国都应该给以坚决的拒绝，决不能参加东方慕尼黑。①

9月7日，毛泽东为《新华日报》起草了《国际新形势与我国抗战》的社论，进一步指出：“最主要的，是中国本身的问题。只要我们能始终坚持抗战到底国策，坚持内部团结，尤其是国共合作的方针，坚持力争全国进步的方针，那末，在有利的国际形势下，我们可以缩短时间，减少牺牲，而取得抗战的胜利。”②

9月8日，中央政治局会议进一步讨论了德波战争爆发后的国际形势。为了与共产国际和苏联政府保持一致，会后中共中央致电季米特洛夫，要求了解欧洲各国党的立场和共产国际对欧战的看法，请求就国际形势作出总的指示。③

共产国际执委会主席团迅速作答。回电指出，目前这场战争是帝国主义战争，非正义战争，在这场战争中所有参战国的资产阶级都是有罪过的。任何一个国家的工人阶级都不会支持这场战争，更不要说共产党了。主席团要求国际无产阶级无论在任何情

---

① 《毛泽东选集》第2卷，人民出版社1991年版，第580—585页。

② 逄先知主编：《毛泽东年谱（1893—1949）》中卷，中央文献出版社2013年版，第138页。

③ 《联共（布）、共产国际与抗日战争时期的中国共产党（1937—1943.5）》第18卷，第283页。

况下都不要保卫波兰。

主席团要求改变反法西斯阵线的策略，指出各国党曾为反对慕尼黑分子进行过斗争，希望建立一个有苏联参加的真正的反法西斯阵线，可是，法国和英国为了进行掠夺性的战争，排斥了苏联。把国家分为法西斯国家和民主国家的做法，现在失去了以前的意义。必须改变策略。所有各参战国共产党的策略，就是反对战争，揭露它的帝国主义性质。在中立国家要揭露政府为了自己国家而保持中立，但却支持在别的国家进行战争以牟取暴利。在各地，共产党者应该转入坚决反对社会民主党的叛卖政策。主席团最后要求与上述方针相悖的共产党立即纠正自己的政治路线。①

共产国际指示的精神与中共中央此前的判断基本一致。9月14日，毛泽东在延安干部大会上阐释了新的国际策略，指出从英、法等帝国主义国家参加战争的现在开始，第二次帝国主义战争进入第二阶段……不论是德、意、日，不论是英、美、法，都是为了重新瓜分殖民地半殖民地和势力范围，为了掠夺世界人民。所以，第二次帝国主义战争是非正义的掠夺的战争……社会主义国家苏联将在这个战争中起维护人类利益、干涉帝国主义的伟大作用。中国、苏联、各国人民解放运动、各国民族解放运动，应该组成坚固的革命的统一战线，用以对抗反革命的统一战线。②

但是几天后苏联占领波兰，平添了中共中央为苏联辩护的难度。9月26日，毛泽东会见第二次到访的美国记者斯诺，回答了后者关于苏联向德日提供战争物资以及苏军占领波兰等敏感问题的提问。28日，他发表了《苏联利益和人类利益的一致》一文，

---

① 《联共（布）、共产国际与抗日战争时期的中国共产党（1937—1943.5）》第18卷，第283—284页。

② 逄先知主编：《毛泽东年谱（1893—1949）》中卷，第139页。

系统地表述了与斯诺谈话的内容，回答了二战是否由苏德条约促成，苏联是否参加德国战线，苏联为何进兵波兰以及苏联是否不再援助中国等四个问题。毛泽东尽力说服国人从抗战和争取外援的角度正面理解苏联的行为。他指出：所谓外援，在帝国主义世界大战爆发的情况之下，主要是三个方面：社会主义的苏联；世界各资本主义国家内的人民；世界各殖民地、半殖民地的被压迫民族。只有这些才是可靠的援助者。此外的所谓外援，即使还有可能，也只能看作是部分的和暂时的。当然，这些部分的暂时的外援，也是应该争取的，但决不可过于依赖，不可看作可靠的援助。对于帝国主义战争的交战各国，中国应该严守中立，不参加任何的一方。那种主张中国应该参加英法帝国主义战线的意见，乃是投降派的意见，应该根本拒绝的。①

1939 年 12 月 21 日是斯大林 60 岁诞辰。为了表达对苏联的支持，毛泽东根据共产国际指示发表了《斯大林是中国人民的朋友》的贺文。中共中央还发了贺电。

1941 年，德军在西线取得成功后开始矛头东指，东欧各国相继加入轴心国。迫于两面作战的压力，苏联 4 月 13 日又与日本签订了《苏日中立条约》。条约规定缔约一方成为第三者的一国或几国的战争对象时，另一方在整个冲突过程中保持中立。双方并声明，苏联保证尊重满洲国的领土完整和不可侵犯，日本保证尊重蒙古的领土完整和不可侵犯。

与苏德条约不同，苏日条约牵扯中国的利益，正值中共刚刚打退第二次反共高潮、国共重新合作抗击日军进攻之时，直接影响了抗战局势，在中国引起了不小的反应。国民政府外交部于签约翌日声明："中国政府与人民，对于第三国间所为妨害中国领土与行政完整之任何约定，决不能承认。并郑重声明，苏日两国

---

① 《毛泽东选集》第 2 卷，人民出版社 1991 年版，第 600 页。

公布之共同宣言，对于中国绝对无效。”①

4月15日，《新华日报》全文刊登了中国外交部声明。中共中央在同一天致电共产国际，汇报国民政府及各党派的动向。电文指出，苏日条约一发表，“在重庆各界就发生了强烈的震动。”又说，国民党最高国防委员会决定以国民党名义发表声明，但不攻击苏联。电文特意提到中国报界的反应，引用《大公报》的话指出，条约有利于对中国的侵略，违背了中苏互不侵犯条约，苏联不应在苏日条约中提及蒙古人民共和国和满洲国。②

苏德缔约后苏日是否缔约，是中国政府和社会普遍关心的问题。毛泽东早在一年多前会见斯诺时就分析了这个问题。他认为苏联是否与日本签署互不侵犯条约，要看是否妨碍苏联支援中国。如果妨碍这种支援就不会签约，否则就会签订而不致产生有害后果。③

苏日签约后，中共中央的立场与对待苏德条约的立场基本相同，仍然坚定地支持苏联政府的决定。4月16日，中共中央发表了对苏日中立条约的意见，指出，这是苏联外交政策的又一次伟大胜利。其意义在于巩固了苏联东面的和平，提高了苏联的国际地位和在东西方的发言权。

文件接着指出，苏日条约没有限制苏联援助中国进行独立的正义的对日抗战。中国人民只要说到外援，便首先寄托在苏联身上，苏联没有也永远不会使中国失望。关于满洲与外蒙问题，文件指出条约的目的是保证外蒙不受侵犯，这对全中国争取解放也

---

① 中国第二历史档案馆编：《中华民国史档案资料汇编》第5辑第2编外交（1册），江苏古籍出版社1997年版，第219页。

② 《联共（布）、共产国际与抗日战争时期的中国共产党（1937—1943.5）》第19卷，第182—183页。

③ 裘克安编：《斯诺在中国》，生活·读书·新知三联书店1982年版，第129页。

是有利的。文件强调东四省的收复，原是我们自己的事，绝不能像有些投机家，总是希望苏联同日本打起来，以便坐收渔人之利。我们必须收复全国一切失地，必须打到鸭绿江边，驱逐日本帝国主义出中国，这是中国全民族的神圣事业，社会主义的苏联也必是赞助我们这种事业的。[①]

4 月 18 日，中共中央在党内发出政治情报，进一步论述了苏日条约对国际国内局势的积极影响，指出该条约推动了皖南事变以来反共浪潮的暂时低落和抗战的继续进行。文件后被转报共产国际和苏共。

在苏日条约问题上，国共两党意见基本一致，一是希望苏联不要改变援华立场，二是对条约涉及外蒙和满洲问题持保留意见。苏联政府马上这一立场作出回应。4 月 19 日，苏联大使向蒋介石表示，条约“未有涉及任何中国问题，俄国对华政策始终一贯，毫无改变。”[②]

中共中央在苏德苏日条约问题上支持苏联并非没有任何付出的举手之劳。相反，中共中央承担了相当大的政治风险和策略风险。苏联对波芬等国的占领，同日本保持战略物资的贸易关系，以及在蒙古和满洲问题上的立场等，使中共中央对它的辩护十分困难。这一点，从毛泽东 1939 年 9 月 26 日与斯诺的对话中可以看出。斯诺的问题涉及中共如何看待苏联向德国提供小麦石油和其他战略物资，向日本出租库岛油田并给予捕鱼权，与德国达成协议入侵波兰等问题。毛泽东试图从区分参战与贸易，强调正当动机等角度解释苏联的行为。在斯诺的一再追问下，毛泽东不得

① 中央档案馆编：《中共中央文件选集》第 13 册（1941—1942），中共中央党校出版社 1991 年版，第 75—77 页。

② 《总统蒋公大事长编初稿》卷 4（下），第 673—674 页，转引自左双文：《〈苏日中立条约〉与国民政府的内外肆应》，《中山大学学报（社会科学版）》2010 年第 2 期。

不使用双重标准维护苏联，指出“德国对波兰进行的完全是帝国主义侵略战争……使苏联面对这个问题：是让全体波兰人民沦于纳粹迫害之下，还是解放波兰东部的少数民族。苏联选择了第二种做法。”

毛泽东显然没有让斯诺信服。或者斯诺认为这些主张难以服人，因而向毛泽东表示，这一问题属于“记录之外”，将不用于发表。但毛泽东答称他不在乎，对他来说已经“记录在案”了。①

斯大林与德日签约是否妥当，对错几分，今天不乏可议之处。毛泽东也不可能没有自己的看法。但在当时，中共中央采取坚定支持苏联的立场，是一个既有利于中共也有利于中国的明智选择。毛泽东不拂斯诺之好意，愿意发表与其全部谈话，也许正是为了让斯大林知道处处维护苏联并非易事。

毛泽东后来谈到这是“以大局为重”的选择，不能仅凭个人意愿，“那时欧战已经爆发，苏联因同希特勒德国签订互不侵犯协定而受到西方舆论责难，很需要我们支持。因此那篇文章写得比较有生气……不是出于心愿，而是出于需要。”②

中共中央对苏联所采取的支持和理解立场博得了斯大林的信任好感。1940 年 1 月至 2 月，季米特洛夫多次向斯大林转达中共中央希望得到援助和建议指示的要求。斯大林对中共的政策十分放心，甚至不看季米特洛夫送交的中国材料就电话中爽快地对他表示：“请你们自行决定。我们将提供 30 万美元的援助。”实际上，苏德缔约后，苏联增加了对中共的援助，尤其在资金方面。据不完全统计，抗战以来，苏联通过共产国际给予中共的资助约

---

① 裘克安编：《斯诺在中国》，第 132—139 页。

② 吴冷西：《十年论战（1956—1966）——中苏关系回忆录》上册，中央文献出版社 1999 年版，第 65 页。

380 万美元，其中多半是苏德条约以后提供的。苏日条约后，这种援助仍在增加，几乎有求必应。[①]

第六节 反对远东慕尼黑阴谋

七七事变后，英美法等西方列强只对中国抱有同情或口头抗议日本，拒绝援助中国，对中日战争持中立静观的立场。美国还与日本保持着商贸关系，向日本提供战略物资。1938 年 9 月英法德意签订了出卖捷克斯洛伐克的慕尼黑协定。为了保护在华利益和欧洲的外交重点，英法美等国又策划了对日妥协的一系列远东慕尼黑阴谋活动。这些活动在 1939 年 7 月英日签署的《有田—克莱琪协定》中达到高潮。英国承诺无意赞助有碍于日军达其目的的任何行为。欧战爆发后，西方国家实行先欧后日的抗击战略，依然采取对日妥协、劝和中日、乃至牺牲中国主权和抗战利益的睦日政策。1939 年秋，美英试图拉蒋参加损害中国抗战的太平洋国际会议。虽未达到目的，但是西方大国在处理对日关系时无不把中国利益作为谈判的重要筹码。1940 年 6 月法国傀儡政府在日本的要求下封锁了滇越铁路，7 月英日协议封锁了滇缅公路。1941 年美日谈判亦以中国利益为讨价还价的重点，并一度达成谅解。直到太平洋战争爆发，远东慕尼黑的阴魂才烟消云散。

中共中央在争取国际抗日统一战线时对西方制造的远东慕尼黑阴谋始终保持着高度的警惕，多次揭露反对这一阴谋，将其与国内反投降反妥协反倒退的斗争联系起来。

---

① 《共产国际、联共（布）与中国革命文献资料选辑（1938—1943）》第 20 卷，中共党史出版社 2012 年版，第 52 页。

1939 年 5 月 31 日，中央书记处会议根据共产国际的指示，首次讨论了“新的慕尼黑协定和国民党反共投降的主要危险”。[①]会后毛泽东起草了《反对投降提纲》，并著文指出“英美法策动的远东慕尼黑，现在接近了一个紧要时节”，[②]“我们坚决地斥责那些认为太平洋会议并非东方慕尼黑的无稽之谈。所谓太平洋会议，就是东方慕尼黑，就是准备把中国变成捷克。”[③] 7 月 7 日，中共中央发表《为抗战两周年对时局宣言》，指出日寇诱降，中国投降妥协分子的活动，东方慕尼黑，这“三者汇合，便造成了今日抗战形势中的两种最大危险，即中途妥协与内部分裂”。又说：“东方慕尼黑即令与西方慕尼黑有形式上之不同，而其实质亦将毫无二致。”“我们要反对国际反动派的东方慕尼黑阴谋！”[④]

7 月 29 日，中共中央发出《关于反对东方慕尼黑阴谋的指示》，针对刚刚达成的《英日协定》指出，英国对日让步可能造成东方慕尼黑的严重局势，而蒋介石仍对英国抱有极大的幻想，特别由于金融上对英依赖，使英对蒋仍有很大的支配力量。中央指示全党用最大力量推动各方共同采取行动：1. 动员全国人民抗议张伯伦妥协派，反对任何东方慕尼黑，揭破张伯伦政策是拥护日本侵略中国、反对中国抗战，助长世界法西斯的侵略，促进世界普遍战争的到来；2. 坚决反对中国抗战内部任何人因张伯伦而对抗战表示动摇，反对任何投降妥协破坏抗战的活动，强调自力更生的口号，强调坚持抗战到底的决心及民族自信心，打破对英

① 逄先知主编：《毛泽东年谱（1893—1949）》中卷，第 127—128 页。

② 中央档案馆编：《中共中央文件选集》第 12 册（1939—1940），中共中央党校出版社 1991 年版，第 96 页。

③ 《毛泽东选集》第 2 卷，人民出版社 1991 年版，第 572 页。

④ 中央档案馆编：《中共中央文件选集》第 12 册（1939—1940），第 142、143 页。

幻想，反对依赖英国的外交政策；3. 但对英应集中打击张的投降政策，主张英国人民与政府改变错误政策，继续支持中国抗战；4. 指出即使英国停止援助中国与日妥协，只要克服内部投降危险，中国仍有一切办法取得最后胜利。①

在中国人民的一片反对声中，英国远东慕尼黑的活动，作为蒋对日投降妥协的重要诱因渐渐消沉，被其他国际消极因素所取代。1940 年 7 月，中共中央在《关于目前形势与党的政策的决定》中指出“投降危险的来源，主要的现在已不是英美法的东方慕尼黑政策，而是日本的压力与德意胜利对于日本的鼓励以及可能的劝和政策”，目前任务“主要的不是强调英美法东方慕尼黑政策的危险性，而是强调在日本压力下一部分人悲观失望与实行投降的危险性。”②

9 月，德意日签署了《三国同盟条约》，对英美造成了新的压力。英美为利用中国牵制日本，开始改变对中日冲突的中立立场，欲拉中国加入英美阵线。当时蒋正在准备第二次反共高潮，毛泽东怀疑英美动机，反对中国加入英美集团，担心蒋利用英美援助反共反苏。③ 但是他很快做出了新的判断，认为蒋扬言加入英美是掩盖对日投降的烟幕弹，故决定不再反对蒋加入英美，主张中共、中国人民、苏联三大势力应与英、美作外交联络，以期制止投降打击亲日亲德派活动。④

1941 年 1 月皖南事件发生后，中共中央开展了对英美的官方外交。3 月美日谈判代表达成了作为双方进一步妥协基础的

① 中央档案馆编：《中共中央文件选集》第 12 册（1939—1940），第 150 页。

② 中央档案馆编：《中共中央文件选集》第 12 册（1939—1940），第 418、420 页。

③ 中央档案馆编：《中共中央文件选集》第 12 册（1939—1940），第 521、540 页。

④ 逄先知主编：《毛泽东年谱（1893—1949）》中卷，第 221、222 页。

谅解方案。4 月，苏联继《苏德互不侵犯条约》之后又与日本签定了《苏日中立条约》，打击了英美试图把苏联拉入战争的努力。

中共中央支持《苏日条约》，并判断英美在此情形下“决不敢对日本采取强硬态度”，为求得日本不打他们，可能牺牲中国与荷印利益。[①] 5 月 18 日《解放日报》发表毛泽东撰写的社论《请看今日之域中意是谁家之天下》，指出英美“远东，则利用三国同盟的内部矛盾，拆散东京柏林轴心，贿买日本，把日本拉到自己怀里来，再一次施行远东慕尼黑，利用中日矛盾与苏日矛盾，迫日向西向北，配合其迫德向东的西方政策。”[②] 5 月 25 日，中共中央发出毛泽东起草的党内指示《揭破远东慕尼黑的阴谋》，指出“日美妥协，牺牲中国，造成反共、反苏局面的东方慕尼黑的新阴谋，正在日美蒋之间酝酿着。我们必须揭穿它，反对它。”[③] 7 月 7 日，中共中央在《为抗日四周年纪念宣言》中再次强调“中国人民对于远东慕尼黑的危险，是永远坚持反对的”。[④] 这时苏德战争已经爆发，英美对日本已采取了越来越强硬的立场和措施，但是“美国还不愿放弃‘同时援助中日两国的害已政策’，仍以石油及其他物资供给日人，其目的仍在求得妥协，希望使日本停止南进，实行北进”。[⑤] 这一愚蠢政策一直持续到日军偷袭珍珠港。中共中央对它的揭露与反对一直相伴至此。

---

① 《毛泽东文集》第 2 卷，人民出版社 1993 年版，第 332 页。

② 中共中央文献研究室中央档案馆编：《建党以来重要文献选编（1921—1949）》第 18 册，中央文献出版社 2011 年版，第 288 页。

③ 《毛泽东选集》第 3 卷，人民出版社 1991 年版，第 804 页。

④ 中央档案馆编：《中共中央文件选集》第 13 册（1941—1942），第 155 页。

⑤ 中央档案馆编：《中共中央文件选集》第 13 册（1941—1942），第 179 页。

第七节　第二次反共高潮下与共产国际的政策协调

1940 年至 1941 年秋冬，国民党掀起了第二次反共高潮，制造了震惊中外的皖南事变。此次反共具有复杂的国内国际背景。在国内，主要原因是中共抗日游击战争的发展和军事力量的增长引起了蒋介石的恐慌。1940 年 5 月 4 日，中共中央发出《放手发展抗日力量，抵抗反共顽固派的进攻》，要求我军不受国民党的限制，向一切敌人占领区域发展，把斗争而不是统一作为克服投降危险、争取时局好转、巩固国共合作的最主要的方法。8 月，八路军对华北日军实施了长达三个多月的百团大战，极大地提高了我军的抗日声望。同时，苏南新四军根据中央指示渡江北上，深入敌后，于 10 月实施了黄桥战役，歼灭来犯顽军 1.1 万人，会合八路军南下部队，开辟了苏北敌后抗日民主根据地。1940 年，我军实力由 1938 年的 18 万人迅速增长到 50 多万。在国际方面，英美集团和苏联对中国的援助，以及德日集团对重庆政府的拉拢，抬高了蒋介石的外交地位，使其敢于置抗战大业于不顾腾出手来对付共产党。

蒋介石汲取了第一次反共高潮失败的教训，采取了先礼后兵，隐瞒意图，欺骗舆论，局部入手，先新四军，后八路军，各个击破等新的手法，使抗战局势呈现出错综复杂的变化。

1940 年 4 月至 9 月是国民党秘密酝酿新的更大规模反共活动的时期，在现象上表现为反共潮流的低落。主要活动是：4 月下旬提出限制我军抗日区域的反共方案；5 月秘密制订了三路进攻新四军的计划；7 月提出《中央提示案》，要求我军全部集中到黄河以北，使其位于顽军和日军夹击之下。由于军事准备没有到位，蒋介石没有立即对我严令逼迫，而是施放亲苏、和共、改良的烟幕。9月，蒋介石一面通电嘉奖八路军的百团大战，一面秘密下令“扫荡”长江两岸的新四军。

在这一时期，中共中央加强了对国际局势的分析，尤其关注国际力量的变化对国民党当局的影响。7月7日，中共中央作出《关于目前形势与党的政策的决定》，指出目前国际形势的特点是英法美、德意日、苏联三大阵线的斗争。由于德国进攻，意国参战，法国投降，英国退出欧洲大陆，两大战争集团陷于严重的不平衡状态中。欧战有扩大到世界范围的趋势。英美法不再是引诱中国投降的因素。我们可以利用两个帝国主义阵线之间的冲突，特别是日美在太平洋上的矛盾。苏联的强大与世界革命的发展，是中国抗战的可靠朋友。现在不是强调英美法东方慕尼黑政策的危险，而是强调在日本压力下一部分人悲观失望与实行投降的危险性。

《决定》把“五四指示”提出的以斗争为主的反顽反降策略调整为以团结为主的统战方针，指出，我们过去强调自卫战争是完全必要的，非如此不能打退反共高潮。现在是反共高潮下降时期，更应该强调团结。强调团结并不是停止一切斗争，国民党反共不停止，我们的自卫斗争便不停止。我们军事力量的发展限制在战区与敌人后方及陕甘宁边区23县境内，而不向国民党后方作任何可以引起冲突的行动。①

7月27日，周恩来专程回到延安，向党中央报告了《中央提示案》和蒋介石关于亲苏和共改良的三项表白。据此，毛泽东随后在8月8日中央政治局会议上认为，亲苏、和共、改良是国民党今后的可能发展方向，但需要一个斗争过程。亲苏可能首先实

① 中央档案馆编：《中共中央文件选集》第12册（1939—1940），第417—425页。

现；和共可能出现“大和小战”或“外和内反”。中央的结论是：时局已开始好转，但也要防止形势转向消极方面。①

周恩来还带回一个重要情况。离渝前，蒋介石表示，希望迅速改善中苏关系，请他参与中苏谈判，同宋子文一起赴苏商谈购买武器。

8月3日，中共中央向季米特洛夫汇报了上述情况，指出国民党今后进行大规模的武装斗争已不可能。但如果长期得不到苏联的物质援助，投降派和反共分子就会加紧活动。电文强调，我们已尽全力争取积极解决国共关系，加强团结合作，但对任何反共阴谋，我们要继续坚持斗争，“对反共政策的坚决斗争是争取政治形势好转的必要措施”。又说，去年以来，我们同国民党之间的武装斗争，大大小小几百次，取得了彻底的胜利，结果从反共分子手中缴获了3万支步枪。电报最后请季米特洛夫向斯大林提出，中共能否参加中苏谈判和苏联向中国提供武器的事宜。②

季米特洛夫对中共中央提出的策略未置一词。回电只有一句话：“我们认为你们参加中苏政府之间可能进行的谈判是不适宜的。”③

苏联政府反对中共参与中苏谈判，出自一项既定的外交政策。1935年以来，蒋介石多次要求苏联介入国共关系，帮助他解决中共和红军问题。苏联始终以不干涉中国内政为由明确而坚决地予以拒绝。现在蒋介石又要求中共参与中苏谈判。在苏联看来，这是老调重弹，深埋祸心，其实质是引诱苏联充当国共之间的调停人，借斯大林之手打压中共。不过这样一来，中共登上外

① 逄先知主编：《毛泽东年谱（1893—1949）》中卷，第200—201页。

② 《联共（布）、共产国际与抗日战争时期的中国共产党（1937—1943.5）》第19卷，第77—79页。

③ 《联共（布）、共产国际与抗日战争时期的中国共产党（1937—1943.5）》第19卷，第82页。

交舞台的时间因为苏方的拒绝而延迟了五年，直到战后联合国的成立。

1940 年 10 月至 1941 年 2 月是第二次反共高潮兴起的时期。中共中央又把以团结为主的统战方针再次调整为强调政治进攻、军事防御、准备破裂的方针。

10 月 19 日，何应钦、白崇禧向我军发出皓电，要求执行《中央提示案》，限期一个月内全部撤至黄河以北，同时密令其数十万国民党军队进攻华中新四军，与日军一起夹击我军。此前，苏北新四军刚刚取得黄桥战役的胜利。皓电是兴师问罪，且带最后通牒的性质，标志着新反共高潮的来临。

中共中央立刻作出反应，认为蒋介石极速转向反共是由外交因素和三大阵线对华政策促成的。9 月以来，随着德意日三国订立军事同盟，中国越来成为两大战争集团拉拢争夺的对象。美国向中国借款 2500 万美元，并有续借 1 亿巨款之说。英国也打算出资 5000 万，并对中国开放了滇缅路和香港交通。此外，斯大林已答应向中国提供新批量的军事装备，包括 250 架飞机、250 门火炮、300 辆汽车、1300 挺轻重机枪和大量弹药等。[①] 汪伪政府于 3 月成立，日本为引诱重庆政府效仿，迟至 11 月底才公开承认。纳粹德国在重庆开设通讯社，试图说和中日。就当时三大阵线的关系来说，苏联虽置身欧战和中日战争之外，但它同德日的关系至少表面上好于它同美英的关系。而苏日之间的中立谈判在中国却是招致非议之事。

在中共中央看来，如果没有国际力量提供援助和支持，蒋介石不可能下决心也没有力量全面反共。接到皓电的第二天，中共中央便得出结论，认为美英拉拢是蒋介石全面反共的主要原因。

① 《共产国际、联共（布）与中国革命文献资料选辑（1938—1943）》第 20 卷，第 425—426 页。

蒋介石很可能选择加入美英同盟，依靠其援助实行抗日反苏反共政策。①

10月25日，毛泽东进一步分析，如果英美在欧洲和太平洋战败，蒋介石也可能效仿法国贝当政府，即选择降日反苏反共反英美的路线。他认为，蒋介石现在仍动摇于英美路线和贝当路线之间，而不至过分得罪苏联。因此，我们大有文章可做。但是不能把这一乐观情况当作出发点，而应估计到最困难、最危险、最黑暗的可能性。即中国英美派放弃独立战争加入英美同盟。在这种情况下，如果美国打败日本，就能从财政军事上武装中国英美派，把中国由日本殖民地变为美国殖民地，使国共合作变为大规模内战。他指出，最黑暗莫过如此。我们对此也是不怕的，因为世界革命必然会爆发，苏联会援助世界革命。②

10月28日，中共中央致电季米特洛夫，汇报了上述看法。电文指出目前的反苏浪潮意味着大资产阶级的亲英美派准备放弃解放战争，使中国加入英美集团。我们的任务是防止国民党采取这种放弃解放战争和加入英美集团的政策。我们的基本态度是：一方面反对德意日三国同盟的所谓新秩序；另一方面反对英美集团的旧秩序。电文还说，必须划清利用帝国主义矛盾同与帝国主义集团结盟之间的界限。我们不反对英美贷款，但反对放弃独立战争，加入英美集团。③

这一政策是否符合实际？11月1日，毛泽东接到周恩来从重庆发来的两封重要情报。其中一封是关于外交政策的，说“三国

① 中央档案馆编：《中共中央文件选集》第12册（1939—1940），第521—523页。

② 中央档案馆编：《皖南事变（资料选辑）》，中共中央党校出版社1982年版，第33—34页

③ 《联共（布）、共产国际与抗日战争时期的中国共产党（1937—1943.5）》第19卷，第89—91页。

协定后，英积极拉蒋，蒋喜；现在日本拉蒋，蒋更喜；斯大林电蒋，蒋亦喜。”蒋现在处于三个阵线争夺之中左右逢源。他自己躲在成都，指使夫人英美派拉英美，亲日派谈和，孙、冯亲苏，何、白反共。而他则居中以反共为轴心来运用。周恩来还提到，蒋是接到斯大林复电后立往成都的，此行绝非偶然。这实际上告诉毛泽东，蒋并非反苏反共，而是亲苏反共，即利用英美、降日、亲苏加上他自己这四种力量反共。电报最后提醒，离反共局部战争只有 20 天了，“破裂的危机已至。务请中央迅速考虑各种办法”。①

这个电报改变了中共中央反对中国加入英美集团的立场。11 月 3 日，毛泽东回电说：“蒋介石准备投降，加入英美集团的宣传是掩护投降的烟幕弹，再不要强调反对加入英美集团了，要立即强调反对投降。目前的投降危险是直接的投降危险，目前的反共高潮是直接投降的准备”。②

当日他又致电周恩来，认为蒋介石降日的可能性大于加入英美集团。因为“一二年内蒋介石是无法依靠英美胜利的”。“只有共产党、中国人民（包括各中间派及陈诚、汤恩伯等）再加上苏联的压力，才能制止蒋集团的投降。”③

按照周恩来提供的情况，蒋用四种力量对付共产党。毛泽东进一步考虑，为何不反其道而用之？如果联合四种力量制止蒋投降，岂不更妙？10 月 6 日，他第三次致电周恩来：“蒋加入英美集团有利无害，加入德意日集团则有害无利，我们再不要强调反对加入英美集团了，虽然我们也不应该提倡（因为他是帝国主义战争集团）。目前不但共产党中国人民苏联这三大势力应该团结，

① 中央档案馆编：《皖南事变（资料选辑）》，第 74—75 页。
② 逄先知主编：《毛泽东年谱（1893—1949）》中卷，第 221 页。
③ 中央档案馆编：《皖南事变（资料选辑）》，第 38 页。

而且应与英美作外交联络，以期制止投降，打击亲日亲德派活动。根据三日来电，如能由上述四种势力的联合与配合好转可能性还是有的。”①

周恩来的另一封电报汇总了反共高潮中重庆各方的意见，包括冯玉祥、孙科、白崇禧、张群、章伯钧、宋渊源、黄炎培等人。总的意见是担心国共破裂内战爆发，希望中共作出适当让步，缓和局势。②

接到周恩来的两封电报后，中央书记处当天拟订了反对投降反共的两套方案。一是政治进攻军事防御。我军只在根据地内反击国民党军队的进攻，待蒋投降面目充分暴露后再向蒋军后方进攻。毛泽东认为，此案政治上既有利也不利。有利的是剥夺蒋之政治借口，不利的是不能以实力制止蒋之投降。而军事上则是不利的，因为待蒋完成对我封锁后，我军必遭日蒋联合夹击。二是政治进攻军事也进攻。即我军不待日蒋联合夹击，即从 50 万军队中抽调 10 万—15 万精兵数路突入蒋军后方，其他部队则留原地抗日。此案给了蒋政治资本，是不利的，但可能制止投降。军事上则是有利的。③

11 月 7 日，中共中央两次致电共产国际，分别汇报了反对投降反共的统战策略和军事方案。前者作为《中共中央关于反对投降挽救时局的指示》已秘密下发党内。文件指出：“当此紧张时机，全党中心任务是反对投降与内战，我们过去对于顽固派斗争的火力，现在主要的要转移到亲日派与内战挑拨者身上，以此为中心而痛击之。”文件列举了我方的政治力量：50 万军队，60 万党员，广大人民的同情，中间派朋友和中立者，苏联的赞助，世

① 中央档案馆编：《中共中央文件选集》第 12 册（1939—1940），第 551 页。
② 中央档案馆编：《皖南事变（资料选辑）》，第 36—37 页。
③ 中央档案馆编：《皖南事变（资料选辑）》，第 77 页。

界革命的酝酿等。最后强调要还利用一切矛盾，包括“帝国主义间空前紧张的矛盾”。[①]

后者是以毛泽东名义发出的。他指出，蒋介石想让我们 20 万军队七八万工作人员撤到华北的要求是不能接受的。华北已有 50 万人了。在日本“大扫荡”下，我们的根据地日益减少缩小，粮食供给极其困难。蒋的计划是把我们置于日军和蒋军火力之下加以消灭。

他重点汇报了进攻方案，指出为了防御，我们必须先发制人，从 50 万部队中拿出 15 万出击河南、甘肃，从后方粉碎蒋之“围剿”，争取局势向好。然而这么做存在政治风险。蒋为了欺骗人民，必然指责我们破坏抗战。国共关系可能破裂，对我并无好处。他最后说，这只是准备措施，还没有决定。考虑到问题的严重性，特向你们通报并请尽快指示。[②]

季米特洛夫读电后的心情可想而知。他疑虑重重，一周后告知毛泽东，问题太复杂，需要研究才能答复。他请毛泽东等一等再做最后决定。[③] 11 月 23 日，季米特洛夫把准备好的答复意见附上毛泽东的电报，上报斯大林批准。

他的意见是，中国目前的局势很不确定。至少不能像你们认为那样：蒋介石已彻底决定向日本投降。相反，有材料指出，尽管他通常摇摆不定，但还没有下决心走这条路。

季米特洛夫接着谈到了各种有利因素，所列与中央电报没有什么不同。但他认为这些因素足以制止蒋介石反叛，说“恰恰现

---

① 《联共（布）、共产国际与抗日战争时期的中国共产党（1937—1943. 5）》第 19 卷，第 93—94、95 页。

② 《联共（布）、共产国际与抗日战争时期的中国共产党（1937—1943. 5）》第 19 卷，第 97—99 页。

③ 《联共（布）、共产国际与抗日战争时期的中国共产党（1937—1943. 5）》第 19 卷，第 100 页。

在有特别良好的前景”，蒋自称中国人民的领袖，不想在政治上葬送自己。

季米特洛夫建议毛泽东暂时实行拖延方针，与蒋讨价还价，尽量争取更多时间。但无论如何不能首先对“围剿”军发起攻势，不能给蒋提供口实。然而，如果蒋还是对我采取进攻，那就要全力打击来犯者。在这种情况下，决裂内战的责任完全在蒋，并且我军能够得到民众更多的支持。①

季米特洛夫对中国局势和蒋介石持乐观态度，把制止投降反共的重心放在政治或统战方面。而毛泽东则主张把最危险情况当作一切布置的出发点，认为“我们现在是两面政策，一面极力争取好转避免内战，一面准备应付投降应付内战，而把重点放在应付投降应付内战方面，方不吃亏，方不上蒋的当。立即准备对付黑陆局面，这是全党的中心任务，有了这一着，就不会重蹈陈独秀的覆辙了。”②

当然，季米特洛夫坚持我军不打第一枪，政治条件成熟后再反击在原则上也不能算错。问题是如果不做准备或准备不足，待到日蒋夹击我军的战略态势形成，再来全力打击，恐怕不是错失战机的问题，还可能带来灭顶之灾。实际上，蒋军已开始沿径水、渭水、黄河、淮河、淮南对我后方构筑封锁线，单在西北就集结了 30 多万军队包括陕甘宁边区。并且对日绝对防御只守不攻，对我则取攻势防御。毛泽东对此不得不防。他在一定程度上考虑了季米特洛夫的意见，承认蒋搞反共统一战线还有许多困难，降日之前不可能发动大规模内战。他坚持说服莫斯科相信，为应对突然事变，提前筹划我军实力还是必要的，一旦以后政治

① 《联共（布）、共产国际与抗日战争时期的中国共产党（1937—1943. 5）》第 19 卷，第 102—104 页。

② 中央档案馆编：《皖南事变（资料选辑）》，第 39 页。

条件成熟，就可像黄桥战役那样以少胜多，在推翻何应钦亲日派口号下突破国民党设置的堡垒封锁线，打到国民党后方去。[①]

此前，毛泽东已经采取了拖延北渡和军事准备的措施。11月9日，我军将领朱彭叶项向国民党发出佳电，历陈执行中央提示案之苦衷。之后，毛泽东于11月27日下令八路军准备7万精锐部队待命行动，限2月1日完成，[②] 随时“给敢于大举进犯者以猛重的打击”，并指出我愈有准备，彼愈不敢进攻，这是有备无患道理。[③] 12月9日，他致电共产国际请调林彪立即回国指挥部队。13日又对季米特洛夫解释，军事反击是反对投降反共的最后措施，目前只是准备性的，需要等待国际国内政治条件的成熟。他请共产国际和苏联能给以必要的支持，提供大炮机枪。[④]

这里或许涉及中国革命最深刻的经验。毛泽东所说的统一战线法宝，是指“建立或被迫分裂革命的民族统一战线”，即不仅要正确处理国共合作问题，还要应对关系破裂，以便及时从政治斗争转向武装斗争。[⑤] 对蒋武装斗争涉及作战对象和作战方式的转变。从对日的分散的持久的游击战转向对蒋的集中的速决的运动战，哪怕只抽调部分主力，也是一个很大的转变，必须提前进行组织训练工作。

可惜，共产国际和苏联很难理解这些策略。他们对统一战线策略的理解只有联合一途，而无破裂之说。1939年夏天，共产国

---

① 《联共（布）、共产国际与抗日战争时期的中国共产党（1937—1943.5）》第19卷，第110—111页。

② 逄先知主编：《毛泽东年谱（1893—1949）》中卷，第231页。

③ 中央档案馆编：《皖南事变（资料选辑）》，第104页。

④ 《联共（布）、共产国际与抗日战争时期的中国共产党（1937—1943.5）》第19卷，第111—112页。

⑤ 《毛泽东选集》第2卷，第604页。

际执委会主席团确曾向中国问题小组下达过如果蒋投降和国共决裂成为事实该怎么办的课题，但是没有得出一致的适当结论。小组负责人莫尔德维洛夫完全脱离实际，建议中共继续开展对日游击战，好像什么事也没有发生。而任弼时则主张我军应集中起来转向对蒋作战。

当时苏联正在向中国政府提供新批量的军援，十分担心国共冲突可能影响这批武器的抗日效用。斯大林决定派在中国工作过的崔可夫来华，担任驻华武官和蒋介石的总军事顾问。崔可夫赴华前听取了苏联政府和斯大林的指示。

苏联政府工作人员关于国共关系的概念直接来自国民政府，对毛泽东的策略颇有微词。国防人民委员铁木辛哥向崔可夫指出，蒋介石虽有反共图谋，而中国红军司令部也热衷于把枪口对准蒋而不计后果。作为武官和总军事顾问，你的使命不仅是帮助中国军人使用武器，而且要协调国共军队的抗日行动，不管他们的分歧。

崔可夫在回忆录中完整记录了斯大林对中共的看法。

斯大林在接见他时说，中共依靠最贫穷、受压迫最深和没有文化的农民，对成长中的工人阶级估计不足，而这不能不给中共打下烙印。中共的民族主义相当严重，而国际主义发扬得不够。

斯大林说，照理，中共要比蒋对我们来说更亲近些，主要援助应该给他们。但是，这种援助是向一个我们与之保持关系的国家输出革命。

他陈述了援蒋的主要理由。中共要成为反侵略的领导者，力量还显得太弱，争取群众需要时间，多长时间很难说。此外，帝国主义大国未必容忍中共取代蒋。而我们同蒋又订有条约。苏联的主要目的是联合中国的一切力量反击侵略者。蒋介石可能轻易联日反共。中共同日本人不可能联合。蒋介石有英美帮助。毛泽东永远得不到这些支持。希特勒的胜利预示着英美可能增加对蒋援助。加上我国援助，蒋即使不能打退日本侵略，也能长期拖住它。

斯大林错误地认为，中共一些人期待日本打败蒋好出来收拾残局，再把日本人赶走。他批评中共这种想法大错特错。蒋一旦感到有丧失政权的危险或者我国和西方拒绝援助他时，他就会立刻效仿效法汪精卫，同日本妥协。那时，他们会合力对付中共，中国红军将走投无路。①

斯大林既没有把中共当作重要的抗日力量，也没有当作制止蒋介石投降的主要力量，反而担心中共扩充实力可能逼迫蒋日妥协。在他看来，只有苏联、西方的支持援助才能把蒋介石留在抗日营垒。

为了打退新反共高潮，中共中央对统战政策和军事行动做出全面部署。12 月 25 日，毛泽东为中共中央起草了《论政策》的党内指示，强调现在“既不是一切联合否认斗争，又不是一切斗争否认联合，而是综合联合和斗争两方面的政策。”31 日，中共中央做出《关于粉碎蒋介石进攻的战略部署的指示》，指出蒋介石进攻我军的决心已下，各地党和军队必须紧急动员起来。《指示》还估计，这次反共可能打着敌后抗日的旗号，并不提出打八路军新四军。中央要求反磨擦斗争必须与扩大巩固根据地和军队密切联系起来。

第八节 处理皖南事变的国际背景

尽管苏联和英美不支持中国内战，但是这不妨碍蒋介石获得援助后以“执行纪律和服从军令”的名义进行反共冒险。他这次

① 中共中央党史研究室第一研究部编：《共产国际、联共（布）与中国革命文献资料选辑（1938—1943）》第 20 卷，第 459—461 页。

走抗日亲苏的反共路线，一面隆重迎接以崔可夫为首的苏联军事使团，一面密谋围歼皖南新四军。崔可夫抵渝不到一周，1941 年 1 月 6 日，皖南事变发生了。国民党军队 7 万人包围了转移渡江的新四军军部共计 9000 余人。战至 14 日，新四军除 2000 人突围外，其余被歼，叶挺军长被俘。17 日，蒋介石发布命令，宣布新四军是叛军，将叶挺交付法庭审判。

事变发生后，中共中央指示被围部队挽救危局无果，决定全国范围从政治军事上大举反击国民党，救援被围部队，苏北包围韩德勤部，山东包围沈鸿烈部，待命攻击。同时命令华北加紧准备机动部队，应对更严重的事变。

1 月 14 日，中央书记处向季米特洛夫报告了事变情况，指出我军有被彻底消灭的危险。同时，蒋派出 20 多个师进攻我在江苏、山东、安徽、湖北四省的根据地。我军准备在政治上和军事上给予蒋介石所实行的这种广泛的进攻以有力的反攻。①

当日，崔可夫就事变向周恩来建议，皖南新四军应“坚持北上”，到江北后如蒋继续逼你们北上，可提出鉴于皖南事变，江苏境内国民党军须全数离境作为继续北上的条件。他还表示，国民党如继续内战，他有权暂停援华军火。这个主意听起来不错，但毛泽东不以为然，因为现在不是走何路线，而是救死。皖南尘埃落定后，毛泽东 15 日指示周恩来向崔请教：“叶、项被俘，全军覆没，蒋介石无法无天至此，如何办？”②

季米特洛夫根据中共来电确信蒋介石要对中共发动总攻，中共必然自卫反击。如果蒋不中止行动，中国内战在所难免。这种战争只会对日本人有利。1 月 18 日，他向斯大林建议，由苏联政

① 《联共（布）、共产国际与抗日战争时期的中国共产党（1937—1943. 5）》第 19 卷，第 116—117 页。

② 《周恩来军事活动纪事》编写组编：《周恩来军事活动纪事》上卷，中央文献出版社 2000 年版，第 511 页。

府出面，同时发动美英等国舆论对蒋介石施压，在外国报刊上揭露中国反动派破坏团结抗战的罪行，由群众团体、知名人士发出抗议信，向蒋和中国人民呼吁反对内战和分裂，反对日本人用中国人的手来征服中国。①

皖南败局除项英应负直接责任外，还在于中共中央来不及作军事部署，手头没有机动兵力，黄桥战役后苏北新四军没有休整，无法确保再次速胜。加上蒋尚未放弃抗日旗号，如果我军贸然进攻，可能陷入政治或军事的不利境地。1 月 19 日，中共中央采纳了刘少奇和中原局的意见，把政治军事进攻方案调整为“政治上取猛烈攻势，而军事上暂时还只能取守势，惟须作攻势的准备，以备在四个月或六个月后能够有力的转入攻势”。②

21 日，中共中央向共产国际报告了最新决策，即政治上彻底揭露其反革命阴谋；军事上暂时防御，今后可能集中兵力向甘肃四川反攻；组织上准备必要时撤回八路军四个办事处。中央表示，希望了解苏联的对蒋政策，请季米特洛夫转告斯大林，请他考虑中国局势，能否今冬明春向我军提供军事援助。③

同日，毛泽东接到了季米特洛夫的一份通报，内容完全与中央精神相悖。通报转发了重庆消息，说蒋介石就 1 月 17 日解散新四军一事向苏联政府表示，请把皖南事件视为地方性的军事冲突，不应赋予其政治意义并广泛宣扬。他保证这个事件不会影响国共关系与合作。新四军的高级军官将被释放。其实，这是蒋用亲苏手法欺骗苏联。季米特洛夫将信将疑，指示毛泽东，该通报

① 中共中央党史研究室第一研究部编：《共产国际、联共（布）与中国革命文献资料选辑（1938—1943）》第 20 卷，第 715 页。

② 中央档案馆编：《皖南事变（资料选辑）》，第 183—184 页。

③ 《联共（布）、共产国际与抗日战争时期的中国共产党（1937—1943.5）》第 19 卷，第 125—126 页。

仅限他一人知道，请他上报重庆的行动及我方对策。[①]

崔可夫在回忆录中确实提到，苏联政府相信国民党不会激化同共产党的关系。这正是蒋之亲苏策略所要达到的目的之一。蒋为实施围歼新四军的计划，故意迟滞苏联使团抵渝。抵渝后，蒋又对苏联使馆军事人员封锁消息。[②] 1月16日，崔蒋会面。蒋只对军援话题感兴趣。崔一再追问事件真相，蒋百般抵赖狡辩，以服从命令，严守纪律、地方事件等作答。[③]

在莫斯科，斯大林不完全相信中共中央的陈述，把苏联使馆及情报机构当作获取中国信息的主要渠道。他21日听取季米特洛夫关于中国问题的汇报时，竟怀疑叶挺是不守纪律的游击队员，认为应该看看叶挺是否为蒋提供了借口。又说，在苏联同样有一些好游击队员，由于不守纪律和其他原因，我们被迫枪决了他们。当然，他承认中共的情况更复杂。[④]

毛泽东对蒋介石“一一七”命令的判断是，“中国全国性突然事变的开始，全面投降全面破裂的开始”。[⑤]

1月29日，毛泽东回应21日通报，向季米特洛夫指出蒋在骗人。他说，种种材料说明蒋所采取的措施，是旨在同我们决裂。蒋之声明新四军事件不影响国共合作是彻头彻尾的欺骗。蒋之计划是分步消灭我军，先新四军，再八路军，再中共。蒋准备从英美取得资金，从苏联取得武器。我方不准备让步。让步不能

---

① 《联共（布）、共产国际与抗日战争时期的中国共产党（1937—1943.5）》第19卷，第124页。

② 中共中央党史研究室第一研究部编：《共产国际、联共（布）与中国革命文献资料选辑（1938—1943）》第20卷，第465—468页。

③ 中共中央党史研究室第一研究部编：《共产国际、联共（布）与中国革命文献资料选辑（1938—1943）》第20卷，第747—749页。

④ 中共中央党史研究室第一研究部编：《共产国际、联共（布）与中国革命文献资料选辑（1938—1943）》第20卷，第717页。

⑤ 中央档案馆编：《皖南事变（资料选辑）》，第187页。

团结民众。所有同情都在我方。我已取得有利的政治地位。新四军事件无论如何不能看作地方事件。我们准备全面抗击蒋介石，今后要么他做出让步，要么同他决裂。我们不应怕决裂。实际上蒋已停止对日作战，把我们置于日蒋夹击之下。我方不得不走上决裂之路。①

毛泽东所说的不怕破裂和准备破裂，并非马上破裂、主动破裂或推动破裂。1月25日，他在一封电报中指出，准备破裂可以对付两种情势。如蒋业已准备全面破裂，我们便是以破裂对付破裂；如蒋并未准备全面破裂，我们便是以尖锐对立求得暂时缓和。② 30日，他在给周恩来的通报中又说，从破裂开始到全面破裂尚可能有一个过渡时期，其时间快慢长短，依国内外各种条件决定。我们方针不是促他快，但要准备他快。延长时间的意见是对的，事实上我出兵至快在半年后，目前只打防御战。他还指出，苏联如再接济重庆武器甚为不好，请要崔可夫设法停止。③

2月1日，毛泽东向季米特洛夫作进一步解释。他重申蒋已准备在全国消灭一切进步力量的判断，同时指出，考虑到从事件开始到国共破裂还有一个过渡时期，我们利用这段时间来做全面的准备，使破裂的结果对我有利。同时我们在想方设法拖延彻底破裂的时间。但是破裂已不可避免了。破裂后，蒋肯定降日。那时我们无疑将会处境艰难，受日蒋夹击。如果那时你们不能公开援助我们，那我们的困难将是很大的。又说，我们在政治方面揭穿蒋，动员群众反对他的分裂政策和准备投降。在军事方面我们采取防御战，以使民众看到真实情况，同时期待国际局势的变

① 《联共（布）、共产国际与抗日战争时期的中国共产党（1937—1943.5）》第19卷，第125—126页。

② 逄先知主编：《毛泽东年谱（1893—1949）》中卷，第262页。

③ 中央档案馆编：《皖南事变（资料选辑）》，第201页。

化，利用英美。[1]

皖南事变说明毛泽东对国共关系可能破裂的估计是正确的。如果他手中有一支机动兵力，那么结局肯定会有所不同。按照已下达的命令及后又推迟完成的指示，7 万人的突击兵团至少要等到 6 月底才能完成组建。[2] 毛泽东希望今冬明春能够获得苏联装备，以便首先用于这支部队。他一再对莫斯科强调破裂的危险，很大程度上为了争取军援。同时，他向共产国际指出美英苏的援助使蒋敢于放手反共，多次要求苏联中断武器供应迫蒋就范。但是苏联始终没有采取果断措施。[3] 如果发生全面破裂，蒋日势必夹击我军。在这种情况下，毛泽东主张苏联应公开援助中共，并且判断苏联可能这么做的。

但是共产国际和苏联不想看到这种局面，主张避免破裂。季米特洛夫 2 月 4 日向毛泽东表示，我们认为，破裂不是不可避免的，你们不应把方针建立在破裂上，相反，应依靠主张维护统一战线的民众，竭尽共产党和我们军队的一切努力来避免内战的爆发。请重新考虑一下你们在这个问题上的立场，并将你们的想法和建议告诉我们。[4]

然而还有更不好的消息。周恩来 2 月 9 日向毛泽东转达了苏联武官兼总顾问崔可夫根据斯大林指示对国共双方提出的意见。对国民党：（1）斯大林不愿意听到国共两军冲突事；（2）要团结抗战；（3）武器不好不能取胜的观点不对，斯大林认为，目前华军作战主要目的不在攻守坚固据点，而在集结十倍于敌的力

① 《联共（布）、共产国际与抗日战争时期的中国共产党（1937—1943.5）》第 19 卷，第 132 页。

② 逄先知主编：《毛泽东年谱（1893—1949）》中卷，第 253 页。

③ 《联共（布）、共产国际与抗日战争时期的中国共产党（1937—1943.5）》第 19 卷，第 118 页。

④ 《联共（布）、共产国际与抗日战争时期的中国共产党》第 19 卷，第 133 页。

量，歼灭敌之有生力量，以孤立敌据点。华军目前应积极行动，破坏敌军，使敌分散。对中共：革命军队愈积极行动，愈能发展；要继续抗战，起模范作用；苏联接济的军火，中共也可向国民党要求补给一些。①

斯大林既批评了国民党的消极抗日和积极反共，又婉拒了中共的武器要求，以此拉拢国共关系。毛泽东意识到，如果国共关系紧张或不好，中共反而得不到苏联武器。无奈之下，他决定从长计议破裂问题，尽量与莫斯科协调一致，按下武器问题暂时不提，在坚持强硬政策的前提下，保留对蒋和解的可能性。

他2月13日向季米特洛夫表示，我们的决定符合你的指示。但是达到团结的方法在于，必须改变我们对蒋向我们施压的态度。我们越坚决，蒋越有可能作出让步，我们越对他作出让步，他就越会进攻，那时决裂将是不可避免的。蒋欺软怕硬，你对他的政策越硬，他就越软让步，或者相反。因此我们打算对他实行硬的政策，否则我们就可能输了。毛泽东以去年反共高潮以来的事例为证，指出国共分裂将来是不可避免的，但不是现在。如果我们采取软的态度，那肯定他将继续进攻，如果我们在军事方面遭到失败，那就有分裂的危险。而如果胜利了，那他就会知道进攻我们的困难。这是一个不止一次得到验证的规律。他强调目前仍要利用日蒋矛盾，皖南事变和"一一七"命令进行反击，继续采取政治进攻军事防御的方针。如果蒋来进攻，就把它歼灭，但不进犯。战备工作不能削弱，越有准备，蒋越怕分裂。②

蒋介石原以为三国协议后实行反共可以换来日军对他妥协缓

---

① 《周恩来军事活动纪事》编写组编：《周恩来军事活动纪事》上卷，第517—518页。

② 《联共（布）、共产国际与抗日战争时期的中国共产党（1937—1943.5）》第19卷，第150—152页。

和。但是“一一七”命令引起一片反对之声，反共愈加困难。日本等不及了，反而认为国共冲突有机可乘，于1月下旬发动了豫南战役。日军此举推动广大民众、中间势力和国际舆论向中共靠拢，迫使蒋介石撤离20万反共军队，将其调往抗日战线。1月27日，蒋发表演讲，向中共表示希望谈判，对我释放缓和空气。

毛泽东得出结论，日蒋矛盾还是主要的，决定利用这一矛盾，抓住日本进攻争取对蒋有利地位的最好时机决不错过。2月14日，中共中央接到周恩来的电报。说崔可夫为蒋制订了反击日军的计划。如果蒋愿意实施反攻，崔可夫建议中共在表面上对蒋让步，促其大打，发展日蒋矛盾，削弱双方，以便于我军发展。毛泽东立即回电表示赞同，指出“利用日蒋矛盾仍是我们政策中心”，但目前是迫蒋对我让步，而非我对蒋让步。只有军事攻势才会妨碍蒋之抗日。政治攻势只会迫蒋抗日，故军事守势、政治攻势八个字是完全正确的。①

全面的外交活动是中央对蒋政治攻势的组成部分。这一工作分三个方面。

一是开辟了中共中央联系苏联政府的重庆渠道，与苏联驻华使馆保持密切的联系，协商对策，配合行动。这主要由周恩来为首的南方局承担。苏联驻华大使潘友新和武官崔可夫多次向国民党政府质疑，说明内战意味着灭亡，暗示继续内战可能导致苏联方面停止援助。②

二是开展对西方国家的外交。事变之前，周恩来按照中央指示精神要求南方局同苏、英、美、法等国团体联络，向他们提供消息。他会见了著名作家安娜·路易斯·斯特朗，揭露国民党顽固派正在酝酿投降和内战的阴谋，预言即将发生更大的反共事件

① 逄先知主编：《毛泽东年谱（1893—1949）》中卷，第271—272页。
② 逄先知主编：《毛泽东年谱（1893—1949）》中卷，第263页。

和战争。并嘱告暂缓发表这些材料，以免过早暴露冲突而加剧磨擦。事变发生后，周恩来致函回到纽约的斯特朗，请她公布事件真相。① 为使国外人士了解实情，争取国际的同情和支持，周恩来动员外国记者分别前往香港、南洋和美国发表相关信息，安排王炳南、王安娜。龚澎等访问所认识的外国记者和外交官，告以国民党袭击新四军事件。1 月中旬，周恩来拜访了英国大使卡尔，面谈了事件经过。英国政府收到卡尔报告后向蒋介石指出，内战只会加强日军的攻击。② 周恩来还会晤了一些美国官员，如美国驻华海军武官卡尔森、罗斯福总统代表居里、在陈纳德航空队任职的巴尼特等。卡尔森回到美国后向记者发表了谈话，指出“皖南事变意味着中国内战的开始。说新四军不遵守军纪绝对不真实。”居里带来了美国总统的信，信中希望蒋介石继续国共合作。2 月 14 日，居里会晤周恩来时全面询问了中共的政策，表示美国赞成中国统一，反对日本，然而如果中国统一被破坏，美国则难以支持中国。如果没有内部压力，中国不可能改革；如果内战扩大，抗日就不可能。③ 后来美国政府根据居里的报告，正式向蒋介石声明：“美国在国共纠纷未解决前，无法大量援华，中美间的经济、财政等各问题不可能有任何进展。”④

三是开展争取华侨的工作。毛泽东 3 月 14 日复电全美洲洪门总干部监督司徒美堂等，指出自国民党发出 1 月 17 日反动命令后，国共合作已遇到严重的危机。中国共产党始终以民族利益

---

① 《周恩来军事活动纪事》编写组编：《周恩来军事活动纪事（上卷）》，第 501—502、505、516 页。

② 《周恩来年谱 1898—1949》，第 486 页。

③ 《联共（布）、共产国际与抗日战争时期的中国共产党（1937—1943. 5）》第 19 卷，第 165—166 页。

④ 南方局党史资料征集小组编：《南方局党史资料大事记》，重庆出版社 1986 年版，第 114 页。

为重，坚持抗日民族统一战线政策迄未稍变，已向国民党当局提出解决时局的善后办法和临时办法各 12 条，希望“公等一致主张，予以赞助”。[①]

2 月中旬，反共高潮开始回落。中共中央给共产国际电报的重点转向政治情报方面，包括国民党内部在反共问题上的分歧，广大民众、各小党、地方势力、国民党左翼、英美人士及政府的立场动向，日军行动，我党实施政治进攻，参加国民参政党及国共谈判的情况等。

2 月 18 日，中共中央向共产国际指出，“内战已可以避免。现在有条件使中国现时局势向着对我们有利的方面转变。”[②] 3 月 21 日又指出，10 月掀起的反共浪潮现在已低落。国共关系可能逐渐好转。

3 月 22 日，中共中央报送了《六个月国民党反共浪潮高涨的总结》，指出，这次国共斗争是两党力量的一次大检阅。中共更加成了中国团结抗战的重要因素，我党的地位提高了。这次反共高潮的打退，在国内政治生活中，将产生严重的意义。它象征着抗日民族统一战线内部阶级力量对比的变动。蒋介石在这次反共高潮中的失败，使他在今后再要发动这样的高潮更加困难，使他不能不重新考虑他自己的地位与态度。

---

① 逄先知主编：《毛泽东年谱（1893—1949）》中卷，第 283 页。

② 原文发文日期标为 1 月 18 日有误，应为 2 月 18 日。见《联共（布）、共产国际与抗日战争时期的中国共产党（1937—1943. 5）》第 19 卷，第 123 页。

第三章　抗日外交重点的调整（1941—1944）

苏德战争爆发后，中共中央提出了帮助苏联、反对国民党的反苏反共活动，以及联合英美三项任务。太平洋战争的爆发后，中共把争取外援的方向和重点进一步调整为面向英美。为了执行斯大林和共产国际关于中共七大不讨论历史和理论的指示，中共中央领导了延安整风，并在整风中妥善处理了与共产国际的分歧，为中共七大确立新民主主义方针提供了思想政治基础。

第一节　帮助苏联须取长期方针

1941 年 6 月 22 日凌晨，法西斯德国撕毁《苏德互不侵犯条约》，突然对苏联发起了进攻。当日，中共中央接到共产国际执委会书记处的电报，内称“德国背信弃义地进攻苏联，这不仅是对社会主义国家的打击，而且也是对各国人民的自由和独立的打击。”

此前，中共中央通过自己在重庆的情报人员阎宝航已准确获知德国进攻苏联的日期，并在第一时间通知了斯大林。阎宝航的公开职务是军委会政治部党政设计委员及东北救亡总会负责人。他利用这个身份在国民党上层广交朋友，受周恩来指派从事国际情报工作，通过驻华武官罗申向苏方提供国民党内部的情报。1941 年 5 月中旬，他在一次社交场合从国民党要人于右任孙科口中得知“纳粹德国决定于 6 月 20 日左右约一个星期内开始进攻苏联。”情报源于驻德武官桂永清给重庆的密电。蒋介石将此视为独享的好消息，竟不打算通知一直援助中国的苏联。蒋盘算，德国的进攻可能引起日本北攻苏联，日军北移，苏日条约作废，减轻对中国的压力。同时，苏联可能有求于中国，至少要求中共调兵北上保卫苏联，使蒋觉得有机可乘。

阎宝航获此消息后立即报告了周恩来。周恩来即转苏联驻华武官罗申，并于 5 月 16 日紧急电告延安。当日，毛泽东将此消息上报了共产国际和苏联。

中共向苏联提供情报的最早时间大约在德军进攻前一个半月。[①] 这一情报在斯大林那里很快得到了几个方面的证实，包括左尔格从东京打来的同样内容的电报。6 月 21 日，苏军收到一位从边界投诚的德国军官的告密：德军将在第二天发起进攻。斯大林立即下达命令：“各军区部队进入一级战争准备。”[②] 事后斯大林打来电报，感谢中共中央最早提供德国进攻的消息，说“这是无法估量的援助”。

斯大林没有料到德国侵苏来得这么快。苏军准备不足，初战吃亏不小。但是斯大林在政治上对希特勒掉转枪口是有准备和预案的。就在德国进攻的当天，苏联迅速调整了外交政策，从反对

---

① 关于中共中央电告莫斯科此事的具体日期，罗青长的回忆认定为 6 月 16 日。但这个日期可能有误。阎宝航在《担任国际情报工作的经过和成绩》一文中明确讲“我的报导约在（德国进攻的 6 月 22 日）一个半月以前。”而苏方也认为“阎宝航同志是第一个最早知道德国攻苏的日期的”。如果 6 月 16 日这个日期是对的，那么阎就不会被苏方视为“最早知道”的人。因为左尔格在东京向苏联发出准确情报的日期是 6 月 14 日。故笔者认为，罗青长所说 6 月 16 日可能是 5 月 16 日之误。这近似于阎“一个半月以前”之说。详见《阎宝航纪念文集》，辽宁人民出版社 1995 年版；阎明复：《我父亲阎宝航的情报生涯》，《炎黄春秋》2005 年第 12 期；王连捷：《英雄无名阎宝航》，团结出版社 2008 年版，第 333—338 页。

② 《朱可夫元帅回忆录》，中国对外翻译出版公司总 1985 年版，第 275—260 页。

一切帝国主义战争的避战立场转向迎战，重拾共产国际第七次代表大会确立的反法西斯统一战线政策，并通过共产国际向各国党提出了保卫苏联的任务。

6月22日，共产国际书记处向中共中央指出："保卫苏联同时也是保卫各国正在进行反对奴役者的解放斗争的人民。必须反对中国反动军阀的任何反苏计划。必须在各族人民国际统一斗争战线的旗帜下开展群众运动，保卫中国，保卫受德国法西斯奴役的各国人民，保卫苏联。"电报还强调："请注意，在目前阶段，讲的是摆脱法西斯的奴役，而不是社会主义革命。"①

对中共中央来说，支持苏联调整对外政策是顺理成章之事。大约在1940年秋天，中共中央在要不要反对国民党政府加入英美集团问题上，找到了将反对一切帝国主义战争的政策同坚持抗日民族与国际统一政策结合起来的方式。中共中央很好理解了苏联政策的实质是避免卷入欧战。而赞成这一中立的和平立场并不妨碍中共根据自己的实际情况坚持抗日统一战线，区别对待英美和德日，一面充分利用这两个集团之间的矛盾；一面按照共产国际的要求，避免与其中一个集团结盟。中共中央最后的决定是，既不反对也不提倡中国当局加入英美集团。基于这一经验，毛泽东起草了《论政策》的党内指示，指出："虽然共产党是反对任何帝国主义的，但是既须将侵略中国的日本帝国主义和现时没有举行侵略的其他帝国主义，加以区别；又须将同日本结成同盟承认'满洲国'的德意帝国主义，和同日本处于对立地位的英美帝国主义，加以区别；又须将过去采取远东慕尼黑政策危害中国抗日时的英美，和目前放弃这个政策改为赞助中国抗日时的英美，加以区别……我们在外交政策上，是和国民党有区别的。在国民

① 《联共（布）、共产国际与抗日战争时期的中国共产党（1937—1943. 5）》第19卷，第192页。

党是所谓‘敌人只有一个，其他皆是朋友’，表面上把日本以外的国家一律平等看待，实际上是亲英亲美。我们则应加以区别，第一是苏联和资本主义各国的区别，第二是英美和德意的区别，第三是英美的人民和英美的帝国主义政府的区别，第四是英美政策在远东慕尼黑时期和在目前时期的区别。在这些区别上建立我们的政策。”①

皖南事变发生后，中共中央进一步向共产国际表示：“在今天的独立民族解放战争中，一方面利用英美之间的矛盾，另一方面利用英美与日本之间的矛盾来争取得到英美的支援还是必要的。”②

苏联重提反法西斯统一战线，为中共业已实施的上述政策增加了有利的国际因素，意味着抗日国际统一战线已具备了再次扩大为反法西斯与抗日国际统一战线的历史条件。与长征结束时从苏运到抗日的转变相比，现在的转变是顺势而为，是将抗日统一战线纳入国际反法西斯战线。

6 月 23 日，毛泽东电告莫斯科，中共中央完全同意共产国际的“措施并将坚决贯彻执行”，已发出“关于反对法西斯德国进攻苏联”的党内指示。③

毛泽东起草了这项指示，指出：“苏联抵抗法西斯侵略的神圣战争，不仅是保卫苏联的，而且也是保卫正在进行反对法西斯奴役的解放斗争的一切民族的。”“目前共产党人在全世界的任务是动员各国人民组织国际统一战线，为着反对法西斯而斗争。”

毛泽东在指示中向全党提出了三项与对外政策相关的任务。

---

① 《毛泽东选集》第 2 卷，第 764—765 页。

② 《联共（布）、共产国际与抗日战争时期的中国共产党（1937—1943. 5）》第 19 卷，第 168 页。

③ 《联共（布）、共产国际与抗日战争时期的中国共产党（1937—1943. 5）》第 19 卷，第 193 页。

（一）坚持抗日民族统一战线，坚持国共合作，驱逐日本帝国主义出中国，即用此以援助苏联。

（二）对于大资产阶级中的反动分子的任何反苏反共的活动，必须坚决反抗。

（三）在外交上，同英美其他国家一切反对德意日法西斯统治者的人们联合起来，反对共同的敌人。①

援助或保卫苏联是苏德战争爆发后共产国际交待各党的主要任务，它包括三个方面。一是在各自国内组织反对法西斯的民族统一阵线；二是组织群众开展成立同与正在反德的苏英美各国的统一阵线运动；三是在敌占国家开展破坏德军供给、运输等包括游击运动内的直接行动。②

中共中央提出的三项任务完全符合上述精神。其中第一项任务包括了共产国际所谓保卫苏联的“直接行动”。中共中央认为，用抗日游击战争从战略上配合卫国战争，应当是中共保卫苏联的主要形式。坚持抗战也就等于援助了苏联。7 月 2 日，毛泽东、朱德等在给彭德怀的指令中具体阐述了这一策略：“日苏战争有极大可能爆发……如日本攻苏，敌为肃清后方计，将在华北加强镇压……我军须准备配合苏军作战，目前作此准备，以待时机成熟，即可行动，但此种配合，是战略的配合，是长期的配合，不是战役的配合与一时的配合，请在此基点上考虑一切问题。”③

但是毛泽东敏锐地感到，苏联可能不满足于中共只是开展敌后游击战争，故在向共产国际陈述中共第一项任务时删除了“即

---

① 《毛泽东选集》第 3 卷，第 806 页。

② 《联共（布）、共产国际与抗日战争时期的中国共产党（1937—1943. 5）》第 19 卷，第 202—203 页。

③ 《毛泽东军事文集》第 2 卷，军事科学出版社、中央文献出版社 1993 年版，第 650 页。

用此以援助苏联”。

毛泽东的感觉是对的，苏联确实对中共另有特殊要求。它期待中共能够在阻止日本夹击苏联，使苏军免于两面作战方面发挥积极作用。为了实现这一战略任务，7 月 3 日，联共（布）中央政治局批准了中共中央关于资金援助的请求，决定向共产国际拨款 100 万美元，全部用于中共中央。这批款项很快送达了延安。

7 月 12 日，中共中央收到了共产国际书记处的指示：“请紧急进行讨论并为中国共产党作出必要的策略性结论。我们觉得，目前对于我们大家来说，唯一正确的标准是：有助于摧毁法西斯战争机器和法西斯匪帮并保证红军取得胜利的一切行动，都是正确的，都是好的，相反，妨碍实现这一目标的一切行动，都是错误的，都是有害的。请确认收到此电。请告你们就此问题作出的决定。”①

中共中央立即进行了讨论，于 7 月 14 日向党内发布了“七月政治情报”，随后将其内容上报共产国际。中共中央指出：“中国已进行四年解放战争，起了牵制日本的作用。”又说，“我们的任务是全力牵制日军，一旦发生日苏战争，我们要同苏联配合，一起歼灭日本法西斯。”②

在中共中央看来，八路军的当下任务是用游击战争援助苏军，除非发生了日苏战争，才应直接配合苏军作战。中共中央在 7 月 18 日送达的电报中向共产国际解释了游击战同配合作战的关系，以及进行这种转换时面临的困难。电文说：“在目前情况下，我们坚决用一切可能的办法援助红军的斗争。但由于敌人占领华北已经四年，在大城市、铁路线、矿区等地修筑了大型工事，敌

① 《联共（布）、共产国际与抗日战争时期的中国共产党（1937—1943. 5）》第 19 卷，第 203 页。

② 《联共（布）、共产国际与抗日战争时期的中国共产党（1937—1943. 5）》第 19 卷，第 199、200 页。

人的技术装备比我们优越，而我们的人力、物力、活动区域和弹药在消耗，情况日益困难，因此一旦日本进攻苏联，配合作战的意义不会很大。如果我们不管付出多大牺牲采取行动，那就不排除出现这种可能性：我们会被击溃，长期不能坚持敌后游击基地。这种行动无论从哪方面来说都是不利的。所以我们决定加强敌后游击基地，进行广泛的游击战，还要同日本占领者打持久战，以赢得时间。”中共中央请共产国际判断该意见对错与否，并转告斯大林。电文中还希望能够获得武器援助。中共中央在随后送达的一份电报中还解释了6月23日以来为贯彻国际指示而采取的各种措施。①

在给南方局和中原局的电报中，毛泽东更详尽地阐述了以长期斗争帮助苏联的方针：“我们决心在现在条件下以最大可能帮助苏联红军的胜利……假若不顾一切牺牲来动作，有使我们被打坍，不能长期坚持根据地的可能，这不管在哪一方面都是不利的。因此我们采取巩固敌后根据地，实行广泛的游击战争，与日寇熬时间的长期斗争的方针，而不采孤注一掷的方针。”“八路、新四大规模动作仍不适宜……原因是我军各种条件均弱，大动必伤元气，于我于苏均不利……全局决定于苏联打胜仗。苏之数百万后备军目前刚刚用上，或在数日内有一决战，制止德军攻势，则大局最有利。如列宁格勒、莫斯科两城不守，则日必攻苏，苏之困难加重，将变为长期战争，但英苏协定已奠定最后胜利基础，美德、美日冲突均不可免，大局仍不利于法西斯。”②

斯大林批准了中共中央上述行动方针，但说在弹药方面暂时

---

① 《联共（布）、共产国际与抗日战争时期的中国共产党（1937—1943.5）》第19卷，第206—207、204页。

② 《毛泽东军事文集（抗日战争时期）》，人民出版社1993年版，第651、654页。

不能给予肯定的答复。①

然而两个月后，斯大林在德军一路西进的攻势下沉不住气了。9 月基辅一役，苏军损失人员 60 多万。如果这时日本前来夹击苏联，将是灾难性的。苏军非但不能从远东抽兵补充西线，还可能陷入两线作战。

而来自中国的情报一度支持日军北上的判断。1941 年 3 月以来，侵华日军为报复百团大战对华北根据地发动了疯狂的所谓治安强化运动。中共中央认为这是日军北上攻苏的前奏。此外，日军策划太平洋战争，采取佯攻苏联的计谋，于 7 月举行关东军特别大演习。蒋介石以欣喜心情看待日军行动，甚至推测“日本进攻苏联将在 8 月 15 日以前开始”。②

在这种情况下，斯大林希望把弱小的中共力量尽量计算在对日作战上，再次电令苏军驻延安工作组向中共中央转达他的意见，请求中共在“爆发日苏战争时派遣部分正规军和游击队到南满开展作战行动”。

斯大林显然考虑了中共的能力和困难。从苏联立场看，这项请求也很难说是过分。但是，即使派遣部分正规军参加日苏战争，对于中共还是勉为其难。

皖南事件发生时，毛泽东为准备国共破裂，曾打算在半年时间用苏联装备组建一支数万人的机动部队。如果计划实现了，这支力量也许可在帮助苏联的配合作战中派上用场。但是莫斯科怕毛泽东惹事，没有支持这项富有远见的计划。现在斯大林要求毛泽东派遣部分正规军参战，无论从苏联提供军援的可能性看，还

① 《联共（布）、共产国际与抗日战争时期的中国共产党（1937—1943. 5）》第 19 卷，第 209 页。

② 《联共（布）、共产国际与抗日战争时期的中国共产党（1937—1943. 5）》第 19 卷，第 224 页。

是就日本对华北地区的压力来说，已不具有现实性了。

9月8日，毛泽东向共产国际表示，斯大林“这个建议是好的，原则上我们是同意的。但是这个措施的实行将取决于具体情况。”电文强调日军眼下对敌后根据地疯狂进攻的猛烈程度是空前的。只有粉碎了这一进攻，中共才能调兵。此外，我军还要走上千公里，而沿途日本人构筑了堡垒，使我军无法迅速到达南满。唯有日军全力攻苏，造成冀东、热河东南、奉南兵力空虚，我军才能迅速潜入指定地点。

毛泽东建议：“在日苏战争爆发的第一阶段，我军的主要任务是以目前的游击基地为依托开展活动。此外，现在我们在挑选一百名优秀战士和部分干部，将学习爆破技术，以便以后派他们直接去蒙古人民共和国，由红军来使用在满洲从事军事目的。如果需要，还可以派出更多这样的工作人员。”①

可以看出，毛泽东仍然坚持我军直接“配合作战的意义不会很大”的意见，但是答应中共将尽力去做。

共产国际对此未置可否。这时，斯大林已确信日军决意南下，做出了远东苏军西调抗德的决定。中共配合作战的讨论就此搁下，但是中共中央并没有放弃准备，而是向党内军内指出：“明年的中心任务在于积蓄力量，恢复元气……如敌人不攻苏联，我们即取此政策以待敌军之弊。如敌攻苏联或苏联攻敌，我们即有充分精力配合苏军作战。”②

实际上，中共的敌后游击战极大地限制了日军行动，已起到了帮助苏联卫国战争的战略作用。对于苏方多次要求的配合作战，中共中央一面积极向共产国际反映我军处境、实力和主张；

① 《联共（布）、共产国际与抗日战争时期的中国共产党（1937—1943.5）》第19卷，第222—223页。

② 中央档案馆编：《中共中央文件选集》第13册（1941—1942），第273页。

一面以详实战况说明游击战有效拖住了日军，指出“日军在华作战的31个师中，我军部队抵抗15个师，而国民党军队抵抗16个师”，[①] 使其北进只停留在可能性上。

毛泽东坚持认为苏联卫国战争的“全局决定于苏联打胜仗”。1942年10月12日，他发表了《第二次世界大战的转折点》。这时斯大林格勒战役正处在街巷的激战中，双方反复争夺每条街道、每座建筑物。毛泽东即刻断言苏军从战略上胜了。“这一战，不但是苏德战争的转折点，甚至也不但是这次世界反法西斯战争的转折点，而且是整个人类历史的转折点。”“在这个历史的转折点面前，全世界反法西斯阵线内的人们也有许多被法西斯的凶恶面孔所迷惑，看不出它的实质。”他指出，“希特勒进攻苏联的战略企图没有一个不是失败的”。“打通德日”，日军主力从北脱身已无可能，此役是希特勒“灭亡的决定点”。“这一形势，将直接影响到远东。”[②]

在坚持长期斗争方针，以游击战争拖住日军的同时，中共中央还积极向莫斯科提供有关日军战略动向的情报，以此帮助卫国战争。此前中共与苏联的情报合作与交换已经开始了。师哲回忆，1940年冬，苏联为加强驻延情报工作，派出了基斯林科中将为首的军事情报组进驻延安，试图以延安为中心建立苏联在华北、东北、沿海敌占大城市等地区全国情报网。毛泽东提议中苏合作，中方出人出力，苏方出钱出技术，双方分享情报。[③] 苏联剧变后的解密档案也揭示，苏联工作组1941年2月进驻延安后，得到了中方的大力支持。中共中央向其提供了“关于日本、国民

---

① 《联共（布）、共产国际与抗日战争时期的中国共产党（1937—1943.5）》第19卷，第267、302、328页。

② 《毛泽东选集》第3卷，第885—888页。

③ 师哲：《在历史巨人身边——师哲回忆录》，中央文献出版社1991年版，209—210页。

党和八路军的所有最重要和最秘密的材料”。[①]

苏德战争爆发后，斯大林急需知道日本的战略动向，要求中共提供有关情报。据方知达回忆，1941 年七八月间，中共中央两次指示中共上海特委搜集相关情报，询问“日本北进、南进的动向如何？”特委领导的中共日籍党员中西功和西里龙夫根据所掌握的情报向中央报告了日本南下意图，认为日本已没有国力分身北攻。11 月，中西功冒生命危险从上海潜回东京，最终拿到了日军南进兵力编成表和各路司令名单。他向党中央预报了日军将在最近三周内的一个星期日发动“大东亚战争”。[②] 同时，中共在重庆的谍报人员阎宝航也掌握了国民党军统破译的日军电报，获悉日军将偷袭珍珠港，并将此情报上报了党中央。1944 年，他又从国民党要人手中拿到了关东军在东北布防情报，共三大本，密交苏联使馆复制。[③] 这些情报对斯大林的战略决策起到了重要作用。

抗战时期，苏联在远东依靠两大系统提供情报。一是共产国际直接领导的左尔格小组，二是中共中央的情报系统。因工作需要，两个系统之间不建立横向联系，各自独立开展工作。1941 年 12 月，左尔格小组在东京被日军破获后，只剩下了中共系统。这个系统很大，从中央到地方党组织，横跨党政与军队，遍布国统区、敌占区、敌后根据地。

在重庆，苏联主要通过驻华使馆搜集情报。苏日条约使苏方减少了对华军援。苏德战争开始后，苏联已无力东援中国，苏蒋关系渐行渐远，情报方面亦无合作。在这种情况下，中共谍报人

---

① 《联共（布）、共产国际与抗日战争时期的中国共产党（1937—1943. 5）》第 19 卷，第 221 页。

② 方知达、梁燕、陈三百：《太平洋战争的警号——记几位反法西斯战士在偷袭珍珠港前后的情报活动》，东方出版社 1995 年版，第 275 页。

③ 阎明复：《我父亲阎宝航的情报生涯》，《炎黄春秋》2005 年第 12 期。

员成为苏联使馆获取军统情报的秘密中介。太平洋战争爆发后，军统努力靠向美国，双方成立了中美特种技术合作所。

上海是中共情报系统伸向敌占区的重要基地，由中央社会部直接领导，同时还受到华中华东根据地的有力支持。

中共中央把情报工作视为帮助苏联的一项重要工作，在中央社会部的基础上成立了中央情报部，一个机构两块牌子。1941 年 9 月 29 日，中共中央在给共产国际作的电报中指出："我们中央决定建立一个像样的情报部，下设军事的和党的侦察情报分部。在所有游击区都设立情报资料收集整理机构。在国统区，首先是在重庆，组建情报站，而在日占区和满洲建立侦察机构网和军事爆破机构。情报部的主要任务是探明日本人的军事政治工作和进行军事爆破作业……重新组织对太平洋国家和英美的侦察情报工作"。电报强调："这不仅对于我们的政治军事领导具有决定性意义，而且也可向苏联提供巨大的帮助，特别是在日本进攻苏联的情况下。"中共中央还要求苏联为这项工作提供资金、器材、人员支持。① 1942 年 5 月，双方经讨论就情报工作达成进一步合作的协议。②

第二节　新疆问题与苏联

中共中央提出的第二项任务是反对国民党反动分子的反苏反共活动。苏德战争爆发后，英美采取了支持援助苏联的立场。国民党政府也站在同情苏联方面，以德意承认汪伪政府为由与两国

① 《联共（布）、共产国际与抗日战争时期的中国共产党（1937—1943. 5）》第 19 卷，第 235—236 页。

② 《联共（布）、共产国际与抗日战争时期的中国共产党（1937—1943. 5）》第 19 卷，第 281 页脚注。

断交，并在一段时间里遵守了国共合作。但是在太平洋战争爆发后，美国取代苏联成为对华援助的主要力量，而苏联则从1942年6月起专注于艰险的斯大林格勒保卫战。在这种情况下，蒋介石又打起了反苏反共的主意，试图掀起第三次反共高潮。中共中央及时向共产国际通报了这一动向。

1942年4月26日，毛泽东致电季米特洛夫，指出最近国民党掀起的反共浪潮带有极端的反苏性质，蒋打算派张元夫到新疆，“说服盛世才投靠蒋介石。”毛泽东请季米特洛夫将此事转告苏方，并说中共中央已向地方党组织发出预告，令其防范。5月9日，中共中央再次通报共产国际，指出英美害怕中国同日本单方面讲和，而苏联处境艰难，蒋认为这是实行反动措施最有利的时机。“近三个月来蒋介石和国民党制造了几百次反动事件”。电文列举了18宗事件。其中思想反共6宗，派特务跟踪监视我方人员3宗，对中共组织进行破坏9宗。中共中央主张，“除了仍然要对蒋介石和国民党作出反应外，同时要千方百计密切同那些也受蒋介石打击的党派的关系，以此来限制和缩小蒋介石的活动范围。”①

但是，驻重庆的苏联大使潘友新认为这一策略只能恶化国共关系。他向苏联外交人民委员会提交了一份措辞严厉的报告，指责周恩来参加四川军阀小党首领的反蒋秘密会议，不尊重蒋的领袖地位，与国民党分庭抗礼，好斗，激化矛盾，“实际上是在促进内战的爆发”。潘友新认为周恩来的行为受到中共中央的赞赏，竟要求中共中央撤换周。②

季米特洛夫感到事态严重。6月15日，他向毛泽东指出，周

---

① 《联共（布）、共产国际与抗日战争时期的中国共产党（1937—1943.5）》第19卷，第272—273，275—279页。

② 《联共（布）、共产国际与抗日战争时期的中国共产党（1937—1943.5）》第19卷，第282—284页。

恩来考虑不周，“有时以自己的行为助长了挑衅者的气焰”。他要求中共中央弄清与蒋争执的问题，采取紧急措施改善国共关系，“从自己方面避免发生一切可能导致这种关系更加紧张的做法”，并向共产国际报告就此问题采取的措施和决定。季米特洛夫没有支持潘友新要求撤换周恩来的意见。

毛泽东回电表示同意季米特洛夫的意见，已通知周恩来彻底执行他的指示，“尽一切可能争取有利于抗战的局面。”① 实际上，毛泽东准备了军事与和谈两手对付蒋。在给周恩来的电报中，他指出：“除布置侦察及作军事准备外，请你即找刘为章作和缓运动。”后来又说“国共一时不会好转，也不会决裂，是拖的局面。但到希特勒倒后，国际局面变化，势必影响中国，国共好转与民主共和国前途还是有的，我们好好做下去，争取此局面。目前四个月国际国内都是关键。”②

为了推动和谈，中共中央派出刚回国的林彪于10月赴渝面蒋周旋，提出停止全国军事进攻等项要求。加上中共中央逐渐密切了与英美等西方国家的关系，蒋之反共反苏除在新疆得手外，在中国内地并没有取得实际成效。

军阀盛世才主政的新疆是一个特殊地区。它是抗日民主根据地、国统区、敌占区之外的第四种区域。1933年，盛世才在推翻前新疆督办金树仁的政变中上台。为了巩固、扩大自己的势力，向国民党中央闹独立性，他采取了亲苏政策，向苏求援。苏联为了避免新疆落入英日势力范围沦为反苏基地，决定扶持盛世才。1934年，苏联红军秘密出兵帮盛世才平定了张培元、马仲英等反盛世才的军事势力，并派出一支队伍以“阿尔泰归化军第八团”

① 《联共（布）、共产国际与抗日战争时期的中国共产党（1937—1943.5）》第19卷，第285、287页。

② 《毛泽东年谱（1893—1949）》中卷，第388、389页。

名义驻军哈密，扼制新疆与内地的战略通道。苏盛双方结成以“反帝、亲苏、民平、清廉、和平、建设”六大政策为基础的同盟关系。

1937 年 4 月，李先念率中共工农红军西路军左支队 400 余人在共产国际的安排下进入新疆，受到从苏联入境新疆的中共中央政治局委员陈云等人领导的迎接。由此，中共中央与盛世才政权之间也形成了抗日统一战线关系。

陈云首任中共中央驻新疆代表。1937 年 11 月，陈云随王明、康生所率中共驻共产国际代表团回到延安。党代表一职由邓发接任。1939 年 7 月，中央委员陈潭秋接替邓发，就任第三任党代表。全民族抗战开始后，中共中央在迪化建立了领导机构——八路军驻新疆办事处。

新疆的苏、盛、我三方的统战局面在全民族抗战初期发挥了巨大的积极作用。一是稳固了苏联的南方边界，解除了英日在疆势力对苏联的威胁。二是苏联援助中国抗战的大量军需物资得以通过新疆进入中国内地。这是蒋介石容忍盛世才亲苏亲共的重要因素。三是开辟了延安与苏联之间的物资运送与人员往来的主通道。它取代了此前作为通道的东北地区。同时，中共中央还在共产国际的帮助下利用新疆的便利条件培养了一批军事技术人才。四是在新疆结束了军阀混战，减缓了民族冲突，大量苏援苏贷被用于经济建设，使边疆地区建立了一批早期工业，改善了农业生产，提高了各族人民的生活水平。总之，新疆反帝抗日统一战线对苏、盛、国、共四方都有利。当然，盛世才近水楼台，获利最大。

共产国际同意中共中央与盛世才建立联系，但不愿把统战主导权下放给中共自主运作，而是让中共中央派干部入疆，在苏方指导下帮助盛世才工作。

苏联政府和盛世才地方政权建立的领事级外交关系是不平等

的。维持这种关系有助于苏方获取不正当的经贸利益。这是苏联不愿中共中央主导对盛统战的重要因素。

另一个因素是，共产国际对中共的统战政策持有异议，认为中共既然承认蒋的领袖地位，就不应再提什么民主要求。共产国际多次批评中共中央太左，担心弄僵关系，吓跑同盟者，损害国共合作。

苏联的统战政策存在策略缺陷和历史局限，对盛世才只讲联合不讲斗争，只顾眼前利益，不计长远发展。苏联向盛世才承诺在新疆地区“不公开党员身份，不发展党的组织，不宣传共产主义”。“六大政策”排除了抗日民主原则，等于承认盛世才只要亲苏就可以所为欲为，即使个人独裁也合理合法。

正是这些政策束缚了中共的手脚。邓发任职期间曾尝试改变这种状况，力图建立中共支部，发展党组织，宣传马列主义，引起了盛世才的不满。盛世才的解决办法是把邓告上苏联迪化总领馆，用苏联约束中共行为。

为了把新疆地区置于中共影响下，中共六届六中全会根据盛世才本人的请求，批准他秘密加入中共。1938 年 12 月，林彪赴苏经过新疆，同邓发一起向盛世才转达了这一决定，指示他“立即加入中国共产党在乌鲁木齐的组织并参加党的（工作）生活。”

盛世才并不领情，反问二人这一决定是否得到了共产国际的批准，是否准备向共产国际和苏联政府报告？在得到否定回答后，他拒绝加入中共，并表示中共不应就此事对共产国际和苏联保密，也不要在新疆进行公开的和秘密的组织活动。①

盛世才如此傲慢，是因为此前 9 月 2 日他秘密访苏会晤了斯大林，已被接收为联共党员。他对中共秘而不宣，并自视比中共

① 《联共（布）、共产国际与抗日战争时期的中国共产党（1937—1943.5）》第 18 卷，第 118—121 页。

更接近最高权力。与邓、林二人谈话后不到两周，盛世才便将谈话内容泄露给苏联总领事，指责中共试图瞒着苏联拉他入伙，在中共与苏联之间制造矛盾。中共中央不知此情，鉴于盛世才的责难，只能就此请示莫斯科。1939 年 5 月 21 日共产国际作出批复，内容如下：

“考虑到新疆的特殊情况，我们认为：1. 接受盛世才入党是不合适的。2. 暂时不要在该省建立党组织。[中共] 中央可以在乌鲁木齐成立党的三人小组，该小组将通过中国共产党系统与负责同志保持联系。3. 可以同意盛 [世才] 的建议，把中文版马列主义书籍只分发给比较可靠的政治人物。4. 如果方林（邓发）与盛世才的关系像我们感觉到的那样极其紧张，那就要考虑派另一位同志作为 [中共] 中央的代表。”①

此电彻底阻止了中共中央试图掌控新疆的全部努力。斯大林把盛世才秘密加入联共视为苏联政府独享的战略资源，不容中共置喙。中共只能帮助工作，不能插手新疆，更不能逼盛就范。在盛、邓冲突中，苏联完全站在盛世才一边。中共中央最后不得不另派陈潭秋接替邓发工作。陈潭秋到任后也受到共产国际的告诫。季米特洛夫指示中共中央，要求陈潭秋通报情况，行动谨慎，“不要直接干预新疆的事务”。②

在苏联主导下，中共对盛世才的统战工作迥异于内地，不能建立武装力量，不能开辟根据地，不能发展党组织，不能搞民众运动，不能开展抗日民主，甚至不能建立隐蔽战线。中共行之有效的三大法宝，党的建设、武装斗争、统一战线，无一能够施展。所谓统战，主要就是中共代表与盛世才进行个人交涉。中共

---

① 《联共（布）、共产国际与抗日战争时期的中国共产党（1937—1943.5）》第 18 卷，第 137 页。

② 《联共（布）、共产国际与抗日战争时期的中国共产党（1937—1943.5）》第 19 卷，第 75 页。

在新疆的任务变得非常单纯，只限于“保证这条国际交通线的畅通，建设抗战大后方，诚心诚意地帮助六大政策实现。”① 这无疑有利于盛世才的统治。

苏联通过盛世才控制新疆侵犯了中国主权，有损于苏联的政治形象，也使蒋日后能够以收复新疆的名义拉拢盛世才反共。

苏、盛之间的不平等交易和协议通常是保密的。苏联对盛世才不完全放心，但缺少有效约束的手段，只能依托苏援的影响力和进驻哈密地区的军事力量。苏联对盛世才之统战是机会主义的。为了向重庆隐瞒盛世才的联共党员身份，苏联不敢要求盛世才参加组织生活和党的会议。盛世才身为联共党员，不受党的约束，只享权利，不担义务。此外，苏联视新疆工作为苦差，喜欢把所谓犯错误的干部派驻新疆工作作为处罚。这一点也常常被盛世才用来迫害苏方人员。

盛世才作为军阀擅长权谋，但不乏政治头脑。他亲苏并非因为信仰马克思主义，而是看中了苏联的实力和政策，可以用来加强其独裁统治。他深知苏联的弱点，充分利用联共“肃托”的机会在其党内挑拨离间，制造冤假错案，将联共派驻新疆工作的中共老党员俞秀松打成“托派”，逼其离疆回苏，惨遭杀害。盛世才也对中共使用流氓手段，挑拨党代表与中央的关系以及中共党员之间的关系，离间中共与共产国际的关系。由于党中央保持了清醒的头脑，这些伎俩对中共没有起到作用。但是盛世才利用苏联政策的缺陷有效地抑制了共产主义在新疆的传播，压住了苏联对新疆的影响，阻止了中共力量的发展。

1942 年夏秋，斯大林格勒战役拉开帷幕，苏联无暇东顾。新疆作为苏联援华国际大通道的历史作用和条件发生了根本变化。

① 晓犁、许淑云：《八路军驻新疆办事处纪念馆》，新疆人民出版社 2007 年版，第 5 页。

在此这种情况下，盛世才决定响应重庆策反，投蒋反共，对苏反戈一击。新疆迅速白区化，呈现“人为刀俎，我为鱼肉”的险恶局面。1942年7月，中共中央紧急决定在新疆工作的全部人员（连带家属160多人）立即撤往苏联境内。毛泽东三番五次致电季米特洛夫，请苏联政府帮助迅速撤离中共人员，并安排他们在苏联学习工作。但得到的回复是：“你们的人暂时需要留在那里。”① 苏联仍对盛世才抱有幻想，试图说服他放弃投蒋，又向重庆疏通关系，幼稚地袒露友华心迹，但无济于事。在中共中央的一再请求下，苏联直到9月才答应先安排55人撤离，但是时间上已来不及了，结果导致四一二政变在新疆重演。盛世才扣压了全部中共人员。一年后，盛世才下令处决陈潭秋、毛泽民、林基路，将其作为投靠蒋介石的投名状。

第三节　联合英美争取新外援

苏德开战后，由于英美表示愿意援助苏联抵抗德国，中共中央提出了联合英美，建立世界反法西斯和抗日统一战线的任务。随着太平洋战争的爆发，中共的外交重点转向了联合西方国家及争取英美援助。

1941年7月12日，中共中央向党内指出：“在目前条件下，不管是否帝国主义国家或是否资产阶级，凡属反对法西斯德意日，援助苏联与中国者，都是好的，有益的，正义的。凡属援助德意日、反对苏联与中国者，都是坏的，有害的，非正义的。在此标准下，对于目前英国的对德战争，美国的援苏援华、援英行

① 《联共（布）、共产国际与抗日战争时期的中国共产党（1937—1943.5）》第19卷，第297页。

动及可能的美国反德反日战争，都不是帝国主义性质的，而是正义的，我们均应表示欢迎，均应联合一致”。[1] 7 月 14 日，中共中央高度评价了刚签订的英苏协定，称该协定“将是整个国际联合的枢纽和反法西斯胜利的保障”。[2] 毛泽东在给周恩来的电报中预言：“英苏协定将成为世界政治的枢纽，美国在政治上只能跟着这条路线走，不能操纵一切了。英苏协定将影响日本，增加其顾虑，并将影响中国，促成中苏国共关系的好转。”[3]

8 月，英美两国发表罗斯福丘吉尔共同宣言（大西洋宪章），提出对德战争的目的，以及建立战后世界秩序必须遵循的一系列进步的和民主的原则，受到苏联的欢迎和支持。10 月，美英苏在莫斯科召开了三国外长会议。美英在会上宣布“要用他们的物质资源来援助苏联抵抗法西斯的进攻，用联合的力量来击败希特勒主义”。这些援助包括飞机、坦克、火炮等苏联最急需的重型兵器及其原料，数额惊人。

中共中央在 8 月 19 日发表的《关于最近国际事件的声明》中高度评价了罗丘宣言，认为该宣言和即将召开的莫斯科会议“乃是具有世界历史意义的重大事件，从此开辟了世界历史的新阶段”。“特别表明了美国对于参加反抗法西斯侵略的神圣战争，已经下了决心。”经过“残酷战争的教训”后，英美已从“害人害己的慕尼黑政策”改变过来。这是苏联人民、英美人民、中国人民英勇斗争的结果。

声明也指出，罗丘宣言未提日本之名是个缺陷，“第四条暗示可与日本通高及供给原料，第七条暗示允许日本移民，仍在企

① 中央档案馆编：《中共中央文件选集》第 13 册（1941—1942），第 164—165 页。

② 中国人民解放军政治学院党史教研室编：《中共党史教学参考资料》第九册“抗日战争时期（下）”，第 10 页。

③ 《毛泽东军事文集》第 2 卷，第 652 页。

图投拢日本现状维持派，表示其愿与日本妥协的一面，但宣言的第二条反对强制变更领土，第三条主张恢复被剥夺权利的国家，特别是第八条承认解除一切侵略国武装的必要性，这些都是积极反日的。”①

1941 年 12 月 8 日，日军偷袭珍珠港，太平洋战争爆发。德、日、意对美国宣战，签订了《联合作战协定》及其《补充条款》。该协定连同 1936 年以来订立的《反共产国际协定》和《德意日同盟条约》将三国紧密绑定在一起，组成了与全世界为敌的侵略集团。1942 年 1 月 1 日，美英苏中等 26 个国家的代表在华盛顿举行会议，签署了《联合国家宣言》，宣告了世界反法西斯统一战线的最终形成。

世界局势迅速分化为两大阵营，有力推动了英美援助中国抗日的步伐，为中共中央联合英美，争取援助与合作提供了历史机遇。

中共中央抓住了这一机遇，太平洋战争爆发的第二天即发布了《中国共产党为太平洋战争的宣言》，呼吁“中国与英美及其他抗日诸友邦缔结军事同盟，实行配合作战，同时建立太平洋一切抗日民族的统一战线，坚持抗日战争直至完全的胜利”。②

在同时给党内的指示中，中央认为两大阵容的明朗化有利于中国抗日和苏联抗德。现在的中心任务是建立太平洋各民族的反法西斯和反日统一战线。

中共中央在指示中强调了联合英美的重大意义，认为这是中国人民解放的必要前提。指出太平洋战争使英美政府和中国人民

① 中国人民解放军政治学院党史教研室编：《中共党史教学参考资料》第 9 册“抗日战争时期（下）”，第 12 页。

② 中国人民解放军政治学院党史教研室编：《中共党史教学参考资料》第 9 册“抗日战争时期（下）”，第 16 页。

站到了一条战线上，使他们更加关怀中国抗战之成败，国共关系之好坏，以及八路军新四军抗战之积极。因此，中共应利用此机会向英美人士特别其当政人物表明我们愿意与英美政府真诚合作抗日。同时向他们暴露中国统治者之黑暗，以争取英美政府人士对八路军、新四军之同情，以争取他们对中国政府施行某些压力，以改进中国对日反攻之准备。①

在另一项指示中，中央要求南方局在广东、海南、越南及南洋各地与英美合作组织游击战争，由英美供给武器，我们派人帮助组织。甚至在新加坡、仰光、菲律宾、印度或澳洲成立秘密的中共代表机关，与延安建立直通无线电，交换情报。②

这些指示表明，中共外交工作的重点已开始从联合苏联转向联合英美。联苏原则没有改变，但是仅联合苏联一家已经不够了，必须把英美扩大进来，打通东西方，将抗日与反法西斯两大战线、两大战场连为一体。

外交重点的转移反映了中共为适应援华国家的变化而将争取外援的方向由面向苏联调整为面向英美。

全民族抗战前期，苏联是中国最大的援助国。1937 年 8 月中苏两国签订互不侵犯条约后，苏联以三次商务贷款的形式向中国政府提供了合计 2.5 亿美元的援助，用于购买中国抗战急需的飞机、大炮、枪支、弹药，以及汽车、通讯等军用物资。同一时期，延安从共产国际、苏联争取到的财政援助为 130 万—160 万美元。欧战开始后，希特勒在西线取得了暂时的成功，对苏联造成了威胁，使其不得不从 1940 年起削减对华援助。卫国战争开始后，苏联完全中断了对华援助，其中也包括给予中共的秘密资金。1941 年 7 月斯大林批准给中共的 100 万美元实际到账只有 60

① 《南方局党史资料统一战线工作》，重庆出版社 1990 年版，第 72—74 页。

② 《南方局党史资料统一战线工作》，第 71 页。

万。相比之下，原先微不足道的美国对华援助却在不断增长。1940年，中美两国先后达成华锡借款合约和钨沙借款合约，中国共获得4500万美元，可用于从美国购买非武器类的军用和民用物资。1941年2月，两国又订立了平准基金协定，美国给予中国贷款5000万美元，承诺来年增加对中国的援助。5月，罗斯福宣布中国可以在美国国会刚通过的租借法案下得到包括美援。7月，美国为支持卫国战争的苏联冻结了日本在美国的资金，等于切断美日贸易。这对战略资源短缺严重依赖钢铁、石油进口的日本是一个致命打击。太平洋战争推动了英美对日宣战，与中国结盟。英美彻底放弃了此前的避战政策，站在了彻底抗日的立场上。1942年2月，美国批准了对华贷款5亿美元，可用于抗战目的。双方建立了蒋介石为首的联合参谋部。美国派出史迪威将军担任驻华美军代表兼联合参谋部总参谋长。在这种情况下，中共争取英美援助已有了现实可能性，不再像过去那样，只是一种愿望或诉求。

尽管如此，这种外援不会很快到来。在这一问题上，中共中央保持了清醒的头脑，认为“在太平洋战争的初期，形势是有利于日本的。日本有了长期的准备，而英美准备不足……太平洋战争一般的说是长期战争，日本闪击速胜是不可能的，而英美要反攻战胜日本亦非短期的事……敌人为供应太平洋战争，其榨取在华资源，巩固占领地之心必更切，因此敌人对敌后抗日根据地的扫荡仍旧是可能的，而对根据地财富之掠夺，对根据地经济之封锁亦必更强化与残酷，同时敌人必更加紧控制伪军伪政权，增强其特务活动与破坏工作。”

中央认为，应当说明太平洋战争后的有利形势，以克服右的悲观失望的情绪，坚定胜利信心；同时也要说明敌后抗战仍旧是长期的，艰难的，残酷的，以避免懈怠心理。“总的方针应当仍旧是长期坚持游击战争，准备将来的反攻。”①

战局发展印证了上述判断。日军偷袭珍珠港后维持了不到一年的战略优势和主动，相继攻占了马来、香港、荷印、英缅、美菲及一些太平洋岛国。1942年初，中国向缅甸派出远征军协防英军，战至5月完全失利，被迫全面撤退，缅甸落入日军之手。中国与盟国的陆上交通被彻底切断，只能靠驼峰航线空运获得援助物资。

在中国战场上，日军一面强化正面进攻，侵占国统区，扩大日占区。另一面向各敌后根据地反复发起拉网式“大扫荡”，使根据地面积缩小六分之一，人口减少三分之一。加上旱蝗两灾，外援断绝，抗日军民处在相持阶段的最困难时期。

为了克服经济困难，中共中央号召全党全军及根据地群众开展大生产运动，自己动手，丰衣足食。

在坚持自力更生为主方针的同时，中共中央也不放弃一切机会争取外援，努力密切与英美盟国的关系。周恩来领导的南方局位于陪都重庆，成为中共联络英美盟国的前沿阵地。

太平洋战争爆发后，周恩来即致函英国驻华大使卡尔、美国驻华大使高斯，表示中国共产党将与他们的国家并肩作战。同时还致电八路军驻香港办事处负责人廖承志，要求该办事处尽快建立对英军的合作谈判及对南洋各国华侨的宣传联络工作。②

1942年4月22日，周恩来在与美方观察员谈话中肯定了国民政府在抗战头两年中，花了大部分精力抗击日寇，主要的有上海、徐州、武汉战役；但在最近三年中，政府在抗敌上只花了一

① 中央档案馆编：《中共中央文件选集》第13册（1941—1942），第263页。

② 中共中央文献研究室编：《周恩来年谱（1898—1949）》（修订本），中央文献出版社1998年版，第534页。

半注意力，另一半用来对付国内事态。蒋介石目前正在等待日本进攻苏联，并企图利用苏日冲突所引起的新局势，把中央军调到黄河以北，以冀完全驱除中国共产党人的地区。中国共产党人的处境将更困难，但共产党人并不害怕。既然共产党人的部队在日本占领区都能继续存在下去，并从军事、经济、政治各个方面抵抗日本人，那么他们也就有能力反对中央军的进攻。只是共产党人没有重要武器，无法进行大规模的对敌作战，只能开展游击战争，为正规军的到达做好准备。

7月20日，罗斯福特使居里到渝调节蒋介石与史迪威的矛盾，在华逗留了半个多月。这是中共接触美国政府向美国总统表达意见的一次重要机会。周恩来提前两个月进行准备，与毛泽东商定了会谈内容，并通过美国驻华使馆二等秘书戴维斯向居里提出会见请求。为了不刺激蒋，影响调停使命，居里拒绝了会面。周恩来对此表示理解，以托人稍信的方式向总统特使转达了中共的意见。信是由随美国军事代表团到渝的埃德加·斯诺提交的。周恩来希望美国政府采取措施确保租借援助按美国提供援助的目的使用。他在信中指出，八路军、新四军在中国敌人的后方激烈作战，他们在数量上远逊于国民党军队的兵力，却牵制了日本在华兵力总数的48.4%。但是两年半来，国民政府停止给他们任何补充，军费也停止拨发，甚至国际友人捐赠的药品也被禁止输送给他们。呼吁同盟国，给他们以援助，以便有效地打击同盟国的共同敌人——日本法西斯。信中附上了八路军、新四军与日军作战的相关资料。周恩来还表示，中共方面欢迎美国政府派代表赴解放区访问。

同时，周恩来还向三次前来拜访的约翰·颠维斯表示中共抗日的决心。在戴维斯表示希望中共在侦察敌情方面给美国提供便利时，周恩来建议美国派一个军官小组在陕西、山西建立观察站。

到了1944年，这些努力终于取得成效。中外记者团和美军观察组先后访问了延安，美国政府与中共建立了军事合作关系。

第四节　延安整风与共产国际

延安整风作为马克思主义中国化的党内思想教育运动，对统一全党思想，确立中共七大方针起到了重要作用。这场运动是中共独立开展的，没有经过共产国际。它是中共中央为解决与共产国际、苏联在中共七大议程、方针等问题的分歧而做出的选择。共产国际坚持中共七大不讨论历史问题和理论问题，中共中央灵活变通，选择了先整风后开会的方式。

中共代表大会一至两年召开一次。1928年，中共在莫斯科召开六大，规定以后大会每隔三年开一次。这样，1931年应当召开中共七大，但因党中央在白区屡遭破坏，各苏区受“围剿”，关系被隔断，之后中央又随红军长征，中共七大一拖再拖。全民族抗战爆发后，中共中央再次决定召开七大。

1937年7月10日，王稼祥赴苏疗伤，代表中央向共产国际提出中共准备召开六届六中全会和第七次代表大会。王稼祥告诉共产国际执委会，中央政治局没有满额，人员一部分在莫斯科；一部分在其他地方，需要充实和加强。他还汇报了中共中央同张国焘路线的斗争，并表示中共中央认为，全会和中共七大的任务是“深入讨论当前的所有问题，增补中央委员会和总结过去的经验。”

7月11日，斯大林接见了中共代表团，当面听取了王稼祥的汇报。季米特洛夫现场记录了斯大林的指示。其中第11点谈到了中共七大。斯大林认为，中国的党代表大会不宜进行理论争论。理论问题可以往后放放，等到战争结束之后。又说，谈论中国发展的非资本主义道路，现在比起过去，机会更少了。理由是资本主义在中国正在发展。①

斯大林的指示归结起来，就是中共七大不要谈过去，也不要谈未来，只谈当前。显然这与中共中央期待七大“总结过去经验”的意见相左。

中共从联共继承下来的传统是把党代表大会作为最高决策机构。重大问题和分歧都要提交大会讨论，经过辩论表决形成决议。从中共一大到六大都是这么做的。1928 年“左”倾盲动主义失败后，中共六大被迫搬到莫斯科召开。事先没有准备，许多问题直接拿到大会上争论，时间根本不够，刚开十天就要接着开共产国际六大。代表们吵得不可开交。布哈林出面调解，说要提拔工人干部取代张国焘和瞿秋白等知识分子干部。米夫又要提拔理论强的王明等人取代他们。这还是在斯大林事先为大会定了调子的情况下发生的。斯大林对此记忆犹新。故他认为中国全民族抗战刚开始，大敌当前，中共七大不宜花那么多时间争论理论问题。同时，他对中共七大怎么开已形成了看法，认为国民党是抗战的主要力量，共产党的任务是帮助国民党抗战，担心中共提出非资本主义道路有碍国共合作。

王稼祥没有随中共代表团一起回国。1937 年 12 月，中央政治局扩大会议通过了近期召集中共七大的决议，仍然坚持“总结过去”的主张。决议说“在最近时期内召集党的第七次全国代表大会，对于全中国人民解放斗争和党的工作，均有最严重的意义……党的第七次全国代表大会的中心任务，在于讨论和规定如何在巩固和扩大以国共合作为基础的抗日民族统一战线总方针下，组织和保障全中国人民取得对日抗战的最后胜利；同时，党

① 中共中央党史研究室第一研究部编：《共产国际、联共（布）与中国革命文献资料选辑（1931—1937）》第 17 卷，中共党史出版社 2007 年版，第 536 页。

七次大会应当对于自党六次大会以来的革命斗争经验作一个基本的总结。”①

十二月会议为中共七大规定了五项议程，把“中心任务”列为第一项。它包括历史总结和确立当前方针两项内容。十二月会议没有讨论历史问题，但是此前毛泽东已经屡次提到这一问题。他在1936年9月15日—16日和1937年6月1日—4日两次政治局会议上谈到中央苏区在“罗明路线”和肖劲光问题上表现出来的宗派主义，以及15年来“党内存在着某种的错误传统”。当时，他把这些错误看作个别政策偏差，还没有概括为路线错误。②把历史问题列入中共七大议程，显然包含了毛泽东在这方面的考虑。至于当前方针，即抗战统一战线问题，在十二月会议上毛泽东和王明之间是有分歧的，但是没有文字性的正式结论。从这一点可以看出，十二月会议决定的中共七大议程仍然遵循旧例：把中央需要解决的历史问题提交代表大会讨论。

1938年，王稼祥返回延安后向中共六届六中会议汇报了共产国际的指示。关于中共七大，他指出：“国际认为，中共七次大会要着重实际问题，主要着重于抗战中许多实际问题，不应花很久时间去争论过去十年内战中的问题。关于总结十年经验，国际认为要特别慎重。七大决议要特别注意短期的、实际的东西。七大要吸引许多新的干部。”③

根据这一指示，六届六中全会修改了十二月会议为中共七大规定的“中心任务”。新决议删除了“历史总结”，指出中心任务只在于讨论“在坚持抗战，坚持持久战，坚持巩固和扩大以国共合作为基础的抗日民族统一战线的总方针下，动员全民族的一

① 中央档案馆编：《中共中央文件选集》第11册（1936—1938），第405页。

② 《毛泽东年谱（1893—1949）》上卷，中央文献出版社1993年版，第580、678页。

③ 《王稼祥选集》，人民出版社1989年版，第141页。

切生动力量，团结起来，克服当前的困难，进行伟大的抗日战争，争取和保证抗日战争最后的胜利。”①

全民族抗战以来，在统一战线及国共合作的“当前问题”上，中共中央与共产国际的看法并不完全一致。况且“当前问题”不会孤立存在。它与确立新民主主义方向的“未来问题”和消除“左”倾教条主义的“历史问题”密切相关。在这些问题上，中共党内意见不同，中央与国际的意见也不同。无论这些问题是否提交大会讨论，有一点可以肯定，即没有全党的思想统一，中共七大很难完成它的使命。

出于这种考虑，1939 年 12 月，周恩来赴苏代表中央向共产国际执委会主席团提交了中国问题报告，其中专门汇报了中共七大的准备工作。

周恩来试图使共产国际相信总结政治路线及历史经验是必要的。他说，需要总结的“只是几个主要问题，共产国际或中共中央已有决议给了估计的，这可作共产国际给中共指示时的参考。”一是六大以来党的政治路线是根据中共六大及国际六大和七大所规定的总的路线走的。二是六大以来，对于中共中央的领导，共产国际也常常给以估计和肯定。三是六大以来，中央全会和政治局扩大会议也曾给中央的政治路线、实际工作及领导的成绩或错误作出检讨和决议。

周恩来列举了四次重要会议。六届四中全会给中共的领导指出了新方向，实际地和彻底地解决了摆在党面前的那些刻不容缓的任务；遵义政治局扩大会议适当纠正了中央一部分领导在军事上的严重错误；瓦窑堡政治局扩大会议，更对国际七大所号召的反帝统一战线表示了诚意的接受，实行了政策的转变；六届六中全会更是对于共产国际七月指示及全党在抗战与统一战线的工作

① 中央档案馆编：《中共中央文件选集》第 11 册（1936—1938），第 774 页。

中有了更进一步的决议。

周恩来指出，这些材料还不是12年的全部总结，“但是最重要的政治路线及中央领导，都可以说从这些材料中得到了主要的线索和明确的概念来做总结的根据了。”

周恩来对四次会议相提并论反映了整风前中共中央多数人对历史问题的认识。它趋向于肯定六届四中全会以来党的路线都是正确的，错误是个别的局部的。这一点也体现在他所报告的七大人事安排上：毛泽东任准委主席，王明任准委书记。中央报告的分工：政治报告——毛泽东；组织报告——王明；军事报告——朱德；职工运动报告——刘少奇；修改党章报告——洛甫；审查委员会报告———陈潭秋；统一战线报告——周恩来等。[①]

中国问题报告显示，六届六中全会虽然明确了毛泽东在中央的核心地位，但是王明仍然是党内第二号人物。

1940年1月17日和19日，共产国际执委会主席团听取了周恩来的中国问题报告。此前毛泽民到苏就医，曾向共产国际提交关于博古、李德、罗迈等人在领导党和红军的工作中所犯错误的书面报告。季米特洛夫指示他也参加主席团会议，对周恩来的报告发表意见。

毛泽民会后以写信方式向季米特洛夫表达了对中共历史问题和中共七大的意见。他指出博古、罗迈在六届四中全会后走上中央领导岗位是违反组织原则的。当时他们既不是中央委员也不是政治局委员，罗迈还犯过机会主义错误。他们造成的革命损失，“对我们来说是血的教训”。他建议中共七大讨论组织原则，严格规定党的组织纪律，以使将来不再犯类似错误；无论如何不应选举博古、罗迈等进入中央领导机构；对犯有重大错误屡教不改者

① 《联共（布）、共产国际与抗日战争时期的中国共产党（1937—1943.5）》第18卷，第335—340页。

不应委以重任。他还提出王明没有从事过实际组织工作，爱说漂亮话，不适宜在七大上做组织问题的报告。这个报告应委托洛甫或周恩来来做。①

在听取各方意见的基础上，季米特洛夫指示执委会主席团、书记处及周恩来加入的中国委员会起草了关于中国问题的各项决议和指示。与中共七大相关的有：

1. 中共中央为即将举行的党的代表大会拟定的基本政治方针；

2. 主席团关于中共组织和干部工作的决议；

3. 执委会书记处关于成立中共中央直属的中央监察委员会的决定；

4. 主席团关于中共进行马列主义的报刊宣传和口头宣传的决议；

5. 主席团关于动员中国青年的决议。

“中共中央为即将举行的党的代表大会拟定的基本政治方针”没有经过中共中央的讨论。它是中国委员会起草的，反映了周恩来与共产国际执委会书记处讨论的结果。季米特洛夫特请斯大林对“中共中央的基本政治方针是否正确的问题”给予指示。②

这个文件的积极之处是明确提出了“国民党反动派”的概念，等于批准了中共的反顽斗争。但是整个说来，把中共七大方针局限在正确处理国共关系上的做法并不妥当。

文件开篇明义地要求大会“确定近期任务”，强调克服分裂危险和投降危险是当务之急，建议国共两党遵照抗日斗争的需要并以1937年的协议为出发点。而“共产党准备从自己方面作出

① 《联共（布）、共产国际与抗日战争时期的中国共产党（1937—1943.5）》第19卷，第8—10页。

② 《联共（布）、共产国际与抗日战争时期的中国共产党（1937—1943.5）》第19卷，第21页。

一切必要的努力来消除误解和冲突，但它认为，不能接受导致消灭或孤立边区，削弱八路军与新四军的战斗力。”

共产国际为七大规定了一个只谈当前问题特别是国共关系的方针，完全拒绝了中共中央要求总结历史经验的主张，也拒绝了确立面向新中国的发展方针。

此前毛泽东刚刚发表了《新民主主义论》。该文发展了中共要求彻底实现“中华民主共和国”的主张，强调无产阶级在整个新民主主义革命阶段，包括抗战时期，都应承担和掌握领导权。

共产国际反对这些提法，认为民主共和国也好，新民主主义也好，统统都是抗战胜利后的任务。它在决议中提出批评：“在一些共产党员的发言中有时遇到明显冒进的观点和提出中国人民只有在战胜日本帝国主义后才能着手实现的要求。因此共产党建议共产党员避免发表任何可能妨碍团结和妨碍动员中国人民的一切力量去反对日本侵略者并会被民族阵线的敌人用于其反人民的投降主义目的的言论和建议。”

文件还表示，中共需要“全面加强自己，变成全中国的党，争取在工人阶级队伍中有最深入的影响。”必须“消除共产党脱离中国工人阶级广大群众，特别是脱离日占工业区工人阶级广大群众的现象”。[①] 这显然反映了共产国际强调大城市中心作用的一贯立场，有别于中共中央后来提出的“荫蔽精干、长期埋伏、积蓄力量、以待时机”的白区工作方针。

在组织和干部工作的决议中，共产国际批评中共没有始终一贯地执行民主集中制和党内民主原则（虽然这在很大程度上可以用条件极端困难来解释）。11 年没有召开代表大会，也没有开过全党代表会议。80%的中央委员是增补的，没经过选举。没有执

① 《联共（布）、共产国际与抗日战争时期的中国共产党（1937—1943.5）》第19卷，第42—48页。

行六大关于吸收无产阶级分子进入领导机构的决定，工人在中央委员会中只占11%。中央对考察、提拔、教育干部的工作重视不够。进入领导机构的人员中有大量的变节分子和叛徒。

决议提出了关于组织和干部工作的五点要求：1. 提拔新干部，工人干部；2. 加强反奸审干工作；3. 成立干部部，由一名中央书记负责；4. 七大选举时注意挑选经过考验的人进入领导机构；5. 政治局应成立一个小范围的审干委员会。

3月17日，季米特洛夫通知中共中央，周恩来回延后将亲自通报共产国际的所有决议和指示，请中央认真研究并完全独立地作出最后决定。如有不同意见，请速告并说明理由。

5月10日，中共中央回电表示，原则同意所有指示，将根据指示采取相应措施。并告之，中共七大将在9月举行，党员代表已在路上。

当代表们陆续抵达延安时，中共七大已不是何时召开的问题了，而是如何召开。

王明在延安再版了十年前《为中共布尔塞维克化而斗争》的小册子，试图唤起六届四中全会的战友们对“国际路线”辉煌时代的回忆。他声称：“本书所记载着的事实，是中国共产党发展史中的一个相当重要的阶段，因此，许多人要求了解这些历史事实，尤其在延安各学校学习党的建设和中共历史时需要这种材料的帮助。”①

毛泽东从1940年下半年起开始搜集党史文献，研究六大至遵义会议的路线问题。他在12月4日的政治局会议上提醒大家吸取历史教训，坚持当前又联合又斗争的统一战线政策。在谈到土地革命末期的错误时，他说：“这种‘左’的政策使军队损失十分之九，苏区损失不止十分之九，所剩的只有陕北苏区，实际

① 《王明言论选辑》，第114—115页。

上比立三路线时的损失还大。遵义会议决议只说是军事上的错误，没有说是路线上的错误，实际上是路线上的错误，所以遵义会议决议须有些修改。”①

中共党内动向说明，总结历史是绕不过去的问题。但是共产国际绝不允许大会争论这些问题。以大会辩论和表决的方式来消除党内分歧，这条路子根本走不通。在这种情况下，毛泽东只能变通地把贯彻国际指示与解决党内分歧结合起来，选择在大会召开前解决问题。这便是延安整风的由来。

整风运动是从 1941 年 9 月政治局召开扩大会议毛泽东提出整顿三风开始的。中共七大再次推迟，被安排在整风结束后召开。整风领导机构取代准备委员会承担了中共七大的准备工作。等待开会的各地代表，除负责人因需返回原地外，一般都留延参加学习。

这一选择深刻地改变了中共一大以来以辩论—表决模式解决党内分歧的开会传统。中共七大开创了思想统一在前开会在后的会议模式。作为整风结果，中共七大的任务是批准在整风中达成的共识，如历史问题决议、政治方针等。中共七大能够开成一个团结的大会，胜利的大会，顺利通过新民主主义的政治方针，与延安整风的成功是分不开的。

中共中央虽然独自发起领导了整风运动，但也尽量根据国际指示成立了一些相关机构，用于承担整风中的各项任务。如 1940 年 8 月起各级组织部政治部设立干部科和 1941 年 10 月中央成立党与非党干部审查委员会，都出自 1940 年 3 月共产国际关于中共组织和干部工作的决议。延安审干工作先由陈云领导的中组部负责。后移交给中央社会部长康生以中央审委名义实施，造成大批冤假错案。

---

① 《毛泽东年谱（1893—1949）》中卷，第 235 页。

此外，共产国际关于中共马列主义报刊宣传和口头宣传的决议，为整风运动提供了《联共（布）党史简明教程》和马列书籍。

整风运动是中共内部政治生活，没有报告共产国际。1942 年 5 月，共产国际指派彼得・弗拉基米洛夫以塔斯社记者名义随苏军情报小组进驻延安，任务是为塔斯社搜集各类情报，包括中国发生的事情、各条战线的形势、与国民党的关系、特区的大事以及满洲形势，等等。弗拉基米洛夫在延安化名孙平，与毛泽东及在延安的其他中共领导人和高级干部接触较多，经常把他所了解的整风情况报告共产国际。孙平作为一位新闻情报官员，很难理解复杂的政治问题。他刚到延安便把反对教条主义的整风运动肤浅地理解为打击亲苏派即所谓国际主义者的运动，根本不考虑也不愿去了解“左”倾教条主义给中国革命带来的损害。

孙平等提供的整风情报起初在共产国际影响不大。后来共产国际过问延安整风，是因为王明药物中毒事件。

1943 年 1 月，季米特洛夫收到苏军总参侦查局博尔沙科夫的报告，说王明在延安受迫害，病重，想到成都或苏联治病，但是毛泽东、康生不放他走。季米特洛夫指示博尔沙科夫不要干预中共的内部事务，同时致电毛泽东了解具体情况。

毛泽东回电详细汇报了王明的问题，指出王明回国后立即在政治和组织方面采取了与中央对抗的立场。包括他不想在中央，坚持去汉口，以中央名义发表党内文件等。六届六中全会后，他表面服从中央并同意在延安工作，但继续派别活动。1941 年秋天，他断言中央路线不符合国际指示，导致了国共军事磨擦和关系恶化。毛泽东还谈到中央对王明进行了耐心的帮助，但没有奏效。又说中央不同意王明离延就医是出于安全考虑。

季米特洛夫也接到了王明给斯大林和他的电报。王明认为毛泽东执行的政策不符合共产国际关于巩固抗日民族统一战线的路线，请共产国际出面干预，以避免党的分裂。[①]

两份电报涉及的中共与共产国际的策略分歧以及毛、王之间的矛盾，总的来看没有超出季米特洛夫已经掌握的情况。

季米特洛夫没有直接回复这些问题，而是要求中共提供党的组织材料，包括：1. 与1941年相比各省党组织的组成成分。2. 审干总结和对中央和地方主要干部的评价。3. 关于培养和提拔领导干部的材料。4. 关于中央委员会、政治局和书记处的组成和中央领导成员之间职责分工的材料。5. 关于党组织在国统区的暴露及其原因和消除其后果的措施的材料。6. 国内所有群众组织的组成成分和党对它们的影响。7. 中央和政治局关于组织问题的最新决定。[②]

王明服用过期药品，不幸发生了汞中毒。这本是一件医疗事故，但在延安当时严峻的政治气氛下，被孙平等苏方情报人员及王明本人怀疑为一起政治谋杀。共产国际没有接受这一指控，而是同中共中央磋商，安排王明离延就医。王明赴苏终因盛世才反水、新疆通道中断、蒋苏关系疏远等原因没有成行。他的病情后在中医李鼎铭的调理下逐渐转好。

季米特洛夫过问延安整风这段时间正是审干开始出现偏差的时期。1943年3月20日，康生在政治局会议上汇报反奸工作，大肆渲染敌特渗入，形势严峻，声称抗战以来，国民党普遍实行奸细政策，最近从审查干部中才发现这一政策的阴谋。他要求把审干当作1943年工作的重要一项，同反奸结合起来。这次会议采信了他关于“各地党政军民学机关中已被打入了大批的内奸分子”的说法，不再认为陈云负责实施的审干制度和工作是有效

① 《共产国际、联共（布）与中国革命文献资料（1938—1943）》第21卷，中共党史出版社2012年版，第663—662页。

② 《联共（布）、共产国际与抗日战争时期的中国共产党（1937—1943. 5）》第19卷，第348页。

的。会后中共中央决定康生接手陈云负责审干，接着又出台了第二个“四三决定”，把“审查干部与肃清内奸”作为纠正错误思想阶段之后的主要任务。康生迫不及待在“四三决定”出台之前开始抓人，当月就抓了400多人。[①]

延安的政治气氛一时紧张严峻起来，弄得人人自危，波及上层。苏方人员向共产国际反映了“近来在特区共产党领导成员的部分关系出现的十分紧张的状况”。

毛泽东试图向季米特洛夫作出解释。他肯定了整风成绩，然后指出：“从这一年起我们重新实行了审干工作；过去实行的很不认真。在这种情况下，在延安和边区发现了许多隐藏在党的队伍里的特务机关的间谍。在本年内，培养和审查干部方面的工作将继续进行。这是极其艰巨的工作。”[②]

5月，毛泽东再次向季米特洛夫通报了王明两次机会主义错误，指责他先“左”后右，“致使一些地区的工作损失了100%，在苏区和军队中损失了90%”。[③]

6月，毛泽东第三次通报了王明等人的错误政治路线和克服这条路线的过程。这就等于向季米特洛夫预告后来历史决议的主要内容。他表示，将来七大，我们考虑不选举王明为中央委员。博古和洛甫可选为中央委员，但不进入政治局。[④]

半年来，季米特洛夫收到不少驻延苏方人员传来的负面消息。他始终不相信有关延安反苏的指控，但对整风中出现的问题

① 罗燕明：《再谈陈云与延安时期的干部审查制度》，《中国延安干部学院学报》2011年第1期。

② 《联共（布）、共产国际与抗日战争时期的中国共产党（1937—1943.5）》第19卷，第358页。

③ 《联共（布）、共产国际与抗日战争时期的中国共产党（1937—1943.5）》第19卷，第374—376页。

④ 《联共（布）、共产国际与抗日战争时期的中国共产党（1937—1943.5）》第19卷，第387—389页。

还是有自己的看法。此时共产国际正在酝酿解散。在履行最后职责时，季米特洛夫依然采取审慎态度，坚持不干涉中共内部事务，只听取毛泽东的正面解释，对整风未置一词。

共产国际解散后，康生在延安发起抢救失足者运动，大搞逼供信，人咬人，制造冤假错案。

季米特洛夫已经卸职，转向了保共事务。王明一再要求他出面说话。他仍坚持不干预立场，告诉王明："你们的党内事情，请你们设法自己解决。由我们从这里干预，现在来说是不恰当的。"①

实际上，季米特洛夫对延安状况深感忧虑，后来还是觉得说出心里话是一种责任，这对中共只有好处。12 月 22 日，他向毛泽东发出一封私信，说道："不言而喻，共产国际解散之后，它原来的领导人当中谁也不能干预各国共产党的内部事务。但是从私人友好的角度我不能不向您谈谈中共党内状况在我这里所引起的不安。"

他仍然坚持共产国际原有的策略立场，认为"减少同中国外来占领者斗争的方针以及摆脱民族统一战线政策的方针，在政治上都是错误的……可能使党处于脱离人民群众的孤立境地。并可能导致内战的危险加剧，对此只有占领者及其在国民党中的走狗可能感兴趣。"

他接着指出：指控周恩来和王明实行了由共产国际建议实行的民族战争政策，似乎因此他们将党引向了分裂，这在政治上是错误的。像周恩来、王明这样的人，最好不要使他们离开党，而要保留他们并尽量为党的事业利用他们。

这封信最有价值的部分，是季米特洛夫提出了对康生的怀疑。他表示："我对康生的作用也有怀疑，因为像清除党内敌对分子和加强党的团结这样一些党的正确措施，是由康生及其机关

① 马细谱等译：《冷战年代的中国与世界：季米特洛夫日记选编》，第 266 页。

以很成问题的方式实施的。这些方式只能造成互相猜疑，只能引起普通党员群众强烈不满和帮助敌人瓦解党。早在今年8月，我们就从重庆得到一份十分可靠的情报，说国民党分子决定向延安派遣一些奸细，其目的是要离间您同王明和党的其他活动家之间的关系，而且还要制造对所有在莫斯科住过和学习过的人的敌对情绪。关于国民党分子的这种阴谋企图，我曾及时提醒过您。国民党分子的如意算盘是从内部瓦解共产党，进而轻而易举地消灭共产党。我确信，康生是以自己的行动在为这些奸细效劳。”

季米特洛夫最后深情地说：“请原谅我这种同志式的坦率。但仅是我对您的深深敬意和我的这样一种坚定的信念，即相信您作为党的公认领袖是愿意看到事情的真相的，才使我如此坦率地谈了自己的看法。”①

毛泽东接到信后起初并不以为然，认为中共中央没错。他回信强调：我们没有停止抗日斗争，没有改变同国民党合作的方针，我们同周恩来的关系很好，根本不打算把他开除出党，王明进行了各种反党活动，但是我们不想把此事向全党和党外公开，在高级干部中批评王明使这些干部更加团结一致。斯大林同志和苏联在中共党内受到爱戴和高度尊敬。王明是个不可靠的人，康生是个可靠的人。审干不是由他的机构进行的，他们只揭露了部分间谍。我们全面深入地审查了干部。②

信发出后，毛泽东马上意识到措辞不妥。他又仔细看了季米特洛夫的来信，被季米特洛夫的诚恳所打动。他起草了第二封回信，托孙平发了出去。

信中说：“我真诚地非常感谢您给我作出的指示。”“我要深

---

① 《联共（布）、共产国际与抗日战争时期的中国共产党（1937—1943.5）》第19卷，第392—393页。

② 《联共（布）、共产国际与抗日战争时期的中国共产党（1937—1943.5）》第19卷，第394—395页。

入地研究这些指示，考虑这些指示并根据这些指示采取措施。”

毛泽东强调，在同国民党关系方面，我们实行合作政策，1944 年的情况会更好。在党内方面，我们实行团结一致的政策。对王明也将实行这种政策。由于 1943 年下半年做的工作，党内状况、党的团结大大改善了。

最后，他说：“请您放心吧。您的所有想法、您心中的所有感受与我相类似，因为我的想法和我的感受基本上也是这样的。”①

毛泽东的第二封回信使季米特洛夫感到欣慰。

从这时起，毛泽东和中共中央开始为康生推行的“抢救运动”纠偏，平反冤假错案，重申“一个不杀大部不抓”的方针，把王明、博古定性为党内问题等。

1945 年 4 月在整风的思想基础上，中共六届七中全会顺利通过了《关于若干历史问题的决议》，指出：“二十四年来中国革命的实践证明了……毛泽东同志所代表的我们党和全国广大人民的奋斗方向是完全正确的……有了北伐战争、土地革命战争和抗日战争这样三次革命斗争的丰富经验的中国共产党在以毛泽东同志为首的中央的正确领导之下，必将使中国革命达到彻底的胜利。”

第五节　共产国际解散的影响及应对方针

1943 年 5 月，共产国际宣布解散。

解散共产国际在莫斯科已酝酿了两年，提议者是斯大林。1942 年 4 月 20 日，斯大林召见苏联领导人和季米特洛夫，提出“一些党（暗指美国共产党）从共产国际季米特洛夫那里出来了。

① 《联共（布）、共产国际与抗日战争时期的中国共产党（1937—1943. 5）》第 19 卷，第 397 页。

这并不是坏事。正相反，各国共产党应成为完全独立的党，而不是共产国际下面的支部……它们应有共产主义纲领，应依靠马克思主义的分析，而不是时不时地看一眼莫斯科，它们应独立地解决它们在各自的国家面临的具体任务。不同国家中的情况和任务完全不同……当各国共产党按此方式得到巩固时，再重新恢复它们的国际组织。”

他解释说，马克思成立国际是为了搞世界革命。列宁时期成立共产国际也是为了世界革命。当前各个国家的任务突出，各国党作为共产国际执委会的支部这种状况已成为障碍，使资产阶级更易于迫害它，更易于把它与本国群众隔绝起来，也会妨碍各国党的独立发展。①

斯大林提议解散共产国际的背景是，德国在西线取得对英法联军的胜利后，苏联感到了法西斯主义的威胁。为避免德日夹击，1941 年 4 月 13 日，苏联与日本签订了《苏日中立条约》。这时斯大林认为，要求两个战争集团参战国的共产党一律采取失败主义策略，反对本国政府战争政策的战略不再适宜。在这种情况下，各国党面临的任务不同，应有适合本国国情的独立发展，共产国际不再具有中心作用。

正当共产国际执委会酝酿解散和起草决议时，希特勒向苏联发动了进攻。斯大林投入了所有力量进行卫国战争，解散共产国际的工作暂时搁置起来。

1943 年春天，苏联取得了斯大林格勒战役的彻底胜利。接着，英美开辟了第二战场，德国战败已成定局。随着德国的失败，日本军国主义的崩溃也将指日可待。如何安排战后国际秩序已摆在斯大林、罗斯福、丘吉尔的面前。

---

① 中共中央党史研究室第一研究部编：《共产国际、联共（布）与中国革命文献资料（1938—1943）》第 20 卷，第 727—728 页。

为了适应这一形势，斯大林重新提出了解散共产国际的问题。5 月 8 日，季米特洛夫和曼努伊尔斯基被召进克里姆林宫。莫洛托夫向他们通报了斯大林关于解散共产国际的意见，要求立即制定解散共产国际的相关文件。据此，季米特洛夫和曼努伊尔斯基很快起草了一个决议草案，并于 5 月 11 日晚得到了斯大林和莫洛托夫的认可。

事后，季米特洛夫将决议草案向共产国际执委会主席团成员和各书记作了传达，并电告各国党领导人，请他们迅速研究决议草案，将讨论结果上报。

5 月 21 日，斯大林召开联共（布）中央政治局会议讨论决议。他指出："经验表明，无论是在马克思、列宁时代，还是在现在，由一个国际中心来领导世界上所有国家的工人运动都是不可能的，特别是在现在，在战争条件下，当德国、意大利和其他一些国家的共产党的任务是打倒本国的政府和执行使他们失败的策略的时候，而在苏联、英国、美国和其他国家的共产党则相反，他们的任务是完全支持本国的政府，争取最迅速地消灭敌人。当我们建立共产国际的时候，我们过高地估计了自己的力量，认为我们可以领导所有国家中的工人运动。这是我们的一个过错。共产国际的继续存在，会败坏国际主义的思想名声。""解散共产国际还有另外一个原因，这在决议中没有提到。敌人诬蔑各国共产党，说什么他们是外国的间谍，这也有碍他们在广大群众中进行工作。随着共产国际的解散，敌人手中的这张王牌就被打掉了。所采取的这个步骤无疑将巩固作为全国性工人阶级政党的各国共产党，同时，也将加强以苏联为基地的人民群众的国际主义。"①

解散共产国际反映了斯大林打算战后放弃世界革命战略，采

① 马细谱等译：《冷战年代的中国与世界：季米特洛夫日记选编》，第 247—248 页。

取与盟国保持与发展关系、划分相互责任、共同支配世界的大国外交。这个方针有利于维持各国人民盼望已久的世界和平，总体上也是有利于国际共运的。

共产国际成立以来最大的贡献培养了各国共产党。但是直到二战结束前，没有一家党取得政权。斯大林解散共产国际，选择与西方国家划分势力范围的战略，有利于按照大国相互承认的地缘政治原则建立社会主义阵营，把一国胜利变成多国胜利。

对中共来说，斯大林这一选择有利有弊。从中共的独立自主和成长角度而言，共产国际的解散不仅有利，而且恰逢其时。中共正在通过延安整风从思想、理论、政治上巩固起来。中共召开代表大会也不再需要报批，可以制定自己的新民主主义纲领和政治方针。

5 月 20 日，中共中央收到共产国际的解散提议，要求马上答复，22 日就要公布决定。中共中央立即召开政治局会议，决定先由毛泽东复电表示赞成提议，待共产国际宣布解散提议后中央再作决定。5 月 26 日，毛泽东主持政治局会议，一致通过《中国共产党中央委员会关于共产国际执委会主席团提议解散共产国际的决定》，指出：（一）中共中央完全同意共产国际解散共产国际的提议，即日起解除中共对于共产国际的章程和历次大会决议所规定的各种义务。（二）共产国际完成了自己的历史使命，包括对灾难深重的中国人民尽一切可能给予援助。但在现在的各种条件下，各国共产党更加需要根据自己民族的特殊情况和历史条件，独立地解决一切问题，因此，“共产国际之解散，是比较其继续存在，更加有利的”。（三）“中国共产党的创立，是 1919 年五四运动以后中国工人运动发展的结果，是近代中国历史发展的结果。”“中国共产党在革命斗争中曾经获得共产国际许多帮助；但是，很久以来，中国共产党人即已能够完全独立地根据自己民族的具体情况和特殊条件，决定自己的政治方针、政策。”“共产国际的解散，将使中国共产党人的自信心与创造性更加加强，将使党与中国人民的联系更加巩固，将使党的战斗力量更加提高。”（四）“中国共产党人是马克思列宁主义者。因为马克思列宁主义是科学，而科学是没有国界的。中国共产党人必将继续根据自己的国情，灵活地运用和发挥马克思列宁主义，以服务于我民族的抗战建国事业。”①

当日晚，毛泽东在延安千人干部大会作了关于共产国际解散的报告。他指出，共产国际的解散是一件大事。共产国际在其存在的整个历史时期中，在帮助各国组成真正革命的工人政党上，在组织反法西斯战争的伟大事业上，特别是在帮助中国革命事业上，有巨大功劳。但是现在这个革命的组织形式，已经不适合斗争的需要了，如果还继续保存这个组织形式，反而会妨碍各国革命的发展。现在需要的是加强各国民族共产党，而无须这个国际的领导中心的必要了。共产国际的解散，不是为了减弱各国共产党，而是为了加强各国共产党，使各国共产党更加民族化。这就增加了我们的责任心，每个同志都要懂得自己负担了极大的责任，从而发挥高度的创造力。他强调指出，有两种团结是绝对必要的，一种是党内的团结，一种是党和人民的团结，这些就是战胜艰难环境的无价之宝。全党同志必须团结在中央的周围，只要共产党人团结一致，同心同德，任何强大的敌人，任何困难的环境，都会向我们投降的。党的干部应当和广大群众打成一片，克服一切脱离群众的官僚主义。②

共产国际的解散受到了国民党的欢呼。蒋介石认为这是他发动新的反共高潮的有利时机。于是命令军统特务头子戴笠拟定了《解决中共问题之方案》，企图利用国际解散之机，在军事上施加

① 《毛泽东年谱（1893—1949）》中卷，第440—441页。
② 《毛泽东年谱（1893—1949）》中卷，第441—442页。

极大压力，迫使中共将军权、政权交还国民党中央，进而达到正式解散中国共产党的目的。同时，密令第八战区副司令长官胡宗南调动兵力，准备闪击延安，夺取陕甘宁边区。7 月 7 日，胡宗南部炮击陕甘宁边区关中军分区，掀起了第三次反共高潮。

由于有了处理皖南事变的经验，特别是已经认识到，正在变化的国际环境对中国的国共问题形成了新的制约，并且美苏均不赞成在反法西斯战争如此紧张之际，在中国发生国共内战，中共中央在此次国共危机中，特别重视有意识地利用国际力量，制止国民党的反共行动。中共中央一方面紧急动员全党全军，准备反击国民党军队的进攻，同时也加紧了外交活动，争取国际舆论和国际社会的关注与帮助。

7 月 9 日，毛泽东同苏联塔斯社驻延安的记者会谈，要求他将目前国共之间的紧张局势迅速报告苏联和前共产国际领导人，争取他们出面制止国民党的反共行为。与此同时，中共中央指示中共重庆办事处，立即向国际社会传播国民党军队准备进攻延安的消息，特别是要通知英美方面。此后不久，中共中央再次通知重庆办事处，为了防止国民党政府突然实行新闻封锁，重庆办事处应将有关国共关系恶化的资料立即通报英美使馆。中共重庆办事处根据中共中央的指示，全力以赴地展开了国际宣传和联络工作，特别是针对美英等国家的驻华使馆，大造舆论。这一时期，美英驻华使馆和驻华美军司令部几乎从中共方面了解到有关此次国共危机的全部情况，以及中共中央的立场和政策。他们将这些情况转告了本国政府。

国共关系出现危机的情况迅速在国际上引起强烈的反响。7 月 20 日，美国著名评论家汉森在《纽约时报》发表中国问题专论，批评国民党政府对日消极作战，认为国民党政府发表的战报不可信，只是为了骗取美英更多的军事援助。汉森的文章在国民党政府中引起极大的骚动，以致国民党军事发言人在一次记者招待会上专门公开予以指责。①

8 月 11 日，塔斯社驻重庆分社社长及著名记者罗果夫在苏联《战争与工人阶级》杂志上发表《对于中国政府的批评》。该文严厉谴责国民党中的顽固派。文章特别指出，中国抗战能否取得最后的胜利，取决于国民党领导人对民族团结这个基本条件的重要性的认识。罗果夫的文章因其内容深刻和用词尖锐，又是来自苏联，立刻引起各方面的重视，美国《纽约时报》、《先驱论坛报》很快予以转载。②

不仅各国舆论界对国民党的反共行动表示不满，美苏等国政府亦通过不同的方式，对国共危机表示密切的关注，其中苏联的态度最为引人注目。7 月 14 日，就国民党发动对共产党军事进攻，苏联使馆武官对美国驻华使馆代办艾其森公开表示不满。苏联方面的关切引起一阵连锁反应，它表明国民党如果采取反共军事行动，有可能直接影响美苏之间的关系。尽管苏联方面透露出有意与美国协调行动，但其协调行动的基调也是明确的，即不赞成中国发生反共内战。

正当美国大使馆为苏联的态度感到紧张时，美国军方也从对日作战的角度，推测蒋介石国民党挑起国共危机的动机。他们担心蒋介石会以国共关系紧张为借口，阻挠实施在缅甸进攻日军的计划。美国驻中印缅战区司令史迪威将军认为，蒋介石很有可能借口国共关系紧张，不肯让国民党军队参加缅甸战役。他曾电令美国第十四航空队参谋长格伦，如果国民党方面要求攻击西北的中共军队，美方不得采取任何行动，美国的政策是不介入中国的内战。在给时任美军参谋长马歇尔的电报中，史迪威直截了当地说，蒋介石正准备以武力消灭西北的中共军队，这一动向表明，

① 《解放日报》1943 年 8 月 16 日。
② 《解放日报》1943 年 9 月 14 日。

他对缅甸战役缺乏诚意。

在此形势下，美国政府决心阻止蒋介石恶化国共关系的企图。马歇尔接到史迪威的电报后，即向正在美国访问的宋子文表示，如果中国内部爆发一场武装冲突，将给盟国的地位与努力带来不良的后果。美国务院远东司司长霍恩贝克也向宋子文公开表示，美国一直主张中国避免内部冲突。一直在为争取得到更多的美援奔波的宋子文，直接和立即地感受到来自美国政府的压力，他立即致电蒋介石，清楚地表达了美国政府的意见。史迪威这时又一次向蒋介石提出强烈要求，将包围陕甘宁边区的国民党军队调往山西。美国驻华使馆官员在与国民党方面接触时，也一再清楚地表示，中国爆发任何内战性质的冲突，都将是重大的不幸。英国方面也对国民党可能发动对中共的军事进攻表示忧虑。

面对主要盟国的强烈反对，特别是美国方面的直接干预，蒋介石被迫放弃利用政治和军事双重压力迫使中共妥协的计划，一方面向中共中央表示，无意对边区发动军事进攻；另一方面指示国民党各党部，各种反共行动暂时不以国民党名义出面。

第六节　帮助撤离敌占区同盟国人员

太平洋战争爆发，英美与日本进入战时敌对状态，客观上也把大批居留香港的英、美等国人士推到反抗日本法西斯斗争的战线中。但是，战争爆发的初期，由于绥靖政策的不良影响，英美两国军队处于被动之中，这使处在香港的英国人和北平的美国人的生命安全受到严重威胁，英美两国政府对此鞭长莫及，而远在重庆的中国国民党政府却又无计可施。为了帮助沦陷区的同盟国人员安全撤离，中国共产党人在华南和华北秘密地、有条不紊地展开了一场与日本法西斯的国际斗争。

香港是战时中国国际交通的主要通道，更是中国共产党人走向世界、接受海外援助、争取国际反法西斯人士和海外华侨支援或投身于中国抗战的桥梁。全民族抗战初期，中共在这里秘密地建立了中共南方工作委员会、中共香港市委及其基层组织；中共争得港英当局许可，公开设立了八路军驻香港办事处；这里还集中着一批曾与中国共产党、八路军、新四军发生过密切交往的国际友人。

1941 年 12 月 8 日晨，在海空军的配合下，集结在九龙北的日本陆军第三十八师团越过新界，分路向九龙和香港推进。25 日 15 时 15 分，驻港英军司令查里斯托弗·马尔比少将下达投降令，拥有 160 万居民的香港陷落了。

日军在侵占香港后，与中国人肤色不同的英国人不能化装，不会说中国话，躲不进下层社会，逃也逃不了，日军一举俘获 11200 余名“抗日分子”。英军被囚禁于七姐妹、深水埗和亚皆老街三个集中营，港英政府的文职人员囚禁于赤柱集中营，印度兵则囚禁于马头围集中营。英俘们受尽了日军虐待，处境悲惨，但香港居民对之并不很同情，很少接济和帮助他们。

中共中央密切关注着港九战事。早在 1941 年 11 月底，中共领导人毛泽东、周恩来就已经预见到太平洋战争不可避免，因而指示粤港的中共组织抓紧时机，开展对英国人士的反法西斯统一战线工作。[①] 八路军驻香港办事处随即主动与港英当局就保卫香港进行军事合作的谈判，但港英当局对双方合作缺乏诚意，因而谈判毫无进展。战争爆发后，根据中共中央东南分局的指示，在国际友人、新西兰著名新闻记者贝特兰的周旋下，东江游击队政治委员林平再次与港英当局磋商。双方达成协议：东江游击队成

① 中共中央文献研究室编：《周恩来年谱（1898—1949）》（修订本），第 533 页。

立一个团，港英当局供应二三千人的武器装备，每连配轻重机枪各九挺，另加一批枪支弹药。但这一协议被香港总督杨慕琦一直拖延不肯签字，致使谈判未果。[①] 中共方面深知，英国人有他们的既定方针：港九这块弹丸之地终究是保不住的，让日本人占去，英美联军打败日本之后，日本还得将港九交还给英国；而一旦中共部队进入香港，那么战争结束后，问题就复杂了。[②] 因而，港英当局宁愿向日本举手投降、将武器交给日军，也不愿与中共的游击队合作，造成中共军队在香港"合法"的事实。

尽管如此，1941 年 12 月间，中共中央南方局仍一次次地向香港的中共负责人廖承志、张文彬等发去中共中央、南方局的急电：想尽一切办法，不怕困难，不怕牺牲，在抢救在香港的民主人士及文化界人士的同时，争取抢救一些国际友人！[③]

在中共南方工作委员会的领导下，广东人民抗日游击队忠实地执行了上级指示。他们组织一支支武装工作队，潜入港九。1942 年初又组建了广东人民抗日游击队港九大队，广泛发动港九地区敌后游击战。游击队在港九地区的中共地下组织和市民、渔民群众的密切配合下，秘密调查国际盟友人员情况、侦察日军动态；建立秘密联络点和交通线，伺机帮助和引导国际盟友逃离集中营，保护其向中国内地转移。

中国抗日军民对国际盟友的冒死搭救及热情接待，深深感动了脱险者。他们在不同场合以种种方式表达了对中国人民的无比感激之情。

1942 年初，英军士兵霍支斯和格尔拉夏被游击队救出后，参

① 雷铎、曹柯、谢岳雄：《粤、海军民征战纪实》，解放军文艺出版社 1995 年版，第 185 页。

② 黄秋耘、夏衍、廖沫沙等编：《秘密大营救》，解放军出版社 1986 年版，第 26 页。

③ 王作尧：《东纵一叶》，广东人民出版社 1983 年版，第 163—164 页。

加了根据地的抗日工作。3 月 4 日，霍支斯委托游击队送一封信给仍囚禁在集中营中的上司怀特中校。在信中，他高度赞扬了根据地军民对他们二人及斯克利恩上尉等另一批被救出的英国人的国际友爱精神，热烈期望怀特中校和集中营里的人们逃到根据地来。他这样写道：

“我们享受着和我们一起工作的人的和善的款待。我们到了这个地区，只剩下身上的衣服，而他们供给我们吃、穿、住，一点不要酬报。这些人民对斯克利恩上尉和他的一组人亦是同样的款待。”“我们和这里的人民希望很多正义的人来这里，帮助这里工作。”①

3 月 24 日，被游击队从赤柱集中营营救出的波利斯特奥德夫人和香港警察司的汤姆生给港九游击队留言道：“只能赞扬我们从游击队所得到的高度和善意的帮助，同时希望有一天能给他们以同样的帮助……我们不可能得到比这更可贵的衷心的援助。”②

4 月 14 日，英国军官比尔斯中尉、怀特中尉、祁德尊中尉及渣甸公司的波生吉特被救出护送到港九大队部。港九大队举行了欢迎大会。比尔斯为港九大队留言道：“他们从上至下的普遍热情，他们极大愿意帮助我们……使我们坚信中美英荷阵线过去是，现在是，将来也是敌人一块严重的绊脚石。”祁德尊留言道：“给我印象很深的是队员们的纪律，和他们全体共有的思想上的完全一致。”③

10 月 30 日，港九大队救出孟雅星等五名印度籍士兵。孟雅星等后来给港九大队写来感谢信说：我们“得到九龙游击队很好的招待，他们供给我们各种便利和舒适，我们很感谢”。在另一次营救活动中，港九大队救出一个班的印度士兵，当护送他们前

① 《华商报》（香港版）1946 年 2 月 19 日。
② 《华商报》（香港版）1946 年 2 月 19 日。
③ 《华商报》（香港版）1946 年 2 月 19 日。

往大后方时，他们反复恳求游击队，要求留在东江和游击队共同杀敌，以报答中国人民的搭救之恩。为了处理好国际关系，东江纵队只好反复耐心地说服了他们离开。临走时，他们把所有的枪支弹药统统送给东江纵队，才依依惜别。

经过这种营救工作，东江游击队的地位和作用受到英国的重视。1942 年 7 月，英国在广西桂林组建英军服务团，赖特上校任团长，并在广东惠州成立了前方办事处。该处主任祁德尊少校致函东江纵队，要求派出代表讨论合作问题，并派出柯礼上尉找到港九游击区来，要求东江纵队调查集中营的情况和位置，并协助营救。

在日军占领区的天罗地网之中，东江纵队的战士在极困难极危险的情况下，供给英军服务团情报，布置秘密交通线，付出了很大的代价。但是英军还不满足，要求派人来与东江纵队的港九大队一起工作，东江纵队不得不拒绝了，因为他们在后方和国民党顽固派军队搞在一起，他们之中就难免漏有国民党特务。果然，东江纵队不久就发现他们与九龙一带的土匪、特务都有联系，还瞒着东江纵队在大鹏半岛的山上偷偷地设了一部秘密电台。在这种情况下，东江纵队就不得不把他们连同那部电台一起“请”了出去，不准他们在东江纵队的地区活动。

英国俘虏的接连失踪，引起了侵港日军的注意，他们加强了对战俘的看管，使港九游击队营救国际盟友工作的难度增加。到 1942 年底，这一活动基本停止。

在近一年的营救活动中，港九游击队先后救出 89 名国际盟友，其中英国人 20 名、美机师 8 名、印度人 54 名、丹麦人 3 名、挪威人 2 名、苏联及菲律宾人各 1 名。① 为了搭救国际盟友，港九游击队付出了血的代价，有不少游击队员英勇负伤、牺牲。

---

① 《华商报》（香港版）1946 年 2 月 19 日。

中国抗日军民营救港九国际盟友的活动，涉及面广，持续时间长，但中共当时并未将这些情况向外界公开披露，而且对被营救者均一一嘱咐：闭口不谈脱险经过。这是中国共产党人为保存港九地下组织及交通、情报系统，长期坚持港九敌后游击战而采取的一种聪明的做法。因而，侵港日军一直被蒙在鼓里，对战俘的不断失踪感到莫名其妙。直至战后的 1946 年，中国共产党为反对国民党军队进攻东江纵队，争取国际的同情与声援，才将这一重大的历史事件公之于世。此事一时激起了强烈的国际反响。

当东江纵队帮助驻香港的同盟国人员撤离之时，在北方，中共驻北平地下组织与隶属晋察冀军区的冀热察挺进军也在积极协助北平的同盟国人员向平西根据地撤离。

1941 年 12 月 2 日晚，燕京大学校长司徒雷登判断美日冲突为时不远，秘密召集外籍教职员开会，决定撤往敌后根据地避难。8 日，日本偷袭珍珠港，对英美不宣而战，打乱了司徒雷登的撤离计划，使逃亡者顿时陷入一片慌乱之中，仅有林迈可、李效黎夫妇和英国物理学家班威廉、克兰尔夫妇四人手忙脚乱地拿了一些物件，驾驶着学校的一辆卡车，冲出校门。燕京大学的中共地下党员立即向中共北平地下党平西站报告了林迈可一行的处境。当林迈可一行驾车来到黑龙潭时，遇到了地下党派出的接应人员。在平西游击队员的掩护下，林迈可一行于 12 月 31 日晚抵达冀热察挺进军司令部，受到了萧克司令员的热情款待。很快平津地区又有多批外国人在游击队的保护下从平津等地区逃到各敌后根据地。这些外国人一般都是不同领域的专家学者。一些人借道去了重庆，更多人留在了敌后根据地或进入延安生活工作，受到我方款待和帮助。他们为中共和八路军提供了技术和人才的支持。在他们的帮助下，延安建造了一台可发射电波达美国旧金山和南亚印度的发射机。1944 年 9 月 1 日，从延安发出的无线电讯号终于出现在美国的西海岸，内容就是当天正式开播的新华社英文每日电讯，这也是日后成为新中国国家通讯社的新华社走向世界的开端。新华社英文广播上天之前，美国官方关于中国的信息大多源自日本同盟通讯社。自从接收到新华社英文电讯后，美国高层领导对中国华北抗日战争图景便急剧改观。

第七节　教育日本士兵成为反战勇士

抗日战争初期，侵华日军中普遍流行“拒绝投降论”和“俘虏否定观”。所谓“拒绝投降论”和“俘虏否定观”是指在战场上，日本人普遍认为（士兵的）最高荣誉就是战斗到死，即使在最绝望的情况下，也应当用最后一颗手榴弹进行自杀或者是赤手空拳冲入敌阵，进行集体自杀式的进攻，但决不应投降。军国主义和传统的武士道精神禁锢着日本官兵的思想。八路军首战平型关虽然击毙日军1000多人，击毁敌军汽车100多辆，缴获了日军大量步枪、机枪和军用物资，但是未能活捉一名日军俘虏。类似的情况也发生在和美军作战的日军中，据记载：日美双方在北缅会战中，日军“被俘与战死者的比例为142比17166，也就是1比120。而且，这142名被俘者中，除少数以外，在被俘时都已负伤或已昏迷。一个人或者两三个人一起来‘投降’的就更少了。”①

中国共产党认为，日本士兵既是侵略战争的直接执行者，同时也是战争的受害者，因此争取日本士兵反战具有一定的政治基础。为了提高党的广大干部和普通士兵对日本反战力量的正确认识，更有效地引导在华日本人反战工作的开展，中国共产党在敌后根据地颁发一系列文件来落实正确的战俘政策。

① ［美］鲁思·本尼迪克特著：《菊与刀》，商务印书馆1990年版，第27页。

1937年9月25日，中共中央相继发表《中共中央告日本海陆空军士兵宣言》和《八路军告日本士兵书》，号召日本士兵调转枪头，与中国人民联合起来打倒日本法西斯军阀，其中《八路军告日本士兵书》中重申共产党绝不虐待和乱杀俘虏的政策，并表达出宽待日军俘虏的诚意："如果你们自愿的到我们这边来，一样是我们的弟兄，中国人民的朋友。……如果在火线上，只要你们不先放枪，我们决不先放枪。如果在战斗中，只要你们允许解除武器……我们决不虐杀一个没有武装或解除武装的日本士兵！"①

10月25日，毛泽东对来访的英国记者贝特兰重申了中国共产党宽待俘虏的政策，他指出："我们仍然把被俘的日本士兵和某些被迫作战的下级干部给以宽大待遇，不加侮辱，不施责骂，向他们说明两国人民利益的一致，释放他们回去。有些不愿回去的，可在八路军服务。将来抗日战场上如果出现'国际纵队'，他们即可加入这个军队，手执武器反对日本帝国主义。"② 同日，八路军总部发出命令：（一）对于被我俘虏之日军，不许杀掉并须优待之；（二）对于自动过来者，务必确保其生命之安全；（三）在火线上负伤者，应依阶级友爱医治之；（四）愿归故乡者，应给路费。③

1938年5月，毛泽东又在《论持久战》中指出："对于日本士兵，不是侮辱其自尊心，而是了解和顺导他们的这种自尊心，从宽待俘虏的方法，引导他们了解日本统治者之反人民的侵略主

① 中央档案馆编：《中共中央文件选集》第11册（1936—1938），第356—357页。

② 《毛泽东选集》第2卷，第381页。

③ 中国人民解放军历史资料丛书编审委员会编：《八路军·文献》，解放军出版社1994年版，第82页。

义。”[①] 10月，中共六届六中全会又达成了要充分利用教育改造好的日军俘虏进行日军反正，从而达到瓦解敌军的统一认识。

1940年7月7日，根据抗战以来对日俘虏工作的经验教训，八路军总部发布了《关于优待日军俘虏的命令》，指出：中国军队系与日本军阀财阀及地主作战，而日本士兵并非我军之真正敌人。日本士兵大部分与我等相同，系日本统治阶级压榨下劳苦人民之子弟。彼等多在日本军阀欺骗与强迫下而与我军接触，因此：（一）日本士兵被俘或自动来者，绝对不准伤害或侮辱。其所携物品，除军事上必要者外，一律不得没收或毁坏。并须以弟兄待遇彼等。我军如有指战员违犯此命令者处罚之。（二）对负伤或患病之日本士兵，须特别注意给以治疗。（三）愿回国或归队之日本士兵，尽可能予以方便使其安全到达目的地。（四）愿在中国或中国军队工作之日本士兵，应予以适当工作，愿学习者应使其进适当学校。（五）愿与家族或友人通信之日本士兵，应尽可能地予以方便。（六）对战死或病死之日本士兵，应在适当地点埋葬，建立墓标，记其姓名、年龄、原籍、所属部队、等级、死亡状况，埋葬年月日及碑文等。

7月8日，八路军总政治部又发出指示，重申过去的规定：日军俘虏凡愿意回去的，一律放他们回去。“凡不愿意回去的，禁止强迫送回。在对新俘虏之工作可利用旧俘虏去进行。”对新俘虏之训练应注意多分配事情让他们做，如参加敌军工作干部训练队之日语教授，参加宣传品之起草，参加俘虏训练，自愿地写信回国给其亲友等。“过去对俘虏工作之困难是因为没有日本人帮助我们，假如我们能训练出几个同情我们之俘虏，对今后俘虏工作及一般敌军工作将有很大之帮助。”[②] 这个指示指出了训练俘

① 《毛泽东选集》第2卷，第503页。

② 中国人民解放军历史资料丛书编审委员会编：《八路军·文献》，第530页。

虏的方法，并强调要争取日军俘虏为我军服务问题，这是中国共产党俘虏政策的重大发展和完善。

伴随着上述政策的实施，战场上八路军俘虏的日军官兵越来越多。冀中军区在1938年以后的3年时间里，俘获日军60多名，其中有少将特务大本青，还有尉官、教官、医官、指导官8名，军士和士兵50多人；1941年百团大战，八路军俘获日军281人；1942年在田家会战斗中，八路军一二〇师俘获日军100多人。

对日军战俘的生活，八路军也作了特殊优待。1941年9月，总政治部发布《关于日本俘虏优待办法的规定》，其要点是：伙食费标准比我军官兵增加一倍，年节、纪念日进行会餐，粮食供应机关应尽量拨一部分白面、大米，津贴费每人每月五元，衣、被、鞋、袜应按需优先发给。

当时，八路军的生活条件非常艰苦，干部战士主要吃小米、黑豆等杂粮，有时只得靠野菜充饥。而对日军战俘则尽量供应大米、白面，并想方设法弄些鸡鱼猪肉，在一般情况下，每天两餐有大米、白面，有时还买些水果、白糖供给他们。就餐尽量照顾日本人的习惯，一人一份。八路军太岳军区部队在1942年抗战最艰难岁月，平时保证日军战俘每天吃一餐白面。彭德怀副总司令很关照日俘洗澡的习惯，要求各部队积极创造条件解决日俘的洗澡问题。

随着俘虏和投诚数量的增多，教育改造俘虏的问题日益紧迫。早在1940年4月6日，中共中央书记处即发出指示，指出："凡俘虏愿意回去者即给以教育、招待、令其回队外，应注意选择少数进步分子，给以较长期的训练。"① 同月，日本共产党领导人冈野进从苏联到了延安，他与中共中央、总政治部敌工部领导商谈了日军战俘的教育管理问题。经过半年多的调查研究，冈野

① 中国人民解放军历史资料丛书编审委员会编：《八路军·文献》，第501页。

进于 1940 年 10 月向毛泽东写了一封信，建议中共中央在延安成立一所专门学校教育改造日军俘虏。这一建议与中共中央的想法不谋而合，毛泽东对此非常重视，并将这所学校定名为“日本工农学校”。

日本工农学校学员来源以八路军、新四军在战场上俘虏的日军士兵和下级军官为主，也有少数是受八路军政治攻势和俘虏政策的影响而投诚过来的敌军士兵。他们大多是被压迫被奴役的劳动人民。最初仅有学员 11 人，至 1945 年 8 月增至 300 多人。

随着抗日战争形势的发展，晋西北、山东和华中各抗日根据地也分别设立日本工农学校分校。

在中国共产党的正确策略和日本工农学校的影响下，日军中反战、厌战情绪日盛，逃亡、自杀、投诚事件日益增多。在八路军中的日本人，1940 年自动投诚者占 7%，1942 年占 38%，1943 年占 48%。参加了八路军、新四军的日本士兵，先后自动地组织了华北日本士兵觉醒联盟、在华日人反战同盟、在华日本共产主义者同盟等反战组织，积极从事反战运动。

在反战同盟蓬勃发展之际，国民党政府却禁止反战同盟重庆本部与解放区反战同盟各支部联系，并于 1941 年 8 月下令解散反战同盟。而中国共产党领导的敌后根据地为日人反战同盟建立反战指挥中心提供了各种便利条件，在敌后战场工作的日人反战组织逐渐承担起反战指挥中心的重任。延安在华日本共产主义者同盟实际成为在华日人反战组织的核心。不足的是，反战组织还不够统一。于是，反战同盟延安支部发起了召开全华北反战团体大会的倡议，各地反战同盟和觉醒联盟各支部纷纷响应，于 1942 年 8 月 15 日至 30 日在延安召开了华北日本士兵代表大会和华北日人反战团体大会。

中国共产党对召开这两个大会相当重视，朱德总司令出席了大会，他代表八路军声明：反对日本法西斯侵略战争的日本士兵是中国人民真正的好朋友，他们在反战运动中发挥了巨大的作用，把在华的日本士兵团结在反战的旗帜下，和中国人民一起，把枪口对准中日两国人民的共同敌人——日本帝国主义。延安《解放日报》提前于8月14日发表社论《日本士兵代表大会与日人反战团体大会开幕》，指出：这两个大会，对于当前的反战运动是一种促进，这是日本军国主义崩溃的象征。[①]

为了迎接抗日战争的胜利，1944年1月15日至2月16日，日人反战同盟华北联合会在延安召开执行委员会扩大会议。会议认为，反战同盟最迫切任务就是努力促进日本各阶层人民成立起反对战争、反对军部、反对日本反动统治阶级的广泛的人民联合战线组织。为此，执委会决定成立日本人民解放联盟，并成立了日本人民解放联盟创立准备委员会。

日本人民解放联盟的奋斗目标，不仅要与中国人民并肩战斗，打败日本侵略者，争取中国人民民族解放斗争的胜利早日到来，而且把奋斗目标放在为谋求日本人民的解放斗争上面，打倒军部，结束战争，改善人民生活，建立人民政府，建设和平与自由的新日本。[②]

大会选举冈野进、森健、杉本一夫为解放联盟创立准备委员会华北委员，选举吉田太郎、冈岛彦邦为华北地方协议会的正副委员长。

日本人民解放联盟的成立，是日本人反战运动具有重大历史意义的转变。由于日本人民解放联盟的建立，华北、华中两大解放区的日人反战组织实现了统一，使日人反战组织的力量得到了空前的发展。1944年4月，日本人民解放联盟华北地方协议会各

① 《解放日报》1942年8月14日。

② ［日］小林清：《在华日人反战组织史话》，社会科学文献出版社1987年版，第121—122页。

支部人员数目如下：延安支部 75 名，晋西北支部 7 名，冀中支部 7 名，晋察冀支部 16 名，冀南支部 15 名，冀鲁豫支部 13 名，太行支部 29 名，太岳支部 11 名，滨海支部 15 名，鲁中支部 9 名，鲁南支部 7 名，清河支部 6 名，胶东支部 13 名，总数达 223 名。

1945 年 8 月 15 日，日本宣布无条件投降，日本人民解放联盟立即发出通电，号召日军士兵向八路军、新四军投降。冈野进以日本共产党代表、日本人民解放联盟代表的名义，致日军指挥官及士兵通告："奉劝指挥官及士兵诸君，携带武器，率领全体部队（包括皇协军）投来八路军、新四军。我们绝对保证诸君的生命安全，尊重诸君人格。待形势安定、交通恢复后，我们将送指挥官和士兵诸君返回我祖国——日本。"强调"你们指挥官之决断何去何从，今日如有失算，不仅将使诸君本身，并且将使数万、数十万的日本人陷于不幸，蒙受屈辱。诸君应采择的唯一道路，是到我日本人民解放联盟、八路军、新四军来！"① 随即，日本人民解放联盟又命令各地支部全体盟员到前线上去，协助八路军、新四军接收日本军队武装。

返国在即，8 月 17 日，日本人民解放联盟向朱德总司令发出致敬电，电文指出："你们为世界的和平与民主而奋斗，你们争取了中国的独立和中国人民的解放，你们是中国人民的光荣。不仅如此，你们又有力地援助了日本人民从法西斯军部奴役下争取解放的运动。我们祝贺联合国的胜利，特向你致崇高的敬意。今后，我们也将和你们团结起来，为实现民主的日本而奋斗！"②

因为即将离开延安，开赴前线工作，8 月 30 日，日本工农学校全体学员、日本人民解放联盟本部和日本共产主义者同盟本部

① 《解放日报》1945 年 8 月 16 日。
② 《解放日报》1945 年 8 月 18 日。

在王家坪大礼堂举行出发纪念大会。八路军参谋长叶剑英、总政治部敌工部部长李初梨和美军驻延安观察组成员等出席了大会。

叶剑英发表了热情洋溢的讲话，他指出："过去我们欢迎你们，就像欢迎我们的好朋友，今天也将各位作为好朋友来欢送。将来我们也仍然是好朋友。希望同志们保持并发扬中日人民这一珍贵的友谊。"① 他感谢日本同志对八路军、新四军及中国人民的援助，并对在和日本侵略军作战牺牲的日本人民解放联盟盟员表示沉痛的哀悼。他希望日本同志们在开赴前线或回日本后，要向广大日本人民、士兵进行耐心的宣传教育，揭露日本法西斯的欺骗，提高他们的觉悟，扩大解放联盟，建设民主日本。他表示，相信久经锻炼的日本同志们会团结广大日本人民努力奋斗，取得最后的成功，创造一个和平的东亚。

大会通过了向中国人民的领袖毛主席、朱总司令的致敬信，信中说："我们日本工农学校学生，日本人民解放联盟盟员，日本共产主义者同盟盟员即将从延安出发，为了进行前线工作，更为了重新建设祖国——日本。在此，我们谨向中国共产党、八路军、新四军致深厚的谢意。我们今天所以能够知道日本军国主义者的罪恶，决心为建设民主的新日本而奋斗，解放联盟和日本工农学校之所以有今天这样的发展，这完全是你们正确的领导和诚恳的援助的结果。如果没有你们的援助，我们今天将处于怎样的境地？无疑义地，当日本军国主义崩溃，我们将随着军部而悲观失望，自暴自弃。但现在我们却能够向着光辉的目标，抱着新的希望，向祖国前进了。我们报答你们好意的方法，唯一的便是记取你们的教诲，加紧锻炼，力求进步，在前线则教育新来的日本兄弟，回日本后则克服一切困难，为建设民主的日本而努力奋斗。这是当我们离别延安时，对你们的立誓。中国和日本的关

① ［日］小林清：《在华日人反战组织史话》，第137页。

系，将进入崭新的阶段。不是过去的被侵略和侵略的关系，将创造出友好和互助的关系。但是，实际上这种关系之是否出现，决定于日本人民之是否能够创造和平与民主的日本。也就是决定于日本人民的努力如何。要建立这样一个日本，路上有许多困难。但我们坚信必能克服任何困难，以赢得胜利。日本的将来是属于人民的。"①

9 月 10 日，冈野进率领森健、梅田照文、山田三人搭乘来延安的美国飞机奔赴华北。临行前，毛泽东为他们饯行，朱德、周恩来、任弼时等中国共产党领导人出席了欢送宴会。宴会结束后，他们离开延安，先后途经华北、东北、苏联、朝鲜，于 1946 年 1 月 3 日回到日本。

其余日本人民解放联盟全体成员和日本工农学校的学生共 300 多人，除了 50 多人体弱有病外，都于 9 月 18 日分三路徒步从延安出发，经东北返回日本。华北、华中解放联盟各地支部也奉本部命令，告别了并肩战斗了数年的八路军、新四军，前往东北地区集结。

1946 年初，日本人民解放联盟所属各支部基本到达东北。一半人员暂时留在东北地区，参加了遣送日本难民归国工作。其中有的同志应东北民主联军的真挚要求，参加了中国的解放战争以及社会主义革命和建设事业，为中国人民的革命事业、中日人民友好事业贡献了自己的毕生精力。

1946 年 5 月 17 日，在开往日本东京的列车上，日本人民解放联盟全体盟员举行了反战同盟的解散大会。至此，在华日人反战同盟和日本人民解放联盟完成了反对日本法西斯侵略战争的历史使命。

把战俘从日本军人成功地教育成为反战勇士，是中国共产党

① ［日］小林清：《在华日人反战组织史话》，第 138 页。

坚持抗日民族统一战线和正确的俘虏政策的结果，这极大地引起了美国政府的注意。1944 年，美军观察组来到延安考察，其中一项重要任务就是考察中国共产党的对日俘虏工作。美国记者冈瑟·斯坦曾经认为“没有什么事情能比改变日本士兵的思想意识更困难的了”。① 很多曾对中国共产党对日本俘虏进行再教育并取得成功的报道深表怀疑的人们，在前线看到了英勇反战的日本反战同盟成员，在延安日本工农学校看到了自己组织学习、生产，有着良好精神面貌的学员，他们“对共产主义者的宣传工作取得成功的怀疑，随着同工农学校学生的交谈和接触的增多，而逐渐消失了”。② 美国外交官约翰·艾默逊曾回忆说：“1945 年 1 月 15 日，我和鹿地亘一起去参观日本人收容所，同我们见面的日本俘虏，慢吞吞地走了出来，脚上有脚镣，都是捆在一把锁上的。我们努力想使他们开口，但几乎毫无反应，这与在延安那些快快活活的工人、农民相比，真是鲜明的对照。”③ 国际友人从对敌后战场日本人反战运动工作的考察中，加深了对共产党战俘工作的了解。他们向外界的宣传报道，极大地提高了中国共产党的政治地位和国际声望。

① ［英］冈萨·斯坦因：《红色中国的挑战》，上海译文出版社 1999 年版，第 391 页。

② ［日］香川孝志、前田光繁：《八路军内日本兵》，解放军出版社 1985 年版，第 85 页。

③ ［日］香川孝志、前田光繁：《八路军内日本兵》，第 84 页。

第四章　抗日外交工作的新开端（1944—1945）

在抗战的反攻阶段，中共与美英建立了合作关系，国际抗日统一战线进入新的发展时期。美国政府采取了扶蒋用共政策。中共中央充分利用了这一政策，通过接待来访、接触、合作培养了一批同情中共和中国抗日事业的西方友好人士，争取到了参加中国代表团出席联合国建立大会的权利。

第一节　接待中外记者参观团

全民族抗战初期国共合作局面形成后，国民党当局一度放松对中共的限制，外国记者可较容易地出入中共控制区域。但当中共领导下的八路军、新四军解放大片国土，人民民主抗日力量逐步发展壮大后，国民党当局就日益不安和仇恨。为达到其最终从军事上“解决中共”的目的，从1939年起，国民党对共产党区域不但实行严密的军事、经济封锁以限制中共力量的发展，而且实行高度的政治隔离和严格的新闻封锁。它不许中共发表战报，不许陕甘宁边区及各抗日根据地报刊对外销行，不许中外记者到延安和各抗日根据地采访，不许陕甘宁边区内外人民自由往来。同时，国民党政府又欺骗世界舆论，蒙蔽盟邦，颠倒黑白，混淆是非，给中共及其领导下的抗日武装横加诸如“破坏抗战，危害国家”、“违反政令军令”、“游而不击”等罪名。敌后抗战情形因此难于透露到外界。一些偶然涉足过共产党区域的外国旅行家或其他人回去后有如“从火星上来的人”，从这些人的口中得来的情况总是与国民党所宣传的大相径庭。这就引起大后方的外国记者对中共区域的更大的兴趣。

中共同国民党的封锁展开了各种形式的斗争，力图让外界了解事实真相，争取全国人民和盟国人民的同情和支持。其中，第十八集团军驻重庆办事处和中共中央南方局不断发动宣传攻势，揭露国民党掩盖敌后真相的阴谋，多次表示热诚欢迎外国记者参观陕甘宁边区和各敌后抗日根据地。在这种影响下，外国记者们在重庆一次次向国民党中央宣传部国际宣传处提出前往中共区域访问的申请，但也一次次地被国民党方面“婉言”拒绝。

1944 年 2 月 16 日，国民党政府发言人在每周一次的新闻发布会上回答外国记者提问时，否认对共产党区域封锁的事实。外国记者们立即抓住这一点，联合拟出致蒋介石的请求书，要求组成一个外国记者参观团前往延安地区，并“由重庆的、事实上代表全世界的记者”签了名。蒋介石考虑到：如果对外国记者的起码要求总是拒绝，只会损害国民党自身的形象，对共产党反而有利，不如网开一面，让一些记者去延安看看，若采取一些补救措施，说不定还能把坏事变为好事。经过利弊权衡，蒋介石终于答应了外国记者们的要求。

所谓的“补救措施”共分三步：首先，为了部分抵消外国记者的影响，由国民党中宣部指派中央社、《中央日报》、《大公报》、《扫荡报》及一些民间报纸的记者参加记者团，把外国记者团改为中外记者团，取名“中外记者西北参观团”。其次，国民党中宣部派外事局副局长谢宝樵、新闻检查局副局长邓友德担任该团正副领队，并明确中外记者须在领队领导下统一行动的纪律。最后，蒋介石亲自指示胡宗南精心布置记者团的行程，以防“一着不慎，满盘皆输”。因此，“为了这个不幸的事情，政府官员——从重庆到西安，从委员长到何应钦、张治中、戴笠和徐恩曾，全都动员起来了。在陕西，胡宗南、祝绍周（陕西省主席）和其他重要的政府官员也都神经过敏地忙碌起来。他们在讨论怎样欺骗、封锁和监视”。[①] 胡宗南接到蒋介石的秘密指示后，召开特别会议，准备向外国记者制造和提供种种诬蔑中共的伪证材料，动员、布置大批特务冒充翻译、招待员、仆役和听差以包围外国记者。总之，国民党从中央到西北地方官，都忙活起来了。

由于中外记者团是到延安并准备到敌后去的大型团体，有国内外各大报著名记者参加，获准采访的消息一经公开，立即引起中共中央的重视。中共中央认为，外国记者的采访是扩大国际宣传、揭露国民党反共和对边区实行封锁政策的好机会。中央政治局决定由周恩来亲自负责记者团的接待工作，要求中央军委秘书长杨尚昆具体领导陕甘宁边区政府交际处，大张旗鼓地准备记者团的接待工作。

2 月 28 日，周恩来致电在重庆的董必武，安排新华日报社记者龚澎和第十八集团军驻渝办事处交通科长龙飞虎护送记者团赴延安，便于配合沿途照料和指点他们注意国民党封锁边区的工事。[②] 3 月 9 日，周恩来再次致电董必武转记者团：“闻你们已被国民政府邀请，组织西北考察团，将来延安参观。我受毛泽东、朱德两同志及中共中央委托，特电你们表示热烈欢迎。”[③] 4 月 4 日和 6 日，毛泽东、周恩来致电董必武：速将国民党在西安布置特务诬蔑中共等情况透露给各记者，使有精神准备，并注意揭破。与此同时，周恩来召集延安党政军民学各界负责人召开动员

① ［美］哈里逊·福尔曼：《来自红色中国的报告》，解放军出版社 1985 年版，第 5 页。

② 中共中央文献研究室：《周恩来年谱（1898—1949）》，第 584 页。

③ 《周恩来书信选集》，中央文献出版社 1988 年版，第 232 页。

会，介绍记者团的情况及其采访的目的，传达中共中央关于记者团接待工作的有关方针政策，要求驻延安各单位必须由主要负责人亲自安排接待事宜，既要准备好全面介绍本部门、本系统情况的材料，又要准备解答中外记者提出的问题；属于本部门本单位业务范围内的问题，必须明确负责地解答，不要回避敷衍；属于别的业务机关的问题，可请他们向别的直接负责单位提出问题，要求答复；中国记者中的个别顽固分子，也可能提出一些故意刁难或挑衅性的问题，大家可以自己预先设想一下，以准备解答或回击。周恩来指出：他们访问参观，要让他们看到我们的工作成绩，也要让他们看看我们尚有不足之处，说明或解答我们前进中的困难和错误。周恩来、杨尚昆还向各机关借调了一批优秀干部和翻译人员来帮助交际处做好接待工作。

动员会议之后，周恩来又出席杨尚昆主持召开的交际处全体干部大会，指出：交际处工作的根本任务是“宣传出去，争取过来”[1]。就是要把共产党的各项抗日方针政策和解放区军民的抗日业绩宣传出去，除有计划地组织他们参观访问外，还要准备对记者团在参观访问过程中反映出来的各种思想，多做解答解释工作，揭穿国民党的造谣诬蔑，提高他们对我们的认识，加深他们对我们的了解。要以诚恳、坦白的精神同他们交朋友，以利于进一步开展国内国外统一战线。宣传工作，要实事求是，介绍我们的成绩，也要说明我们工作中有错误、有缺点，说明我们有克服错误、缺点的办法，切不可搞浮夸，更不可弄虚作假。中外记者，特别是外国记者和中国记者中的中间分子，在重庆、在大后方对国民党宣传反感甚深，人人头痛。交朋友要站稳自己的立场，以诚待人，在公开讲明我们自己观点的同时，也要听取别人的观点，互相交流，才能澄清分歧，争取尽可能地取得一致。要

① 中共中央文献研究室：《周恩来年谱（1898—1949）》，第586页。

善于求同存异，只求他们能在团结一切可以团结的人，集中全国一切人力物力，共同打败日本侵略者等重大问题上和我们取得一致，其他方面，不能以我们的观点强加于人，这样我们交的朋友就会更广泛、更深入。对中外记者，既要一视同仁，也要有所不同，要明确工作的重点。一般集体访问参观、请客、宴会、欢迎晚会以及生活待遇方面，中外记者一律平等。至于记者中有人要求个别采访谈话，我们应当欢迎，以便打破国民党的控制，使我们能区别对象，分别对待，达到深入宣传争取的目的。这次交际处的工作重点，应放在外国记者身上，外国记者中又要更加重视对斯坦因、福尔曼等人的工作。斯坦因是位很有政治见解和活动能力的记者，他在苏联多年，后被当作“托派分子”赶了出来；但是，他在中国多年，我们并没有发现他有什么“托派”活动。福尔曼是美国人，为人比较正直、单纯，政治上对国共两党也无明显偏见。他们在外国或中国影响作用较大。塔斯社记者普金科当然也有较大影响，但他是共产党员，政治立场、观点基本上和我们一致，不必我们去多费精力争取了。至于带领中外记者来访问的国民党人员，我们要坚持独立自主的方针，对他们要强调宣传坚持抗日、坚持民主、坚持团结，防止他们挑拨，并打破他们的控制。周恩来最后指出：生活方面的接待，要热情周到，在物质上我们尽量予以优待，但切不要搞铺张浪费。宴会也不用山珍海味。我们的工作人员都是立场坚定、工作积极、刻苦耐劳的，在这次工作中更要发扬这些优秀品质。①

5 月 17 日，国民党方面“周密”安排就绪。中外记者团一行乘坐一架 DC-3 道格拉斯飞机飞抵陕西宝鸡，又改乘火车于 18 日到达西安，立即陷入国民党特工的重重包围之中。美国记者福

---

① 金城：《延安交际处回忆录》，中国青年出版社 1980 年，第 200—201 页。

尔曼曾这样记述："在西安，我们度过了饶有兴趣的四天。虽然我们是委员长的客人，但地方官员却不知道如何接待我们。作为官方客人，我们理应受到一切应有的礼遇和帮助。但是作为眼光敏锐的新闻记者，我们会觉察到一些不被外人注意到的事情，或者说容易看得出一种错误的印象。虽然西安的官吏在与我们之间的正式交往中总是笑脸相迎，客客气气；但在暗中却监视着我们的一切行动，记录着我们所说的每一句话。"① 爱泼斯坦则回忆道："开始时都非常高兴，但很快就产生这样一种感觉：每个人仿佛都是棋盘上的棋子，行动都要严格遵守规则，一般不能按本人意志行事。"②

记者团在西安被安排参观了一些机关、工厂、学校，听取了国民党安排的"模特"们对共产党"罪行"的控诉，访问了国民政府军事委员会在西安设立的一个"劳动训练营"。记者们被告知：该营是"用以收容从共产党区域逃亡至西安的无家可归的青年，并给予短期训练"，"便于参加国家战时工作"。训练营的不少"学员"也"现身说法"列举了共产党的种种"罪状"。接着，记者团又被安排去临潼、潼关、宜川等地访问，之后到达山西吉县克难坡——第二战区司令长官阎锡山部驻地。阎锡山赤膊上阵，大放厥词，自称"相信共产主义必须消灭"，甚至提出了诸如改进行政工作、实行"寓兵于农"等旨在消灭共产党的具体政策设想。③

5 月 31 日，记者团从平渡关渡过黄河，突然从陕甘宁边区的"后门"进入边区。国民党方面认为：为记者团的到来，共产党一定是大做文章，装潢门面，因而从西安经洛川到延安的那段路

---

① ［美］哈里逊·福尔曼：《来自红色中国的报告》，解放军出版社 1985 年版，第 4 页。

② 《爱泼斯坦新闻作品选》，今日中国出版社 1995 年版，第 21 页。

③ 《爱泼斯坦新闻作品选》，第 24—25 页。

途没啥看头，而从共产党顾及不到的后门入境边区，可好好让记者们看一看边区“遍地荒芜”、“种植鸦片”的铁证。结果，国民党方面没有任何意外收获。

经过十天的跋涉，记者团于6月9日午时到达延安城。下榻延安交际处后，杨尚昆前往看望，叶剑英以第十八集团军参谋长名义设宴为中外记者们洗尘。

10日晚，延安王家坪大礼堂内灯火通明，气氛热烈，欢声笑语不断，一扫中共军事神经中枢——八路军总部所在地的那种紧张又几近沉闷的空气。八路军总司令朱德正在以第二战区副司令长官身份为日前来到延安的中外记者参观团举行欢迎晚宴和音乐会。宴会上，叶剑英代表朱德致欢迎词后，伊斯雷尔·爱泼斯坦即兴奋地代表外国记者致答谢词：“来到延安是件很不容易的事，我们很快乐。因为延安之行，可以帮助神圣的反法西斯工作。在同盟国国家的阵营里，不应该有任何一个地区被关闭起来；对于职业的新闻记者，也不应该有任何一个地区不让他们去看一看，因为他们是全世界人民的眼睛。”他话锋一转，“这个地方很久以来是被关闭着的。这次我们来到这里，把一座被关闭了很久的门打开了一个缝隙，使光线进来。而这个缝隙虽然很小，但是，再要强制地把这座门关闭得像从前那样紧密，恐怕已是不可能了。”“我们对任何政治派别和信仰都没有偏爱和政治成见。我们准备仔细地、客观地、精确地研究八路军、新四军的战斗业绩，以及这里的各种工作情形，并报道给全世界反法西斯人士。为了共同的事业，我们对于你们的缺点是会批评的，对于你们的优点是会赞扬的。”① 这样的答谢词博得了全场热烈的掌声。

在宴会上，外国记者、中国记者，这些来自大后方的客人

---

① 《解放日报》1944年6月12日。

们，经延安交际处同志的介绍，向人们一一亮相。他们是：美联社、《曼彻斯特导报》、《基督教科学箴言报》记者根室·斯坦因，合众社、《泰晤士报》记者哈里逊·福尔曼，美国《时代》杂志、《纽约时报》、《同盟劳工新闻》记者伊斯雷尔·爱泼斯坦，路透社、《多伦多明星周刊》、《巴尔的摩太阳报》记者莫里斯·武道，美国《天主教信号》杂志和《中国通讯》记者夏南汉神甫，塔斯社记者普金科。另外还有九名中国记者及国民党中央宣传部指派加入该团的四名工作人员。他们是：孔昭恺、张文伯、谢爽秋、周本渊、赵炳烺、赵超构、金东平、徐兆镛、杨嘉勇、魏景蒙、陶启湘、张湖生、杨西崑等。中外记者团一行共19人。

最后，八路军总部请延安大学文工团为记者举行音乐招待晚会，使中外客人一睹堪称一流的延安声乐阵容，更从雄壮、激越的旋律中领略了奋发向上的延安时代精神。

初到延安，记者们就有耳目一新之感。延安“具有这样的特色：充满发奋工作的紧张气氛和对日寇的痛恨；人民决心不顾一切的外来干扰，保卫他们所取得的成果；具有对盟军对日反攻日益临近的紧迫感，在这未来的反攻中共产党领导的军队和游击队要求最充分的参与并正为此作准备。”过去“十分荒凉的陕北现在已变成一个实行精耕细作、牛羊满山、重工业发达的地区，人民丰衣足食，驻在这里的八路军部队是我各处所看到的穿得最好、吃得最好的部队之一。”“无可置疑的是，这些五年来被外部世界认为神秘莫测的部队是抗日战争中优良的、有价值的盟友，给予他们支持——如同给予南斯拉夫解放军支持那样——将会极大地加速胜利的到来。”①

中外记者团在延安期间，适逢国内外发生两件大事。国际大

---

① 《爱泼斯坦新闻作品选》，第26—27页。

事是盟军在欧洲开辟第二战场。6月6日凌晨，盟军以强大的海陆空军力量，包括1万余架飞机、4000艘舰船以及大批陆军，在法国北部海岸从诺曼底半岛的瑟堡至塞纳河口的哈佛尔一线大举进攻，成功地摧毁了希特勒所吹嘘的大西洋壁垒中最坚固的一段海岸防线，迅速建立起长百余公里、深一二十公里的滩头阵地，开辟了世界反法西斯人民渴望已久的第二战场。它标志着德国法西斯已经面临着灭顶之灾。国内大事是国共开始谈判。4月29日，中共代表林伯渠、王若飞从延安启程赴西安与国民党代表张治中、王世杰举行会谈；5月17日，林伯渠应张治中、王世杰之请，飞往重庆继续商谈，意在解决国共之间存在的许多悬而未决的问题。这次谈判是自1942年以来举行的首次国共正式谈判。这两件大事，一时成了延安人热议的话题。来到延安的中外记者们也不例外，他们急切希望了解中共对这些事情的态度。

应中外记者团的要求，6月12日下午5时，在中共中央其他领导人的陪同下，毛泽东来到杨家岭的中央大礼堂，出席中外记者招待会，这在规格、规模上是中共有史以来的第一次。在这座石块砌成的大礼堂里，挂有马克思、列宁、斯大林、罗斯福、丘吉尔、蒋介石的照片。穿过大礼堂，来到后面的会客厅，早已等候在那里的中外记者都站了起来。毛泽东走上前去，与大家一一握手寒暄。接着，毛泽东热情致辞欢迎中外记者来延安，并就国内外形势发表了简要的看法。他说：

“我十分欢迎各位记者来到延安。我们的目的是共同的，就是打倒日本军阀与打倒一切法西斯，全中国，全世界，都在这个共同基础上团结起来。

“各位到延安时，正遇着了欧洲开辟了第二战场，我们表示极大的庆祝。第二战场的开辟，其影响不仅在欧洲，而且将及于太平洋及中国。中国要前进，世界要前进，我们必须取得最后胜利。

“第二战场的开辟，是经过长期发展的结果，是经过莫斯科、德黑兰会议发展而来的，在这些会议上决定了从东、西、南三面打击敌人。第二战场现在是实现了，三面打击希特勒的计划是实现了。我们谨祝罗斯福总统、丘吉尔首相、斯大林元帅健康！

“全中国所有抗战的人们，应该集中目标，努力工作，配合欧洲的决战，打倒日本军阀。现在时机是很好的。

……

“但是中国是有缺点的，而且是很大的缺点，这种缺点，一言以蔽之，就是缺乏民主。中国人民非常需要民主，因为只有民主，抗战才有力量，中国内部关系与对外关系，才能走上轨道，才能取得抗战的胜利，才能建设一个好的国家，亦只有民主才能使中国在战后继续团结……”

致辞结束后，中外记者纷纷向毛泽东提出问题，要求解答。

斯坦因首先问：“毛主席能否谈一谈，林伯渠先生在重庆谈判的情形？”

夏南汉跟着说：“上述问题为大家所关心，可否尽先答复？”

斯坦因又说：“为使问题明了起见，我请毛主席将1936年国共谈判情形与今日谈判情形作一比较。”

爱泼斯坦问：“第二战场的开辟，是否引起了一个新阶段？中共中央对此是否准备发表宣言，以阐明中共中央之政策？”

扫荡报社采访主任谢爽秋也发问：“为着加强团结，中国共产党希望于各方面的是什么？”

时事新报社编辑赵炳烺问：“为使问题明了起见，我增加问，中国共产党希望国民政府、国民党及其他各党派做些什么？中国共产党本身又准备做什么？”

……

对于中外记者提出的问题，毛泽东以他特有的共产党政治外交家的气质和风格，镇静自若，提纲挈领，精辟地分析道：“诸位的问题可综合为三个。”接着，他就国共谈判、第二战场、共产党的希望和自己的工作这三个问题逐一阐述起来。

关于国共谈判问题，毛泽东深知这次谈判的难度，虽才初次接触，斗争却异常尖锐。对这一极为敏感的问题，在尚无任何结果情形下，不便多加评论。因此，他坦率地说：“关于国共谈判，谈判已进行了许久，但是今天还在谈判中。我们希望谈判有进步，并能获得结果。其他今天还无可奉告。”

关于第二战场问题，毛泽东说：目前的《解放日报》社论已对之作了详细的说明，中共不准备再发表宣言。第二战场的开辟是同盟国战争合作的发展，其总的性质，现在与过去比较，是没有变化的。但是第二战场开辟有与斯大林格勒反攻某种相同的意义。这是同盟国从防御到进攻的一个大转变。其影响会是很广泛的，直接影响欧洲，将来亦会影响到太平洋与中国。但就目前来说，对中国的影响似乎不会很大，你们可以看见，外面情况虽然甚好，但是中国的问题还要靠中国人自己努力，单有国外情况的好转，是不能解决问题的。

毛泽东接着开始阐述第三个问题。他首先谈了“中共的希望”：“为了打倒共同敌人以及为了建立一个很好的和平的国内关系，及一个很好的和平的国际关系，我们所希望于国民政府、国民党及一切党派的，就是从各方面实行民主。”“民主必须是各方面的，是政治上的，军事上的，经济上的，文化上的，党务上的以及国际关系上的”。“在国际关系上，各国都应该是民主的国家，并发生民主的相互关系，我们希望外国及外国朋友以民主态度对待我们，我们也应该以民主态度对待外国及外国朋友。”对于中共自己的工作，毛泽东以不容置疑的口吻说：我们所希望于别人的，正是我们“所已做和所要做的”。[①]

最后，毛泽东希望各位来宾在边区多停留些时日，走走看看，并互相交换意见。对毛泽东的答复，中外记者都表示满意。

当晚，毛泽东特宴请中外记者团一行，并陪同他们观看了平剧。

记者招待会之后，一些外国记者又酝酿着单独会见毛泽东。斯坦因捷足先登。他首先通过翻译人员探询有无可能，得到了周恩来的批准。在记者团集体乘车参观某地时，斯坦因不辞而别。国民党的领队对此十分气恼，但也无可奈何。

7 月 14 日下午 3 时至 15 日凌晨 3 时，毛泽东在他的四孔窑洞中的接待室会见斯坦因，他详尽地回答了斯坦因提出的各个问题。关于中共所信仰的马克思主义的政治思想方法，毛泽东指出：各国共产党只有一件共同的东西，那就是马克思主义的政治思想方法；中共特别需要严格地把共产主义观察、研究、解决社会问题的方法和新民主主义的实际政策相区别；没有共产主义的思想方法，中共将不能指导中国社会革命的民主阶段；没有新民主主义政治制度，中共就不能把共产主义哲学正确地适用于中国社会；中国现在所需要的是民主，不是社会主义。关于新民主主义的主要社会经济内容，毛泽东指出：新民主主义的中心经济特点是土地革命，即使在抗日战争时期也是如此；农民是中共战争努力的基础；将来新民主主义不能建立在分散的落后的农业经济基础上；中国社会的发展主要靠工业的发展，工业必须是新民主主义的主要基础；只有工业社会才能成为完全民主的社会；但是为了发展工业，土地问题必须首先解决。关于中共的土地革命政策，毛泽东指出：在抗战时期，中共实行减租减息政策，减租政

① 中央档案馆编：《中共中央文件选集》第 14 册（1943—1944），中共中央党校出版社 1992 年版，第 253—258 页。

策具有两重利益，一方面改善农民生活，一方面吸引地主留在乡村参加抗战。关于中共在战后对中国工商业资本采取的态度，毛泽东指出：中外私人资本，在战后都必须给以宽大的机会，以便扩大发展，因为中国需要发展工业；在战后中国与世界的商业关系上，我们要以与一切国家自由平等的贸易政策代替日本把中国作为殖民地的政策；铁路、矿山等能够操纵国民经济的主要产业，最好由国家经营，其他工业必须由私人资本来发展；为了利用我们在手工业及农村小规模工场手工业方面巨大的潜力，我们必须依靠强大的民主的合作社。关于共产党如何注意听取群众意见，毛泽东指出：这是重要的一点；假若一个党的领袖人物真是为广大人民的利益工作，忠实地为此而努力，他们就有听取人民群众意见的许多机会；经过乡、镇、区、县的人民会议，经过党员和各阶层人民的交谈，经过其他的会议、报纸和人民来信，我们能够而且常常发现群众的真正意见。关于"中国第一"还是"共产党第一"，毛泽东指出：没有中国，就没有中国共产党；这个问题等于是问先有孩子还是先有父亲，这不是一个理论问题，而是一个实际问题；中共相信马克思主义是正确的思想方法，并不是说就忽略了中国文化遗产及非马克思主义的思想的价值；接受中国古代思想和外国思想，并不是无条件地接受过来，它们必须和中国实际情形结合，根据实际情形而实行；中共的态度是批判地接受中国历史遗产和外国思想，盲目地接受和盲目地拒绝，中共都反对；我们中国人必须以自己的头脑来思想，并决定什么东西能在中国土地上生长起来。①

毛泽东的坦诚和严肃认真的态度，给斯坦因留下极深的印象。继斯坦因之后，福尔曼、爱泼斯坦、武道等外国记者也寻机

---

① 中共中央文献研究室：《毛泽东年谱（1893—1949）》中卷，第527—529页。

摆脱了记者团领队的限制，分别与毛泽东作了交谈。

外国记者也利用一切机会，拜访中共其他领导人。6 月 25 日，朱德和叶剑英应斯坦因、福尔曼的要求，分别同他们进行了四个小时的谈话，向他们说明中共军队在战时和战后的潜在力量；中共与美英盟军合作可能采取的方式等问题；7 月 7 日，双方就上述问题又作了交谈。7 月 21 日，朱德与爱泼斯坦交谈，述及中共军队与盟军合作问题。中共领导人与外国记者的多次交谈，加深了外国记者对中共的全面了解。

记者团还先后参观了陕甘宁边区政府、延安自然科学院、兵工厂、被服厂、中央医院、国际和平医院、日本工农学校等单位，对延安各方面情况作了全面了解。在此期间，各解放区有关团体闻讯记者团抵延，纷纷致电记者团，欢迎其前往参观访问。其中：华中文化界著名人士邹韬奋、范长江、钱俊瑞、阿英、戴伯韬等于 7 月 7 日联名致电记者团，介绍华中抗日根据地情况，希望中外记者以“世界人民的眼睛”光顾华中，并作为“世界人民的喉舌”把敌后抗战的“秘密”报道给全世界人民；晋绥边区 16 个团体也致电记者团欢迎其前往。

对于各方邀请，中外记者们反应不一。多数人都希望能到八路军前线参观访问，记者团的领队则竭力阻止，提出记者团必须立即返回重庆。7 月 12 日，全部中国记者和外国记者夏南汉离延返渝。

7 月底，福尔曼、爱泼斯坦、武道在三名翻译人员的陪同下，前往晋绥抗日根据地参观。他们此行的目的是要证实三个问题，即八路军是否在作战？人民是否在抗日？八路军与人民是否互相合作、互相支援？“这次旅行是 6 年来第一次有外国记者去访问在敌人后方的中国‘第二战场’”。①

① 《爱泼斯坦新闻作品选》，第 32 页。

8月中旬，福尔曼等抵达晋绥边区政府驻地山西兴县，受到边区各界的热烈欢迎。他们在这里参观了边区各领导机关、抗战日报社和学校。9月4日，他们前往靠近太原的晋绥边区东南部的第八分区参观访问。这一地区，敌碉堡林立，敌我双方都在机枪射程之内。第八军分区军民正对日伪发动强大的秋季攻势，破坏敌交通线、封锁线，拔除敌据点并展开攻城作战。在第八军分区司令部机关驻地交城县关头村，分区司令员王长江、政委罗贵波利用指挥作战的间隙，向他们介绍了第八分区的战事。9月5日，记者们来到交城丛林中的一个战地医院。医院设在窑洞里，虽然设备简陋，医药奇缺，但是，在情况紧急时，医院和伤病员能在一小时内完全撤走，合乎战时要求。他们又去参观兵工厂，发现兵工厂“实际上并不比一家修理店大多少”，仅有一些简单的工具和土硝原料。福尔曼意味深长地说：“我们美国的军火事业空前发展，世界上所有国家都乐意购买和使用这种第一流的现代火器，贵方如果能够得到那种美妙的火器，可以获得更大的成功。”工厂的工作人员坚定而又诙谐地说：“我们现在有自己的货源，那就是依靠这些低劣的武器，用指战员非凡的勇敢精神消灭敌人，夺取敌人的武器来装备自己，只要敌人有世界上第一流的现代火器，我们也就会有！”①

为了满足记者们实地观战的要求，分区于9月15日安排记者到汾阳边山。此处离敌占汾阳城仅20多分钟路程，白天用望远镜可清楚地看到城内碉堡上的太阳旗和城墙上游动的哨兵。福尔曼这样记述当时的情景：“战斗的壮观情景和完成任务的勇敢精神完全展示在我的面前。我们能够清晰地听到枪声，可以看见城里子弹的闪光。突然，升起一股巨大的火焰——原来是火柴厂

---

① 山西省史志研究院：《罗贵波纪念文集》，中央文献出版社2000年版，第428页。

爆炸了，由于化学药品的燃烧，呈现出蓝的、绿的和橙色的火焰。”①

前方胜利的消息一经传开，边山一带群众高兴得敲锣打鼓，担着鸡蛋、西瓜，赶着猪、羊，前来慰劳八路军官兵。21 日，第八分区在交城县关头村召开庆祝大会，展出了缴获来的许多武器、弹药、物资、器材及民兵、游击队自制的铁雷、石雷、磁雷、瓶子雷、罐子雷等地雷。外国记者对八路军的光辉战绩和根据地军民团结一心的动人场面赞叹不已，纷纷发表热情洋溢的讲话。爱泼斯坦说：“八路军是真正和人民结合的军队，延安和军区所说的一切，都完全证实了是千真万确的。”福尔曼说：“我们未到延安之前，听到西安某高级长官说，共产党已六年不抗战了。今天那些话已被事实揭穿了。我看到八路军在英勇地作战，还有大批的俘虏，人民是真正热爱八路军的。”武道说：“八路军在敌后与人民亲密合作的事实，不但能够影响中国其他地方，也会使其他民主国家以八路军为榜样。”他们称赞：游击战和攻击战都打得很漂亮！② 八路军之所以能够用这种方式作战，最根本的原因就是他们同人民保持密切联系。民兵、游击队和正规军在所有战斗中都密切配合，有时以民兵为主，有时以游击队或正规军为主。村政府、群众团体和民兵经常不断地提供消息，使八路军确切地了解所处境况。③

怀着对敌后军民坚持抗战、英勇打击敌人的钦佩之情，满载着参观访问的巨大收获，10 月 2 日，福尔曼等离开晋绥经延安返回重庆。25 日，中共晋绥分局机关报特发表《送别盟邦记者团诸先生》的社论，高度赞扬外国记者不畏艰险、奔赴敌后、身临

---

① ［美］哈里逊 · 福尔曼：《来自红色中国的报告》，第 218 页。

② 山西省史志研究院：《罗贵波纪念文集》，第 429 页。

③ 《爱泼斯坦新闻作品选》，第 36 页。

前线采访的精神。社论中说："记者先生们在边区一个多月的过程中，参观各地，并亲临战争最前线，在碉堡林立据点密布的汾阳边山停留了几天，后更接近到距娄烦敌据点二三百米距离内参加了战斗。他们亲眼看到了我们的部队如何自觉的积极的胜利打击了敌人，连续不断地向敌人进攻，如何摧毁和收复有坚强防御设施的碉堡据点，用从敌人手中夺来的武器和其他低劣的武器战胜优势装备的敌人。他们看到了那些部队以如何紧张的情绪，利用战争空隙，加紧训练，提高技术，积极准备配合盟邦反攻。他们看到了敌后人民如何享有一切言论出版集会结社的权利，并积极的组织起来进行着生产运动，改善自己生活并支持着抗日战争，如何适应着敌后的特点，把劳力与武力结合起来，用原始的武器武装了自己，大量参加民兵，开展爆破，围困敌人。他们看到了民选的抗日民主政府如何真正代表人民利益和人民意志，领导人民积极抗战，实行革命的三民主义。他们看到了我们军民的亲密合作，以及由这合作所产生的伟大力量。"①

陕甘宁大门叩开后，一股"延安热"顿时在驻重庆的外国记者中掀起。他们纷纷向国民党方面提出申请，急切要求前往延安。其中美国记者有《生活》杂志的西奥多·H·怀特、《纽约时报》的布鲁克斯·爱金生、合众社的朗德尔、美联社的克莱德·法恩斯沃思、美国广播公司的费里茨·奥珀、《新闻周刊》的哈罗德·艾萨克斯等。经反复交涉，蒋介石仅批准了怀特和爱金生。他们二人先后于9月中旬和10月下旬前往延安，在那里分别逗留一个多月后返回。此后，蒋介石下令：从此禁止外国记者再去延安。

众所周知，从1939年起，国民党制定了一套与法西斯国家相比有过之而无不及的严格的新闻检查制度，经国民政府批准入

① 《抗战日报》1944年10月25日社论。

境的外国记者向海外寄发的报道，须先经国民党中宣部国宣处严格检查后方能放行，越轨者将受严重警告处分，直至驱逐出境。在一段时间内，侥幸获准前往延安的外国记者，从抵达陕甘宁边区那天起，他们中的大多数就被中国共产党人创造的伟大业绩所惊异，为延安人积极向上的精神所感染，一种强烈的职业使命感激发起他们对中国共产党人的高度热情。他们站在公正的立场上，撰写了大量报道，客观反映了延安和敌后的抗战情况，并向全世界报道。但许多报道在那个通向世界的狭窄的关口上被卡死了。

外国记者对国民党新闻检查制度的反感和批评，引起了国际社会的关注。美国驻华大使高斯写道：垂头丧气的美英记者所描述的中国新闻界状况是真实的。在罗斯福总统的授意下，众议院多数派、民主党领袖迈克尔·曼斯菲尔德来中国作实地调查。调查结束后，他在 1945 年 1 月 3 日的报告中写道："世界上最无理的检查制度在重庆……"①

乌云遮不住太阳。外国记者仍通过各种合法的、"非法"的途径，向国外发出许多关于"红色中国"的报道。在 1944 年下半年的外国报刊上，可查阅到的报道就有：《中国共产主义军队是强大的》，载于 7 月 1 日《纽约时报》；《泰晤士报特派员与毛泽东论湘鄂战局》，载于 7 月 1 日《泰晤士报》；《中国共产党人与富人协商》，载于 8 月 6 日《纽约时报》；《通往延安的路上没有罂粟花》，载于 8 月 14 日《纽约时报》；《来自各阶层的中国共产主义者》，载于 8 月 28 日《纽约时报》；《大丰收使延安丰衣足食》（爱金生），载于 9 月 25 日《纽约时报》；《延安——一个在三种时间上的中国仙境——有一个时钟》（爱金生），载于 10 月

① ［美］肯尼思·休梅克：《美国人与中国共产党人》，吉林文史出版社 1989 年版，第 134—135 页。

6 日《纽约时报》；《在红色中国之中》（怀特），载于 12 月《生活》杂志。

一些关于中共抗战的长篇纪实作品也在国外陆续出版，如：《来自红色中国的报道》，福尔曼著，1945 年在美国出版；《红色中国的挑战》，斯坦因著，1945 年分别在美国、英国出版；《我访问了延安》，爱泼斯坦著，1945 年 4 月在印度出版；《来自中国的惊雷》，怀特与另一名驻华美国记者贾安娜合著，1946 年在美国出版；《中国未完成的革命》，爱泼斯坦著，1947 年在美国出版。

这些著作的共同特点是：作者根据亲历的事实，运用在国统区、解放区和延安采访得来的大量翔实的材料，介绍中共控制区民主进步的新貌，揭露国统区黑暗腐败的现状；赞扬八路军和敌后人民的抗战实绩，抨击国民党积极反共、消极抗战的行径。他们的记录以铁的、无可争辩的证据，揭穿了国民党当局长期对外界舆论的愚弄和欺骗：它总是粉饰自己，恶意中伤别人。这些著作出版后，在国际社会激起了强烈反响。

中外记者西北参观团访问延安，在某种意义上说，是能够与 1936 年斯诺的旅行相媲美的事件。它将中共和抗日根据地的真实情况宣传到了大后方和世界许多国家，在某种程度上打破了国民党对中共的新闻封锁政策，客观上扩大了中共及其领导的人民军队在国内外的影响，促使大后方人民和世界人民以及美英法盟国政府对中共重新认识和估价。

第二节　欢迎美军观察组的到来

1941 年 12 月 8 日，太平洋战争爆发。从此，中国在亚洲大陆的抗日战场和以美国为首的太平洋对日战场形成了紧密联系、互相配合的战略态势。根据这一新的形势，中共中央大幅度地调整了对外方针。9 日，中共中央政治局会议通过并发出《中国共产党为太平洋战争的宣言》和《中共中央关于太平洋反日统一战线的指示》，指出："中国与英美及其他抗日诸友邦缔结军事同盟，实行配合作战，同时建立太平洋一切抗日民族的统一战线，坚持抗日战争至完全的胜利。""中国人民与中国共产党对英美的统一战线特别有重大的意义。""中国共产党应该在各种场合与英美人士诚恳坦白的通力合作，以增加英美抗战力量，并改进中国抗战状况。"①

根据这一指示，南方局克服尚无同美国政府官方关系的现实困难，利用各种可能的渠道，直接或间接地开展对美外交，以争取美国的合作和支持。周恩来在与美国官员的交往中，多次表示欢迎美国政府和美军派代表团访问延安和敌后抗日根据地，或设立领事馆、观察站。1942 年 5 月下旬，周恩来向随美国军事代表团来渝的埃德加·斯诺表示，希望美军代表团和美国记者去延安参观，并委托斯诺将宣传八路军、新四军作战业绩的有关资料和一封信带给罗斯福总统行政助理居里，指出：中共无论在何种困难情况下，都必定坚持抗战，反对内战；中共领导的军队已牵制日本在华兵力总数的将近一半；为了有效地打击共同的敌人，希望得到同盟国提供给中国的援助的一部分。② 六七月间，周恩来三次会见美国驻华使馆二等秘书兼中缅印战区司令部政治顾问约翰·戴维斯，表示：如能得到蒋介石的许可，愿在盟军中国战区参谋长、中缅印战区美军司令史迪威将军的指挥下，率领八路军参加缅甸作战；③ 在戴维斯表示希望中共在侦察敌情方面给美国

① 中央档案馆编：《中共中央文件选集》第 13 册（1941—1942），第 248—252 页。

② 中共中央文献研究室：《周恩来年谱（1898—1949）》，第 545 页。

③ 《美国外交关系，1942 年》中国卷，第 101、102 页。

提供便利时，周恩来建议美国派一个军官小组到陕西、山西建立观察站。[①] 8月6日，周恩来又通过戴维斯致函居里，再次建议美国向共产党领导的抗日根据地派遣军事代表。[②] 11月，周恩来、林彪在重庆会见美国驻华使馆参赞约翰·范宣德和二等秘书约翰·谢伟思，建议在美军的对华援助中应当明确规定共产党军队应得的恰当份额，再次邀请美国的官方代表访问共产党地区，并指出“外国（显然是美国）对国民党的影响，可能是使局势能够得到改善的唯一力量”。[③] 1943年3月，在与戴维斯的谈话中，周恩来进一步提出，欢迎美国政府派一批军官作为观察员到陕西、山西等敌后根据地去搜集情报，并常驻那里进行工作。[④] 8月，驻重庆的董必武根据中共中央的指示，向美方人员接交了《国共两党抗战成绩比较》和《共产党抗击全部伪军概况》。与此同时，中共驻重庆代表团的其他人员，也频频与美国驻华的军事和外交官员进行非正式接触，向他们介绍中国战局和中共的情况，阐述中共的对美政策，表达中共加强与美国合作的愿望等。

出于加速反法西斯战争进程和维护美国利益的需要，驻华美国外交官们认为中共的建议是可取的。1943年1月，谢伟思在回国述职期间向国务院远东司递交备忘录，认为“共产党军队在我们的共同作战努力中可能有积极的军事价值，这是不容忽视的”，因此他建议政府当局派遣外交部门的文职官员“访问共产党地区”，以获取日军的情报和共产党及其抗日武装的确切情况。[⑤] 6月24日，戴维斯向中缅印战区史迪威将军和美国国务院提交备

① 中共中央文献研究室：《周恩来年谱（1898—1949）》，第547页。

② 《美国外交关系，1942年》中国卷，第207—211、227页。

③ ［美］约瑟夫·W·埃谢里克：《在中国失掉的机会》，国际文化出版公司1989年中文版，第176页。

④ 《美国外交关系，1943年》中国卷，第197、214页。

⑤ ［美］约瑟夫·W·埃谢里克：《在中国失掉的机会》，第173、177页。

忘录，建议在延安设立总领事馆，并向共产党区域派遣军事使团。戴维斯并把报告副本寄给了总统助理霍普金斯和居里，希望他们提请总统注意。[①] 美国国内舆论也是如此，如 10 月 29 日《大美晚报》特以《在延安设美国领事馆你以为如何》为题发表文章，敦促美国政府征得国民党当局同意设立延安领事馆。显然，谢伟思、戴维斯的看法，得到了驻华大使高斯和史迪威的赞同。1944 年 1 月 15 日，戴维斯致函史迪威再次建议："我们需要趁着还受欢迎的时候，立即派一个军政观察员代表团到共产党中国去搜集敌人的情报，协助并准备在那个地区开展一些有限的活动。假如俄国进攻日本，也好就俄国在华北和满洲的活动作出汇报，并对华北和满洲是否可能出现另立中国——甚至变成俄国的卫星国——作出估计。蒋介石对共产党人搞封锁，从而使他们处于孤立无援的境地，这就迫使他们逐渐依附于俄国。要是美国派一个观察代表团到延安去，那就会打破这种孤立状况，削弱依附俄国的趋势，同时又能遏止蒋介石试图以内战消灭共产党的愿望。"他还提出："通过通常的外交和军事渠道是不可能获得蒋介石的允许的。应当由总统直接向他提出要求。要是蒋介石开始就加以拒绝，总统可以运用我们足够的讨价还价的力量制服他。"[②] 2 月 1 日，史迪威向华盛顿转呈此报告，并强调：美国政府"非常需要由我们自己的观察员来自共产党区域的真实的报告"。[③]

戴维斯的这个备忘录终于触动了白宫。2 月 9 日，罗斯福致函蒋介石，第一次提出允许美军立刻向中国北方地区派遣代表团，其理由是华北和东北是日军主要聚结地区，美军非常需要那里的情报。16 日，国务院询问驻华大使高斯的看法。对蒋介石非

① 《美国外交关系，1943 年》中国卷，第 258—266 页。

② 《中美关系资料汇编》第 1 辑，世界知识出版社 1957 年版，第 587 页。

③ 冯嘉琳：《史迪威将军》，中国和平出版社 2000 年出版，第 340 页。

常了解的高斯答复说，委员长可能不会同意，但值得做这种努力。他提议派遣的使团应当主要是军事方面的，还建议谢伟思应该成为使团的成员。蒋介石22日复电同意在搜集华北和满洲日军情报方面予以协助，并正在让军政部长与史迪威接触，“以便在国民政府政治权力所及和中国军队所在的一切地区，为使团在地图上标明未来的行动路线”。[①] 换言之，观察组的活动范围不能超出国民党的控制区域。次日，蒋介石召见史迪威在重庆的参谋长赫恩将军，告诉他被授权的地区不包括共产党所控制的范围。罗斯福对此显然不能满意，于3月9日、22日再电蒋介石，表示美国将于近期派出观察组，观察组的工作范围应包括华北与东北。史迪威则将训练国民党空军的计划暂时搁置起来，以向蒋介石施加压力。

在此期间，国民党中央宣传部批准了外国记者访问延安的要求。史迪威总部就此质问军政部长何应钦：中国政府为何允许记者到共产党区域进行这种访问，而不同意美军观察组到那里去？何应钦答复：“这两种访问的意义完全不同。新闻记者是民间人士，他们的访问不会有任何官方意义，他们的观点不会被人认为是代表官方政策。如果美国使团去延安，那就会被认为是美国将要与共产党合作。”[②] 这种结果当然是蒋介石不愿意看到的。

1944年4月，日军发动了打通大陆交通线的豫湘桂战役。国民党军丧师失地，全线溃退，美国在华空军一些基地也被敌摧毁。国民党当局军事上无能、政治上反动，激起了包括中国共产党人在内的全国人民的强烈不满，他们普遍要求废除国民党一党

① ［美］赫伯特·菲斯：《中国的纠葛》，北京大学出版社1989年出版，第179页。

② ［美］赫伯特·菲斯：《中国的纠葛》，第181页。

专政，成立民主联合政府。为了调解国共之间和中苏之间的矛盾，罗斯福决定派副总统华莱士访华。谢伟思奉命为华莱士访华准备了汇报材料《中国的局势和关于美国政策的建议》，其中表达了对国共矛盾将引发内战的严重忧虑，提出："应该继续对中国共产党人表示关切。其中包括与驻重庆的共产党代表保持联系，沟通双方之间的隔绝的情况，继续力促派观察员去华北。同时，我们应当强调华北在军事上的重要性。不管是在获取有关日军战斗序列、空军实力、气象报告的情况方面，还是在获得有关空袭和战果估价、被击落的空军人员的隐蔽和救护工作的情况方面，都是一样。我们应当考虑，对日军的积极战斗，最后必将推进到华北，因此，有一个援助共军和游击队，或者是与他们合作的问题。如果我们以紧急军事需要为理由的合理要求得不到赞同的反应，我们就应当不惜一切派遣我们的军事观察员。"① 美国国务院称赞它提出了"及时的、透辟的分析和建设性的建议"。华莱士访华期间，谢伟思利用担任陪同的机会，进一步向华莱士说明：一个美国派往中共地区的使团可以减少美国完全依靠国民党的程度；由于美国的支持，共产党人或许能够起到把中国变成一个有生命力的亲美盟国的作用；华盛顿必须迅速表示它愿意援助中国的任何决心抗日并答应与美国合作的集团。史迪威也认为，华莱士应当面向蒋介石提出观察员问题。

6月21日和22日，华莱士在与蒋介石的会谈中反复表示对国共关系的关切，一再提出派美军代表团去延安的要求，但屡遭拒绝。他与陪同访华的国务院远东司中国科科长范宣德商量后，决定把政治问题与军事问题分开的方法再次向蒋提出要求。23日上午，华莱士向蒋强调美军对在中国进行战争感兴趣，驻重庆的B-29远程战略轰炸机亟需准确情报，国共和解问题同美军获取

① ［美］约瑟夫·W·埃谢里克：《在中国失掉的机会》，第156—157页。

情报是互不相干的两码事，应该分开处理。同时，国民党军在豫湘桂战场上出现惊人的大溃退，蒋介石在无路可退的情形下，只得勉强同意华莱士的要求。[①] 为了尽可能地降低国际影响，蒋介石要求降低代表团的规格，将“军事代表团”改名为“军事视察组”。中共方面认为，美军并非中共军队上级领导，没有理由“视察”，因此反对蒋介石将代表团改称视察组的要求。后经三方磋商，最终定名为“美军观察组”。

中共中央最早得知美国准备派遣军事观察组赴延安是在1944年3月初。当时，南方局致电中共中央：美国政府准备向延安派遣一个军事观察组。[②] 6月28日，南方局致电中共中央：美军观察组人员已确定，不久即可起程赴延安。同时指出：“美国之积极要求派人常驻延安与华北，不仅是为了今天轰炸日本的需要，必然还另有目的。”就是要“详细了解我与苏联的关系，现在是否受苏联支持”；“详细了解我们的建设方向，战后是否与美国合作”。[③] 毛泽东当即复电：“美军事人员来延，请你们代表我及朱、周表示欢迎，飞机场即日开始准备，来延日期请先告。”[④]

美军观察组派驻延安，同以前中共中央南方局人员与美国官员之间的个别接触不同，这是“美国同中共领导之间正式接触的开始”，[⑤] 意味着美国政府与中共建立了一种官方联系。作为反法西斯盟国之一的美国与中共发生官方关系，这是第一次。它是中共积极开展抗日外交工作的结果，又预示着中共的外交将得到长

① ［美］伊·卡恩：《中国通——美国一代外交官的悲剧》，新华出版社1980年版，第137—139页。

② 《胡乔木回忆毛泽东》，人民出版社1994年出版，第334页。

③ 《胡乔木回忆毛泽东》，第337页。

④ 中共中央文献研究室：《毛泽东年谱（1893—1949）》中卷，第522页。

⑤ ［美］伊·卡恩：《中国通——美国一代外交官的悲剧》，第146页。

足的发展。因此，中共对美国军事观察组的到来格外重视。6 月 29 日，毛泽东主持中共六届七中全会主席团会议，讨论美军观察组来延安的问题，对接待观察组的工作做了周到的安排。会议决定：对美表明，我们现在需要合作抗战；抗战胜利后需要和平建国，民主统一。在交涉中以老实为原则，我们能办到的就说能办到，办不到的就说办不到。会议还专门作出安排，决定由毛泽东、朱德、周恩来、彭德怀、林彪、叶剑英出面接待。因观察组名义上是由史迪威的中缅印战区美军总部派出的，所以由第十八集团军总部对口接洽。①

观察组到延安前夕，适逢美国建国 168 周年。7 月 4 日，延安召开了热烈的庆祝会。中共主要领导人和在延安的外国人以及中外记者团参加了庆祝活动。毛泽东特意指定为《解放日报》写了一篇社论，题目是《庆祝美国国庆日——自由民主的伟大斗争节日》，并亲自提出修改意见。社论高度评价了美国独立战争、南北战争的意义和华盛顿、杰斐逊、林肯等人在世界自由民主运动中的影响，同时，社论也表达了中共对美国外交的希望："罗斯福总统、华莱士副总统的外交主张，是美英苏中的战时团结和战后团结……这个外交路线是符合于美国利益，也符合于全人类利益的。我们中国不但在战时要求国际反法西斯的团结，以求得民族的独立，而且在战后也要求国际的和平合作，以推进国家的建设，所以，我们在庆祝美国国庆日的今天，深望罗斯福总统和华莱士副总统的这个外交路线，能够成为美国长期的领导路线。"同日，为准备和安排美军观察组飞机在延安降落的问题，毛泽东致电南方局，告知飞机在延安机场降落时应注意的事项，包括雨季飞机不能超过的重量，跑道的长度、宽度和降落方向，机场标

① 中共中央文献研究室：《毛泽东年谱（1893—1949）》中卷，第 522 页。

记等。[①]

7月15日，南方局致电中共中央："美观察组头一批9人，定于20日飞延。包瑞德武官率领医生卡斯伯格、20航空队的多伦、美军司令部的谢伟思、14航空队的斯特尔，及4名军事人员。任务是与中国新力量合作。他们主要商量在边区及敌后根据地建设机场问题，了解我实际情况，观察我与苏联的真实关系。人员包括有陆军、航空、电讯、医药等方面的人。希望每月通航一次。"[②] 中共中央随即作出具体部署。毛泽东、周恩来为接待美军观察组特作了一些方针、政策上的规定。具体的接待工作由新成立的军委外事组负责，军委秘书长杨尚昆兼任外事组组长，王世英、金城为副组长，成员有柯柏年、陈家康、黄华、凌青等，还有马海德医生。杨尚昆向外事组人员传达毛泽东、周恩来的指示精神：第一，我们和美国是反法西斯的盟友关系，政治上是平等的，工作上既要积极帮助他们，又要坚持原则。他们提出的问题，凡属于我们职权范围内的事，要坦率地正面解答，不要回避，要开诚布公地交换意见，不亢不卑。第二，生活上要热情周到，给予优待和照顾，但也要量力而行，不铺张浪费。第三，要广交朋友，建立友谊。观察组不是短期的，必然要同我们的干部和群众交往，广泛接触。要掌握好分寸，教育干部和群众维护国家和民族的尊严，又应当提醒对方尊重我们民族的风俗习惯。[③] 朱德、叶剑英还数次召见在延安的林迈可等外国朋友，商讨接待观察组的具体事宜。[④] 为便于观察组开展活动，延安方面急速成立了一个英语学校，抽调40多名有一定英语基础的人员学习，

---

① 中共中央文献研究室：《毛泽东年谱（1893—1949）》中卷，第526页。

② 金城：《延安交际处回忆录》，第192页。

③ 《杨尚昆回忆录》，中央文献出版社2001年版，第226页。

④ ［英］林迈可：《八路军抗日根据地见闻录》，国际文化出版公司1987年版，第103页。

以作观察组的翻译人员。

从1944年3月起，中缅印战区司令部即着手筹组美军观察组。史迪威经反复物色，最后确定美军上校戴维·包瑞德为观察组组长。包瑞德在重庆是出名的“中国通”。史迪威选中他是因为他待人彬彬有礼，能流利地讲一口纯正的北京话并拥有上校军衔，相信他有可能会得到中国共产党人的尊重。美军观察组定名为“迪克西使团”，共18人，大都有长期在中国生活和工作的经历，分两批于7月22日、8月7日飞抵延安。

观察组到达延安后受到隆重热情的接待。包瑞德率第一批人员到达时，周恩来、叶剑英、杨尚昆等到机场欢迎。尽管延安物质条件较差，仍为观察组提供了清洁舒适的工作和居住场所与丰富可口的饮食，配备了服务人员，并迅速修复了延安机场被损坏的跑道，帮助观察组架设了与重庆美军总部通讯的电台天线。包瑞德由衷地称赞说：“你们的工作效率真高，这是重庆没有法子比的。”[①] 在欢迎宴会上，朱德总司令向观察组成员亲切致意，周恩来对飞机着陆时发生的意外事故表示慰问。接着，周恩来、叶剑英会见包瑞德和谢伟思，讨论了观察组的工作任务。

7月26日，毛泽东、周恩来、朱德等中共党政军领导人出席为美军观察组举行的正式宴会。席间，毛泽东同谢伟思进行了长谈，他问美国“国务院是否有可能在延安建立一个领事馆”，“提出此问题，是因为在抗日敌对行动停止之后美国军事观察组会立即撤离延安，而这时正是国民党进攻和打内战的最危险的时机”。谢伟思提醒说：“这有许多实际困难——第一是在这一地区里美国人为数甚少。”[②] 27日，谢伟思应邀与周恩来进行了约三小时的谈话，内容涉及正在进行中的国共谈判、中日战争形势和中共

① 金城：《延安交际处回忆录》，第194页。

② ［美］约瑟夫·W·埃谢里克：《在中国失掉的机会》，第243页。

与美国的军事合作。关于在中国设立盟军最高统帅是否可行，周恩来“作了极其坚定而有条件的回答，他说，这种意见的时机尚未到来；我们必须等到美国的物资供应和人员到达中国和反攻已实际在望。统帅必须是美国人，并且完全受到共产党人的欢迎，假如得到中央政府同意的话”。关于美军观察组扩大活动范围的可能性，周恩来表示：“这种为走向积极合作而实行的扩大，自然会受到共产党人的欢迎，但除非有一次激剧的改变，定会遭到国民党政府的反对。不管怎样，现在门开了一条缝，只要遵循渐进的、谨慎的方针走下去，向着有限的合作前进还是有可能的。因此，美军观察组获得允准是一座里程碑。”①

美军观察组的到来，大大鼓舞了浴血奋战中的中国共产党人。8 月 6 日，周恩来以欣慰的心情从延安致电中共南方局外事组组长王炳南：“这一回打通了，以后将不难来往，你们的努力有了代价，前途更将无限量发展”，“现在延安也有同样性质的工作，可是人手不够，尤其熟习英文的人不多，望你们在外也要多注意储备人才。”② 当时正在延安访问的外国记者根室·斯坦因记述了当时的观感：“延安人民也沉浸在极度的欢乐之中。两个月之内，他们被封锁被严禁的地区的大门又一次打开了。延安尽管对我们那么尊敬，但这些客人显然比世界上最重要的报纸的代表重要得多。美军虽然认识到，中共在对日作战中将发挥一定的作用……在政府的宾馆里，插着在重庆飘扬的中华民国国旗，迎来了第一批访问延安的盟国军官……这一切似乎有点空幻，好得几乎不像是真的。”③

8 月 15 日，在观察组第二批人员抵延安后，《解放日报》正

① ［美］约瑟夫·W·埃谢里克：《在中国失掉的机会》，第 214 页。
② 《周恩来书信选集》，第 240 页。
③ ［美］赫伯特·菲斯：《中国的纠葛》，第 182—183 页。

式公布了观察组抵达延安的消息，并发表《欢迎美军观察组的战友们》的社论。这篇社论是经毛泽东改定的，标题上“战友们”几个字也是他加上的。社论说：美军观察组来到延安，“是中国抗战以来最令人兴奋的一件大事”，“对于争取抗日战争的胜利，实有重大的意义”；观察组“一定会对此间情况，作周密的和深刻的观察，并对于双方如何亲密合作以战胜日寇，必能多所掷划”，将“会使美军统帅部对于中国共产党始终坚持团结抗战、实行民主政策，和共产党领导下的敌后抗战力量，获得真实的了解，并据以决定正确的政策”；从此，“国民党想要一手遮天，已经困难了”。①

很久以来，由于国民党政府独揽国家外交大权，百般限制和阻挠中共的对外交往，中共的一切外交活动都是在“非法”的半公开状态下进行的。以美国政府承认中共力量的客观存在并向延安派驻观察组为标志，中共的外交工作从此得以公开化，走上“半独立性”的道路。为此，8 月 18 日，中共中央专门发出《中央关于外交工作指示》，作为指导当时中共对美外交的方针。

美军观察组抵延后，中共领导人即全力支持其工作。从 8 月 3 日起的两个月中，为了向观察组介绍敌后抗战情况，中共和八路军领导人先后举行十次报告会：八路军参谋长叶剑英关于华北敌后形势和八路军、新四军的发展与组织的两个报告；八路军副总司令彭德怀关于八路军七年来在华北抗战的概况的报告；八路军第一一五师师长林彪关于八路军军事训练的报告；八路军第一一五师副师长兼政委聂荣臻关于晋察冀边区的报告；新四军代理军长陈毅关于新四军的报告；八路军第一二〇师师长、陕甘宁晋绥五省联防军司令贺龙和第一二〇师政治部主任甘泗淇关于晋绥边区的报告；晋冀鲁豫边区政府主席杨秀峰关于晋冀豫和冀鲁豫

---

① 《解放日报》1944 年 8 月 15 日。

边区的报告；原中共北方局山东分局书记朱瑞关于山东军区的报告；八路军政治部主任罗瑞卿关于中共军队政治工作的报告。

从1944年7月至1945年3月，毛泽东、周恩来、朱德、彭德怀、叶剑英、陈毅、罗瑞卿、聂荣臻等中共中央和军队领导人分别与包瑞德、约翰·谢伟思进行了坦率、诚恳的交谈。约翰·谢伟思还多次会见林伯渠、刘少奇、博古、杨秀峰、南汉宸等，并听取他们的谈话。

上述报告和谈话主要包括如下几个方面的内容：第一，全面系统地介绍中共及其领导的抗日军民坚持敌后抗战、实行人民战争的事实和各根据地实行民主政治的情况。第二，表达与美军积极合作，并将在中国抗日战争和世界反法西斯战争中做出更大贡献的愿望。中共领导人指出：从海南岛到山东半岛，中共领导的军队都能有效地打击敌人，帮助美军登陆并建立滩头阵地；美军应当制订与中共军队长期合作的计划，观察组或类似性质的组织应是常驻性的，在延安以外各根据地也应派驻小分队。第三，阐述国共两党关系的历史，表示希望美国在战后运用其影响制止国民党发动内战。

这些谈话以毛泽东、周恩来与约翰·谢伟思在8月23日长达六小时的谈话最为重要。谈话围绕如何避免国共之间的内战展开，内容十分广泛，不仅包括国共关系、中共与美国的关系，而且涉及战后中国的经济建设。毛泽东指出：国共两党关系的状况是解决中国问题的关键。我们共产党人深知内战的惨痛经验。对中国说来，内战将意味着长年累月的破坏和混乱，中国的统一，它对远东的稳定作用，以及它的经济发展，统统会推迟下去。中国防止内战的希望在很大程度上有赖于外国的影响。在这些外国中，尤其最重要的是美国，国民党在今天的处境下必须看美国的脸色行事。国民政府应该立即召开一次临时（或过渡的）国民大会，应邀请一切团体派代表参加。在人数分配方面切实可行的妥协可以是，国民党大概占代表数的一半，所有其他代表占一半，蒋介石将被确认为临时总统。这次临时国民大会必须有全权改组政府并制定新的法令——保持有效到宪法通过之时为止。它将监督选举，然后召开国民大会。我们现在只是要求美国政府努力引导国民党改革自己。国民党已在忙于为发动内战制造借口。内战是不可避免的，但不是十分确定的。

关于美国与中共的关系，毛泽东指出：我们以前不会提出美国承认中共的问题，时机还不成熟。我们现在只是要求，美国政策要努力引导国民党改革自己。如果取得成功，就不会有内战的威胁。但是如果国民党不实行改造，那时就必须提出美国对共产党的政策这个问题。美国已经插手了它的军队和供应所到的每个国家。美国把武器给予一切抗日部队，包括共产党的军队在内，这样做不是干涉。美国只把武器给予国民党，其后果将会是干涉，因为它将使国民党能够继续反对中国人民的意愿。

关于双方的军事合作，毛泽东指出：你们美国人和我们共产党的任何一次接触都是愉快的。当然，我们高兴美军观察组的到来，因为它会帮助打败日本。美军必须在中国登陆，自然，它取决于日军的力量和战争的发展。如果实行登陆，美军就必须和中国双方——国民党和共产党——部队合作。我们的部队目前包围着汉口、上海、南京和其他大城市。我们是内线，而国民党在更远的后方。美国会发现我们比国民党更易于合作。我们不怕民主的美国影响——我们愿意欢迎它。我们关心的是在建设和生产性的方针指导下，使国家得到最快的发展。美国无需害怕我们不愿意合作，我们必须合作，我们需要得到美国援助。我们不能冒险与你们迎头相撞——不能冒险和你们发生任何冲突。[1] 周恩来补充说，对于美国来说，赢得中国抗日战争的决定性胜利而又避免

---

① ［美］约瑟夫·W·埃谢里克：《在中国失掉的机会》，第249—261页。

内战的唯一办法是既支持国民党，又支持共产党。[1]

谢伟思为毛泽东在谈话中表达出的希望美国与中共友好合作的真诚愿望和对中共政治前途的高度自信而“感到惊讶”[2]。他于 8 月 27 日发出有关这次谈话的报告，9 月 28 日这个报告才从重庆发往华盛顿，而华盛顿直到 10 月 24 日才收到。戴维斯后来指出：“这次谈话……较诸罗斯福以及华莱士和蒋介石的所有谈话都具有更重大的意义。”“毛泽东为了和美国达成一项可行性安排而作出的非同小可的提议，被美国政府忽视了。且不说国务院的中国问题专家们，连华盛顿也极少注意到毛的主动的表示。于是中美关系中富有历史意义的瞬间就这样未受注意而被忽略过去了。”[3]

中共方面还采取种种措施，以方便美军观察组了解敌后抗日根据地的情况及搜集日军情报。八路军司令部与美军观察组共同组成空军小组，负责处理有关空军的情报；八路军、新四军领导机关还下令在晋东南、山东和苏中建造三个简易机场，以加强延安与各根据地的联系，改善情报工作。

美军观察组也注意了解延安地区部队的军事素养和作战能力，并多次被邀请去讲解有关的军事知识。比如，包瑞德和海军上尉希契就美国陆军训练方法、海军的发展、日本军舰和商船的识别方法等问题向八路军指挥员作了数次报告，陆军少校彼得金就爆破材料的使用向 1000 多名八路军官兵作了演示和示范。

观察组成员还分批到华北各抗日根据地进行实地考察。8 月 23 日，军医卡斯伯格前往晋绥根据地察看前线部队的医疗状况。

---

① 中共中央文献研究室：《周恩来年谱（1898—1949）》，第 594 页。

② ［美］约翰·谢伟思：《美国对华政策（1944—1945）：〈美亚文件〉和美中关系史上的若干问题》，中国社会科学出版社 1989 年版，第 233 页。

③ ［美］约翰·戴维斯：《抓住龙尾：戴维斯在华回忆录》，商务印书馆 1996 年版，第 288、292 页。

9月14日至11月5日，三名观察组成员在晋绥根据地参观访问，察看紧急着陆地点，探索破坏日军和进行情报工作的可能性。1944年10月至1945年2月，雷伊·卢登访问了晋绥和晋察冀根据地，行程近2000公里。空军上尉惠特尔西在1945年1月访问太行山区时不幸与敌遭遇，献出了年轻的生命。对于惠特尔西的牺牲，中共领导人表示了深深的哀悼，朱德特地将观察组用过的食堂命名为“惠特尔西纪念堂”，并为纪念堂的匾额题字。

美军观察组对于中共的协助是十分满意的。包瑞德在报告中说：中共当局给了观察组最热心的合作。毫不犹豫地向我们提供任何方便，在他们控制的任何地区与我们合作；对美国人的旅行也未加任何限制。

美军观察组成员以往的军旅生活是在中国国外或大后方度过的。他们中的不少人因种种原因，对共产党或是怀有成见，或是抱有疑惧。但是，“经过第一天的亲身体验，他们来此以前的种种疑虑已完全烟消云散”。① “因为他们感觉到延安的气氛。他们的住所好像兴致勃勃的开拓者的营舍。他们在高度的迫促之下一星期又一星期地工作着。”② 所以，仅仅经过了两个月，他们就根据中共方面的介绍，在延安和华北敌后各抗日根据地的实地考察，以及对在延安外国人、被营救脱险的美国飞行员的调查走访所得的材料，向中缅印战区司令部发回112份报告，其中多数属包瑞德主持起草的军事情报，包括日本在华陆军的实力及其分布、空军机场及防空力量、沿海港口的海军实力，共产党军队的分布及其作战能力，共产党的外交政策，华北、西北的经济、气候状况和边区人民的生活等。这些报告为美国制订作战计划及对华政策，提供了大量可靠的第一手资料。

---

① ［英］林迈可：《八路军抗日根据地见闻录》，第103页。

② ［英］根室·斯坦因：《红色中国的挑战》，第235页。

除军事报告外，美军观察组谢伟思、戴维斯、卢登还发回许多有价值的政治报告。这些政治报告内容广泛，主要涉及六个方面：

第一，他们相信共产党是真心抗日的，中共领导的武装是有战斗力的。谢伟思指出："士气是很高的。""这里没有失败主义，而是信心十足，没有厌战情绪。""共产党人是真心实意要战斗的。""共产党部队都很能作战，运动战和游击战经验丰富，并且有进行这类作战的士气和决心。"①

第二，他们建议美国政府向八路军、新四军提供武器，并联合作战。谢伟思指出："美军陆军已开始与中国共产党部队合作。迄今为止这种合作在我方来说是被动的——收听共产党的情报和营救美国空勤人员。这种不彻底的合作取得明显成功，合乎逻辑地应导致考虑更积极的措施。""考虑到这一切政治、军事因素，我建议，有理由把美国的军事援助扩大给予中国共产党军队。"②

第三，他们确信共产党已经极大地增强了自身实力，并在有关地区得到人民的广泛支持。谢伟思指出："共产党军队，从抗日战争开始几乎一无所有，在华北、华中一个很大的地区里保存了下来，而且极大地增强了他们的实力，在那些地区里他们正牵制着大量日军。""共产党部队，在长江以北所有的日军交通线沿线及紧靠交通线的地区都扼守着战略阵地据点。""从这些据点出发他们可以进入主要城市并切断铁路线。""中国共产党在目前的战争中取得的军事成就和这些成就赖以取得的政治基础——共产党人赢得的人民群众支持，这一事实现在已为众所周知。"③

第四，他们确信共产党是生气勃勃的力量，中国的未来属于

---

① ［美］约瑟夫·W·埃谢里克：《在中国失掉的机会》，第182、276、278页。

② ［美］约瑟夫·W·埃谢里克：《在中国失掉的机会》，第275、279页。

③ ［美］约瑟夫·W·埃谢里克：《在中国失掉的机会》，第278、274页。

共产党。初到延安时，谢伟思即感到："我在延安看到的是一次具有政治和经济纲领的、组织得很好的运动，它正在能干的领导人的领导下成功地完成着。""当国民党已丧失了它早期的革命性，并随着这一丧失而呈现四分五裂的时候，共产党由于必须继续奋斗而保持了其革命性。而且渐渐壮大和比较成熟了。""人们不能不得到一种感觉：这一运动是强大和成功的，它后面有某种动力，而且它把自己和人民群众联系得如此密切，因而将不会被轻而易举地扼杀掉。""现在看来，最强大的力量肯定是共产党，而且在不要很长时间之后，它就会统一全中国。"① 戴维斯则明确指出："共产党人将在中国立足下去，中国的命运不是蒋介石的，而是他们的。"②

第五，他们反对美国政府片面支持国民党的对华政策。谢伟思指出："把我们的支持和供应限定在只给国民党，不可能为我们赢得一个能起作用的、全心全意的同盟者。""我们必须考虑，我们还会受到很有道理的谴责，说由于我们现在武装国民党军队，所以促成了内战。""不偏袒地既支持国民党军队，也支持共产党军队，至少会使一支部队，即真心实意要抗战的共产党部队具有战斗力。""这样的不偏不倚的援助实际上在中国将产生一种积极的影响。国民党将被迫不仅要争取我们的支持，而且要争取中国老百姓的支持。这样，我们就可以尽力促使国民党走向改革。""最后，我们给予共产党军队的援助，几乎肯定会使得国民党发动一场内战成为不可能。"③

第六，他们比较客观地评价了中共目前对苏联和美国的倾向性。谢伟思指出："中国共产党人正在离开教条主义的马克思主

① ［美］约瑟夫·W·埃谢里克：《在中国失掉的机会》，第184—185、273页。
② ［美］约瑟夫·W·埃谢里克：《在中国失掉的机会》，第241页。
③ ［美］约瑟夫·W·埃谢里克：《在中国失掉的机会》，第271—272、277页。

义；他们正在强调‘中国的’特征；他们和美国建立友好关系的愿望是真诚的。”政治上，“中共正在实行民主政策，他们期望美国赞成和同情地支持这些政策”。经济上，中共“相信，美国，而不是苏联，将是唯一能够提供这种经济援助的国家；并且认识到，为了效率和吸引美国投资，对美国的这种参与给以很大自由是明智的”。“自然，中国共产党人也认为，中国同苏联保持亲密、友好关系是必需的，但是他们坚持认为，这种关系不牵涉美苏利害冲突问题”。“我相信，中国共产党人现在在真心诚意地寻求在美国支持基础上的中国统一。这并不排除他们再转向苏联，如果他们为了在美国援助的国民党进攻下继续生存下去，而不得不这样做的话”。①

美军观察组的大量报告对美国对华政策产生了一定的影响。首先，这些报告在驻华外交和军事人员中产生了“激动人心的影响”。他们都跃跃欲试，想到延安去亲眼目睹一番。其次，这些报告也影响了美国公众舆论。谢伟思的不少报告在《美亚》杂志上发表，给美国舆论界吹来一股清新的风——“共产党中国”。最后，这些报告还给美国高层人士留下了印象。霍普金斯对谢伟思的第一份报告曾作如下评语：“这是谢伟思先生写的关于中国共产党情况的初步报告。谢伟思是国务院工作人员，他的观察肯定是值得注意的。”“共产党对国民党的政策是以真正愿意在中国实现民主为基本点的。在这种民主制度下，有秩序地发展经济，经过一个私营企业阶段后，最终实现社会主义，而不必采取造成剧烈的社会动乱和开展革命的手段。如果这种看法是对的（他至少承认对此是可以争论的），那么，中国共产党的政策在可以预见的将来就不会同美国的利益相抵触，这个党也就值得我们方面

① ［美］约瑟夫·W·埃谢里克：《在中国失掉的机会》，第261—262页。

尽可能以同情和友好的态度相待。”[①] 罗斯福本人对这些报告也印象深刻。受影响最深的是国务院远东司中国科，科长范宣德在战后美军驻华军事顾问团、美国对华租借援助、马歇尔调处的方针等一系列问题上均有自己的看法，从中可以窥见美军观察组报告的影响。

中共与美军观察组成员的关系也是十分融洽的。时在延安采访的根室·斯坦因写道：“关于延安美国人彼此之间和美国人对中国人的真正的民主态度曾有许多好评。延安的人们觉得他们正确地判断了美国的民主。我从未见过这么多的一群一群的中国人和外国人这样毫不拘泥而且愉快地在一起，这样毫未想到出身、政治信仰和种族的不同——这样顺利地彼此合作，这样诚恳地互相赏识。”[②] 包瑞德上校甚至宣称：“我们愿向那些在敌后成功地进行了七年战斗的人学习。”[③]

但是，美国政府制定对华政策要受到各种因素的影响。在政治上，正像谢伟思对毛泽东所讲的那样，美国是无法接受中国共产党的称号的，只要中共一天称谓共产党，就无法改变美国政府对它的根本看法。因此，不管美国驻华外交人员对国民党如何厌恶、对共产党如何欣赏，但是他们中间还是没有人主张放弃国民党而支持中共，即使是预言未来的中国属于中共而不属于国民党的戴维斯也不例外。在这些美国外交人员看来，说到底，中共还是共产党。美国虽然可以做出努力来阻止中国内战，但是，无论从意识形态还是从美国国内政治的角度考虑，美国政府都不能放弃一个非共产党组织而去支持一个共产党政府，不管两者谁进

① ［美］伊·卡恩：《中国通——美国一代外交官的悲剧》，第 149 页。

② ［英］根室·斯坦因：《红色中国的挑战》，第 237 页。

③ ［美］伊斯雷尔·爱泼斯坦：《中国未完成的革命》，新华出版社 1987 年版，第 368 页。

步、谁更有能力领导中国。在军事上，战时美国政府对中共的友好态度，在很大程度上是出于战争的考虑。和中共一样，为了打败日本，美国希望最大限度地联合反日力量，对意识形态方面的考虑相对要少些。从这个角度讲，既然抗日战争是中共和美国合作的基础，那么，随着美军在太平洋战场上跳岛战役的顺利进行，特别是1944年10月的莫斯科外长会议上苏联再次表示愿意出兵中国东北，中国大陆战场对美军的战略地位骤然下降，史迪威被召回，美军在中国登陆的计划取消，双方合作的基础也日益削弱。及至1945年2月雅尔塔会议美苏达成合击日军的秘密交易前后，中国大陆战场的战略价值彻底丧失，甚至成为美国在战后的东亚战略利益的心病，美国重新调整对中共的政策和中共随之调整对美国的政策也就理所当然了。

第三节　《中共中央关于外交工作指示》

1944年夏季，国内和国际政治、军事形势正发生着重大变化，中共对西方国家的外交工作也在三个层面顺利进行：驻重庆的中共南方局与盟国驻华人员以个人交往为主的外交，是中共抗战时期最早的外交活动；从1943年开始，各敌后根据地与盟军的合作，是以救援盟军飞行员和搜集情报为主要目标的军事外交；美军观察组在延安与中共的高层交往，是美国政府与中共之间的官方正式合作关系。前所未有的有利形势使中共中央感到鼓舞。

中共中央认为，从宏观上看，这是美国政府的对华政策正在逐步发生变化的体现。这一变化具体地体现为美军急于利用中共军队配合对日作战。来自重庆的南方局、延安的美军观察组和各敌后根据地的情报都使中共中央对此作出了乐观估计。面对如此迅速发展的形势，一方面，中共中央相信："中国人民与中国共产党对英美的统一战线特别有重大的意义"，经过必要的外交上的努力，中共完全可以与曾经被视为帝国主义的英美两国建立诚恳坦白的合作关系；另一方面，中共中央认为，按照过去的主张，统一战线完全是建立在"利用矛盾"的基础上的，统战对象的本质上仍旧是敌人，只是"大狗小狗饱狗饿狗"之分[①]，是"天下的乌鸦不是一般黑"；而在今天，"套用战略策略的简单公式已往往不能解决问题"，因此，非常有必要制定一项更为明确和全面的对外政策。[②]

中共中央领导人中主管外交工作的周恩来对此做出了最早的尝试。早在1944年春末，在延安党政军民学各界负责人会议和陕甘宁边区政府交际处全体干部会议上，周恩来提出：交际处工作的根本任务是"宣传出去，争取过来"。5月22日，周恩来在中共中央西北局作关于时局问题的报告，指出：目前时局的特点是随着国共力量对比的变化，中共的国际国内地位提高了；林伯渠出去同国民党谈判、国民党军队在河南战役中溃败、中外记者将来边区，这几件大事，暴露了国民党的弱点，解放区的大门打开了，边区将对全国发生影响。报告阐释接待中外记者团的目的是同他们接近，搞好关系，以利于打垮日本帝国主义。为达到此目的，要采取"宣传出去，争取过来"的方针，即要宣传我们有反攻敌人和建设国家的能力，争取他们来看机关、工厂、学校和其他单位，争取他们把边区实际情况宣传出去。为实现上述方针，对中外记者的接待必须把握民族、人民和党的立场以及主动、真实、诚朴、虚心和认真五个原则。这是中共高层领导人对外交工作方针做出的初步探索。

① 《毛泽东选集》第1卷，人民出版社1991年版，第148页。

② 中央档案馆编：《中共中央文件选集》第14册（1943—1944），第275—276页。

处于对外交往前沿的中共南方局对外交工作的战略形势变化特别敏感。在美军观察组成行前后，南方局多次召开座谈会，讨论和研究与盟邦合作问题，并于 8 月 16 日向中共中央提出关于外交工作的报告，建议中央在新的形势下迅速确定相应的外交方针、政策和措施。①

中共南方局在报告中首先分析了外交形势发生变化的原因，指出：由于中国的抗战，由于全世界反法西斯战争，改变了中国国际地位，中国被列为四强之一。在英美人士的心目中，对蒋介石的伟大形象的认识是很勉强的。但对中共领导的日益增长的新民主主义的抗战力量，则正以惊异的目光密切注意其发展，因为这才是中国新生的伟大之所在。他们已逐渐认识并承认有两个不同的抗战中国。他们对华政策，对太平洋战略，乃至对战后整个世界和平计划，已不能不在蒋介石政权外，同时估计中共领导的力量的动向，不能不想法知道共产党的意见。这是中国今天国际关系的特点，特别自最近外国记者冲破封锁到延安参观。美国政府争取到派军事团到中共区域。英国政府也正准备将派人来，已使中外人士感到这是中国最近政治变化的一件大事。同时，也加重了中共要研究盟邦，了解盟邦，要分析英美两政府负责人及各党派各阶层对中国问题意见，并学习如何与盟邦在战时及战后合作。这对中共来说，是一个新的重大任务。

其次，报告全面分析了美英苏三国的对华政策。报告认为，在美英苏三大国中，英国的远东政策是“恢复与确保大英帝国战前殖民地”，它不希望出现“一个独立强大的新中国，并恐惧苏联在亚洲影响的增长”。英国一方面对国民党政府“甚感不满”，

---

① 南方局党史资料编辑小组：《南方局党史资料》三，重庆出版社 1990 年版，第 110—117 页。

另一方面对中共“也怀着很深的戒惧”。苏联是中国革命的最可靠的朋友，但对苏联是否参加对日战争，目前不可估计过高，所以应该利用美苏合作来促进中苏合作，以取得苏联的物资与技术援助。对美国的对华政策，报告分析得最为详细。报告认为：美国对华政策具有两面性。一方面，美国在东亚的政策目标是彻底打败日本法西斯，为此它需要联苏联共，这有利于中国抗日民主力量的发展；另一方面，美国政府也面临着来自国内的孤立主义势力、保守分子和教会造成的阻力以及实际困难，而且美国人民有可能因为在战争中牺牲过大，以致产生消极情绪。不仅如此，美国政府的阶级属性决定了它不会自动赞成中共在中国取得胜利，它目前联苏和压蒋联共，是为了打败日本的需要。美国推动国民党政府进行民主改革，是为了争取多数人的拥护，以便同中共对抗。美国“决不放弃对中国政治经济的领导，决不放弃对于中国中央的影响力”。如果美国认为蒋介石不能适应它的需要，它有能力“扶植一个完全执行美国政策的政府”。报告的结论是：美国赞成打败日本，“不会自动赞成中共成为中国政治中心”，不过“在现实已经造成不能否认时，可能被迫承认”。报告同样认为，美军将在中国沿海登陆，并建议中共中央采取措施，加强力量，控制美军可能登陆的沿海地区。

最后，根据对美英苏三国对华政策的上述分析，南方局对中共的外交活动提出五条建议：

第一，中共的外交政策必须坚持从自力更生为主、争取外援为辅的基础出发，争取民族民主革命的彻底胜利，建立独立的民主的统一和平的繁荣的新中国。为了建立这样的新中国，中共必须坚持自力更生为主，争取外援为辅；必须使自己力量更加强大，成为决定中国问题的主要因素，才能主动地利用外援，而不是被动地受人支配。为了配合盟军在中国东南部的登陆，并制止日寇和平攻势的危险，应迅速设法增强中共在东南沿海地区的力量，努力使这些区域控制在坚决抗战的力量手里。为了争取全中国的民主统一，对于美国所承认的国民党政府，中共今天和将来，都不是走南北分治的对立，而是坚持自己的阵地与坚持新民主主义的方向，将进步势力渗透进去，促其进步。当他现在还是买办封建法西斯性质时，中共尽力利用自己已有及可能利用的合法地位，来尽力推进大后方的民主运动。

第二，在争取外援上，要对朋友加以分析。不仅看到苏英美都是中共的盟国，还要看到苏联政府与人民是中国民族民主革命最可靠的朋友。美国政府是彻底赞成击败日本，但不会自动赞成中共成为中国政治中心。只有在现实已经造成不能否认时，可能被迫承认。英国政府在恢复远东殖民地后，有对日妥协的危险。同时，英美的各个政党及人民中，也有赞成中共，或怀疑中共，或反对中共的。若不分析，不能得到同他们合作的具体政策。这里，笼统的没有远见的观念，是很危险的。

第三，要在一切国际、国内，战时、战后重大问题上，明白表示中共的态度和对同盟国政府与人民的要求。要使盟邦清楚知道中共坚持抗战要彻底胜利，民主政治要彻底实现的决心及努力，强调中共对于战后世界和平与世界经济合作的保障及可能有极大贡献。针对着他们想知道中共对于苏联关系、财产制度、国际贸易、利用物资、宗教信仰和民主自由等问题的意见及实际措施，给予明确的回答。要求盟邦援助中国，看重抗战民主的力量，公平合理地分配援华的物资。中共要随时注意研究国际间的活动如战后救济总署、国际援华运动、战后和平计划等，准备并提出自己的意见。

第四，建议中央指定专人负责研究国际外交问题。要建立专门负责国际宣传的机关。要在与国民党对外宣传斗争中，处处争取主动与先着（外人看报，先入为主），不要陷于只是被动解释。

要约束全体党员，对许多国际事件慎重地统一说话，在中央未有决定前，不得自己向外发表意见。

第五，建议中央高度重视这次美国军事代表团到延安。党的干部应当明白，搞好个人关系对于开展外交工作帮助很大，因此，应研究如何同他们很好地共事，要以热诚的态度欢迎他们。同时，又要了解他们的政治立场，要照顾美国人自己所喜爱的生活方式。他们崇尚自由主义、个人主义，勿使其感觉受到限制监视。他们说话做事喜欢坦白爽快，不同的意见可以公开争论。

南方局关于外交问题的报告，是当时中共党内最具体详尽地分析东亚国际关系的文件。报告实际上说明，在美苏英三大国中，英国的政策最保守；苏联是最可靠的朋友，但它受到自身实力的制约，对中国政治的影响有限；美国对中国政治的影响力最强，它的政策有两重性，因此有可利用之处，而且中共与美国有一定范围内合作的基础。

南方局的报告显然引起了中共中央的重视。正是根据南方局的建议，1944 年 8 月 18 日，中共中央向各中央局和各区党委发出了由周恩来起草的《关于外交工作指示》。该指示在科学地分析中共在国际国内所处的地位以及美英等国对中共的态度的基础上，具体阐明了中共外交工作的性质、内容、民族立场和战略策略。

《指示》首先强调了由于美军观察组进驻延安直接引起的党的对外战略转变的重大意义。指出：由于我党政军民的努力和国民党方面日益反动与无能，目前新民主主义的中国和法西斯化的中国，在抗战营垒中的对照是更加明显了，这次外国记者、美军人员来陕甘宁边区及敌后根据地，便是对中共新民主主义中国有初步认识后的实际接触的开始。因此，中共不应把他们的访问和观察当为普通行动，而应把这看作是在国际间统一战线的开展，是中共外交工作的开始。但需指明，这种外交现在还是半独立的外交。因为一方面重庆国民政府还是中国人及同盟国所承认的中央政府，许多外交来往还须经过它的承认。但另一方面，国民党是不愿意中共进行单独外交活动的，中共与同盟国只有冲破国民党种种禁令和约束，才能便于中共外交来往和取得国际间直接援助，所以中共的外交又已经是半独立性的。同时还须指明，外交工作正是中共工作中最不熟悉的。一方面，中共的同志首先是高级领导同志，应该对于这项工作开始予以注意予以学习。如果大家承认八年来国内统战政策，曾经给中共以极大的发展，那么，今后国际统战政策，将可能给中共以更大的发展。而且如果国际统战政策能够做到成功，则中国革命的胜利将必增加许多便利，这是可断言的。

《指示》指出，国际统一战线的中心内容是共同抗日与民主合作。这不仅在抗战中有此需要，即在抗战后也有此可能。就国家而言，美苏英与中国关系最大，而在目前美英与中国共同抗日，尤以美国为最密切。美军人员来陕甘宁边区及敌后抗日根据地的理由，为有对敌侦察及救护行动之需要，准此可争取其逐渐扩张到对敌作战方面的合作与援助，有了军事合作的基础，随后文化合作，随后政治与经济合作就有可能实现。但目前不应希望过高，目前美英苏外交的重心仍是放在国民党方面；且就美英内部而言，也有进步、中间、顽固三种势力存在，即在英国政府中亦复如此，英国又较美国为差。故中共对其政府及其来往人员不应看成一模一样，而应有所研究分析。因此在国内统战中的策略原则，一般的也适用于国际统战。不过在目前因外交原因，凡愿与中共来往的英美人士及其军事人员，顽固保守分子总还占少数，且其顽固又常常是只反对其国内共产党，而不反对中共，故其情形与国内顽固分子有别。因此中共外交工作中心，应放在扩大中共影响，争取国际合作上面，即遇顽固分子仍应诚恳说服给以好影响。

《指示》认为，国际统战政策在目前最主要的应是外交政策，陕甘宁边区施政纲领第二十一条是中国共产党外交政策的总纲。该条指出：在尊重中国主权与遵守政府法令的原则下，允许任何外国人到边区游历，参加抗日工作，或在边区进行实业文化与宗教的活动。其有因革命行动被外国政府压迫而来边区者，不问其是宗主国人民或殖民地人民，边区政府当一律予以恳切的保护。目前实施原则，军事上，是在取得我们同意和遵守政府法令的条件下，同盟国的军事人员及其武装力量，可进入我们地区，执行共同抗敌的一切工作，并取得我们协助，同时我们也欢迎盟国给我军以军火物质药品和技术上的援助。政治上，我们欢迎同盟国在我边区及主要抗日根据地派遣外交使节或外交机关。文化宣传上，我们欢迎与盟国文化合作，欢迎盟国通讯社或其政府新闻处在延安设立分社，或派遣特约通讯员及记者来延，并给以至各地访问之便利。通讯的电讯，政府在原则上不放弃检查权，但在实际执行时，凡非泄露军机造谣生事破坏政府者，我们概予放行，不予检扣，以示与国民党区别。对敌军民宣传，我们欢迎盟国合作并交换经验。在宗教方面，我们实行政教分离，我们容许外国牧师神父来边区及敌后根据地进行宗教活动，并发还其应得之教堂房产；同时这些神父牧师亦须给我们以不反对政府不反对共产党领导之保证。在救济方面，我们欢迎美英加拿大等给我们医药器材和金钱的救济，同时我们更要求国际善后总署必须算入和承认这拥有 8000 多万人口，而且遭敌蹂躏最甚的地区的救济。在经济方面，在双方有利原则下，我们欢迎国际投资与技术合作，我们首先要求国际工业合作委员会的继续合作。这一切，就是我们目前外交政策的具体步骤。

《指示》强调，为使外交政策和活动不犯错误，首先必须站稳自己的民族立场。近百年的中国外交史，中国人在民族立场上曾有过两种错误观念。在义和团事变前，排外的观念占上风，其后惧外的观念占上风。从五四运动到大革命，惧外观点虽曾一度被民族高潮冲淡，但国民党当政20年，即在抗战时期，上层人士的惧外观念仍很浓厚，这不能不影响中国社会，故中共应一方面加强民族自尊心自信心，而不是排外；另一方面要学习人家长处，并善于与人家合作，但绝不是惧外媚外。这就是正确的民族立场，也就是新民主主义中国的新人典型。这种新人典型，已经在敌后在边区广大军民中不断的成长，而且已为国际朋友所开始认识，中共新民主主义的中国人都应该坚持着这样立场，不致有所偏颇。

《指示》还提出了外交工作本身目前应注意的事项：（一）一切争取主动，切勿陷于被动，更不应有求必应，而应有所取舍，或有所轻重，凡中共所能而且愿意使外人知道和参加的事，可由自己主动的有计划的加以布置，即使是自己的要求，中共也可使其自动的先向中共提出，例如军火援助，国民党天天向人家噪咕，要这样那样，中共则暂不提起，反而引起他们的尊敬，向中共先提，虽然目前因国民党反对事实上还难办到。各地见到盟国人员，不可一见面就向他要东西。（二）中共执行政策，进行工作应坚定不移，事前应周知博访深思熟虑，但一经决定和宣布之后，便应力求贯彻主张，这样方易取得外交胜利，尤其是军事外交，更应肯定坚定。当然这是指原则性的问题，若在技术方面，则又应当极其灵活机动，不拘一格。（三）关于文件材料及谈话内容，可告者应力求真实，不可告者应力求隐蔽，其有关国家机密及党内秘密者应拒绝答复和供给，其不便答应者应避而不谈，或设法推开。（四）外交态度宜谨慎坦率，一方面勿失去警觉，另一方面勿吞吐支吾。（五）招待方法要守时守信，朴素热烈，一方面切忌铺张，另一方面也不可冷淡。（六）各地一切对外交涉和具体协商，统应电报中央批准后方得进行。[①]

《关于外交工作指示》是中共中央对外政策再次发生重大变化的标志。这主要表现在三个方面：首先，这一指示表明，中共中央的国际统一战线政策的主要内容，开始从对外宣传工作转变为“半独立”的外交工作。这一转变突破了以往外事工作的限制，直接导致了各抗日根据地在军事、政治、经济、文化和宗教活动等各个方面，向同盟国国家敞开了大门。其次，中共外事工作的中心由争取国际舆论支持、扩大党的影响和制止国民党反共分裂，转变为争取国际合作和对中共政权的承认，外事工作包括了争取更多的合作者和承认者。再次，中共中央强调国内统战政策一般也适用于国际统战，但是同盟国中的“顽固保守分子”与国内的顽固派不一样，并不反对中共，因此对他们“应诚恳说服给以好的影响”。这就更彻底地清除了以往国际统战工作中的“关门主义”的影响，使党的外交政策更加充满进取精神。最后，这一指示体现了中共的对美政策的新进展。确认美国是目前与中国抗日事业关系最为密切的国家，发展与美国的关系是中共当前外交工作的中心；争取与美军在军事合作基础上逐渐发展与美国在文化、政治、经济诸方面的合作；分析了战后与美国合作的可能性，认为在平等互利的基础上发展与美国的关系是一项长期政策。

在中共的历史上，《关于外交工作的指示》是第一次以外交工作为题目和内容发布的党内指示，是中共关于外交工作的第一个正式文件，是指导当时中共在各个层面、各个领域与美国合作的纲领性文献。这些最初确定下来的原则对中共后来的外交斗争同样具有重要的指导作用。

---

① 中央档案馆编：《中共中央文件选集》第 12 册（1939—1940），第 573—576 页。

第四节　积极营救盟国飞行员

东方反法西斯阵线形成后，随着中国战区的设立，美国第十航空总队一部迅速进驻中国，该部后与由美国赴华空军志愿军组成的“飞虎队”合并为美军驻华第十四航空总队（通常仍称第十四航空队），分散在华南各个空军基地，陈纳德少将任司令。至1944年夏，第十四航空队已经拥有700架战斗机、轰炸机。从1943年夏起，为配合盟军在太平洋战场上的对日反攻，驻华美国空军即频繁出动，与日机空战和对日作战略轰炸。据驻华美军总部的乐观估计，第十四航空队将在短期内重创日本。

但是，现实比他们想象的要复杂得多。一年过去了，第十四航空队在对日行动中屡遭损失。飞机受损，尚可仗国内航空工业基础的雄厚，由驼峰另一侧源源运来，而千辛万苦训练出来的飞行人员的战斗减员，不仅难以得到及时补充，还徒增了来自国内的舆论压力，来华作战的美国航空人员的士气也低沉下去。让美国政府失望的是，它给予大力援助的国民党军队的消极抗战和无能。1942年4月18日，在中途岛海战前，美国空军中校詹姆斯·杜立特率领16架B-25型轰炸机从太平洋上的航空母舰“大黄蜂号”上起飞，首次空袭日本本土。执行任务后，因燃料将尽，转向中国浙南空军基地降落。日军侦知这一情况后，迅即向浙赣一带发起攻击。国民党军队不组织积极抵抗，致使日军深入华东300余公里，破坏了美机降落的机场，杀害帮助过杜立特飞行队的机场人员和当地群众，使美军从海上空袭日本本土的计划因失去中国沿海的依托而不得不暂时停止。让美国政府无奈的是日本法西斯无视国际公法的行径，残忍杀害被俘人员。

中共认为，驻华美国空军扩大对日本的出击，援助了中国敌后抗日军民的斗争。中央军委、八路军总部和新四军军部陆续收到不少地区发来的通报，说某地发生美机坠毁，某地失事美机人员跳伞降落被日军俘获，某地失事美机人员被抗日军民营救脱险……从共同抗日的大局出发，中共中央在发布的纪念抗战七周年口号中，明确提出："给来华作战的盟军以一切帮助！""援助和救护盟邦飞行人员！"① 要求解放区军民大力援助驻华盟军对日作战，救护失事盟机飞行人员。

根据中共中央的指示，从 1944 年夏至抗战结束，在广阔的敌后战场上，中共领导下的抗日军民不惜代价、不惜流血牺牲，奋勇援救出一批批遇险盟军飞行人员。

多年以后，陈纳德将军在自传中曾这样回忆："两名战斗机驾驶员……在汉口上空的战斗中被击落。60 天内毫无消息，我们认为他们已经死了……4 个月后，他们竟走进了我们的前进基地……他们在日军的防线内被农民救起，送到新四军那里。那时新四军的活动范围直达汉口市郊。他们在新四军的医院里住了两个月，然后被藏在舢板内，经长江支流躲过日军的哨卡，返回基地。"

"在日军阵地后方降落而未死的美国航空人员，至少有 95% 受到中国人的救助，并送他们回到美军基地。"

"今日活着的成千成百的美国驾驶员，其生命实得中国农民、游击队和军人的赐予。他们深知一旦为日人侦知，他们自身、家属和村民都不免有杀身之祸，然而他们还引导驾驶员和空勤人员到安全区去。"

事实上，1944 年后，重庆的驻华大使馆也连连接到八路军驻重庆办事处转来的第十八集团军总部的通报：美国某某飞机师在敌后某地又被营救脱险！这样的通报，平均每个月就能接到

---

① 中共档案馆编：《中共中央文集选集》第 14 册（1943—1944），第 271 页。

一次。

中共为美国飞行员提供营救的努力远不止于此。

早在中外记者西北参观团访问延安期间，为了表达美国政府对中共的友好态度，根室·斯坦因受罗斯福总统的委托，向中共领导人毛泽东赠送了一份《世界航空图》。其实，这份《世界航空图》对于中共并没有多少实际意义，中共既无自己的飞机，外界也没有直通延安或其他解放区的航线。然而，这毕竟是一位反法西斯盟国领袖对中国共产党人的馈赠。为了表示中美友好、合作抗日，也为了显示中共领导的抗日武装是一支不可忽视的力量，毛泽东决定回赠给罗斯福总统一份《中国解放区形势图》，并指示叶剑英安排人员绘制。第十八集团军总参谋部作战局局长伍修权、副局长钟人仿接受任务以后，先进行了认真的磋商，随后召集作战局有关处长及测绘科科长开会，具体落实这项特殊的任务。1944 年 12 月，《中国解放区形势图》终于绘制成功，随即送交朱德、叶剑英审查通过。这份形势图，比例准确，图例清晰，制作精致，体现了中国共产党人对待科学的严谨态度，令美国国防部官员钦佩。更令他们惊叹的是，这份地图真实地反映了中国敌后的政治、军事形势，中共、国民党、日、伪军事力量分布状况一目了然，中国敌后 19 块解放区所处的位置、人口、面积尽收眼底。仅从这份地图上，就能获得大量的、具有极高价值的信息和情报。

美国政府此时对中共提供的这份中国敌后政治、军事形势图，已不再像过去那样怀疑其中含有“水分”，而是笃信无疑了。随即，美国国防部将这份地图翻译复制成英文版。2 月，他们冠以《敌后中国抗战图》提供给各有关方面。这份地图对于执行敌后和日本本土作战任务的美国飞行员，有着至关重要的作用。驻华美国空军和活动于太平洋上的美国海军航空队，在轰炸日本本土和中国东北、华北、华中和华南敌后的日本重要军事目标时，如果有战机受损或发生故障需要弃机时，跳伞的飞行员能根据地图上的标记，按图索骥，降落到八路军、新四军等中共领导下的抗日军队控制区，迅速获得中共领导下的抗日军民的营救。

与共产党相反的是，蒋介石因害怕盟军与中共军队的接触与合作，竟视美国飞行人员的宝贵生命为儿戏。驻华美军总部在筹划对日本和中国敌后作战略轰炸一事时，曾向国民党政府的国防部长兼参谋总长何应钦询问：如果美国飞行员不得不在名义上的敌占区跳伞，他们将如何获得援救？何应钦向美军总部提供了一份地图。在地图上面，“能够获得救援”的“友军区”和“危险”的“日占区”标得十分清楚和详细。但美军在请驻重庆的中共代表核实时，悬殊大得惊人。中共代表说：所谓的“友军区”则是确确实实的日占区和汉奸活动区，而所谓的“日战区”，却有很大部分是中国解放区！遗憾的是，美军总部当时认为中共提供的情报是不确切的，中共不过是为了提高自己的政治声望而有意夸大其活动范围罢了。他们还是采纳了何应钦的意见。教训是深刻的，但美军总部在依据事实校正地图之前，白白送掉性命的美国飞行人员“数目一定不小”。[①] 以至于以前对中国国内力量组合情况一无所知的普通美国人最常提出的问题是：“你是否认为我们在这个国家内选错了支持对象？”[②]

至 1945 年 7 月，先后竟有 100 多名美国飞行人员被敌后抗日根据地军民营救脱险，其中，原“飞虎队”成员杰克·萨姆森编写的《陈纳德》书中就有在中国华东地区作战“被打下的美国飞行员均被中国的新四军救起”的记载。

各地军民在援助美国飞行人员、保护盟机的过程中，表现出了高度的国际友爱精神。1944 年 10 月美机坠毁于安徽宿东县境

① ［美］伊斯雷尔·爱泼斯坦：《中国未完成的革命》，第 365 页。

② ［美］伊斯雷尔·爱泼斯坦：《中国未完成的革命》，第 366—367 页。

时，毁机被日军截获。日军企图将其拆卸用汽车运走。该县宿南区游击队与日军展开激战，夺回了美机残骸，但该区区长及数名游击队员却不幸牺牲。1945 年 2 月 2 日，美轰炸机一架因故坠毁，机上 11 名飞行员跳伞降落在河北平谷县境。八路军某部在与日军争夺飞行员的战斗中，救出全部飞行员，八路军牺牲战士两名。敌后抗日军民的义举，深深感动了被营救者。正如《解放日报》所指出的："我敌后军民对盟军战友的援助……是极其动人的。凡失事的盟机飞行人员，我军民莫不奋勇向前，冒着生命搭救保护，以兄弟般的友爱精神，关怀盟友的健康，从未发生过误伤盟友的事情。这种伟大的国际友爱及敌后辉煌的斗争成绩，不仅使盟友大为感动，而且更增强了对日本法西斯的仇恨。"①

被营救的美国飞行人员，通常都会敌后抗日根据地逗留一些时日，以养伤、休息或参观。经八路军总部与美方联络后，分别由八路军、新四军或东江纵队安全护送到大后方。

这些脱险者的流动性很大，"飞行员们今天在重庆，明天去昆明，后天又到阿萨姆或加尔各答……" 这也就把他们的故事"从一个基地带到另一个基地"。"他们谈到，有些中国人'还真不简单'。他们谈到的官员不伪善、不腐败、不怯懦、不残暴；他们谈到的军队并非饥肠辘辘或者组织涣散，以致无法打仗；他们谈到的农民也不是衣衫褴褛、奴性十足，而是相反，在自己保卫自己的村庄，抗击强大到足以在正规战线攻占一个个城市的敌军。他们证实，他们看到了中国军队在坚守地盘，而不是节节后退，在敌人开火时能进行还击。"②

一些关心中国内政但又不愿意偏听偏信的美国人，往往十分珍重脱险者带回的信息。因为，在他们看来，这些脱险者不过是

① 《解放日报》1944 年 12 月 22 日。

② ［美］伊斯雷尔·爱泼斯坦：《中国未完成的革命》，第 366 页。

普普通通的美国人，没有任何特殊背景，不怀偏见，更不热衷于政治，因而也就不会有意识地偏向某一方。这些人提供的一切也就更加公正、客观，因而更具有价值。过去他们“常以为中国现在是分为两部分，一部分是在重庆国民党政权之下，这政权是以蒋介石为首的；另一部分是在日本统治之下，日本掌握着南京政府，当作它的傀儡系统”，而不知道还有“第三个中国”。这第三个中国即“游击队中国”，它是中共领导人民“从华北各省日敌手中所解放出来的许多地区组成的，并且组织在中国历史上前所未有的一种新型地方政府之下”。[①] 当然，在这之前，也有不少了解一点中共的人，但在他们的印象中，中共的军队一直是“抗战不力”、“游而不击”。脱险者的脱险及其见证动摇了他们的观念，这些美国人不得不用新的眼光来打量中共了。

在敌后抗日军民的感召下，在舆论的影响下，驻华美军人员主动与中共联系，既对中共领导下的抗日军民大加赞扬，又忍不住表达感激之情。

最早对抗日军民致函表达感奋钦敬之情的是驻华美军总部的官员。1944 年 7 月 3 日，第十四航空队司令陈纳德致函八路军朱德总司令说：“美国飞行员被迫降落，并随即获救，无任感激。飞行员革莱中尉、白雷达中尉，此次蒙中国游击队营救，我对他们的光荣工作尤深感奋。他们见义勇为，我军全体官兵均钦敬之至。为此，恳将此感奋钦敬之情代为转达，不胜感荷！”[②]

接着，美国驻华大使高斯以政府的名义向八路军领导人致函感谢。1944 年 8 月 20 日，在征得美国政府同意后，驻华大使高

① ［美］斯诺：《六千万被忘掉了的同盟者》，《解放日报》1944 年 8 月 17、18 日。

② 《解放日报》1944 年 8 月 13 日。

斯从重庆给朱德、彭德怀发来一封感谢信。来信说：

“接奉本年 7 月 28 日台函，得悉美第 14 航空队飞行员白福利欧在正太路被迫降落，经贵部营救脱险。”“查美国飞行人员被迫在敌占区或其附近地区降落，多赖中国军队及人民予以宝贵之协助，使其得以安全返防，继续进行对贵我两国共同敌人日寇之斗争。本国政府深为欣喜，感荷上述美国飞行人员承阁下及贵部军队之援救。”

“本大使谨代表本国政府敬致谢忱！”①

这封信可能是美国官员以政府名义与中共发生的第一次外交关系。

最后，美军前线基层组织领导人也对抗日军民表示敬佩。1945 年 4 月 10 日，美国陆军陆空辅助勤务战地总部驻临海办事处主任柯克斯致函新四军游击总队司令员何克希：

“我藉着这个机会谨向你和你的部属们道谢！因为你们很好地营救了我们勇敢的飞行员——托勒特中尉，并且殷勤地招待他和治好了他的创伤。请你相信，我是奉我国驻华陆、空军将领们的命令担任这工作的。你和你们的人民所表现的这种令人惊奇的合作精神，将会大大地缩短战胜我们共同敌人的时间。我确信，我无庸告诉你，当这位青年的亲友们在美国知道了这个好消息时，将要如何感谢你们啊！”②

敌后抗日军民还得到了脱险者的真诚赞誉。1944 年初，美飞行员克尔少尉在广东敌后获东江抗日纵队营救，他返回大后方的美空军基地后，特致函东江纵队以表达他的感谢之情。信中称：“中国抗战已获得全世界的称赞，我们美国人得以同你们像兄弟

① 《苏中报》1944 年 8 月 26 日。

② 中共浙江省委党史资料征集研究委员会、浙江省档案馆：《浙东抗日根据地》，中共党史资料出版社 1987 年版，第 359—360 页。

般共同作战而引以为荣，我们会像同志一样经常和你们在一起，不论在战时或战后，均将如此。”①

毫无疑问，通过与敌后军民的亲密接触，美军脱险人员对敌后抗日根据地寄予了高度信任。1944 年 11 月初，被新四军第三师军民在苏北援救的五名美国飞行员在离开新四军军部之前，赛伏爱少校等发表了对新四军和华中抗日根据地的观感，指出：“在你们新四军中，具备着与美国合作抗日的浓厚基础。我回去后，将建议美国政府取得与你们的联系。”②

华北、华中、华南敌后抗日军民积极营救盟国飞行员的努力，除了给大后方的美军带来不断的惊喜外，也终于引起了驻华美军总部的重视。1944 年 8 月进入延安的美军观察组，就负有协调救援美军飞行员的任务。出于同样的原因，驻华美军总部还向华中、华南等地派出工作小组，执行着大致相同的使命。美军观察组成员亨利·惠特尔西上尉是作为机场服务队的代表到延安的，本来，其主要任务是设法建立救援美国飞行员的组织，但是，他没有想到，共产党已经把直接领导的千千万万的敌后抗日军民动员起来，营救遇难美国飞行员已成为无数人们的自觉行动，中共方面几乎包揽了援救敌后失事的美国飞行员的一切事务。美军观察组中负责救援失事飞行员的人员唯一能做的，就是当有获救美国飞行员从华北各地被护送到延安后，等到大约每隔半个月就有一架由重庆飞来的美机抵达延安后，安排脱险者乘坐飞机返回大后方。

中共积极营救盟军飞行员和驻华美军总部向敌后战场派出美军小组的回应，大大缩短了被日军或国民党军封锁着的敌后抗日军民与盟军的距离，增加了双方接触交往的可能性，更造成了双

① 《解放日报》1944 年 8 月 11 日。

② 《盐阜报》1944 年 11 月 3 日。

方直接配合、共同抗日的前提，无疑也极大地增进了敌后战场军民同美军官兵的友谊。1984 年 11 月，得知当年的老朋友新四军第五师师长李先念当选为中华人民共和国主席，曾经被新四军第五师营救过的保罗·比格勒中尉，抑制不住思念之情，从大洋彼岸发来了感谢信："你对我和我的小组的其他人员的信任和款待是非常特殊的。事实上我认为你救了我的命，也救了帕特森中士和索尔斯中士的命。那时及以后的岁月中，美国政府的政策看来同你给我的信任和良好的待遇并不是相称的，我一直对此感到遗憾。我感到欣慰的是现在我们两国政府之间的关系较前亲近多了。"

第五节　争取与美合作

1944 年春夏，南方局向中共中央多次报告关于美国对华政策的重要情报。3 月初，美国准备派遣美军代表团赴延安。6 月 5 日，美国驻华使馆的武官表示，他们目前最关心的是中共军队能否获得日军在华北、华中活动的情报，以及敌后根据地能否提供飞机场。6 月 28 日，美军观察组即将赴延安。联系到国民党军队正在豫湘桂战场上的大溃退，中共中央开始产生美军正试图与中共军队进行军事合作的认识。7 月 22 日，美军观察组第一批成员抵达延安，更加证实了中共中央的判断：美军将有可能在中国沿海登陆，并希望得到中共军队的配合。

关于美军正在试图与中共进行军事合作的情报，也引起了美国新闻记者的兴趣。1 月 7 日，《美亚》杂志刊登题为《作为反攻基地的中国游击区》的文章，指出："军事当局的许多意见认为，如果边区的部队能得到充分的援助，这些区域可以成为缩短对日战争的有力的反攻基地。"6 月 10 日，美国的《星期六晚报》刊登斯诺题为《六千万被遗忘的同盟者》的报道。文章对于中国各个敌后抗日根据地和八路军、新四军的战略意义颇有见解，甚至具有相当的“可靠性”：“2月，尼米兹海军上将透露，打算占据若干基地，以便从那里进攻台湾和日本。最先收复的中国港口可能是香港和广州，但从那里去轰炸东京和大阪，航程还太远。最近日本的地方在北边的山东沿海，因此在那里的中国游击队对我们很重要。”然而，“我们美国在他们占领的广大地区里连一个情报官员都没有派驻”。①

敌后抗日根据地则提供了美军正在试图与中共军事合作的现实依据。6月以来，新四军第五师多次向中共中央报告，以第五师营救美军飞行员为契机，美军第十四航空队派代表到该师驻地联络的情况。第五师领导人认为，美军人员实际上是代表美国政府的，他们回避谈政治，但其目的不仅仅是获得军事情报，而且要了解中共军队整个华中华南的情况，以便在对日反攻时加以利用，以及了解中共军队在政治方面是否与美国的战后政策一致。

因此，美军观察组成员第二批抵达延安后，《解放日报》社论指出：“很久以来，事实上敌后战场成了中国抗战的最重要战场，在这里，抗击了敌伪全部兵力的六分之五；在这里，几乎一切中国的大城市均被八路军、新四军所围困；在这里，大部分的战略海岸线均被我们控制了，这种情形，一向为盟国朋友们所不明了。”“我们预祝美军观察组的工作成功。我们希望这一成功会使美军统帅部对于中共始终坚持团结抗战、实行民主的政策和共产党领导下的敌后抗战力量，获得真实的了解，并据以决定正确的政策。”② 在此，中共中央既强调了与美军合作的有利条件和现实可能性，又含蓄地提出了合作的愿望。

---

① ［美］斯诺：《斯诺文集》（三），新华出版社1984年版，第401页。

② 《解放日报》社论1944年8月15日。

在重庆的《新华日报》则以极为可靠的新闻为美军在中国登陆制造舆论。8 月 18 日，该报刊载美军将在中国登陆的消息来自军阶甚高的美国海军上将尼米兹。这篇名为《中国的基地很重要》的报道没有任何“新闻背景”，开篇就是：（中央社关岛十一日合众电）尼米兹海军上将说：马里亚纳群岛的战事，在盟军进攻太平洋至关重要。但是他说：日本军队即使被击溃，我们也不能单由海军作战打败日本。为了确保盟军的胜利起见，中国方面的基地实在重要……①

如此重要的新闻刊登在《新华日报》上，中共中央肯定早已获悉。尽管这一消息既不免是尼米兹固执己见的一家之言，也不免是美国“针对日本人故意放出要从中国最后出击的信息以达声东击西之效”的一种情报策略，但它恰恰出现在美军观察组抵达延安前后，那么，即使它仍不免给中共以模棱两可的感觉，也还是引发了中共争取与美军合作的巨大热情和希望。

就在《新华日报》刊登美军将在中国实施登陆作战消息的当天，中共中央向各中央局和各区党委发出《关于外交工作指示》，指出：美军人员来我边区及敌后根据地的理由，为有对敌侦察及救护行动之需要，准此可争取其逐渐扩张到对敌作战方面的合作与援助，有了军事合作的基础，随后文化合作，随后政治与经济合作就有可能实现。该指示首次公开提出争取与美军合作的方针，并展示了可能造成全面合作的前景，但目前不应希望过高。

中共中央很快就做出了争取与美军合作的主动姿态。为美军搜集海军情报是中共第一个主动姿态。8 月 20 日，中央军委致电八路军山东军区和新四军军部，希望他们以尽可能快的速度，收集日本海军在青岛、烟台、连云港常舶舰数目及类型，每日进出口船舶数目，以及连云港是否已设为潜艇基地等材料，以便供给

① 《新华日报》1944 年 8 月 18 日。

盟军；并希望专门建设这种情报工作，供给中央军委。①

为美军修建机场，是中共的第二个主动姿态。8 月 20 日，中央军委致电八路军和新四军领导人，要求他们在太行、山东、华中三地区，选择适当地点各开辟一个飞机着陆场。② 中共决定为美军建机场，现实的原因在于：穿行于敌后广大区域的美军许多飞机一旦发生故障或意外，往往因缺乏紧急着陆点，而不得不任其坠毁；在敌后失事获救的美军飞行员从各解放区转送大后方，往往路途遥远，费时费事；美军观察组成员要深入华北、华中敌后抗日根据地访问、考察，仅靠徒步行走，既不安全，效率又极低，有时不得不放弃对有关根据地的访问计划；美军从西南大后方远距离出动轰炸日本本土和华北、东北敌后日军，为减少飞机耗油量，只得减少携带的弹药，影响了出击效率，因此，路途需设加油机场。考虑到这些现实意义和与美军合作的战略意义，中共决定为美军修建飞机着陆场。9 月，苏中抗日根据地第二分区在所属的台北县枯树洋海边开始修建机场。

同意新四军第五师与驻华美军第十四航空队实行情报协作，是中共对美国空军更有现实价值的主动姿态。促使第十四航空队向敌后抗日根据地派驻情报组的原因较复杂。从 1943 年前后起，第十四航空队几乎承担了中国战区的全部对日空中作战及对敌后的轰炸任务，其情报来源主要靠国民党军事当局。没过多久，第十四航空队发现国民党方面提供的军事情报极不准确。从敌后脱险归来的飞行员口中，第十四航空队了解到：中共在敌后控制着广大区域，对敌情了如指掌。由美军观察组反馈回来的信息也证明了这点。传闻中，驻华美军总部掌握了大量的敌情资料。由于第十四航空队与驻华美国陆军分属两个系统，且双方领导人即陈

① 中共中央文献研究室：《毛泽东年谱（1893—1949）》中卷，第 537 页。

② 中共中央文献研究室：《毛泽东年谱（1893—1949）》中卷，第 537 页。

纳德和史迪威关系不睦，陈纳德不愿乞求史迪威施舍有关情报，有心在敌后建立自己的情报系统。

8 月 14 日，第十四航空队派出正式代表航空队总部参谋人员、炮兵少校欧高士，无线电员、中士帕特森，携带 15 瓦电台一部，从第五战区来到鄂豫边的大悟山区。在新四军第五师师部，他们递交了一封陈纳德致李先念的亲笔信。在信中，陈纳德赞扬了新四军第五师将士的抗战业绩，同时感谢了鄂豫边抗日军民对第十四航空队飞行人员的屡次大力救援和真诚款待，表示第十四航空队愿与第五师建立友好关系。

陈纳德之所以选择在鄂豫边区设立情报组也是有所考虑的：其一，鄂豫边区地处中原，由大后方而来，行程较短，且不需要经过敌占区；其二，日军占据的华中重镇武汉外围，均由新四军第五师控制，从这一地区掌握武汉日军情报，便于航空队及时出动予敌以致命打击；其三，获救的飞行员曾报告新四军第五师极愿与航空队合作。陈纳德给欧高士的具体任务有三项：（一）商谈以汉口、上海、广州为中心，建立无线电讯网，目前先行建立汉口附近的无线电讯网；（二）要求第五师提供汉口及其他敌占城市、交通线的有关日军情报，以便更有效地轰炸日军及其后方补给线；（三）磋商俟美军完成菲律宾岛登陆后，美军可能在中国沿海登陆，到时新四军与登陆之美国陆海空军合作问题等。①

第五师随后上报中央军委。8 月 21 日，中央军委复电新四军第五师并新四军军部："可告欧高士少校，彼所提三项问题，已得延安批准，均可合作办理：第一，可先在五师范围设无线电网，将来再在长江下游及广州附近设置，惟均须得到延安批准；第二，可供给敌军情报；第三，美海陆军登陆时协同作战问题，

① 张开明：《新四军统战纪实》，中共党史出版社 2007 年版，第 394 页。

我们正与驻延美军观察组人员协商，准备一切。”①

根据中央军委批复，经双方多日商谈，9月2日，形成一致的“初步结论”如下：

第一，同意第十四航空队在第五师范围内设立无线电讯网，在九江、蕲春、汉口、鄂城、天门、新堤附近设六部支台，在第五师师部驻地大悟山设一部中文总台、一部英文联络台。关于电台，先请在印度的总部发给六部，以后视工作需要增加侦察台两部。除英文联络台由第十四航空队美籍情报参谋、报务员、机务员各一人以英文译发后方外，其余电台均由第五师自行处理。

第二，第五师首先供给第十四航空队关于汉口附近之敌飞机场、仓库、兵营、指挥部等等情报。两个月后，待第五师建立空军侦察组织后，再提供敌空军、轮船方面行动的准确情报。

第三，第五师范围以外（华东、华南）盟军之间作战配合问题，需由其与延安中共中央、新四军军部、华南纵队接洽。②

初步结论形成后，由第五师与欧高士分别向各自上级请示批准。在此期间，欧高士等整理了第五师提供的关于日军的详细情报，直至9月底才返回大后方，筹组情报组。

在复电同意第五师与美军第十四航空队开展情报合作的同日，中央军委还复电新四军军部：“美军准备在中国登陆，要求和我军配合作战，五师地区美军已派人去，我们已许其设无线电网并供给情报，不久他们即将派人来军部并在上海及沿江沿海设无线电网，其目的不但目前便利空军轰炸，而且准备将来登陆作战取得配合。美军在中国登陆时间，据有些美国人估计已不在很

① 中共中央文献研究室：《毛泽东年谱（1893—1949）》中卷，第537页。

② 《地方革命史研究》1985年第3期。

远。因此请你们布置吴淞、宁波、杭州、南京间，特别是吴淞至宁波沿海及沪杭甬铁路沿线地区的工作，广泛地发动游击战争及准备大城市的武装起义。一师及苏中、苏南的党在此工作上应担负很大责任。”①

“美军即将在中国沿海登陆作战”的判断，既使中共迅速作出了争取与美军合作的决定，并为此付出了实际努力，也几乎同时影响了国内正在进行的国共谈判。

8月22日，中共中央复电南方局，对他们16日来电提出的在两党谈判中关于军队数目应如何措辞问题，答复如下：“为了准备配合盟国反攻，敌后47万军队，不仅不能减少，而且应奖励它，装备它，增强它，政府首先应全部承认它的合法地位，承认其一部取消其大部的想法是违反抗战需要的，而且是办不到的。”“盟国援华物资一定要公平合理分配。”② 其措辞之强硬，远非6月间谈判可比。

但是，来自美军观察组主要成员的情报并不能令中共领导人满意。8月23日，毛泽东与谢伟思进行了长达六小时的谈话。关于对共产党“援助”问题，尽管毛泽东声称“我们并不要求停止给国民党部队一切援助”，但谢伟思仍然答复：“问题还不明朗，而且，无论如何时机尚不成熟，因为共产党人自己还公开支持中央政府和蒋介石。”关于是否存在美国承认中国共产党的任何可能，毛泽东提问：“美国将继续承认并支持一个只能与过去北洋政府相比的、无能而又得不到人民支持的政府吗?”谢伟思作了这样的提醒：“撤销对一个没有直接采取不友好行动的政府的承认，在外交上是不可能的；背着被承认的政府，进行支持反对党

① 中共中央文献研究室：《毛泽东年谱（1893—1949）》中卷，第537—538页。

② 中共中央文献研究室：《毛泽东年谱（1893—1949）》中卷，第538—539页。

的活动显然是不可取的；最后，还有干涉另一个国家内部事务这一整个敏感的问题。”① 这意味着，在美国正式承认蒋介石政府为中国唯一合法政府的情况下，另外从外交上承认中共是不可能的。关于美军在中国登陆作战，在注意到毛泽东强调美军在中国登陆的重要性时，谢伟思暗示：“战争可能用其他方式取得胜利，而一次登陆是不必要的。”②

既然谢伟思并没有明确表态，而仅仅是“提醒”、“暗示”，那么，对其中所暗含的不利信息，毛泽东强调：“我们认为，美军必须在中国登陆。自然，它取决于日军的力量和战争的发展，但是日军主力是在长江流域和华北，更不要说满洲了。如果美军不在中国登陆，对中国来说那将是最不幸的事。国民党作为政府——而又没有能力成为政府——继续存在下去。如果实行登陆，美军就必须和中国双方——国民党和共产党——部队合作。我们的部队目前包围着汉口、上海、南京和其他大城市。我军在内线，国民党军队在更远的后方。”③

中共在美军登陆作战问题上的乐观判断，几乎必然会使中共在争取与美国合作方面迈出更大的步伐。为了争取实现与美军配合作战，9 月 9 日，毛泽东、刘少奇致电新四军军部，指出：“机场筑好后，大批美军人员陆续飞来军部及各师，我们应表欢迎。”与美军的合作“虽可能引起日寇‘扫荡’，但比较全局，利多害少”。“一则美我配合侦察敌情，有利现时轰炸与将来配合作战；二则了解我情可争取军火援助，此点可能性很大；三则现时可打破国民党反宣传，将来国民党举行内战，新四军首当其冲，可争取美方赞助”。因此，“放手与美军合作，处处表示诚恳欢迎，是

① ［美］约瑟夫·W·埃谢里克：《在中国失掉的机会》，第 254 页。
② ［美］约瑟夫·W·埃谢里克：《在中国失掉的机会》，第 257 页。
③ ［美］约瑟夫·W·埃谢里克：《在中国失掉的机会》，第 257 页。

我党既定方针”。[①] 27 日，中共中央指示华中局：以新四军主力一部渡江南下，发展苏浙皖边与浙江沿海，为以后收复南京、上海、杭州等各大城市创造条件；控制东南沿海海岸线，以预备盟军登陆，沿海岸进行游击，控制海岸线愈长愈好，以准备反攻，造成配合盟军的条件。

与此同时，中共中央于 9 月 12 日致电南方局，要求正式向美方提出援华物资问题：“如与纳尔逊、赫尔利见面提及援助事，望提美国援华军火至少应以二分之一给八路军新四军，亦即国共平分，不再提三分之一，因不论战绩、兵力、地位共都优于国也。”[②] 15 日，中共中央再次强调“按照抗战成绩为标准，而不应按照现有军队数量为标准”平分美国援华物资。

在美军观察组进入延安不足两个月的时间里，在争取与美国合作上，中共迈出了如此巨大的步伐。显然，中共此时所希望的美军登陆计划已超出了普通的军事意义，俨然成为中共留给美国政府的一道政治选择题：战后美国必须在占据华北、华东优势的中共，与“没有能力”的国民党政府之间作理性的选择。这应该算是毛泽东对谢伟思的那些“提醒”、“暗示”的真正回应。

但是，中共和国民党都没有给美国政府留出太长的选择时间。自从赫尔利使华后，出现了同情与主张和中共合作的驻华外交、军事人员屡遭排挤、打击的局面，如史迪威被解职、驻华大使高斯被迫辞职，等等。赫尔利介入国共谈判后，又越来越倾向于扶蒋反共。如果这是得到美国当局的支持，那么，中共就不得不怀疑与美国合作的现实性了。

在此形势下，中共中央利用战略相持阶段后期中共军队对敌实行局部反攻的有利形势，乘机对全军进行战略调整。在整个 10

① 《胡乔木回忆毛泽东》，第 339—340 页。

② 中共中央文献研究室：《毛泽东年谱（1893—1949）》中卷，第 544 页。

月里，中共中央多次召开六届七中全会主席团会议，决定派大军“开辟河南”、“南下苏浙皖”、“进军湘粤边”。

10 月 14 日，中央军委决定派王树声、戴季英派两个团的主力部队挺进河南，组成河南人民解放军，支援正在河南的八路军第一批南下部队和鄂豫边的新四军第五师，共同开辟河南解放区，实现“控制中原”的任务。[①] 24 日，中央军委致电华中局：同意粟裕率两个团南下发展苏浙，必要时还应从一、二师再调一部去。美军有在杭州湾登陆可能，十分注意发展宁波、杭州、上海三角区工作，以便配合美军作战，时间可能很快。31 日，中共中央决定派王震、王首道率八路军第三五九旅主力进军湘粤边，与中共东江纵队联手完成“造成南方一翼”的战略任务。[②] 11 月 2 日，中央军委致电新四军：“美军可能在杭州湾登陆，而我们在那一带工作还很薄弱。为了配合美军登陆及准备夺取杭州、上海、苏州、南京等大城市，除粟裕带两个团南进外，请你们考虑设立苏浙军区，以粟裕为司令员，谭震林为政治委员，统一指挥苏南及全浙江，将来必须时设立中央分局领导之。”“再从一、三、二、四各师调五至六个团南进。”“从军直及各地抽调大批干部，加以两三星期训练，陆续派往苏浙。”[③]

对于中共中央的这一战略调整的意图，中央书记处书记任弼时曾在 11 月对准备南下的第三五九旅主力部队干部作了这样的阐述：“中央有决心要在平汉路南段及粤汉路日寇最近占领区去开辟新抗日根据地，在这些地方发动广大群众起来打日本，准备反攻。同时要在河南及湖南、湖北筑一道‘堤’，准备用这道‘堤’堵住国民党从西面冲来的反共反人民的逆水，预防国民党

① 中共中央文献研究室：《毛泽东年谱（1893—1949）》中卷，第 551 页。

② 中共中央文献研究室：《毛泽东年谱（1893—1949）》中卷，第 554 页。

③ 《毛泽东军事文集》第 2 卷，第 733 页。

反共反人民的阴谋。”① 换言之，中共中央的战略意图是，华北的八路军将与中原的八路军、新四军以及湘粤边的八路军、东江纵队共同实现筑“堤”任务，彻底消灭美军与国民党军实行大规模军事合作的可能。与此同时，在继续发展鲁苏皖等省的八路军、新四军的基础上，大力经营苏浙军区，为美军实施登陆开辟战场，造成美军登陆作战寻求配合“舍我其谁”的态势。

一些有见识的驻华美军官员也意识到：“共军抓住时机，打算乘由于日军占领粤汉铁路而使华东地区陷于孤立之机，并在现正在云南组建中的蒋的新军建成之前，把自己尽量建成近乎战无不胜的军队，并且，使我们面临两难处境，即如果我们的部队在中国海岸任何地方登陆的话，我们要么接受、要么拒绝他们的援助。”②

但是，已是驻华大使的赫尔利坚持认为：“中国共产党人武装部队的实力被夸大了。共产党人控制的地域被夸大了。”③ 并在调解国共矛盾中频频玩弄以军事援助诱骗中共交出武装的把戏。12 月 8 日，毛泽东向代表赫尔利前往延安的包瑞德彻底摊牌：“我们欢迎美国的军事援助，但不能指望我们付出接受这种援助要由蒋介石批准这样的代价。”④ 中共的这一举动等于迫使美国政府必须在国民党与共产党之间作出理性选择。

由于访问延安的美国人总是赞美共产党人，并表示愿意和他们合作，而华盛顿和赫尔利却继续支持国民党。所以，毛泽东对

① 中共中央文献研究室：《任弼时年谱》，人民出版社、中央文献出版社 1993 年 12 月版，第 471 页。

② ［美］约瑟夫 · W · 埃谢里克：《在中国失掉的机会》，第 313—314 页。

③ ［美］约瑟夫 · W · 埃谢里克：《在中国失掉的机会》，第 284 页。

④ 中共中央文献研究室：《毛泽东年谱（1893—1949）》中卷，第 563—564 页。

包瑞德说："我们发现，美国的态度有些让人迷惑不解。"[①] 而事实上，确实有一批驻华美国军人要求美军在中国实施沿海登陆作战，并背着赫尔利，秘密计划着美军与中共军队合作。在此情况下，中共方面反而开始担心，由于美国当局逐渐趋向扶蒋反共，美军一旦登陆，中共将遇到异常复杂的矛盾。一旦美蒋联合，压迫中共，沿海解放区军民将处于日伪与美蒋的夹击之中。这种迹象在1944年底已初露端倪，如在华南一带，国民党已作相应部署，准备伺机借盟军之力，抢占被东江纵队从日军手中解放的东南沿海地区。[②] 中共对盟军登陆可能造成的严重局面有充分估计，并提出了相应的对策。1944年底，周恩来、朱德、叶剑英、陶铸等曾在延安王家坪讨论了关于配合美军登陆作战问题，强调这种配合必须是有条件的，即美军必须服从中共的政策法令，不准带国民党军队入境建立政权，要拟订有关合作协定等。[③]

对盟军登陆可能带来的消极作用，中共除一方面提高自己应有的警惕外，还决定通过美军观察组中属于情报系统的唯一的海军代表蒙·赫伯特·希契上尉，向盟军特别是向美国方面表明自己的合作诚意，在实际行动上也尽可能予以配合，以促使美方一切从抗日大计出发，而不要介入国共之争。为此，12月初的一天深夜，希契上尉被人引到毛泽东的住所。毛泽东与他作了一番长谈。在场的还有周恩来、朱德以及美国医生马海德。最后，毛泽东郑重地将一封信交给希契，请他转交给美国海军舰队司令欧内斯特·金上将，并对他说："你们使团里没有第二个人会知道这件事，这是你和我两个人，以及在场的这几位之间的秘密。"信是以中国部队第十八集团军总司令朱德的名义提出："值此欧洲

① ［美］包瑞德：《美军观察组在延安》，解放军出版社1984年版，第93页。

② 王作尧：《东纵一叶》，广东人民出版社1983年版，第277页。

③ 中共中央文献研究室：《周恩来年谱（1898—1949）》，第607页。

战事将要胜利结束、太平洋与远东战事已进一步接近最终胜利的时候，我愿向您保证，中国的八路军、新四军同解放区人民一起，愿同美国军队在华采取任何可能的军事行动时进行最大程度的协调与合作。我相信，这将有助于迅速打败大家共同的敌人——日本侵略者，有助于重建远东的和平。关于我方据以行动的总原则，以及协同作战的潜在可能性，已经详告 H·希契上尉。”

希契于 12 月 23 日返回华盛顿，先后向海军部、国务院、参谋长联席会议作了汇报。

经希契送出的信一时没有回音，驻华美军又两次主动与中共联系合作事宜。12 月 15 日，包瑞德、戴维斯和美国战略情报局的伯德上校前往延安，包瑞德带来了驻华美军司令部参谋长罗伯特·B·麦克卢尔少将的口信：准备派一支四五千人的空降部队到中共控制地区进行游击战。伯德与中共领导人讨论了一项装备中共 2.5 万人的部队及建立联合情报网的计划。[①] 此时，驻华美军总部得到消息，在欧洲作战的一个美军空降师，有可能在欧战胜利后派到中国，参与对日本本土的攻击。如果美军在中国东部沿海登陆，必须得到实际控制这些地区的中共军队与游击队的配合。麦克卢尔少将根据魏德迈的指示，拟订了一套与中共合作的应急计划。包瑞德受麦克卢尔的委派于 27 日再赴延安，通报了这一计划，并询问中共领导人：当空降师在山东沿海的中共控制区建立滩头阵地之后、正常的美军补给线开始正常运转之前，中共能否保证该师约 2.8 万多人的后勤供应？[②]

中共领导人在与包瑞德等人会谈时，很快表明了积极合作的态度。但是，鉴于已被任命为驻华大使的赫尔利所持的反共立

① ［美］包瑞德：《美军观察组在延安》，第 101 页。

② ［美］包瑞德：《美军观察组在延安》，第 102—103 页。

场，对于驻华美军司令部确定的计划，中共领导人感到十分意外。对于中共领导人来说，美国对华政策已经成了“最重要的”然而又是“最不清楚”的问题。[①] 中共领导人清楚美军积极主动地争取中共的支持与合作事关重大，同时，认为这也是开展对外宣传、争取美国朝野加深对中共的认识和中共进一步了解美国政府对华政策的极好时机。因而，1945 年 1 月 9 日，毛泽东、周恩来接见美军观察组的雷伊·克罗姆利少校，要求他向“美国最高当局”转达一个消息。同日，克罗姆利致电魏德迈说：“延安政府希望派一个非官方的团体去美国，向美国感兴趣的民众和官员解释中国当前的形势和问题。以下完全是他们的非正式建议：只要罗斯福总统表示愿意在白宫作为中国一个主要政党的领袖接待毛和周，那末他们二人或其中之一立即可以前往华盛顿参加探索性会谈。”“如果罗斯福不是马上就发出邀请，则希望对中共领导人去华盛顿的愿望加以保密，以便保护中共反蒋的政治地位。”电报于 10 日到达重庆。考虑到赫尔利是决不会赞同这一计划的，翌日，中共在另一份致魏德迈的“附加电报”中，希望魏德迈能撇开国民党政府和赫尔利，将中共领导人访美的建议直接转达华盛顿。[②]

不幸的是，魏德迈与赫尔利有代为拆信之约，中共电报又首先落到赫尔利之手。此时的赫尔利，正在为他斡旋的国共谈判破裂感到恼怒，在得知驻华美军总部绕过他制订计划以及包瑞德等的延安之行后，大发雷霆，把国共谈判破裂的原因和怒火一股脑儿转嫁到驻华美军总部人员身上。他于 1 月 14 日致罗斯福的报告中说：“从 1 月 1 日至今，我一直探寻这次破裂的基本原因。原因在于：在魏德迈将军不在司令部期间，其麾下的一些军官制

① 《党史通讯》1983 年第 20、21 期合刊，第 5 页。
② 《党史通讯》1984 年第 8 期，第 44—45 页。

订了一项在共产党控制区使用美国军队的计划。……我们与共产党之间目前的困难是由这个美国计划造成的。……既然已经发现共产党同国民政府谈判的态度以及对我的态度转变的真正原因，我将尽力促进谈判继续进行。”①赫尔利随即着手对内部进行清洗，下令使馆任何人员未经许可不准与共产党人“勾搭”，也不准任何人绕过他向美国政府作报告。

在整个抗日战争后期，美国一度以貌似公正的面孔出现在世界面前，但一旦遇到具体问题，如中国问题时，尽管中国共产党人对其表现出了极其真诚和友好的态度，但它的帝国主义本性还是暴露了出来。美国记者白修德、贾安娜在总结这一段历史经验教训时指出：“1944 年的秋天给美国带来了一个大好的机会。在一个短时期内，事实可以向中国的革命分子证明，美国是赞成进步的。……证明美国并非出于什么马克思主义的理论，而是出于一种良知，在世界各地追求自由与民主。”“然而，我们却放过了这个机会。在往后的 6 个月当中，我们却向中国共产党证实了另一点，那就是无论他们对我们怎样友好，我们将在任何情况下支持蒋介石的政府来反对他们。……中共认为这是美国的无知所产生的一个小悲剧。1945 年整个美国外交政策，终于使中国共产党深信美国实在是一个敌对性的帝国主义。”②

尽管中共一直在争取与美国的合作，但是从未放弃过壮大自己力量的努力。到了 1944 年底，斯科比指挥在希腊登陆的英军，镇压了希腊共产党领导的反政府起义。这使中共在争取与美国的合作问题上变得谨慎起来。一方面，虽然中共领导人仍坚信：不管美国采取如何反对中共的对华政策，“等真相为人所知（真相终将为人所知）时，美国人民将会赞同我们的行动”；“对于美国

① 《党史通讯》1984 年第 7 期，第 50 页。

② 白修德、贾安娜：《中国的惊雷》，新华出版社 1988 年版，第 272—273 页。

人民，时间将证实我们的事业是正义的”。[①] 另一方面，中共中央在党内反复提出，要反对斯科比式的人物在中国策动反共军事行动，提醒全党警惕国外反动势力武装干涉中国内政。同时，中共对自身日益增长的实力满怀信心，也不再那么渴望获得美国的援助了，朱德曾轻轻地敲打着谢伟思的膝盖，愉快地说：“我们真的不指望从你们那里得到任何武器了。到头来，不管怎样，我们会从国民党那里得到它们的。”[②] 从此，中共军事发展的方向从东部沿海地区开始向北方地区转移。在这个转移的过程中，中共与美军的合作明显在迅速减少，而配合苏军对日作战的准备则日益受到重视。

第六节　应对赫尔利使华

太平洋战争爆发后，美国的东亚政策即包含了两个目标：其一是彻底打败日本；其二是在战后的东亚取得优越的战略地位，造成对美国有利的稳定局面。基于这种目标，美国政府认为：在反法西斯战争发生转折之际，苏联在反法西斯战争中表现出强大的军事实力，战后必将会与美国在日本“大东亚共荣圈”的废墟上抗衡；中国作为亚洲最大国家，在美苏抗衡中必将成为两大国争夺的对象、角逐的舞台和抗衡的砝码。如果中国成为苏联的附庸国，苏联便会在实际上控制欧亚大陆；如果美国要想独占远东，那就不能允许苏联在中国取得优势。这样，美国制定的对华政策就有了两个目标：其一，短期政策，继续维持中国抗战，以牵制百万日军；其二，长期政策，培植一个亲美的中国，用以填

① ［美］包瑞德：《美军观察组在延安》，第 99 页。

② ［美］约瑟夫 · W · 埃谢里克：《在中国失掉的机会》，第 332 页。

补日本战败后在亚洲出现的权力真空，并力图使中国成为一个大国，既能在未来国际组织的四强中成为美国的忠实附庸，又能用以遏制苏联在远东的扩张。罗斯福在解释美国的这项对华政策时说：一个稳定的中国“将成为抵消苏联力量的有用的平衡力量”①。显然，美国领导人从构思这项对华政策开始，着眼点就在于战后在东亚取得优越的战略地位，限制苏联在这一地区的发展。

美国在实施其对华政策时，尽管在国际上也遇到某些障碍，但面临的最主要问题是中国国内事实上没有统一的政治局面。一方面，国民党政府不能有效地对全中国实行控制；另一方面，与国民党抗衡的中共同苏联一直保持着密切的联系。因此，尽管美国政府对于中共的内外政策已经有了较多的了解，尽管美国在华人员提出了种种建议，但是美国政府仍然认为，中国内部的国共斗争背景复杂，很有可能在战后引发大国之间的冲突。为了解决这一难题，美国政府在努力抬高国民党政府的国际地位的同时，也为解决国共问题设计了一个方案。首先是确立美国与中国之间的战略关系，将国民党政府同美国牢牢地拴在一起，以取得和巩固美国在东亚地区相对其他大国的优势地位。其次是促使蒋介石服从美国战略利益的需要，按照美国规定的方针，处理国民党政府在国际上和国内面临的种种问题。具体地说，在国际上，国民党政府与美国建立特殊关系并支持美国外交政策的同时，必须稳妥地处理中苏关系。这样既可以减少美国的麻烦，避免引起美苏纠纷，又可以防止苏联干预国共问题。在中国的内部问题方面，国民党政府应坚持抗战和实行民主改革，稳妥地处理国共关系，避免发生国共内战，争取为国民党政权奠定稳固的社会基础。这

① ［英］安东尼·艾登：《艾登回忆录》中册，商务印书馆 1976 年版，第 657 页。

也就是说，罗斯福并没有放弃美国以支持蒋介石统一中国为中心的传统政策，不过是在传统政策的基础上，添加了调解中苏、国共关系的新内容，希望借用苏联的力量，对中共施加压力，借此软化共产党，诱引共产党交出政权和军队，参加国民党政府而已。

但是，1944 年下半年，随着第二次世界大战进入反攻阶段，英美同盟国加强了太平洋战场的攻势，美国更加迫切需要中国努力抗日，以牵制尽可能多的日本兵力。遗憾的是，蒋介石并不想认真作战，而想依赖美国替他战胜日本。从日本侵略军发动打通大陆交通线的战役以后，国民党连连弃城失地，军事上遭到严重的溃败，政治上腐败独裁，经济凋敝，民不聊生。相反，解放区战场却是另一番景象，八路军、新四军和中共领导下的其他抗日队伍频频出击敌人，战果累累，在经受了前几年艰苦战争的磨炼后，力量也发展壮大了。

中国的政治局势不只在国内各阶层和以史迪威、谢伟思等为代表的一些美国驻华军政人员中激起了强烈的反应，以致改组国民政府、组织各党派联合政府的呼声很多，而且引起了当时的美国驻华大使高斯和美国国内决策人物的关注，致使美国全力扶蒋的传统对华政策发生了动摇。美国的当权者认为，对蒋介石的支持现在“应当具有足够的灵活性”，主张赶快敦促国共合作，组织“联合政府”。在此情况下，罗斯福总统于 8 月 18 日任命帕特里克·赫尔利为美国总统私人代表，令其前往中国，其总目标是防止中国崩溃，并使中国继续参战，首先是“增进蒋与史迪威将军间的和谐关系，并使后者对其所辖的中国军队便于指挥”。①

为了确认苏联对美国对华政策的支持，罗斯福给赫尔利口头训令，要他访问莫斯科，从苏联得到不援助中共的保证。罗斯福

① 《中美关系资料汇编》第 1 辑，第 139 页。

认为，如果苏联避开中国，中共便无指望外部援助，则国共之间的妥协容易达成，否则内战必将爆发，美国的战后计划便易遭到破坏。按照罗斯福的训令，赫尔利和美国战争物资生产局主席纳尔逊在来华途中，首先赴莫斯科，同苏联外交部长莫洛托夫进行了会晤。纳尔逊说："中国（内部）之合作对于战争极为重要，为实现此合作，美国政府必须支持蒋委员长，并助成中国之完全统一。"接着，纳尔逊请求苏外长说明苏联的对华政策。莫洛托夫表示："假若美国帮助中国人统一他们的国家，改进他们军事的和经济的情况，并为这种工作选择他们最优秀的人物，苏联方面将至感高兴。"① 赫尔利的莫斯科之行，了解到苏联并不支持中共，也不反对美国支持蒋介石统一中国的政策。他便吃了定心丸，深觉得自己的赴华使命有了相当的把握。

9 月 6 日，赫尔利到达重庆。10 月 10 日，赫尔利致电罗斯福："没有一个中国领袖能像蒋介石那样提供如此之好的与您合作的基础，在我所知的中国人中没有一个人具备蒋介石那样多的担任领导职务的素质……蒋介石与史迪威是水火不相容的。如今您面临着蒋与史之间的抉择。您与蒋之间没有任何别的争端，蒋同意您提出的除了任命史迪威以外的任何要求、任何建议。我的意见是，如果你在这场争论中维护史迪威，你将会失去蒋介石，并且还会一同失去中国。如果我们让中国崩溃，如果我们不能让中国军队继续参战，那么，即使天堂里所有的天使都发誓说我们支持史迪威是对的，这也改变不了历史的结论。我谨建议你解除史迪威将军的职务。"② 三日之后，他又电促罗斯福召回史迪威。19 日，史迪威奉召回国。美国要求中国军队指挥权之举也暂告失败。

① 《中美关系资料汇编》第 1 辑，第 604 页。

② 《美国外交关系，1944 年》第 6 卷，第 169—170 页。

赫尔利到重庆不久，中共中央认为，赫尔利使华的主要任务是讨论组织中美联军如何对日作战，便决定利用此次机会，提出美国应向中共军队提供军事援助的问题。9 月 8 日，中共中央指示董必武等人，应争取会见赫尔利、纳尔逊和史迪威等，直接向他们提出援助我们的要求，并在适当时候邀请他们访问延安。[①] 11 日，朱德邀请赫尔利访问延安。赫尔利不作任何反应，在他看来，拒绝邀请或回信，都会构成美国政府对中共某种形式上的承认。[②]

赫尔利来华时，正值中共在国民参政会上提出废除国民党一党专政、建立民主联合政府的主张，国共两党再次进行谈判。赫尔利也很快便表露出他将积极介入国共问题的意向。9 月 9 日至 12 日，赫尔利与宋子文、何应钦及蒋介石迭次会晤，提出解决中国问题的十点建议，其中最主要的两点是：一、拥护蒋介石为中国和中国军队的领袖，支持蒋介石的领导地位；二、统一中国的所有军队，即把中共的军队交给蒋介石指挥。赫尔利认为这是调解国共纠纷的两条根本原则。

在得到蒋介石许可后，应中共方面的真诚邀请，10 月 17、18、23 日，赫尔利三次会见中共驻重庆代表董必武和林伯渠。他表示：自己是代表罗斯福总统来帮助中国团结的，决不对党派有所偏袒；蒋介石是全国抗战的领袖；中国现政府不民主，国内应当实行民主，中共也应当取得合法地位。中共代表向赫尔利阐述了中共主张，并正式邀请他访问延安。

双方初步接触之后，赫尔利似乎成竹在胸，10 月 19 日，他致电罗斯福，表示将尽力把共产党置于蒋介石控制之下的尝试是很有希望成功的，他或蒋介石准备向共产党人提议交出独立武装

① 中共中央文献研究室：《周恩来年谱（1898—1949）》，第 595 页。

② 郭荣赵：《中美战时合作之悲剧》，第 542 页。

力量的条件，以换取国民党政府实行民主政治。[①] 这就再清楚不过地表明了赫尔利对待国共关系的立场。按照这一立场，28 日，赫尔利向蒋介石提交了一份协议草案。蒋介石感到不满意，授意张治中、王世杰进行修改。

而中共这时对美国政府的政策是：既愿意同美国友好和在美国调处下与国民党谈判，又反对美国干涉中国内政和支持蒋介石推行反动政策。所以，赫尔利与中共代表的谈话引起中共中央的注意。11 月 6 日，毛泽东主持中共中央六届七中全会主席团会议，讨论赫尔利来延安谈判问题。毛泽东说：蒋介石要赫尔利来调停，可得救命之益。至于能拿出什么东西来，多少可以拿一点。他给以小的东西，加以限制，而得救命的大益。对国民党问题，赫尔利看得相当乐观。赫尔利来我们要开个欢迎会，由周恩来出面介绍中共情况。[②]

11 月 7 日，毛泽东同周恩来等到延安机场迎接从重庆飞抵延安的赫尔利。次日上午，双方开始会谈。中共方面参加的是毛泽东、周恩来、朱德。美国方面参加的是赫尔利、包瑞德、一名翻译和一名秘书。中共领导人与美国官方高级代表第一次谈判解决中国内部问题从此开始。

赫尔利首先表示：自己是受罗斯福的委托作为他的私人代表，来谈判关于中国的事情；美国无意于干涉中国的内政，而只是打算做那些可能有助于最后打败日本人的事情。他声称：蒋介石同意由一个美国调解代表团来促进民主，并通过“统一中国的军事力量”来加速打败日本的步伐；为了达到这个目标，蒋介石准备承认共产党和各少数党派的合法地位，允许共产党以某些形式参加军事委员会。

① 郭荣赵：《中美战时合作之悲剧》，第 190—191 页。

② 中共中央文献研究室：《周恩来年谱（1898—1949）》，第 600 页。

接着，赫尔利宣读了一份他所起草的题为《为着协定的基础》的文件，内容是：（一）中国政府和中国共产党为迅速击败日本和重建中国，将为统一中国的武装力量而共同工作。（二）中共部队要遵守和执行中央政府及其国家军事委员会的命令。（三）中国政府和中国共产党将拥护孙中山的三民主义，以便在中国建立一个民有、民享、民治的政府。两党要遵循所制定的政策，去促进政府民主程序的进步和发展。（四）在中国只有一个国民政府和一个军队。共产党部队中所有官兵在经由中央政府改组时，像国军一样按其官衔得到同样的薪俸和津贴，所有成员也将得到军需供给的同等待遇。（五）中国政府承认并使中共作为一个政党合法化。中国所有政党都将给法律上的地位。①

毛泽东问道：这五条代表了什么人的思想？赫尔利回答说：这些观点是他自己的思想，不过是我们大家制订出来的。包瑞德在旁提醒他：毛主席是想知道委员长本人是否同意所有被提出的观点。赫尔利说：已经同意了。同时又声明这五条并不是必须接受的，而是试验性的方案。他希望很自由、公开、坦白地谈这个问题。②

同日下午3时，双方进行第二次会谈。毛泽东首先对赫尔利到延安表示欢迎，接着说：中国需要在民主的基础上团结全国抗日力量。首先希望国民党政府的政策和组织迅速来一个改变，这是解决问题的起码点。如果没有这一改变，也可能有某些协定，但是这些协定是没有基础的。因此必须改组现在的国民党政府，建立包含一切抗日党派和无党无派人士的联合国民政府，改变现在政府的不适合于团结全国人民打日本的老政策。关于改组军队，应当改组的是丧失战斗力、不听命令、腐败不堪、一打就散

① 《张治中回忆录》下册，文史资料出版社1985年版，第705页。

② ［美］包瑞德：《美军观察组在延安》，第76页。

的军队，如汤恩伯、胡宗南的军队，而不是英勇善战的八路军、新四军。在不破坏解放区抗战力量及不妨碍民主的基础上，中共愿意和蒋介石取得妥协，即使问题解决得少一些、慢一些也可以，中共并不要求一下子解决所有的问题。但是要破坏解放区抗战的力量和妨碍民主，那就不行了。然后，毛泽东对《为着协定的基础》提出具体修改意见，主要是：增加将现在的国民党政府改组为包含所有抗日党派及无党无派政治人士的代表的联合国民政府、改组统帅部为包含所有抗日军队代表的联合统帅部的条文；将原条文中的中国共产党的军队要遵守和执行国民党政府及其军事委员会的命令，共产党军队的一切军官和士兵要接受国民党政府的改组，修改为一切抗日军队应遵守与执行联合国民政府及其联合统帅部的命令，并应为这个政府及其统帅部所承认；增加保障人民各种自由权利的规定；要求承认中国共产党及一切抗日党派的合法地位。①

11月9日，双方进行第三次谈判，中共提出了经修改的五点协议。赫尔利看后问毛泽东：中共是否还与蒋介石合作、是否让蒋介石当政府主席？毛泽东作了肯定的回答。② 赫尔利认为，中共要求的只是结束一党专政，在政府中民主地享有份额，这不仅不会损害国民党的利益，而且会在政治上和道义上加强国民党。他认为用一种资产阶级民主政治的办法解决国共矛盾是符合美国的原则的。他把中共参加政府与联合政府混而为一，故只对提案作了一点小的修改。

当晚，毛泽东向中共六届七中全会全体会议报告同赫尔利谈判情况，指出：经过三次会谈修改后的五点协定，没有破坏我们的解放区，把蒋介石要破坏解放区的企图扫光了；破坏了国民党

① 《毛泽东年谱（1893—1949）》中卷，第556—557页。

② 《胡乔木回忆毛泽东》，第351—352页。

的一党专政，使共产党得到合法地位，使各小党派和人民得到了利益。如果蒋介石签字承认这个协定，就是他最大的让步。明天签字后，我们的文章做完了，问题即在重庆了。关于见蒋介石的问题，不能拒绝，尤其此时要考虑，为了民族的利益。签字后不去见蒋，我们就输理了。现在我不去，将来再说。今天中央委员会批准这个新五条，明天即可签字。①周恩来在发言中说："蒋介石认为我们参加政府和成立联合政府是有区别的。赫尔利则将二者混而为一，所以他认为蒋介石不至于为难。估计蒋介石必定会对这次会谈作出的协定提出修改。"② 全会一致同意《中国国民政府、中国国民党与中国共产党协定》（即《延安协定草案》），全文如下：（一）中国政府、中国国民党与中国共产党应共同工作，统一中国一切军事力量，以便迅速击败日本与重建中国。（二）现在的国民政府应改组为包含所有抗日党派和无党无派政治人物的代表的联合国民政府，并颁布及实行用以改革军事政治经济文化的新民主政策。同时，军事委员会应改组为由所有抗日军队代表所组成的联合军事委员会。（三）联合国民政府应拥护孙中山先生在中国建立民有民享民治之政府的原则。联合国民政府应实行用以促进进步与民主的政策，并确立正义、思想自由、出版自由、言论自由、集会结社自由、向政府请求平反冤抑的权利，人身自由与居住自由，联合国民政府亦应实行用以实现下列权利即两项免除威胁的自由和免除贫困的自由之各项政策。（四）所有抗日军队应遵守与执行联合国民政府及其联合军事委员会的命令，并应为这个政府及其军事委员会所承认。由联合国得来的物资应被公平分配。（五）中国联合国民政府承认中国国

① 《毛泽东年谱（1893—1949）》中卷，第557页。

② 《周恩来年谱（1898—1949）》，第600页。

民党、中国共产党及所有抗日党派的合法地位。[①]

11 月 10 日上午 10 时，双方开始第四次会谈。毛泽东通报了中共六届七中全会的决定，表示“希望蒋先生也在这个协定上签字。”[②] 接着，毛泽东代表中共，赫尔利作为“见证人”分别在《延安协定草案》上签字。毛泽东还应赫尔利的建议托他给罗斯福总统捎信，指出“这一协定的精神和方向，是我们中国共产党和中国人民八年来在抗日统一战线中所追求的目的之所在”。[③] 当日下午，赫尔利满意地携带签字后的协定乘飞机离开延安。周恩来和包瑞德随机同行。

赫尔利回到重庆后，试图促使国民党方面接受“五点协议”，但是万万没有料到被国民党严词拒绝。在蒋介石看来，他们怂恿赫尔利带去的一纸五条草案已经面目全非，变成了他们所不能接受的《延安协定草案》。蒋介石表示“不赞成联合政府和联合军事委员会”，“不愿意造成南斯拉夫和波兰的那种局势”。[④] 他认为，中国不比美国，可以玩弄资产阶级民主。他对赫尔利说：同共产党达成的协议，在华盛顿或者在伦敦，作为解决类似的争论问题，“是可以接受的”；但是，在中国，由于人们的特殊心理状态，这样的协议“意味着他本人和他的党的完全失败”。[⑤]

赫尔利左右为难，狼狈至极。11 月 17 日，罗斯福任命他为驻华大使，“从这天以后，他同共产党人谈判时就日益倾向于祖护国民党政府了。”[⑥] 21 日，国民党提出了三项“反建议”，蒋介石要共产党拥护国民党政府，先交出军队，整编为正规国军；然

① 中央档案馆编：《中共中央文件选集》第 12 册（1939—1940），第 638 页。
② 《毛泽东年谱（1893—1949）》中卷，第 558 页。
③ 中央档案馆编：《中共中央文件选集》第 14 册（1943—1944），第 397 页。
④ 《党史通讯》1984 年第 7 期，第 48 页。
⑤ 《党史通讯》，1984 年第 8 期，第 40 页。
⑥ ［美］包瑞德：《美军观察组在延安》，第 88 页。

后国民党政府承认共产党的合法地位；并挑选一些共产党的高级军官参加他的军事委员会。① 这实际上又回到原来赫尔利携往延安的五条草案的立场上去：要共产党先交出军队，然后承认共产党的合法地位。赫尔利彻底抛弃了貌似“公允”的立场，倒向蒋介石一边，转而要求共产党接受“反建议”。中共当然拒绝。随之而来的是，赫尔利和魏德迈开始试图用美国援助换取中共接受国民党的“三点建议”。他声称中共如果这样做了，那将是“同我——美国政府合作”。周恩来拒绝了赫尔利提出的这笔“交易”，他向赫尔利等指出，造成目前谈判停顿的症结，不是中共是否与美国合作，而是国民党拒绝组成联合政府。

12 月 4 日，赫尔利、魏德迈又约见周恩来，继续以美援为诱饵，劝中共参加政府。周恩来直截了当地回答：“我们参加政府就要替人民负责。现在我们参加进去，不能负责。这样的政府，我要参加……我的良心也过不去。”实际上，毛泽东此时已经无意将谈判再拖延下去。他认为美国的“全部政治见解仍然是保持蒋的体系”，“并无诚意改革政治”，因此他指示周恩来终结。②

为了欺骗舆论，取悦美国，国民党政府于 11 月底也作出了一些人事调整，以美国比较欣赏的陈诚、俞鸿钧、朱家骅、王世杰接替何应钦、孔祥熙、陈立夫、梁寒操分别担任军政、财政、教育和中央宣传部部长。

谈判陷入僵局后，中共中央认为，国民党政府正处于严重的危机之中，如果中共在这时加入未经彻底改组的国民党政府，只会对蒋介石有利。美国方面表现出一定的妥协，目的在扶持蒋介石，并不是真正准备与中共合作。12 月 7 日，中共中央决定中断与国民党的谈判，准备早日公布“五点协议”，并着手筹备成立

① 《中美关系资料汇编》第 1 辑，第 143 页。

② 《陈毅传》编写组：《陈毅传》，当代中国出版社 1991 年版，第 156 页。

“解放区联合委员会”。次日，周恩来致函赫尔利，向他说明了中共中央决定中断谈判的理由，并告中共中央将公布“五点协议”。[①] 同日，毛泽东在会见包瑞德时，谴责赫尔利在谈判中的做法是言而无信。

毛泽东对包瑞德的谈话和周恩来给赫尔利的信等，展示了中共中央的强硬立场。赫尔利和其他一些美国驻华人员认为，中共中央已决心彻底与国民党决裂。11 日，赫尔利致函周恩来：中共中央决定公布“五点协议”，违背了双方在签署协议时达成的谅解，这关系到他个人的国际信誉；“五条”和“三点”都不是谈判双方的最后意见，而是谈判过程中的步骤；谈判并未结束，国民政府愿意继续谈判。[②] 其他一些美国人员则担心，中共中央立场骤变，决定组织“解放区联合委员会”，肯定是受苏联影响的结果。他们一直认为，中共中央拟议中的“解放区联合委员会”并“不是解放区各个政府的联合委员会”，“可以解释成为中国人民的联合委员会，其中暗含的威胁是明显的”。[③]

美方的强烈反应显然引起了中共中央的重视。中共中央的本意是拉美压蒋，采取强硬立场和准备公布“五点协议”，都是为了影响美国的对华政策，并进一步向蒋介石施加压力。出于斗争策略的考虑，12 日，毛泽东电示王若飞转告美方：中共毫无与美方决裂之意，“五条”可以暂时不发表，但是“牺牲联合政府，牺牲民主原则，去几个人到重庆做官，这种廉价出卖人民的勾当，我们决不能干，这种原则立场我党历来如此。希望美国朋友不要硬拉我们如此做，我们所拒绝者仅仅这一点，其他一切都是好商量的”。[④] 中共中央同时决定暂缓成立“解放区联合委员

① 《中美关系资料汇编》第 1 辑，第 143—144 页。

② 《中美关系资料汇编》第 1 辑，第 144 页。

③ 《党史通讯》1983 年第 20、21 期合刊，第 18—22 页。

④ 中央档案馆编：《中共中央文件选集》第 14 册（1943—1944），第 412 页。

会”。16 日，周恩来致函赫尔利说，中共没有关闭谈判的大门，“目前进行谈判的根本困难在于国民党当局拒绝放弃一党专政和接受民主的联合政府的主张”，“在国民党一党政治下的任何人事变动，都不可能变更目前国民政府的制度和政策”。[1]

赫尔利敏感地抓住中共表述的愿意继续谈判的意向，于 20 日复函毛泽东、周恩来，请周恩来重返重庆。22 日，周恩来复函“难以抽身”。28 日，再函赫尔利，说明中共不愿在接受他们提议成立“民主联合政府”的问题上继续进行抽象的探讨，要求国民政府先将四条付诸实施“来看他们是否决心实行民主和团结”：(一) 释放全国政治犯；(二) 撤销对边区的包围及进攻华中新四军、华南抗日纵队的国民党大军；(三) 取消限制人民自由的各种禁令；(四) 停止一切特务活动。[2]

面对中共的要求，赫尔利既尴尬又着急，因为罗斯福已通知他向蒋介石暗示苏联即将对日作战，美国驻苏大使哈里曼也不断地报告：如果在苏联参加太平洋战争之前中苏两国政府没有达成协议，苏联就会支持在华北的中共，并将苏军解放的中国国土的管理权交给中共，到那时蒋介石就会发现自己处于倍加困难的局面。[3] 1945 年 1 月 4 日，国务卿斯退丁纽斯提出，如果国共之间不能立即达成协议，“另一种选择便是由一名美国军官指挥所有中国军队”，“如果俄国参加远东战争，由美国军官统率中国武装力量，较之中国分裂的军事指挥要有利得多”。[4] 这就是说，提出由美国军官指挥中国军队的问题，一是为了防止国共谈不拢，打起来；二是为了防止苏联参战后直接与中共军队合作，从而使中共壮大起来，也使苏联势力得到发展。根据这一精神，赫尔利与

① 《周恩来年谱（1898—1949）》，第 606—607 页。
② 《周恩来年谱（1898—1949）》，第 607 页。
③ ［美］赫伯特·菲斯：《中国的纠葛》，第 260—261 页。
④ 《美国外交关系，1945 年》第 7 卷，第 154 页。

宋子文等人炮制了一个“四点方案”：（一）在行政院下设立战时内阁；（二）成立整编委员会，由美国军官一人，国共两方各一人组成；（三）由一名美国军官作中共军队总司令，国共两方各任命一人为副司令；（四）整编委员会成立后，政府承认中共合法地位。7日，赫尔利致电毛泽东，表示要与宋子文、王世杰、张治中一起去延安与中共领导人面商一切。

11日，毛泽东回信婉拒赫尔利重访延安的要求，并提议国民政府：“在重庆召开国是会议之预备会议，此种预备会议应有国民党、共产党、民主政团同盟三方代表参加，并保证会议公开举行，各党派代表有平等地位及往返自由。”国民党如果同意，周恩来可到重庆磋商。[①]

在重庆，赫尔利与蒋介石进一步策划民主姿态。20日，他函告毛泽东，国民党决定成立权力广泛的战时内阁，并将邀请中共代表参加这一决策机构。

为了揭穿蒋介石假民主的骗局，并以公开的谈判推动国统区的民主运动，中共决定恢复与国民党的谈判。24日，周恩来重返重庆。赫尔利亲往机场迎接。在汽车上，赫尔利就迫不及待地向周恩来讨好，声称：他几次当面批评蒋介石，如果国共问题谈不好，责任不在中共，而在国民党；现在国民党准备答应中共的一切条件。但是，就在第二天，赫尔利就端出了他同蒋介石、宋子文策划的四点方案。

但是，中国共产党人并没有在兵权问题上害幼稚病。周恩来当即予以拒绝。他指出：此建议的实质是混淆党治与民主的界限，取消改组国民政府为联合政府的主张；只有废除国民党一党专政，成立了由各党派组成的联合政府，中共才能把军队交给这个政府；关于整编军队，应当改组军委会，改组和训练全国军

① 《毛泽东年谱（1893—1949）》中卷，第572页。

队，承认敌后武装，而不仅是改组中共军队。他还提出了党派会议、共同纲领、国事会议、联合政府、国民大会这样一个民主的程序。毛泽东对周恩来在谈判中的立场十分满意，并于 28 日复电周恩来："这是将中国军队尤其将我党军队隶属于外国，变成殖民地军队的恶毒政策，我们绝对不能同意。"①

根据毛泽东电告的内容，2 月 2 日，周恩来向国民党方面提交了一份关于党派会议的协定草案：（一）党派会议应包含国民党、共产党和民主同盟三方代表，会议由国民党负责召集，代表由各方自己推出；（二）党派会议有权讨论和决定如何结束党治，如何改组政府，使之成为民主的联合政府，并起草共同施政纲领；（三）党派会议的决定和施政纲领草案，应通过于将来国民政府召开的国事会议，方能成为国家法案；（四）党派会议应公开进行，并保证各代表有平等地位及来往自由。②

赫尔利开始意识到，如果国民党方面不在政治问题上让步，美国就不能达到统一中国军队指挥权的目的。因此，他不得不一再向国民党方面施加影响，甚至抱怨蒋介石不该断然拒绝"五点协议"，以致失去了控制中共军队的机会。在赫尔利的督促下，国民党谈判代表于 2 月 2 日对周恩来的建议作出答复，表示同意召开有各党派和无党派人士参加的政治协商会议。但是，11 日，《雅尔塔会议公报》发表，蒋介石认为自己仍是国际承认的大国领袖，态度立即变得傲慢起来。他公开指责："各党派会议等于分赃会议，组织联合政府等于推翻政府。"③

此时，周恩来因参加中共重要会议即将返回延安，而赫尔利和魏德迈也将回国述职。赫尔利不能眼看着自己的调处不了了

① 《毛泽东年谱（1893—1949）》中卷，第 574 页。

② 《周恩来年谱（1898—1949）》，第 613—614 页。

③ 《周恩来年谱（1898—1949）》，第 616 页。

之，他于10日向周恩来提议发表一项共同声明，并拿出他和宋子文草拟的稿子。这完全是有利于国民党、并为赫尔利本人歌功颂德的片面之词，当场遭到周恩来的拒绝。11日，赫尔利建议由周恩来起草，并声称回国述职时将向总统报告：国共关系已经接近，但尚未得结果。周恩来指出：谈判并无实际结果。为了防止赫尔利曲解，周恩来交给赫尔利一份他自己写的声明，回顾了谈判的过程，阐明了两党的基本分歧，并强调“在党治下采取任何形式的敷衍办法，都决然无补于国事”。[①]

蒋介石的态度使中共中央相信，逼迫蒋介石在政治上做出实质性让步的条件，包括国际方面的条件，均未成熟。中共中央认为，苏联参加对日战争的可能性在增长，但苏联毕竟还没有公开作出承诺，更没有采取实际行动；美国的扶蒋政策有变化的可能，但目前还没有发生根本性的变化。面对这种情况，毛泽东指示周恩来，中断与国民党的谈判，否则继续谈下去，反而会助长蒋介石“独裁之志气，灭民主之威风”。毛泽东认为，对美国方面应采取相同的态度，“要攻掉美政府之扶蒋主张”。[②] 15日，周恩来在重庆举行中外记者招待会，公开反驳国民党代表对国共谈判没有进展的解释，并宣布他将于16日返回延安。19日，赫尔利回国，其调处以失败告终。

抗战时期最后一次国共谈判的突出特点是，自始至终都有美国政府的代表参与。从某种意义上说，这次谈判也是中共的第一次高级别的外交活动，是中共中央利用外交工作解决国内问题的第一次尝试。当时中共中央的基本设想是，利用美国需要与中共军队合作对日作战的时机，促使赫尔利向蒋介石和国民党政府施加压力，争取迫使他们接受改组国民党政府、组织联合政府的主

① 《周恩来年谱（1898—1949）》，第616页。

② 《毛泽东年谱（1893—1949）》中卷，第579页。

张。同时中共中央一度试图利用解决政治问题的谈判，推动与驻华美军的军事合作。由于赫尔利在谈判中坚持扶蒋的立场，不仅使中共与美国方面的政治关系恶化，而且造成驻华美军与中共军队的军事合作停滞。特别是赫尔利企图以美国的军事援助作为筹码，诱使中共中央在重大的政治问题和军队指挥权问题上做出妥协，严重地加深了中共中央对美国战略意图的怀疑和警觉。赫尔利调处的结果使中共中央不得不重新考虑与美国的关系，以及美国在战后中国将会起何种作用。由于对美政策在中共中央的战时对外政策中占有相当重要的地位，当中共中央决定重新调整对美政策时，必定会给中共中央的全部对外政策甚至对它的国内政策带来重大和深刻的影响。

第五章　争取和平民主的外交斗争(1945—1946)

1945年2月的雅尔塔会议把中国列入美英主导的西方阵营，随后，国民党政府与苏联签订的《中苏友好同盟条约》也接受了这样的安排。在对雅尔塔会议和中苏条约不知情的情况下，中共在七大上制定了新民主主义的抗战建国方针，这个方针与美苏把中国列入西方阵营的安排存在着严重的冲突。这样的国际环境给中共领导中国革命造成了严峻的考验。但是，随着第二次世界大战的结束，美苏从战时伙伴迅速转变为战后对手。世界格局的这一急剧变化，又给中共带来了新的机遇。

第一节　中共七大的外交方针

1945年初，国内外形势发生了急剧变化。在国外，全世界反对法西斯侵略者的正义战争已经取得了有决定意义的胜利；在国内，在中共的领导下，经过艰苦卓绝的英勇奋战，中国人民配合同盟国打败日本侵略者的时机已经迫近了，中国抗日战争正处于胜利的前夜，解决战后中国何去何从的问题已经迫在眉睫。4月23日，中共在延安召开第七次全国代表大会。毛泽东以《两个中国之命运》为题致开幕词，并作了题为《论联合政府》的政治报告。在这两个重要的报告中，毛泽东全面而系统地阐述了中共在即将到来的新历史阶段的政治路线，即“放手发动群众，壮大人民力量，在我党的领导下，打败日本侵略者，解放全国人民，建立一个新民主主义的中国”。根据这一政治路线，毛泽东还提出了“废止国民党一党专政，建立民主的联合政府”的战略目标和一整套相关的政策。5月5日，国民党在重庆召开第六次全国代表大会。这次大会专门就中共问题作了秘密报告，并通过了《对中共问题的决议案》和《本党同志对中共问题的方针》两项决议。在这两份重要的文件中，国民党一方面表示将继续争取以政治方式解决中共问题；另一方面则指责中共“一贯坚持其武装割据，借以破坏抗战”并提出联合政府“企图颠覆政府，危害国家”。[①] 关于战后中国的前途，大会确立了反对组织联合政府、继续维护国民党一党统治的基本路线。

国共两党在各自的代表大会上提出的两条截然对立的政治路线，将战后中国的两种发展前途清楚地摆在中国人民和国际社会面前。这预示着未来国共关系的发展必然充满冲突与对抗。

在需要做出历史性选择的关键时刻，国共两党领导人不约而同地密切注视世界政治形势的发展。自从赫尔利使华以来，国民党的对美外交非常顺利。第一，在蒋介石与史迪威的矛盾斗争中，蒋介石逼迫罗斯福召回了史迪威。第二，赫尔利在调处国共纠纷的过程中，越来越露骨地推行扶蒋反共的对华政策。第三，雅尔塔会议的召开，美苏共同承认蒋介石是所谓的大国领袖，仍然认为他是统一中国的唯一人选。第四，在联合国成立的大会上，中国成为联合国安理会常任理事国。所有这一切外交“成就”，使蒋介石有理由在他的六大政治总报告中豪迈地声称：外交是国民党在抗日战争中的首要成就，“开百年来历史之新页，

① 中国人民解放军政治学院党史教研室编：《中共党史参考资料》第9册，第492页。

值得向大会报告者，厥为外交”。①

相比之下，中共面临着比国民党更加严峻的国际环境。太平洋战争爆发后，中共对外政策的重点是争取美国更积极地支持中国抗战和政治改革。基于对东亚国际力量对比的现实，中共中央一度采取积极争取与美国合作的政策，并且初步打开了外交局面。但是，随着赫尔利的来华，美国扶蒋反共的对华政策越来越明显，中共争取与美国合作的努力基本上失去了现实意义。中共的外交政策面临着新的选择。

苏联红军和英美联军的胜利推进对欧洲政治形势的现实影响，是中共领导人外交政策选择的主要依据之一。1944 年 6 月 6 日，盟军在法国诺曼底登陆，从此在欧洲西部开辟了打击德国的第二战场。此时苏军也已经收复被德国占领的绝大部分领土，并开始越过苏联边界，在欧洲东部继续向德军发动进攻，与英美联军形成了围剿德国法西斯的包围圈。在盟军摧枯拉朽的打击下，德军迅速崩溃，战后欧洲的政治问题随之尖锐起来。10 月 9 日至 20 日，丘吉尔和斯大林在莫斯科举行会议，商讨战后欧洲的政治问题，划分两国在东南欧的势力范围。英苏两国首脑的会谈结果当时虽然尚不为人知晓，但东南欧政治局势的发展，比较清楚地表明了大国划分势力范围的后果。其主要表现是，凡属划归苏联的势力范围，苏联坚决支持对苏友好的政治力量掌握政权；凡属英美势力范围的地区，情况则正好相反。其中最有典型意义的是波兰和希腊。

6 月底，苏联红军在中部战线发动攻势，一举攻入波兰领土。7 月下旬，苏军攻占乌海姆，受到苏联支持的波兰民族解放委员会在该城宣告成立。此后，苏联采取种种措施，加强波兰民族解

① 中国人民大学中共党史系编：《中国国民党历史教学参考资料》，1987 年，第 727 页。

放委员会在波兰国内的地位，并抵制英美干涉波兰事务的企图，苏军实际上是波兰政府得以巩固的主要支柱。

英美在希腊的行动则与苏军在波兰的行动形成鲜明的对照。10 月，英国派驻希腊盟军总司令斯科比率领英军，带着在伦敦流亡的帕潘兹雷夫的希腊联合政府登陆希腊。当时希腊的广大地区控制在希腊共产党领导的民族解放阵线和全国人民解放军手中。12 月 1 日，斯科比下令解散全国人民解放军，并由流亡政府新组建的国民自卫队接管解放区的警察职务。在这一命令遭到抵制后，6 日，斯科比悍然下令英军对全国人民解放军发动进攻。深受当时国际思潮影响的希腊共产党寄希望于政治解决，没能组织起有效的抵抗，全国人民解放军于 1945 年 1 月 11 日派出代表同斯科比谈判停火，签订了一项《瓦尔基扎协定》。根据协定，全国人民解放军同意“在本协定公布以后立即予以遣散”，“全国人民解放军所征用的物资，包括役畜、机动车辆等等，均得按已草拟的议定书的详细规定移交国家，以后就视为国家所征用”。当民族解放阵线忠实地执行了这一协定之后，英军和希腊反动派对共产党员和人民解放军官兵进行了大逮捕和大屠杀。

苏联对华对日政策的变化，则是中共领导人外交政策选择的现实依据。11 月 6 日，斯大林在莫斯科十月革命纪念大会上发表讲话，公开谴责日本是侵略者。① 12 月 2 日，苏联《消息报》发表了著名评论员阿瓦林的文章。该文章尖锐地批评国民党政府，并提出中国应该实现“真正的民主统一”和国家民主化。② 透过苏联对日对华政策的动向变化，中共领导人“预期俄国终将参加这场远东战争”，“坚持认为，必须考虑俄国是远东重要强国，她

① 《斯大林文选（1934—1952）》，人民出版社 1962 年版，第 400 页。

② ［苏］C. A. 戈尼昂斯基：《外交史》第 4 卷下册，生活 · 读书 · 新知三联书店 1980 年版，第 647 页。

不屈不挠地反对日本法西斯主义（虽然由于必要暂时对之妥协，以把她自己从德国更直接的威胁中拯救出来），和她将坚持在解决日本战败后的问题上有发言权。他们认为，这些因素合乎逻辑地要求俄国终将参加击败日本”。中共“确信，俄国人对中央政府军队的作战能力和无私合作缺乏信心”。[①] 联系苏联对波兰推行的政策，中共相信苏联才是中国革命运动的可靠的朋友和支持者，苏联参加对日战争至少将对美国以及国民党政府形成有力的制约，特别是可以平衡美国在中国政局中的影响力。

在欧洲发生的波兰、希腊事件，对中共中央的对外政策产生了重要影响。因为国民党政府借美国的压力来迫使共产党解除武装、取消根据地的企图，已在国共谈判的过程中日益暴露出来。而驻华美军司令魏德迈则于 1945 年 2 月 15 日在记者招待会上公开声称：“我们美国军人奉命支持中央政府”，“我们将不给中国战场内任何个人、任何行动、任何组织以任何支持”。[②] 这无异于公开宣布了美国扶蒋反共的对华政策。在这种形势下，中共中央更加关注苏联是否以及何时参加对日战争。中共报刊发表的评论文章一方面热烈赞扬苏军解放波兰，并称波兰民族解放委员会的行动是义举；另一方面强烈地谴责英美在希腊镇压希共领导的反政府起义。中共领导人反复强调，要反对斯科比式的人物在中国策动反共军事行动，并提醒中共全党，要警惕国外反动势力武装干涉中国内政。

与此同时，中共中央大幅度调整战略部署，其突出的特点是将军事发展方向从东部沿海地区向北方地区转移。在这个转移过程中，中共军队同美军的合作明显在迅速减弱，而配合苏军对日作战的准备则日益受到重视。3 月中旬，华南纵队领导人致电中共

---

① ［美］约瑟夫·W·埃谢里克：《在中国失掉的机会》，第 300—301 页。

② 《美国外交关系，1945 年》第 7 卷，第 233 页。

中央，请示配合盟军在广东沿海登陆作战的相关问题。中共中央的复电表明，中共领导人对美军在中国沿海地区登陆可能造成的政治后果的认识，同过去相比已经发生了重大的变化。中共中央认为，美军有可能先在广东登陆，但美国以扶蒋为主，英国则注意拉拢地方实力派，对中共军队比较轻视，华南部队必须准备应付局势恶化，应利用矛盾，发展自己的力量，以立于不败之地。[1] 中共中央显然已经不再认为美军在中国沿海登陆将对中国政治形势产生积极的影响，而且注意到暂时不存在迫使美国放弃扶蒋反共政策的条件，因此对是否配合美军登陆作战，开始采取谨慎的态度。

4月5日，在同盟国要求下，苏联政府发表声明："日本作为德国的同盟国，帮助德国进行反对苏联的战争。此外，日本又同美国、英国作战，而美、英则是苏联的同盟国，中立条约已失去意义，提前一年废除。"这一声明预示着苏联参加对日作战已是指日可待。[2] 中共中央立即决定加速战略调整步伐，18日，毛泽东批转《中共中央晋察冀分局关于日苏中立条约废除后边区形势及工作的意见》，指出：苏联废除日苏中立条约表明，苏联参加对日战争已为期不远，远东国际形势将因此发生重大变化。今后中共军队配合英美苏作战主要是配合苏军作战，配合苏军作战的主要方向是察哈尔北部和东北。为了完成这一战略性转变，必须对干部进行教育，克服对美国的盲目观点，使干部了解只有苏联才是最先支援中国反对日本侵略的国家，在宣传工作中应强调日苏中立条约已经废除和苏联力量的强大。[3] 毛泽东批转这份文件

① 中央档案馆编：《中共中央文件选集》第15册（1945），中共中央党校出版社1991年版，第59—60页。

② 安徽大学苏联问题研究所、四川省中共党史研究会编：《苏联〈真理报〉有关中国革命的文献资料选编》第3辑，四川省社会科学出版社1988年版，第519—522页。

③ 中央档案馆等编：《晋察冀抗日根据地》第一册（文献选编下），中共党史资料出版社1989年版，第997—998页。

不仅标志着中共军事战略方向的转变，而且是中共对外政策将发生重大变化的信号。同时中共报刊上出现苏联评论中国政局和呼吁改善中苏关系的文章明显增加。与此形成鲜明对照的是，中共开始对美国大使赫尔利进行虽有分寸但足够尖锐的批评，在报刊上公开指责他的言行客观上是在鼓励国民党发动反共内战。

中共中央对对外政策和军事战略的调整，直接反映到中共七大的政治决议中，特别是对外政策的调整，实际上构成了七大政治路线的一个重要组成部分。毛泽东在《论联合政府》的政治报告中指出，第二次世界大战结束以后，还会有斗争，这不仅是因为还有法西斯的残余势力，而且因为“反法西斯侵略战争的阵营中存在着反民主的和压迫其他民族的势力，他们仍然要压迫各国人民和各殖民地半殖民地”，“只有经过长期的努力，克服了法西斯残余势力、反民主势力和一切帝国主义势力，才能有最广泛的人民的胜利”。这是世界反法西斯统一战线形成后，中共领导人第一次明确提出，在世界反法西斯统一战线内部仍然存在反民主与民主、帝国主义与反帝国主义的斗争，而且这种斗争将对战后世界政治的前途产生重大影响。毛泽东认为，在这种复杂的国际政治格局中，中共的外交政策必须是明确地联合苏联。因为苏联的存在才是“两次世界大战是两个完全不同的时代”的主要根据，苏联是 1924 年至 1927 年间唯一援助中国革命的国家，也是第一个援助中国抗日战争的国家，而且“太平洋问题的最后的彻底的解决，没有苏联参加是不可能的”。毛泽东还进一步警告：“不论什么政党或社会集团，也不论是中国人或外国人，在有关中国的问题上，如果采取不尊重中国共产党的意见的态度，那是极其错误而且必然要失败的。”“中国共产党是中国人民的最忠实的代言人，谁要是不尊重中国共产党，谁就是在实际上不尊重最广大的中国人民，谁就一定要失败。”“我们要求各同盟国政府，首先是美英两国政府，对于中国最广大人民的呼声，加以严重的注意，不要使他们自己的外交政策违反中国人民的意志，因而损害同中国人民之间的友谊。我们认为任何外国政府，如果援助中国反动分子而反对中国人民的民主事业，那就将要犯下绝大的错误。”① 在内部报告中，毛泽东则明确提出，要警惕新的外来干涉的危险，要警惕斯科比式的人物，抗战胜利后中国有可能成为以美国为主统治国民党的半殖民地，这将是一场长期的麻烦，中共的高级干部要注意研究美国的情况，要准备吃亏。② 毛泽东的上述警告表明，中共中央已经在考虑甚至在准备应付可能发生的与美国的对抗。

中共七大期间，中央决定进一步采取措施，限制美国军政人员在中共控制地区的活动。中共中央发布指示：美国已经决心全力扶持蒋介石，但为了对日作战和顾及苏联与我方的关系，暂时不愿贸然中断与我方的联系，并企图借双方已经建立的联系了解我们的政策。因此我方对美军可表示愿意合作，但只限于供给情报、气象和予以地面救护，其他问题应向中央请示，如有未经许可之事发生，我方有权予以制止。③ 会后不久，中央军委即通知各根据地，为了防止美军利用与各抗日根据地间已经建立的联系进行破坏活动，决定不再准许美军在各根据地建立通讯机构，并停止供给机密情报。对于擅自空降到根据地的美军人员，应解除其武装，不准其通讯并监视其行动。④ 毛泽东告诉在延安的美军观察组人员，他们为了抗战可以到中共各根据地去，但不准“偷偷摸摸到处乱跑”，因为美国政府实行扶蒋反共政策，中共对他

① 《毛泽东选集》第3卷，第1031—1032、1085—1087页。

② 中共中央文献研究室编：《毛泽东在七大的报告和讲话集》，中央文献出版社1995年版，第192页。

③ 中国人民解放军国防大学党史党建政工教研室编：《中共党史教学参考资料》第17册，第576页。

④ 中央档案馆编：《中共中央文件选集》第15册（1945），第179—180页。

们不放心。[①] 驻华美军在此期间曾经提出在灵丘、阜平和沂水等中共控制的地区建立飞机场，在中共各军区、军分区建立通讯网，在敌后增设地面救护站、气象台和侦查电台等要求，结果均被中共中央拒绝。中共中央明确说明，这样做的目的是“警惕其反动阴谋，增加美军在敌后得不到我军配合的困难”。[②]

中共中央调整对外政策同其在国内政治斗争中的策略变化，基本是一致的和互相影响的。1945 年 3 月 1 日，为了抵制中共关于召开党派会议和组织联合政府的主张，蒋介石在宪政实施促进会议上发表演说，指责召开党派会议违背了孙中山制定的建国程序，国民党“只能还政于全国民众代表的国民大会，不能还政于各党各派的党派会议，或其联合政府”。他宣布将于本年 11 月 12 日召开国民大会，并决定下届国民参政会讨论召开国民大会的有关事宜。蒋介石在会见赫尔利时声称，不论中共赞成与否，国民党都将如期召开国民大会，希望美国表明立场，给予支持。[③] 对此，中共在展开舆论攻势的同时，毛泽东于 4 月 1 日对谢伟思表示：如果国民党坚持召开国民大会，中共将同时召开此前暂缓的“中国人民解放联合委员会”，该委员会的大门对全国所有愿意参加的团体都是敞开的，“包括国民党中国的任何团体”。[④]

中共七大正式讨论了召集解放区人民代表大会及筹备成立联合委员会的问题。毛泽东建议，召集解放区人民代表会议，由该会议宣布成立“中国人民解放联合委员会”。在政治报告中，毛泽东第一次公开对外宣布，中共将尽可能迅速地在延安召开中国解放区人民代表会议，以便讨论统一各解放区的行动，加强各解

① 《毛泽东选集》第 3 卷，第 1102 页。
② 中央档案馆编：《中共中央文件选集》第 15 册（1945），第 179—180 页。
③ ［日］古屋奎二：《蒋总统秘录》第 14 册，中央日报社 1980 年版，第 10 页。
④ ［美］约瑟夫・W・埃谢里克：《在中国失掉的机会》，第 334—340 页。

放区的抗日工作，援助国统区人民的抗日民主运动，援助沦陷区人民的地下军运动，促进全国人民的团结与联合政府的成立。通过这一系列的行动，中共把各解放区在形式上互不统属的地方政权联合成统一的政治实体，迈出抛弃国民党政权的“决定性”的第一步。

中共中央决心采取这种强硬的手段，同对美苏对华政策、特别是苏联对华政策的分析，有密切和直接的联系。中共中央认为，苏联倾向于支持中国的民主运动和组织联合政府，美国为了促使苏联出兵对日作战，唯恐国共关系破裂，力图维持住国共合作的局面，因此其扶蒋反共的对华政策并非绝对没有变化的可能性。[①] 在这种复杂的局面下，强硬对抗国民党召集国民大会的计划，至少不会受到苏联的反对，甚至有可能迫使美国让步。

事实表明，由于苏联参加对日战争已为期不远，而美国对华政策日益偏重扶持蒋介石，中共中央从 1945 年春夏开始，逐步放弃了 1944 年夏季以来实施的联美政策，开始将对外政策的重心转移到配合苏军对日作战，并试图利用苏军参战的时机，创造解决国内问题的外部条件。显然，对苏联对华政策的分析，这时已经成为中共中央确定战略方针的重要前提。这一时期，影响中共中央分析苏联对华政策的因素的确是多方面的，主要包括苏联在东欧坚决支持对苏友好的政府、苏联舆论对国民党政府的抨击、中共领导人对意识形态因素影响苏联对华政策的程度的认识、对对日战争的进程的预见，等等。这些因素的确有助于中共中央了解苏联对华政策的一般趋势。不过，事实表明，仅凭对这些因素的掌握和分析，并不足以使中共中央完全把握住苏联对华政策在一些特定阶段可能呈现的具体特征。特别是由于美苏两国

① 中央统战部、中央档案馆编：《中共中央抗日民族统一战线文件选编》（下），档案出版社 1986 年版，第 790、807—808 页。

在解决东亚问题时经常采取秘密外交的方式，外界要确切了解它们的政策的具体变化，的确是非常困难的。对中共领导人来说，更是如此。

苏联战后东亚政策的出发点，是维护它在这一地区的利益，包括维护东亚地区的和平，以便保护苏联东部地区的安全，以及为恢复和发展国民经济争取获得某些优越的权益。苏联的对华政策作为其东亚政策的一个重要组成部分，目标也是双重的：一方面要彻底打败日本，清除苏联东部周边的日本军事力量，从根本上解除日本对苏联安全的长期威胁；另一方面，试图利用苏军参战必然造成的巨大影响，在与苏联边界接壤的地区，营造一个缓冲地带，防止战后新的侵略势力进入，以致再次威胁苏联东部地区的安全。

基于对东亚地区的战略考虑，苏联的确希望中国的政治形势能够长期稳定，并使中苏关系长期稳定。不论是中国内部局势动荡，特别是发生大规模内战，还是中苏关系恶化，都会招致西方国家——主要是美国——的干预，甚至会演变为苏联与美国的直接对抗，而这正是苏联力图避免的。因此，苏联并不支持中共七大确立的新民主主义政治路线，对于苏军参战后对军事占领的中国地区实行何种政策，不是取决于意识形态，而是要取决于美苏关系、中苏关系和中国内部形势等多种因素的变化。为解决这一系列互相联系和互相影响的问题，苏联采取的方针是双管齐下：一方面与美国协调对华政策，承认蒋介石和国民党政府的统治地位；另一方面则利用外交手段和实力地位，造成对国民党政府的制约力量，包括对与苏联接壤的部分地区实行某种程度的控制，促使国民党政府奉行对苏友好政策，以及利用舆论批评国民党政府的某些政策和对中共表示同情与支持，最终形成一种形势，使国民党政府别无选择，只能在美苏之间保持中立。在这样的设计中，中共明显居于次要地位。

苏联推行其东亚政策的第一步，是与美国协调行动。在1943年10月召开的莫斯科三国外长会议和11月召开的德黑兰三国首脑会议期间，美苏之间开始直接讨论远东问题。从那时起直到1945年初，美苏双方经过一系列的折冲，基本敲定了它们在东亚合作的条件：其一是苏联承诺与美英中合作，在打败德国后参加对日作战。其二是美苏均承认在战后尊重中国的主权与领土的完整，苏联承认美国在中国政治中的主导地位，美国承认苏联在中国东北地区享有特殊的利益。其三是在处理中国内部问题方面，美苏均承认国民党政府是中国唯一的合法政府，双方都同意应推动国民党政府进行必要的政治改革，团结各派政治力量一致对日作战。与此相关的是，美国将敦促国民党政府努力改善中苏关系，苏联则在解决中国内部的国共问题上，不妨碍美国促成中国统一的努力。①

1945年2月，美英苏三国首脑在雅尔塔举行会议。在讨论对日作战问题时，罗斯福和斯大林经过讨论，使美苏在中国问题上的长期交易进一步具体化。根据他们达成的秘密协议，苏联将于欧战结束后两至三个月内，即参加对日作战，并与国民党政府缔结一项友好条约。作为交换条件，美国承认苏联在东亚与苏联毗邻的地区，主要是中国的东北和外蒙古，拥有特殊的利益。

苏联推行其东亚政策的第二个重要步骤，就是着手处理中苏关系，即改善与国民党政府的关系，争取国民党政府承认苏联与美国达成的谅解。雅尔塔会议结束后不久，苏联宣布中止日苏中立条约，同时开始着手改善中苏关系。斯大林本人自始至终直接参与了从7月初开始的中苏谈判。他坚决地贯彻苏联的既定方针，一方面依靠苏联红军参加对日作战造成的优势地位，以及与

---

① 《德黑兰、雅尔塔、波茨坦会议记录摘编》，上海人民出版社1974年版，第159—163、231—232页。

美国协调东亚政策所造成的政治影响；另一方面充分利用国民党政府对苏联可能援助中共的恐惧心理，迫使国民党政府承认外蒙古独立和苏联在中国东北地区的特殊利益，从而确保对苏联所谓亚洲安全地带的中心环节的牢固控制。

中苏谈判历时一个半月，双方经过激烈的讨价还价，至8月14日签订了《中苏友好同盟条约》和一系列附属议定书。该条约损害了中国的利益，基本满足了苏联的要求，国民党政府却从中得到了苏联支持它实现军令政令统一的保证。中苏条约的第一条规定："苏联政府同意予以中国道义上与军需品及其他物资之援助，此项援助当完全提供给中国中央政府即国民党政府。"有关东北苏军与国民党政府的关系的条款规定：由国民党政府派代表在东北地区收复区"设立行政机构"，"树立中国军队"。[①] 所有这些规定无疑给中共领导人造成了巨大的压力。

苏联与美国协调它们的东亚政策，以及与国民党政府改善关系，必然要影响它同中共的关系。苏共与中共有着深远的历史联系，但由于种种原因和一段时间不充分的交往，苏联领导人这时对毛泽东等中共领导人根据中国具体情况制定的政策持怀疑立场。苏联与美国协调对华政策的基础之一，是双方均承认国民党政府在中国的统治地位，并一致同意以吸收中共代表参加国民党政府作为解决国共争端的基本办法。这一方案本身就是对中共中央提出的联合政府方案的否定。问题的复杂性还在于，苏联热衷于大国外交时，有意无意地更加轻视中共的力量和它在中国政治中可能拥有的影响力。这导致苏联并没有在与美国达成妥协后便就此止步，反而试图进一步利用国际共产主义内部的党际关系，促使中共中央配合苏联的东亚政策。

---

① 复旦大学历史系编：《中国近代对外关系史资料选辑（1840—1949）》下卷第2分册，上海人民出版社1977年版，第264、274页。

中共七大以后，中共中央将对外政策的中心逐步转向争取密切同苏联的直接合作。但是，随着苏联东亚政策的各个方面逐步展开，中共中央不能不重新考虑和分析：苏联在国共之争中是否坚决支持共产党？苏联在中国政局中到底会起何种作用？苏联的政策会对国共关系产生何种影响？中共领导人分析和估价的变化，势必要引起中共中央重新调整中共的内外政策。中共中央制定对苏政策的基本依据是苏联将参加对日战争，中共有可能利用这一形势达到两个目标：其一是通过与苏军合作对日作战，取得苏联直接的援助。中共领导人相信，苏联作为共产党执政的国家，应该会支持中国的革命运动，造成在中国实行政治改革。其二是苏联为了维护战后东亚地区的和平，不会允许战后的中国出现美国独占的局面，因此它势必要加强对中国政局的影响。不过，到抗战胜利前夕，中共领导人已经认识到，中共得到苏联直接援助的可能性几乎是不存在了。由于苏联和国民党政府都在利用舆论工具，渲染中苏谈判如何在“友好的气氛”中进行，以及双方的代表如何“坦率”和“友好”地讨论各种问题，等等，中共中央在无法确切了解谈判内容的情况下，把握不住中苏谈判会产生什么样的结果，以及苏联参战后对国共斗争会采取何种态度。因此，对凡是涉及中苏关系的问题，这一时期中共中央均未公开发表意见。中共各报刊除用较小的版面报道宋子文访苏的消息外，一直未对中苏谈判作出评论。

8 月 3 日，王若飞在延安干部会上作关于国内形势的报告，对中苏谈判的影响做了十分谨慎的分析和估计。他认为，中苏谈判的前途有可能是签订条约，而且中苏条约必定要同时照顾美苏双方的利益，因此不会是一个苏联支持中共反对国民党的条约，故中共对此不可心存侥幸，中共要有准备，靠自己的力量应付可能出现的复杂的国际形势。不过，他也相信，苏联的妥协不会越过两个界限：其一是苏联不会允许战后东亚出现一个美国支持下的法西斯中国；其二是斯大林作为马克思主义者，不会同国民党政府订立一个限制中国革命的条约。由于王若飞是长期参与重庆谈判的中共代表，他的分析应该反映了中共中央对中苏谈判前景抱谨慎态度的基本看法。

8月8日，苏联宣布参加对日战争。中共中央立即命令各部队配合苏联红军对日军发动大反攻，同时“各地对蒋介石绝对不应存任何幻想，必须在人民中揭破其欺骗，对蒋介石发动内战的危险，应有必要的精神准备”。[①] 13日，毛泽东在延安干部会议上作形势报告。他在报告中高度评价了苏联参加对日战争的重要意义，认为“外国共产党的军队来援助中国人民，在中国境内打击法西斯，是历史上从来没有的”。但是，他在谈到中共是否会得到外部援助问题时，却直截了当地指出：国民党有美国援助，中共至今还没有得到外国援助。[②] 纵观报告的全部内容，毛泽东评价苏联参战的积极意义是有明确范围的，即：一方面是为了鼓舞士气，以抵消美国全力扶蒋反共给中共造成的压力；另一方面是由于苏联参战造成的影响有可能成为一种制约，使“美国不一定援助中国内战”，暂时将内战限制在“若干地方性”的范围内。

总之，中共七大是中国共产党对外政策的重点由寻求与美国合作向寻求与苏联合作的转折点。但是，中共也清醒地意识到，苏联只能是制衡美国的另一个大国。至于苏联能否援助中共，毛泽东明确指出：“苏联援助我们，美国、英国的无产阶级将来也还是要帮助我们的。这些都是光明。”也就是说，从理论上看，苏联应该能够援助中共。但是，实际上“国际无产阶级长期不援助我们”仍将是中共面临的困难之一。因为“中国革命是长期

---

① 《毛泽东军事文集》第3卷，军事科学出版社、中央文献出版社1993年版，第1—3页。

② 《毛泽东选集》第4卷，第1124页。

的，由于各种情况的原因，国际无产阶级还没有来得及帮助我们，他们还料不到我们的困难来得这样早，就是料得到也没有办法，远水救不了近火。”“我们要做国际联络工作，做外交工作，很希望国际无产阶级和伟大的苏联援助我们。但由于各种情况的原因而没有援助。”总之，中共中央在这一时期已经基本断定，中共不大可能直接从苏联得到实际援助。怎么办？毛泽东指出：“还是按照过去那样，全党团结起来，独立自主，克服困难，这就是我们的方针。”①

不过，中共中央显然没有估计到，苏联与美国协调对华政策对中共的不利影响，还远不止于此。事实表明，国际国内形势的剧烈变动，对中共提出了许多新的课题，其中虽有新的发展机遇，但更多的是重大的挑战。

第二节 反对美国扶蒋反共

赫尔利在调处国共关系中越来越明显地执行片面地、无条件地支持蒋介石的政策，这既与当时国务院部分官员的主张不符，更激起美国驻华外交和军事人员的强烈不满。因为在他们看来，赫尔利的所作所为极有可能最终导致美国对华政策的失败。美国在对华政策问题上产生了分歧。

1945 年 1 月中旬，美国陆军部长史汀生要求国务院就对华政策对驻华美军司令魏德迈将军提供指导。代理国务卿格鲁要求中国科拟定个文件。中国科科长范宣德在备忘录中写道：“我们的意图是运用我们的影响，既作为短期的、又作为长期的目标，促

① 中共中央党史研究室、中央档案馆编：《中国共产党第七次全国代表大会档案文献选编》，中共党史出版社 2015 年版，第 532、534 页。

成中国的统一。这未必是说，中国应该统一在蒋介石领导之下……就我们的长期目标来说，我们的目标是保持一定程度的灵活性，以便能与最有可能创建一个统一、民主、友好的中国的任何中国领导人合作。”①

国务院批准了这个文件，并于 2 月 1 日交给了史汀生，史汀生随即寄给了魏德迈。但事实是国务院管不了赫尔利，更管不了魏德迈。

赫尔利认为，国共谈判出现僵局，是由于共产党在谈判中的要求越来越高，立场越来越强硬，而共产党的强硬立场来自于驻华美军总部和延安观察组里的那些“中国通”对中共的怂恿。在赫尔利的眼中，这些“中国通”是共产分子，因此必须予以清除。1944 年 12 月，根据魏德迈的参谋长麦克卢尔的指示，包瑞德与伯德一起赴延安，与中共领导人协商军事合作计划。赫尔利得知此事，认定这是中共“改变对与国民政府谈判和对我的态度的真正原因”。② 1945 年 1 月 10 日，赫尔利接到中共领导人为访美而发给魏德迈的电报，立即得出结论：存在着一个“史迪威将军、高斯大使以及他们的特工人员和官员酝酿的”中共—美国阴谋，其矛头是针对蒋介石和赫尔利本人的。他在 14 日致电罗斯福：包瑞德等的“军事计划……向共产党人提供的正是他们所想要的东西：承认，租借物资，搞垮国民政府。如果共产党这个武装党派得以与美国陆军达成这样的协议，那末我们拯救中国国民政府的努力便会付诸东流”。③

事关美国对华政策的成败，罗斯福立即下令马歇尔调查此事。马歇尔不敢怠慢，15 日即给魏德迈发来紧急绝密电报，要他

① 《美国外交关系，1945 年》第 7 卷，第 37—38 页。

② ［美］迈克尔·沙勒：《美国十字军在中国（1938—1945）》，商务印书馆 1982 年版，第 176 页。

③ 《党史通讯》1984 年第 7 期，第 50 页。

查清此事迅速报告。17 日，魏德迈在大使馆召集美国全体驻华官员训话，声称：他所奉指示，是阻止国民政府崩溃；对此，他和全体同僚都不能背离。[①] 2 月 15 日，魏德迈在特别记者招待会上宣布："我的政策是：我们美国军官军人，不援助任何个人、任何活动、任何组织。这是我的命令，我要执行。很显然，我们随时得到各种援助的请求，可是，我受命支持中央政府，我将竭尽所能。中央政府是我的政府所承认的政府。"[②] 他还要求下属的每一位军官签字，表示读过和理解这一政策。魏德迈的这一公开讲话，是美国对华政策转变中的一件大事。抗战以来，美国一直支持蒋介石，但同时又要求他抗日，即抗日是支持他的前提。魏德迈却去掉了这个前提，这无异于无条件地承担支持蒋介石的义务。以前，美国在支持蒋介石的同时不排斥中国其他的抗日力量，而魏德迈却把蒋介石与中国其他政治势力对立起来，使支持蒋介石成为排他性的。虽然没有公开提及中共，但排斥和反对中共的意思则是一清二楚的。史汀生 2 月初转给他的国务院关于美国对华政策的文件完全被他抛在一边。

与此同时，赫尔利电告陆军部，撤销了包瑞德本已获准晋升准将的提名和美军观察组组长的职务，并和魏德迈一起加强对延安的封锁，即不经赫尔利的明确同意，美军飞机不能运送非美国陆军成员去延安。赫尔利亲自审查那些他所谓的"意识形态记者"。赫尔利的封锁有双重目的：其一，防止从延安传出对共产党有利的报告；其二，强行推行他的政策，而不使中共在同美国人接触中发现他们内部的不同意见。

赫尔利调解国共关系失败，又把全部希望寄托于雅尔塔会议。1 月 14 日，他致电罗斯福，要求总统设法让斯大林同意"中

---

① ［台］郭荣赵：《中美战时合作之悲剧》，第 546 页。

② ［台］郭荣赵：《中美战时合作之悲剧》，第 547 页。

国所有军事力量立即统一”，这样就可以增加他对付共产党的政治资本。

2月初，雅尔塔会议召开。会议除了讨论欧洲战后一些重大问题外，美苏两国单独讨论了苏联参加对日作战的政治条件问题，签订了一项秘密协定。这项秘密协定是美苏两个大国背着中国，私下以中国的领土与主权为筹码所进行的政治交易。美国允许苏联恢复1904年日俄战争前沙俄帝国主义在中国东北的权益；苏联同意和国民党签订中苏友好同盟条约，支持国民党蒋介石在中国的统治地位。而美国推动苏联和国民党政府缔结这样的一项条约，主要是为了使苏联对国民党蒋介石的承认和支持合法化和公开化。合法化，是为了约束苏联，不让苏联插手中国事务，如果苏联援助中共，美国就可以根据条约谴责苏联；公开化，是想给中共造成一种压力，逼迫中共就范。

16日，国共谈判失败，周恩来飞返延安，赫尔利则给蒋介石打气说：“等到对日战争结束，你那些装备精良的师团就可以轻而易举地战胜共军了。”① 对于赫尔利如此狂妄的错误判断，蒋介石感激涕零，称他拯救了亚洲，使亚洲免于落入共产党之手，并要他转告罗斯福：“不问共党是否就范，必照预定方案进行，召开国民大会。”②

19日，赫尔利与魏德迈一起回国述职。美国驻华职业外交官们尽管对赫尔利、魏德迈的做法越来越不满，但在赫尔利的压制下，他们难以向国务院坦陈意见。因此，主持馆务的临时代办艾其森和其他外交官们认为是“把事情摆到桌面上”的时候了。28日，一份经美国使馆其他五名政治官员讨论、修改、签名，主要由谢伟思起草的报告发往了国务院。报告指出：赫尔利使华以来

① ［美］迈克尔·沙勒：《美国十字军在中国（1938—1945）》，第208页。

② ［日］古屋奎二：《蒋总统秘录》第14册，第10页。

的事态发展使蒋介石盲目乐观，以为自己很有力量，因而不愿作任何妥协；中共对此作出了反应；这种状况发展下去，将加速中国灾难性内战的爆发。他们建议："由总统以明确的措词告诉委员长，军事需要要求我们向能够有助于对日作战的共军和其他适当的集团进行援助与合作，并且我们正采取直接步骤以实现这个目的。""我们还可以告诉委员长，我们将能够利用我们的供应与合作作制约，限制他们的自行其事和进攻行为，把他们限制在他们目前的地区之内。而且我们可以指出，由我们援助共产党会比他们去寻求俄国人的帮助或直接、间接干涉好得多。""这样一种政策会得到绝大多数中国人民强烈的欢迎，并且将能够提高美国的声望。"①

外交官们的意见在国务院中国科引起共鸣。中国科在 3 月 1 日、2 日给代理国务卿格鲁的备忘录中一再重申他们的主张，归纳起来就是：从当前来说，与中国一切抗日力量合作，向他们提供武器；从长远来说，对蒋介石采取灵活政策，不要无条件地承担义务。范宣德在备忘录中还特别强调，对驻华使馆人员的电报"应当予以最严重的注意"。② 格鲁感到这场对华政策争论事关重大，就把艾其森等的电报呈送白宫。

4 日，赫尔利在国务院看到电报后暴跳如雷，认为这是下属在他背后捅刀子，便破口大骂："我晓得是谁起草这份电报的：谢伟思。我要给那个狗娘养的一点颜色看，如果这是我最后要干的事的话。"③ 5 日至 7 日，赫尔利或亲自去国务院或通过电话与国务院官员辩论。双方各持己见，相持不下。争论最后交由总统罗斯福裁决。

① ［美］约瑟夫 · W · 埃谢里克：《在中国失掉的机会》，第 314—317 页。

② 《美国外交关系，1945 年》第 7 卷，第 247—253 页。

③ ［美］约瑟夫 · W · 埃谢里克：《在中国失掉的机会》，第 312 页。

8 日，赫尔利和魏德迈见罗斯福。在听取了他们的汇报后，总统对他们在中国执行的政策既没有提出批评，也没有提到要改变或纠正什么，只是说，赫尔利的使命不变，把这些东方头头拽到一起，直到他们看到，他们必须把各自的力量合在一起抗日，否则就会被各个击破。这显然是对他们在华的基本做法的认可。也就是说，他们可以一如既往地干下去。

24 日，赫尔利再次去见总统。罗斯福让赫尔利看了美苏在雅尔塔会议上达成的关于远东的秘密协定的文本，并指示他取道伦敦和莫斯科返回中国，以进一步取得英苏两国对美国对华政策的支持。[①] 这不能不说是罗斯福信任赫尔利的又一表示，因为连出席过会议的国务卿斯退丁纽斯当时还没能看到该协定的文本！

27 日，赫尔利、魏德迈等又与参谋长联席会议一起讨论中国的军事形势。他们一致认为，只要对蒋介石的中央政府给予一定的援助，即可把中国的叛乱镇压下去。[②]

罗斯福的支持进一步壮了赫尔利贯彻扶蒋反共政策的胆。他等不及返回中国，就着手清洗那些“桀骜不驯”的“中国通”下属。很快，谢伟思和艾其森先后被调离。与此同时，赫尔利任命亲国民党政权的莫里斯·德帕斯上校为美军观察组组长，起用蒋介石满意的“共产党问题”专家伊凡·耶顿上校为魏德迈的情报官，持强烈反共立场的沃尔特·罗伯逊则接替艾其森任使馆代办。“中国通”们被全面清洗，为赫尔利推行扶蒋反共政策铺平了道路。

赫尔利不甘心于悄悄取得这场争论的胜利，相反，他要抓住机会来公开炫耀这种胜利。4 月 2 日，在离开华盛顿前夕，赫尔利举行记者招待会。他得意洋洋地宣告：“中国的军事机构、美

① ［美］洛贝克：《帕特里克·赫尔利》，芝加哥 1956 年版，第 367—368 页。

② ［美］威廉·李海：《我在现场》，华夏出版社 1988 年版，第 363 页。

国的军事机构、中国国民政府和美国驻重庆大使馆现在是一支队伍。”他在讲话中始终把中共与封建军阀相提并论，声称美国的政策是“承认中国的国民政府，而不是中国任何武装的军阀和武装的政党”；谈到中国国内状况时，他妄称“中国武装的政党和军阀还有足够的力量敢于反抗国民政府，中国就不可能有政治联合”；谈到蒋介石，他不遗余力地吹捧说：“在中国长期的抗日战争中，蒋运用了他所有的权力，然而他不是有法西斯思想的人，他的抱负是把他拥有的一切权力交给一个民有、民治、民享的政府。”如此等等。[①]

赫尔利公开发表反共演说，这等于向共产党宣告：扶蒋反共政策就是美国政府的政策。它与2月15日魏德迈在重庆记者招待会上的讲话前后呼应，一脉相承，而赫尔利则走得更远：魏德迈没有提中共，赫尔利讲到了，而且是以那样一种轻蔑的、甚至带有挑衅性的口吻；魏德迈没有涉及中国的内政，赫尔利讲到了，而且把不能达成联合的责任归咎于中共，同时起劲地往蒋介石脸上贴金，把他打扮成一个美国式民主的卫道士。赫尔利如此歪曲事实，理所当然遭到中共的强烈谴责。

罗斯福为对华政策辩论作了裁定，但国务院远东司既不心服，也不口服。就在赫尔利的记者招待会的第二天，国务院准备了一个关于美国战后对华政策的文件，指出：

“美国承认和支持蒋介石领导下的中华民国国民政府。但是，国民党一党严格控制的现政府毫无代表性，它的政府机构、行政机构、司法机构的效能低下，在中国陆空军中普遍存在的腐败无能的现象，缺乏对人身和财产的保护，没有言论和出版的自由，所有这些已经造成对现在的国民政府的普遍不满。

“在国务院看来，最重要的似乎是，在我们对国民党控制的

① 《美国外交关系，1945年》第7卷，第317—320页。

现国民政府给予支持时，应对这些政治因素保持现实主义的警觉，这些因素可能会导致现政府的倒台或爆发内战。”①

4 月 12 日罗斯福去世后，国务院远东司官员继续就对华政策陈述意见。28 日，远东司副司长斯坦顿在给副国务卿格鲁的备忘录中强调：赫尔利显然已经下令，只有有利于国民政府的报告才可以送呈国务院，这样，国务院就只能得到片面的不完全的关于中国事态的报告了。备忘录接着说：赫尔利“以僵硬的、没有灵活性的态度对待中国十分复杂的政治问题”，他“无条件地支持蒋介石及其一党专政的政府的政策”，“正在使蒋介石在处理国内统一问题上变得越来越不妥协”，“他把我国对华军事援助仅仅给予委员长的军队的做法是不明智的”，总之，“赫尔利在处理美国政府对华关系中所遵循的路线是我们所不赞成的，我们担心，它将把中国导致内乱和严重的外部纠葛”。② 5 月 7 日，格鲁基本按照上述备忘录的意思致电赫尔利，要求他保持足够的灵活性，以便与可以更好取得团结、和平和亚洲安全的领袖合作，而不要轻易向蒋介石许诺战后给予军事援助。指示最后说：“最重要的是，我们在达到目的的手段方面保持完全的灵活性，我们要让蒋介石及其政府完全明白，我们的支持并不是‘空白支票’式的。”③

赫尔利对格鲁的指示极为反感，他向魏德迈大发牢骚。他在一份没有发出的给国务卿的备忘录中反驳：总统给他的指示是“防止国民政府的崩溃，而不是如果国民政府合乎理想就支持它”，他没有收到过别的指示，而他正是按照总统指示去做的；相反，格鲁的指示与总统的指示不符，“军事政策与外交是分不开的，否则

---

① 《美国外交关系，1945 年》第 7 卷，第 75—76 页。

② 《美国外交关系，1945 年》第 7 卷，第 348—349 页。

③ ［美］拉塞尔・布海特：《赫尔利与美国外交政策》，康奈尔大学出版社 1973 年版，第 212—213 页。

就不是灵活性，而是混乱和失败”。① 他把格鲁的指示扔在一边，让美国对华政策一如既往地沿着扶蒋反共的轨道滑下去。

自然，美国这时的扶蒋反共政策还不等于是支持蒋介石武装进攻中共，而主要是指在国共争端中片面支持蒋介石，压迫中共接受蒋介石的条件。所以，美国仍然不希望国共谈判破裂，因此在接见赫尔利时，罗斯福也建议赫尔利说些共产党的好话，以保持联合的基础。于是，赫尔利在4月2日的记者招待会上也说了中共支持孙中山的三民主义一类的话。3月15日，罗斯福还致电蒋介石说，在中国出席行将召开的联合国成立大会的代表团中包括中共和其他党派的代表决无坏处，而大有好处，这将在会议上产生良好的印象；美国代表团也将由不同党派代表组成，加拿大和别国也是这样。② 十分明显，美国政府支持蒋介石的方针是确定无疑了，但对于中共，它还是希望通过和平的方式将其制服，把中共的政策和行动纳入合乎美国意愿的轨道。

继任总统杜鲁门继续执行罗斯福既定的政策。这时，赫尔利正取道伦敦前往莫斯科。他在伦敦征得了丘吉尔首相和艾登外长对美国对华政策的支持。4月15日，他又与斯大林、莫洛托夫会谈。赫尔利提出：美国政府“决定支持蒋介石领导下的中国国民政府”。据赫尔利向美国国务院报告说：“斯大林坦白表示，苏联政府支持这个政策。他又说，他愿意与美国英国合作，完成中国军队的统一。他称许蒋介石，并说，中国国民政府某些官员中虽曾有贪污发生，他知道蒋介石却是‘不自私’的，而且是‘一个爱国志士’，在过去苏联也曾对他友好……就全面情况看来，他愿意我们知道，对于统一中国军事部队之立即行动与完全承认蒋介石领导下的国民政府，他表示可以得到他方面完全支持。总

① ［美］拉塞尔·布海特：《赫尔利与美国外交政策》，第213页。
② 《美国外交关系，1945年》第7卷，第283—284页。

之，斯大林在这次会谈中，对曾向他简约叙述的美国对华政策，无条件表示同意。”① 赫尔利获得了苏联对于美国对华政策的支持，无异于得到了尚方宝剑，更加得意忘形。他在返回重庆后所作的报告中对此作如下评论：“我们相信，苏联的影响将支配中国共产党的行动。中国共产党不相信斯大林曾赞同或将赞同支持蒋介石领导下的中国国民政府。中国共产党仍充分希望苏联支持它们抵抗国民政府。除非苏联公开表明态度，中国共产党关于这问题的意见不会改变。”“共产党的领导是聪明的。当文字写在墙上，他们自然会去读的。任何争辩不能改变他们的地位，而只有事物的坚定的发展将改变他们的态度。”“国务院的官吏们、军官们、新闻报纸与无线电宣传，大都接受共产党领袖们所发表的关于中国共产党军事与政治力量的声明。虽然中国共产党如有苏联支持，方可在中国发动内战。如无苏联支持，则中国共产党终将以一个政党的地位参加国民政府。”②

但是，中共是不可能听人摆布或愚弄的。它既不依赖苏联的支持，更不怕美国人的恐吓。这是因为：第一，中共是政治上日益成熟的马克思主义政党。其基本方针是独立自主，自力更生，既要争取国际援助，又不依赖这些援助，它有信心，也有能力为自己开辟一条领导中国人民走向民族独立、民主、富强的道路。第二，中国人民正在站起来。经过了长期的斗争，特别是经历过抗日战争，中共已经拥有强大的、不可抗拒的力量。1944 年底，中共中央指出：我党军队又有发展，现已达 65 万，明年可能达到 100 万，民兵也有发展，明年可能达到 300 万。我党及中国解放区在国际上的地位已提高，外交关系之门已打开了。最近 8 个月，中国政治形势起了一个大变化。国共力量对比，已由过去多

① 《中美关系资料汇编》，第 160—161 页。

② 《中美关系资料汇编》，第 163—164 页。

年的国强共弱，达到现在的国共几乎平衡，并正在走向共强国弱的地位。我党现在已确实成了抗日救国的决定因素。

中共也在警惕地注视着美国对华政策的转变。6月6日，美国联邦调查局在国内制造了《美亚》杂志案件，由杜鲁门亲自批准，逮捕了谢伟思、贾菲、罗斯等所谓“共产党间谍”，并加以审讯。这实际上是美国对华政策两条不同路线剧烈争论的表面化，事件的发生表明美国政府在扶蒋反共的道路上越走越远。与此同时，在美国国内，一批帝国主义分子也与赫尔利的反共声明一唱一和。美国《读者文摘》6月号刊载了鲍威尔和伊斯特曼合写的一篇题为《在中国爆发了世界命运的危机》的文章，诬蔑中共走的是“俄国极权主义的道路”，同时又为赫尔利的扶蒋反共政策欢呼，说什么“可以告慰于一切聪明的读者，即我国国务院最近已决定将供给品给与蒋介石，而不给共产党”。文章还指责美国政府过去采取的对蒋介石施加压力、使其与共产党达到“团结统一”的政策是“愚蠢的”政策，大声疾呼“作为聪明的民主主义者的我们，对于在华北的共产党的宣传与政权加以柔和的绥靖的全权政策，是必须放弃的了”。[①] 鲍威尔和伊斯特曼的文章，代表了美国国内一股反共反民主的逆流。针对美国的反共逆流，毛泽东于6月11日在中共七大闭幕词中第一次严厉地指出：“我们反对美国政府扶蒋反共的政策。”

但是，中共与美国还存在抗日的共同利益，美国还没有贸然断绝与中共的关系，中共也不认为美国政策绝无改变的可能。基于这种分析，中共采取了三项对策：首先，对内号召全党团结起来，独立自主，壮大力量，克服困难。中共中央认为：“美国的现行政策，是确定了的，不到山穷水尽，不会改变”；“蒋介石的内战方针是确定了的，除非我有力量胜过他，才能制止之，此

① 《解放日报》1945年7月20日。

外，敌人打败他，国际干涉他，都不归我管。”① 因此，在美蒋一致反共，而中共一时还不可能得到苏联援助的情况下，最重要、最根本、也是唯一可以自救的措施，就是自己强大起来，以便进退有据。这时期突出强调自力更生，放手扩大武装，放手扩大根据地，进一步加强大后方的工作，以壮大自己的力量，达到最终迫使蒋介石放弃内战政策、美国政府也相应修改其对华政策的目的。其次，发动舆论攻势，抨击美国对华政策。自 6 月 25 日《解放日报》发表题为《从六人被捕案看美国对华政策的两条路线》的长篇时评始，中共通过报刊、杂志、电台等舆论工具，发表与广播了大量的文章，对美国的对华政策进行了公开的批评。毛泽东撰写了《赫尔利和蒋介石的双簧已经破产》和《评赫尔利政策的危险》两篇评论，明确指出：“以赫尔利为代表的美国对华政策的危险性，就在于它助长了国民党政府的反动，增大了中国内战的危机”；赫尔利的所作所为，“是要牺牲中国人民的利益，进一步破坏中国人民的团结，安放下中国大规模内战的地雷，从而也破坏美国人民及其他盟国人民的反法西斯战争和战后和平共处的共同利益”；赫尔利式的政策如果仍然不改变的话，“那就将给美国政府和美国人民以千钧重负和无穷祸害”。② 中共希望通过这种批评，“促使美国觉悟”，使其最终认识到“只有扶助中国民主力量，才能战胜日寇，制止内战，取得战后和平”。③ 最后，在单方面向美军提供合作上采取谨慎、有保留的态度。中共七大结束后，中共拒绝了驻华美军曾经提出的在灵丘等地建立机场，在各军分区建立通讯网，在敌后增加地上救护及气象工作

① 中央统战部、中央档案馆编：《中共中央抗日民族统一战线文件选编》（下），第 807 页。

② 《毛泽东选集》第 3 卷，第 1111、1115 页。

③ 中央统战部、中央档案馆编：《中共中央抗日民族统一战线文件选编》（下），第 807 页。

人员，在晋绥增加气象台，在南泥湾建立对日的侦察电台和派人到山东降落等要求。中央军委还专门发出通知，要求各解放区，不再准许美军建立通讯机构，并停止供给机密情报，对擅自来到解放区的美军人员，应“先解除其武装，禁止其通讯，监视其行动”。这一举措的目的：一是“警惕其反动阴谋”，防止可能的破坏活动；二是使美军体会到“在敌后行动得不到我军配合的困难”，进而认识到“美军对日作战如无我军配合则不能缩短战争减少牺牲”，从而“逼迫美国政府重新考虑其政策”。①

可见，反对美国的扶蒋反共政策，并不意味着中共根本改变了对美国的争取政策，而是希望通过对赫尔利的打击，迫使美国政府重新考虑其对华政策，转而奉行有利于两国人民的进步的对华政策，达到重新合作的目的。中共中央明确指出：“我们的批评是将美国政府与美国人民分开，又将美国政府中决定对华政策的人物与其他人员分开，又将美国政府一部分错误政策与其他正确政策分开。只要美国政府的现行扶蒋反共政策有一天能改变，我们就将停止批评这个政策，否则是不可能停止的。”② 这充分说明，中共经过抗日国际统一战线方针的具体实践，已经积累了处理国际问题的丰富经验，因而能在复杂的国际关系面前保持清醒的头脑和适度的灵活策略。

第三节 苏联出兵东北和中共的战略先机

1945 年 8 月 8 日，苏联正式对日宣战；9 日，苏联出动 150 余万大军，向盘踞在中国东北的日本关东军和伪军发起猛烈的进

① 中央档案馆编：《中共中央文件选集》第 15 册（1945），第 179—180 页。

② 《毛泽东文集》第 3 卷，人民出版社 1996 年版，第 450 页。

攻。6日和9日，美国向日本广岛和长崎投放了原子弹。14日，苏联政府代表同国民党政府代表在莫斯科正式签订《中苏友好同盟条约》，为苏联出兵东北铺平了道路，并使国民党政府正式承认了雅尔塔协议所规定的苏联在中国东北获得的权益。15日，东京向公众播放裕仁天皇关于接受《波茨坦公告》的录音。23日，苏联红军控制了全东北。国共两党对东北的争夺和美国、苏联的利益冲突立即复杂和激烈起来。

国民党政府对东北主权长期坚持强硬立场。早在1942年8月4日，蒋介石就对美国总统助理居里说："倘和平会议席间，不能返我东北失地……我人仍将继续抗战，即招致国家之毁灭，亦在所不惜。"① 从雅尔塔会议到《中苏友好同盟条约》谈判，蒋介石一直对东北主权持强硬态度，无奈国民政府自身无力全歼日军而收回东北，不得不仰仗外力，《中苏友好同盟条约》规定：中国政府承认外蒙古独立；中东铁路及南满铁路改名为中国长春铁路，主权属于中国，由中苏两国共同经营；大连辟为自由港，行政权属于中国；旅顺口由"两国共同使用"，民事、行政权属于中国旅顺政府。苏联政府则承认"东三省为中国之一部分，对中国在东三省之充分主权重申尊重，并对其领土与行政之完整重申承认"。可见，为了收回东北主权，国民党政府付出了巨大代价。

争取控制东北地区，使之成为中国革命的战略基地，也是中共经过长期准备要力争实现的重要目标。九一八事变后，中共领导的东北抗日联军曾在东北进行了长期的艰苦卓绝的抗日斗争。抗日战争时期，中共军队开辟了冀热辽和山东解放区，成为进军东北的前进基地。1942年7月9日，毛泽东致电刘少奇："须估

① ［台］秦孝仪主编：《中华民国重要史料初编——对日抗战时期》，第三编战时外交（一），台北中央文物供应社1981年版，第701页。

计日本战败从中国撤退时，新四军及黄河以南部队须集中到华北去，甚或整个八路、新四须集中到东三省去，方能取得国共继续合作的条件（此点目前不须对任何人说）”。[①] 1944 年 9 月 4 日，中共中央电示晋察冀分局和山东分局：“满洲工作之开展，不但关系未来中国之局面甚巨，而且已成刻不容缓之紧急”任务，特责成晋察冀分局、冀中区党委和冀热辽区党委，山东分局和胶东区党委“各组织一满洲工作委员会，专门负责动员和领导一切可能之力量，来开展满洲工作”。“委员会之工作，分头进行，均直接受中央城市工作部领导并与该部通报，但分局与区党委应用极大力量给予指导和帮助”。[②] 此后，中共中央多次讨论东北工作。在中共七大期间，毛泽东指出：“东北是很重要的，从我们党，从中国革命的最近将来的前途看，东北是特别重要的，如果我们把现有的一切根据地都丢了，只要我们有了东北，那末中国革命就有了巩固的基础。当然，其他根据地没有丢，我们又有了东北，中国革命的基础就更巩固了。”[③] 显然，在抗战胜利来临之际，力争控制东北在中共中央的战后战略规划中，已经具有关系全局的重要意义，它同密切和加强与苏联关系的对外政策调整互相呼应，决定着中共中央在战后的战略发展方向和战略决策。

虽然东北已经成为战后国共双方势在必争的战略焦点，但是，国共两党在东北的现实基础十分悬殊。一方面，国民党在东北无一兵一卒，其主力都布置在遥远的大西南、大西北地区，虽然中苏条约有要求苏联把东北主权交给自己的法律保证，却只能无可奈何地面对中共大踏步进军东北。另一方面，九一八事变后，中共领导的抗日联军在艰苦卓绝的条件下坚持斗争 14 年，

---

① 《毛泽东文集》第 2 卷，第 434—435 页。

② 中央档案馆编：《中共中央文件选集》第 14 册（1943—1944），第 321—322 页。

③ 《毛泽东文集》第 3 卷，第 426 页。

在东北各界民众中享有崇高的威望。苏联红军进军东北，周保中、李兆麟、冯仲云等率抗联教导旅干部约340人随苏军一同前进，分别进驻了包括沈阳、长春、哈尔滨在内的57个大中城市，以苏军卫戍副司令等身份，从事建立中共基层组织和人民政权等工作，宣传中共和平民主的政治主张，迅速扩大了中共在东北的影响。东北抗联干部们还具体翔实地向党中央汇报了东北各地的情况。这些都为中共在东北的战略决策及其实施提供了有利条件。与此同时，经过八年全民族抗战，中共军队活跃在敌后广大地区，建立了大片的巩固的根据地，并控制着通过华北进入东北的主要战略通道。这在客观上形成了对中共相当有利的战略态势，即如果部署得当，中共军队有可能以华北为依托，进入并控制东北地区，而冀热辽解放区和山东解放区可以充当经略东北的陆海前进基地。从这个意义上说，苏联出兵东北，为中共夺取东北提供了战略先机。

但是，中共实施夺取东北战略又必须采取积极而慎重的方针。这是因为，除了国共双方都在力争控制东北外，美苏在东北也存在着所谓“特殊权益”和“门户开放”的利益之争，可以说，东北已经成为战后东亚大国外交中的一条特别敏感的神经。美苏和国民党政府三方既要通过妥协，以维持经过长期外交努力在东北地区形成的格局，又要为追求各自的对外政策目标而激烈地角逐。这是中共中央在实施夺取东北战略时无法回避的基本问题。客观地说，这种局面既给中共造成了困难，也提供了可利用的机会，中共中央必须谨慎并尽可能地利用美苏和国民党政府之间复杂和时常变动的矛盾。因此，8月9日苏军开始进军东北后，毛泽东当日发表《对日寇的最后一战》，号召抗日军民配合苏军对日作战。11日8时，延安总部命令第二号指出：原东北军吕正操、张学思、万毅所部立即向察哈尔、热河和辽宁进发，冀热辽军区李运昌部即日向辽宁、吉林进发。[①] 但是，鉴于中苏谈判尚在进行之中，中共中央又对内解释：二号命令只是“为对外宣传，抢先取得国内公开地位而发”的，除李运昌所属部队外，并不是要求其他部队立刻开赴东北。[②] 12 日，毛泽东指示中共晋绥、晋察冀和山东分局，即派有关部队去攻占张家口等地，以配合长城以外的苏军，并做好进入东北的准备，待命出发。[③] 13 日，毛泽东在延安干部会议上作报告，由于不知道中苏会谈的最终结果，他只字未提苏联红军是否会帮助中共军队夺取东北，而是强调：我们的方针要“放在自己力量的基点上，叫做自力更生。我们并不孤立，全世界一切反对帝国主义的国家和人民都是我们的朋友。但是我们强调自力更生，我们能够依靠自己组织的力量，打败一切中外反动派”。[④] 根据中共中央指示，晋察冀军区派出接近东北地区的部队，注意向长城一线战略要点推进，迎接苏军并了解其动向。

8 月 22 日至 26 日，《中苏友好同盟条约》在逐步披露，斯大林也在此时给中共发来催促谈判的电报，对于开拔中的各路大军是否进入东北问题，中共中央必须尽快决断。为此，中共中央召开两次政治局会议。26 日，中共中央发出党内通知：“东北三省属于中苏条约规定的范围，行政权在国民党手中，我党是否能派军队进去活动，现在还不能断定，但是派干部去工作是没有问题的。中央决定派千余干部由林枫同志率领去东北。万毅同志所率军队仍须进至热河边境待命，可去则去，不可去则在热河发展，

① 中央档案馆编：《中共中央文件选集》第 15 册（1945），第 117 页。

② 中国革命博物馆党史研究室编：《党史研究资料》（2），四川人民出版社 1981 年版，第 697 页。

③ 《毛泽东年谱（1893—1949）》下卷，中央文献出版社 2002 年版，第 3 页。

④ 《毛泽东选集》第 4 卷，第 1132—1133 页。

造成强大的热河根据地（热察两省不在中苏条约范围内）。”①

8月26日，中苏条约正式公布。此时，八路军北进各部队已经与苏军胜利会师，并展开协同作战。苏军机关报《火星报》发表国际评论文章，赞扬中共在抗战中的业绩，并抨击国民党政府，说中国的“反动力量……正拖着中国倒退，阻碍中国面临许多问题的解决”。② 根据这种情况，29日，一方面，中共中央首次公开对中苏条约发表评论，认为该条约合理地解决了中苏关系的许多具体问题，改善了中苏邦交，成为远东永久和平的基石；③另一方面，中共中央致电晋察冀和山东等中央分局：“苏联为了维护远东和平与受中苏条约之限制，必须将东三省交还国民党政府，国民党军队亦将进入东三省。我党我军进入东三省后，红军必不肯和我们作正式接洽或给我们以帮助。”但“苏联不干涉中国内政”，“我党我军在东三省之各种活动，只要他不直接影响苏联在外交条约上之义务，苏联将会采取放任的态度并寄予伟大之同情。”“我党还有很好的机会争取东三省和热、察。”到“东三省的部队与干部，应迅速出发，部队可用东北军及义勇军等名义，只要红军不坚决反对，我们即可非正式的进入东三省。不要声张，不要在报上发表消息，进入东三省后开始亦不必坐火车进占大城市，可走小路，控制广大乡村和红军未曾驻扎之中小城市，建立我之地方政权及地方部队，大大的放手发展，在我军不能进入的大城市，亦须尽可能派干部去工作。对红军可进行非正式的接洽，将情报通知红军，但不要勉强与红军作正式的接洽与联络，亦不要请求红军给我帮助，只要红军不作声，不坚决反对我之行动即好。但为红军所坚决反对之事我必须照顾，不要使红

① 中国革命博物馆党史研究室编：《党史研究资料》（2），第697页。
② 《解放日报》1945年8月31日。
③ 《解放日报》社论1945年8月29日。

军在外交法律上为难。”①

也在29日，杜鲁门总统宣布：美国海军将在中国华北沿海口岸登陆。斯大林意识到：无论苏联做何种努力，也无法让中国国民党政府在苏美两国间保持中立的态度；美国更是依仗其核武器的垄断地位，根本无视苏联对自身势力范围内武装力量变化的敏感程度；虽然蒙古国已经在法理上脱离中国版图，但中美结盟对苏联的安全而言仍将是一个噩梦；任何人都能想到一旦美国要对付苏联，苏联边境的中国机场就会对载有核武器的美国轰炸机开放，其后果不堪设想。因此，苏联驻华大使开始与中共在重庆的谈判代表团就东北问题相互交流，苏方同意中共的做法，东北苏军对中共军队的态度也开始好转。9月5日，冀热辽第十六军分区司令员曾克林率部进入沈阳。7日，与苏联驻沈部队最高负责人克拉钦克上将达成意见：苏军不限制中共军队以“东北人民自治军”名义活动。11日，奉中共胶东区委和晋察冀分局命令先期抵达大连的两支部队，向中共中央报告了与苏军联络的情况：苏军只占领少数大、中城市，广大乡村和中、小城镇均未占领，目前在东北极好发展。②

国民党方面，蒋介石在抗战胜利后实行的方针是，先集中全力在关内接收敌占区，再到东北去接收。其如意算盘是：苏军完全消灭日本关东军后，可以按照中苏条约的规定，从苏军手中毫不费力地把东北接收过来。因此，蒋介石在8月11日下达的几个反攻和受降的命令中，根本不提东北。就连当时按条约派到东北苏军总部去的军事代表团，也没有派去。直到9月1日，蒋介石才任命熊式辉为军事委员会委员长东北行营主任，4日任命了东北九省的省、市长。同时宣布成立东北行营政治委员会和经济

① 中央档案馆编：《中共中央文件选集》第15册（1945），第257—258页。

② 《彭真传》编写组编：《彭真主持东北局》，人民出版社2007年版，第28页。

委员会以及外交部驻东北特派员、宣传部驻东北特派员。

从国家利益出发，苏联不想把全东北交给国民党，因为这意味着美国势力进入东北，意味着苏联在东北利益将会有变数。因此，苏联在东北公开表示要把东北主权交给国民党政府，暗中又允许中共军队进入东北，实际秘密地抢占有利地势，接收东北政权，发展武装力量，造成控制东北的既成事实。

美国从苏军进入东北之日起，就紧紧盯住苏军的动向。在发现八路军进入东北后，美军立刻采取行动，于9月13日登陆青岛，并质问苏联为何允许八路军进入东北。苏联一面否认八路军已开进东北，一面要求中共加速向东北运兵。美国也不甘落后，加大了帮助国民党向东北运兵的力度。

汇总上述各方面信息后，同时鉴于国民党派遣四路大军向平津张地区推进明显含有抢先进入东北的意图，9月11日，中共中央命令山东分局，抽调4个师12个团共2.5万至3万人，由肖华率领，于“即日分散”从海路进入东北，不用八路军番号，而用东北义勇军或东北其他地方军名义。① 同时，为了推迟国民党军队进入华北、东北，争取全部占领察、热，争取东北优势，打击可能威胁热、察之国民党军。中共中央命令李运昌部率五个团进驻由承德、山海关至赤峰、朝阳、锦州和沈阳一线，确保对进入东北的陆路之控制，以此迫使国民党政府承认共产党在华北和东北的优势地位，在谈判桌上让步。②

鉴于形势复杂，苏军也急于同中共取得联系。9月14日，经苏共中央批准，苏联远东军外贝加尔方面军司令马利诺夫斯基派贝鲁罗索夫为代表，与曾克林同乘苏军飞机自沈阳飞往延安，经与中共领导人谈判，双方达成如下默契：苏军允许中共军队进入

① 中央档案馆编：《中共中央文件选集》第15册（1945），第146页。

② 《刘少奇年谱（1898—1969）》上卷，中央文献出版社1996年版，第488页。

东北，但不能以八路军名义活动；中共可以在东北乡村开展工作，但不得在大城市和苏占区公开活动；原属抗日根据地的冀热辽地区移交中共军队，控制由冀热辽进入东北的通道。[①]

延安谈判是双方关系发展的重要转折点，它表明苏联在一定程度上认可中共在东北发展力量。这一变化直接导致中共中央作出夺取东北的战略决定。9月15日，中共中央政治局决定：立即成立中共东北局，随苏联代表的飞机飞往沈阳，统一指挥进入东北的各部队。华中、华北派遣100个团的干部，从副班长、班长、排、连、营、团长及事务人员、政治工作人员均配备齐全，不带武器，穿便衣，迅速陆续动身前去，各自寻找最迅速到达的路线前进。[②] 同时，中共中央向在重庆的中共谈判代表团作了通报，并指出："东北各地秩序很乱，到处堆集武器物资，无人看管，随便可拿到各种轻重武器，任何人只要不打八路及中央军旗号，均可自由进入满洲，乘火车不要买票，扩兵极容易，我四个连进入沈阳一星期即扩大四千人，并收编了万余人之保安队。""真千载一时之机。"[③] 17日2时，毛泽东和周恩来回电："这里友人和我们意见完全一致，希望力争东北，时机要紧，万勿失机"。[④] 据此，刘少奇立即起草"向北推进，向南防御"的指示电：在冀东、热河布置重兵，除现在已派往东北的部队外，还需在冀东集结5万以上的部队，以便在苏军撤退时抢先进入东北。因此，从现在起就应该调集10万至15万人到冀东、热河一带。同时，将长江以南的新四军主力转移至江北，让出江南8个解放

---

① 《刘少奇年谱（1898—1969）》上卷，第490页。

② 中国人民解放军国防大学党史党建政工教研室编：《中共党史教学参考资料》第18册，第18页。

③ 《刘少奇年谱（1898—1969）》上卷，第491—492页。

④ 中共中央文献研究室编：《刘少奇传》上，中央文献出版社1998年版，第524页。

区。新四军主力要么直接调到冀东，要么调到山东，然后从山东抽调 10 万人到冀东、热河一带。成立冀热辽中央局和强有力的军事指挥机关。[①] 作出这种部署的原因是："满洲四周连接苏联势力，南面旅大又系苏联军事管制地带，故我们如能控制热、察及冀东，在满洲沿海又配置数万兵力，即可阻止蒋军进入满洲，控制东北，此着关系极大，西安英美人亦见到此点。"[②] 19 日，中共中央正式向全党发出指示："全国战略方针是向北发展，向南防御。只要我能控制东北及热、察两省，并有全国各解放区及全国人民配合斗争，即能保障中国人民的胜利。"[③]

中共中央连电催促各部迅速前进，同时指示东北局："控制冀热辽，堵塞蒋军从陆路进入东北计划"，"敌伪、美、英一致助蒋与我争夺东北，甚为明显，蒋运兵至东北可能较我速，即是冀热辽及辽东半岛为我先机控制，蒋军仍能深入东北内地，我发展东北决不是长期顺利的，而是长期与国民党争夺。因此我军进入东北的部署，应将重心首先放在背靠苏联、朝鲜、外蒙、热河有依托的有重点的城市和乡村，建立持久斗争的基点，再进而争取与控制南满沿线各大城市"。[④]

从 9 月中旬开始，苏联采取有限度地支持中共夺取东北的政策，同当时美苏在东亚的矛盾尖锐化有密切的关系。9 月 11 日至 10 月 2 日，美英法苏中五国外长在伦敦召开会议。美国企图利用单独占领日本的事实，垄断对日本的控制权，抵制苏联参加对日管制。苏联则针锋相对，提出应组织四国管制日本的委员会。美国拒绝了苏联的建议，并单方面宣布于 10 月下旬召开远东咨询委员会会议。在美苏的争论中，国民党政府采取积极追随美国的

① 中央档案馆编：《中共中央文件选集》第 15 册（1945），第 278—280 页。
② 《刘少奇年谱（1898—1969）》上卷，第 494 页。
③ 《刘少奇选集》上卷，人民出版社 1981 年版，第 372 页。
④ 中央档案馆编：《中共中央文件选集》第 15 册（1945），第 299—301 页。

立场，直接影响了苏联对国民党政府的态度。

9月30日和10月1日，美军先后登陆天津和秦皇岛，且要将国民党军队运至大连。此举显然同苏联把东北纳入苏联势力范围的战略意图相冲突，所以，苏联不惜打破苏中条约的制约，利用中共的力量牵制美国。10月7日，苏联驻华大使提醒蒋介石：美国军舰在大连登陆，违反了苏中同盟条约有关大连港为自由港、任何军舰不得进港的规定。[①] 同时，东北苏军给予中共越来越多的支持。10月3日、4日，彭真连续急电中共中央，报告与苏军会见的情况："苏方表示已下最后决心，大开前门，此间家务全部交我。因我力量微小，现只能接受一部分，允许在一个月内替我保存。总观全局，我们建议中央下最大决心，立即从各区抽调30万主力于一个月内赶到，用尽一切办法控制此间，这是决定全局的一环。为了争取这一环，宁肯牺牲其他地区，使之化为游击区，即便暂时丧失都值得。"[②] 6日，中央复电："彼方既下决心，我应表示我方自有办法。但30万办不到，一个月可有10万到达冀东和东北，本月底可再出动5万至8万。干部已大批出动，两星期后即可陆续到达。"[③] 8日和11日，东北局再次致电中共中央，报告苏方再次表示要帮助中共在东北接收物资和政权的态度，且催促中共接受政权。但是，中共中央再次强调必须采取高度分散的方针，指出："部队必须迅速摆开分散，每县一连一排，迅速发展扩大……在目前决不应集中部署……在将来适当时机部队即须集中整训和作战，但这是下一时期要作的，只有在目前高度分散发展之后，下一时期才有大量部队集中作战。将来作战即使采取抵住蒋军进入东北方针，山海关至锦州一线以及

① ［台］秦孝仪主编：《中华民国重要史料初编》第7编战后中国（一），第119页。

② 《彭真年谱》上卷，中央文献出版社2002年版，第292页。

③ 《彭真年谱》上卷，第292页。

沿海地带亦完全可能被蒋军占领。”“所有到达东北的干部，应迅速有计划的分散到全东北各大城市及战略要地，绝不要迟缓。”①

国民党的东北接收大员却根本没有立刻到东北去与苏军接洽移交政权，而是各自忙于组织自己的班底，封官许愿。直到10月12日，他们才乘飞机抵达长春。在随后与苏军的多次谈判中，苏军当局对国民党方面协助接收的要求根本不予配合。发现和平接收不成，蒋介石一方面命令部队进攻，一方面请求美国第七舰队帮忙运兵。

15日，国民党军登陆秦皇岛，并向东北进攻。为此，16日，毛泽东急电彭真："除令在途各部兼程急进、胶东方面星夜海运、并令林彪急至沈阳助你指挥作战外，望你就现有力量加强训练，并动员民众坚决阻止登陆，争取时间。"② 刘少奇则连发五封急电，一方面催促各路大军尽快赶赴东北；另一方面东北各部队"除早已分散者外，不要再分散"，"须集中作战，暂时不能分散。如能消灭蒋军前头部队，即可使蒋军后续部队有所畏惧，方可争取时间"。③

中共中央决定改变以前的高度分散的方针，苏联方面将一部分军用物资交给中共，并提出希望中共能更积极些、放手些去阻击国民党军、解除反动武装、接收政权等。18日，东北局急电中共中央报告此情况。同日，东北局还就对美军登陆秦皇岛的对策急电中共中央：秦皇岛美军表面表示中立，实际积极修复铁路、电线，对此，美军在形式上与我交好，我亦与他交好；但必须认清，这是美顽之麻痹手段，其真实目的乃在修复秦皇岛至山海关的铁路、电线，以便蒋伪能顺利运兵，突袭山海关进入东北。我

① 《刘少奇年谱（1898—1969）》上卷，第510页。

② 《彭真年谱》上卷，第295页。

③ 《刘少奇年谱（1898—1969）》上卷，第515—516页。

必须坚决彻底将该路、电线破坏，并用一切方法防止其修路，但避免与美军武装冲突；须设法炸断津山路。[①]

19日，毛泽东、刘少奇指示东北局重新调整战略部署："我党方针是集中主力于锦州、营口、沈阳之线，次要力量庄河、安东之线，坚决阻止蒋军登陆及歼灭一切可能的进攻，首先保卫辽宁、安东，然后掌握全东北，改变过去分散的方针。""目前我在东北的工作部署，应该是全力加强辽宁、安东二省的工作，守住东北的大门，争取时间，以便开展全东北的工作。对于北满、东满暂时只派少数人员及后到的少数部队前去开辟工作。"[②] 同时，中央军委电令关内各解放区部队发起平绥、平汉、同蒲、津浦自卫反击战，设法滞留华北国民党军队两个月以上。

正当中共东北和关内各部队调兵遣将之时，美国总统杜鲁门于10月14日致电斯大林，要求允许国民党军队在营口、葫芦岛登陆，并要求苏军按照《雅尔塔协定》列出从东北撤军和将东北移交给国民党的时间表。[③]

在美国的压力下，苏军要求中共交出已接收的政权。对此，中共东北局决定：对于政权问题，拟采取积极夺取与拒绝交出之方针，并力争苏军不加干涉，最好能争取苏军暂不交出政权；否则准备以双省委、双专署、双县府、双市府与之对抗，使国民党不能行使其职权，不能发展其武装，以争取时间，发展我在东北的力量。[④] 21日，中央军委电示东北局："在黄克诚部主力未到山海关以前，请红军不要撤走，应切实控制山海关，待我黄克诚部接防。"23日，中共中央再电东北局：本月底下月初，你们应收到大批军队及干部，请按辽热两省及安东省为第一位，北满、

① 《彭真年谱》上卷，第297页。

② 中央档案馆编：《中共中央文件选集》第15册（1945），第176页。

③ 《彭真传》编写组编：《彭真主持东北局》，第80页。

④ 《彭真年谱》上卷，第299—300页。

东满为第二位之次序部署力量。总之，竭尽全力，霸占全东北，万一不成，亦造成对抗力量，以利将来谈判。[①] 同日，毛泽东电令正在途中的林彪和萧劲光，以歼灭由天津、秦皇岛向东北进攻的国民党军为目的，在沈阳、山海关一线部署兵力。

24 日，毛泽东致电东北局：从西安得到情报，国民党接收大员一行到东北，本想顺利接收，然而苏军对国民党政府表示，东北各省行政人员必须经过人民选举，空运的部队运输机只准一架去，超过三架以上不得进入东北领空，由此证明苏联对东北态度的强硬；东北局宜速去查实，如属实我们必完全赞同此种政策。25 日，东北局电告中共中央：苏方态度愈积极，关系皆好。他们表示：（一）如果在过去需要谨慎些，现在应该以主人自居，放手些干。（二）下月 15 日前，如顽方进攻，苏方将协同我打击，时间也是有利；但我们应及时准备，并劝我监视机场，防止空运部队。（三）除已搬走的约五分之一的工厂外，余均交我；弹药、炮弹、飞机、兵工厂均交我方。诸事均督促我方快些，包括速派人接收中心城市和工业。[②]

于是，中共中央于 28 日决定："我党决心动员全力，控制东北，保卫华北、华中，六个月内粉碎其进攻，然后同蒋开谈判，迫其承认华北、东北的自治地位"，"组成五十五万至六十万野战军，尚有七十万地方军配合作战，只要友人能给以有力援助，有把握完成上述任务。东北方面一切问题的关键是在两个月内拒止蒋军登陆、着陆及接收政权，此点如无苏军协助则不能成功。"[③]

但是，苏联没有顶住美国的外交压力。在杜鲁门的催促下，斯大林虽然拖延至 24 日才让东北苏军与国民党政府进行登陆问

① 《彭真年谱》上卷，第 299—300 页。
② 《彭真年谱》上卷，第 302—303 页。
③ 中央档案馆编：《中共中央文件选集》第 15 册（1945），第 388 页。

题交涉，但是当东北局于28日向苏军转达要求苏军“拒止蒋方在两个月内登陆”的意见时，苏军却答复：如果美军与国民党军队联合登陆，苏军奉命将采取退让方针，中共方务必在没有苏军之处进行抵抗；苏军认同中共对进入东北的国民党军队进行打击和歼灭；至于营口、葫芦岛两处国民党部队准备登陆的地点，苏军会马上移交给中共设防，对于中共将在两处阻击国民党军队的计划，苏军没有要求。[①] 同日，驻东北苏军对国民政府宣称在营口、葫芦岛两处已经没有苏军，对两处出现的任何冲突概不负责。苏军与国民党的谈判于30日结束，双方达成以下协定：苏方允许国民党军在营口、葫芦岛登陆，但不得前进；11月12日进到海城、锦州一线；11月15日进入本溪湖、辽阳、黑山一线；11月20日进入沈阳、阜新一线；11月25日苏军最后由哈尔滨、机爷庙全部撤出满洲境。谈判期间，中共中央虽然采取紧急措施加速运兵，将在东北的部队集中起来拒止国民党军队进入，但因部队一时赶不到，未能在苏军与国民党达成协议前实现守住东北大门和独占全东北的战略目标。对此，苏军亦很不满意，责怪中共丧失了时机，早就该下决心调50万大军来确保满洲。[②]

在此前后，在已结束的平汉战役等战斗中，国民党部队进军东北任务遭受严重挫折，华北各主要铁路均被切断，从陆路进入东北的计划失败。东北各个登陆口岸多被中共军队占领，长春等重要城市的机场也在苏军的允许下由中共军队加以设防。通往东北的各个通道几乎都被堵死，蒋介石以少量精兵在美国协助下抢先进入东北的计划终成泡影。

国民党只能把希望寄托于美军帮助攻占秦皇岛至山海关一线的东北通路。10月30日，美军运往秦皇岛的国民党两个军6万

---

① 《彭真年谱》上卷，第306页。
② 《彭真年谱》上卷，第80页。

人向山海关发动进攻。国共两党争夺东北的战斗由此拉开帷幕。当时，国民党另有 8 万人准备进入东北，而共产党到达东北的军队也不过 13 万人。所以，毛泽东要求正在途中的 6 个师 8 万人日夜兼程赶赴东北。

进入 11 月，为实现“夺取东北，巩固华北、华中”的战略意图，中共中央将主要作战方向转向东北南部，并指出：美舰如向我军开炮掩护顽军登陆，我军自然可以大炮还击美舰；一俟苏军撤走，我方即宣布东北人民自治，反对国民党中央政府违反地方自治原则委派东北地方行政官吏；葫芦岛之码头和北宁路在必要时应迅速彻底破坏；在华北的部队必须迅速北进至热河、辽宁、冀东交界地区，准备内外夹击从山海关突入东北的国民党军队，一部尽可能进入东北。①

中共中央战略调整，是在得到苏联积极支持的条件下制定的。东北苏军为避免采取对美过于强硬的政策，决定苏军撤退的日期不能改变，但在撤军前将不准国民党军队乘飞机在长春着陆。苏军表示向中共军队提供武器装备、通讯器材，以及火车和小型运输机。在国民党登陆地区，允许中共军队自由行动。②

毛泽东为此致电周恩来：“美国政策，深堪注意。友人意见，值得考虑。但在美蒋坚决进攻方针下，我们无法退让，只有自卫一法。”“如我能在本月内歼灭其首先进攻的两三个师，取得集结兵力整训后备之时间（需要两个月），并在尔后能根本歼灭其进攻力量，则东北可能归于我有”③。

但是 11 月 10 日，苏军又通知东北局：在苏军撤退五天前将允许国民党军队空运东北各大城市，原定监视各机场的中共军队

---

① 中央档案馆编：《中共中央文件选集》第 15 册（1945），第 400—402 页。
② 《彭真年谱》上卷，第 313—314 页。
③ 中央档案馆编：《中共中央文件选集》第 15 册（1945），第 413—414 页。

不得与国民党空运部队发生冲突，此事关系到莫斯科的信誉，东北苏军全体人员无权变动，中共军队亦须遵行，否则苏军将不得不对中共武装实行缴械。苏军代表一再强调："莫斯科的利益应该是全世界共产主义者最高的利益。"①

面对东北形势的新变化，12 日，在政治局扩大会议上，毛泽东认为："我们控制东北的可能性在增长。""东北的事情，我们只能做不能说……再有一两个星期，苏军撤走前，必须接收完。""总的来说，蒋一定攻，我坚决打。现在还不能说：我们已控制了东北，在华北占了优势。只有确实打下来了，才能说是我们的。到那时，我们才能提出东北自治的问题。"② 会后，毛泽东致电东北局：友人方针既定，恐难改变，此间亦不好交涉；如友人方针不变，我们应服从总的利益，立即重新部署力量，适应新形势。③ 此后，中共中央连电东北局，强调：一面照顾友人信用，一面仍须控制大城市，于友人撤走后歼灭顽军；坚决歼灭蒋顽在沈阳、长春、哈尔滨三处着陆部队，夺取三大城市，其中最有决定意义的是沈阳城。④

根据中共中央指示，东北局在沈阳、长春、哈尔滨大刀阔斧地展开工作。苏军当局却于 17 日要求东北人民自治军撤出各大城市，只称是世界原因，详情他们也不知道。对此，中共中央致电东北局：由于我党在满洲的发展，蒋军不能顺利进入东北，国民党在东北的接收工作不能顺利开展，美蒋在满洲问题上已对苏联采取了外交攻势。国民党已声言拒绝接收，撤回徒劳人员，并说苏军供给我军武器反对政府，使中苏关系处于危机中，空运部队似亦因此暂缓。最近苏军态度变化，暂缓撤退，当亦为此种情

① 《彭真年谱》上卷，第 315 页。
② 《毛泽东文集》第 4 卷，人民出版社 1996 年版，第 73—78 页。
③ 《彭真传》编写组编：《彭真主持东北局》，第 94 页。
④ 《彭真传》编写组编：《彭真主持东北局》，第 95 页。

况之反映。国民党现在是抓住中苏条约，使苏联不能在满洲现在的情况下脱身。这是一个严重的世界斗争，你们现在的方针，应是在顾及苏联国际信用的条件下，力争大城市，但应了解，大局现在还是没有最后确定的，不过国民党人员从满洲撤退，苏军延长驻满时间，对我在满洲多有一些时间进行工作是有利的。再有一个月，我出动的部队和干部可全部到达满洲。但国民党从山海关、热河对满洲的进攻，当更加紧，你们必须切实注意。你们的工作应即分为前方、后方来进行，组织野战司令部来指挥与训练野战军，另外组织军区司令部来主持各地武装的发展及后方工作。①

19 日，苏军当局正式通知东北局：长春铁路沿线及城市全部移交给蒋介石政府，中共军队必须撤至铁路线 50 公里以外；中共所属机关必须从沈阳等大城市撤出；有苏军的地方中共军队不准进入，也不准同蒋介石军队作战；在苏军全部撤出东北之前，包括山海关至锦州地区在内的东北全境不准作战。②

中共中央意识到“独占东北”已不可能，遂于 11 月 20 日两次电示东北局：“彼方既如此决定，我们只有服从，长春路沿线及大城市让给蒋军，我们应作秘密工作布置”，“大城市让出后，应力求控制次要城市，站稳脚跟，准备和蒋军斗争。”“我们在东北与国民党的斗争，除开竭力巩固一切可能的战略要点外，主要当决定于东北人民的动向及我党我军与东北人民的密切联系。因此，你们在一切行动中必须注意政策，给东北各阶层人民以好的影响。”“应迅速在东满、北满、西满建立巩固的基础，并加强热河、冀东的工作，应在洮南、赤峰去建立后方，作长久打算。”“只要我能争取广大农村及许多中小城市，紧靠着人民，我们就

① 《刘少奇年谱（1898—1969）》上卷，第 528 页。

② 《彭真传》编写组编：《彭真主持东北局》，第 98 页。

能争取胜利”。[①] 22 日，中共中央致电中共重庆代表团：“我们已去电要他们服从彼方决定，速从城市及铁路沿线退出，让开大路，占领两厢。”[②]

11 月 28 日，刘少奇就执行“让开大路，占领两厢”战略部署致电东北局：近两个月来，在东北虽有发展，但主力初来乍到，人生地不熟，且甚疾劳，不能进行决战，而国民党军乘虚突入，占领锦州，且将占领沈阳等地。东北问题牵扯美苏外交关系，苏联又受中苏条约限制，长春铁路沿线各大城市将交给蒋介石接收，“我企图独占东北，无此可能”，但“应力争我在东北之一定地位”。他认为，对于长春铁路沿线及大城市，要“力求插足”；对广大乡村及中小城市与次要铁路，则应“力求控制”，并“作长期打算”。[③] 29 日和 30 日，中共北满分局则分两次给东北局并中共中央发了一封 2000 字的长电报，认为：“苏联力量的存在，对我在满洲的工作方针，显然起着决定的作用。根据三个月的经验，我们已可看出，苏联对满洲的政策基本上包括两方面：一方面，把沈阳、长春、哈尔滨三大城市及长春铁路干线交给国民党；另一方面，援助我党在满洲力量的发展。保持远东和平和世界和平，是苏联这一政策的基本目的。”“为了执行中苏协定，苏联采取这样的措施是必须的，是应该被我们谅解的。苏联军队原定于十一月底撤退完毕，现在又重新开回。这一方面是为了确保将三大城市及长春铁路干线正式移交给国民党；另一方面，也是为了以实力为后盾，拒绝美国力量直接渗入满洲。”“当前在满洲工作的基本方针，应该不是把我们的全部注意力集中于这三大城市，而是集中必要的武装力量，在锦州、沈阳前线给国民党部

---

① 中央档案馆编：《中共中央文件选集》第 15 册（1945），第 431—434 页。

② 《刘少奇年谱（1898—1969）》上卷，第 531 页。

③ 中央档案馆编：《中共中央文件选集》第 15 册（1945），第 447—448 页。

队以可能的打击，争取时间。同时，将其他武装力量及干部，有计划地主动地和迅速地分散到北满、东满、西满，包括广大乡村、中小城市及铁路支线的战略地区，以扫荡反动武装和土匪，肃清汉奸力量，放手发动群众，扩大部队，改造政权，以建立三大城市外围及长春铁路干线两旁的广大的巩固根据地。”“我们今天必须大胆主动地撤退，同时迅速地把我撤出以后三大中心城市的工作放在应有的地位……应该预先布置在苏军退出、国民党进入城市后的工作。”“必须防止干部中以为不经过严重斗争而可以取得全满洲的想法，竭力避免把一切希望寄托在苏联的援助上，以苏联对我们援助一时增减而发生盲目的乐观或悲观失望的情绪。”① 该电报提出的意见得到了中共中央的高度评价。

12 月 28 日，中共中央指示东北局：“我党现时在东北的任务，是建立根据地”，在“东满、北满、西满建立巩固的军事政治的根据地”，“建立这种根据地的地区，现在应当确定不是在国民党已占或将占的大城市和交通干线，这是在现时条件下所作不到的”，而应是“距离国民党占领中心较远的城市和广大乡村”。毛泽东强调：“目前，应当确定这种地区，以便部署力量，引导全党向此目标前进。”② 这一极富远见的指示，进一步明确了当时东北工作的方向，统一了东北工作指导思想，对于指导东北及全国解放战争的发展，具有十分重要的意义。

在东北人民自治军撤出大城市后，国民党大军却因一时很难迅速进入东北，为防止苏军按期退出时中共军队乘虚进占，而要求苏联政府延期撤军一个月，即苏军从 1946 年 1 月 3 日开始撤军。与此同时，在美国的调处下，1946 年 1 月 5 日，国共双方正式签订《关于停止国内军事冲突的协定》，要求从 1 月 13 日午夜

---

① 《陈云文选（1926—1949）》，人民出版社 1984 年版，第 221—224 页。

② 《毛泽东选集》第 4 卷，第 1179—1182 页。

起停止一切战斗行动。

但是，国民党的真正意图是，要通过停战为其向各解放区运送更多的部队争取时间，同时也为改变政治上的被动地位，在国际上争取英美更多的支持。对于东北问题，国民党坚持中苏条约，认为东北在主权的接收没有完成以前，没有什么内政可言，因此不承认共产党及其领导的人民军队在东北的合法地位，不承认东北各县民主自治政府，拒绝与共产党谈判东北问题。至 2 月底，国民党在东北的部队已达到 28. 5 万人，企图在东北以武力达到独占的目的。

对于国民党的企图，中共洞若观火。1 月 11 日，中共中央致电东北局："在国军未到达满洲广大地区前，你们应速谋发展，将部队高度分散，控制广大地区。一切尚无国民党正式委任名义和关系的土匪，你们均可迅速剿除"，"凡是红军驻扎之地方，均将交国党接收，因此你们应力求红军缩小驻防地区，使红军从一些次要地区撤退交我接收，不要弄得因红军关系而不得不让出许多地方。在靠近苏蒙地区一切要点你们必须控制，不要弄得被国民党控制隔断我与苏蒙联系。"① 14 日，中共中央再次致电东北局："在顽军向我进攻时坚决击破其进攻。同意你们在友方谅解下力争控制抚顺、吉林、四平街、齐齐哈尔等次要城市。至于进占沈阳、长春、哈尔滨等大城市，请你们考虑是否有利，因我军进入大城市无法与国民党避免冲突，有被消灭的危险，且将给国民党及美国以借口。"② 东北局当日下发《关于夺取中小城市的指示》，并及时做出准备击破国民党进攻的军事部署，以便在东北立于主动地位，能够一边准备打仗；一边抓住大仗尚未打起来

① 中央档案馆编：《中共中央文件选集》第 16 册（1946—1947），中共中央党校出版社 1992 年版，第 20—21 页。

② 《彭真年谱》上卷，第 354 页。

的时候，加紧进行建立根据地的工作。与此同时，中央军委指示东北局：东北的武装冲突前途是难以避免的，但必须坚持自卫原则，才能有理；利用时间训练军队，准备战场，在顽军进攻时给以歼灭打击，才能有利。经常注意掌握有理、有利这两个原则，才能立于不败之地。[①]

但是，蒋介石一方面仍拒绝谈判东北问题，另一方面下令国民党军继续向东北民主联军发动进攻。东北民主联军奉命反击，在秀水河子等战斗中予敌以迎头痛击。蒋介石获悉东北民主联军“日益强大，战略战术非常机动神速，势非增加兵力不可”[②]，而当时苏军尚未撤走，东北的国民党军还未占领战略要地，兵力尚未完全集中，又受到严重打击，被迫在 2 月下旬至 3 月上旬暂时停止了进攻。

在此期间，在美国大力支援下，国民党已把五个军的主力部队运进东北。国民党又以 2 月下旬的“张莘夫事件”为借口，在重庆等国统区大城市策划了反苏反共游行示威，公开攻击苏军，甚至直接谩骂斯大林。3 月 1 日至 17 日，国民党召开六届二中全会，开始公开对苏联转为强硬态度，通过了“对苏联提出抗议、严重交涉限期撤退其东北驻军”的提案。3 月初，国民党政府照会苏联政府，拒绝苏联与国民党政府实行经济合作共同经营东北工业的要求。

毛泽东认为，由于国民党的反苏行动，苏军可能会更加愿意帮助中共，要求东北局尽快与苏军取得联系。

苏军的合作态度远比中共预料得好。客观上，对苏联来说，要想拒美国势力于东北之外，就必须采取强硬措施。于是，苏联

---

① 《彭真年谱》上卷，第 358 页。

② 《辽沈战役亲历记——原国民党将领的回忆》，中国文史出版社 1985 年版，第 540 页。

又转向支持中共以牵制国民党。3 月初，苏军向中共透露：苏军决定于 3 月 1 日起，从沈阳沿中长铁路逐步北撤回国；民主联军现在可以放手攻取沈阳，并破击北宁路；凡苏军撤退处，均可打击敌军；因为国民党两次要求苏军缓撤，同时又借口苏军不撤兵，煽起反苏反共运动，现在苏军撤出沈阳，谁进沈阳，都与苏军无关。而且，苏军透露国民党方面尚未知此决定。

在撤军的行动上，一方面，苏军提出种种问题，直接延宕国民党军的进军；另一方面，苏军有意快速撤军，把各重要城市及战略重点，尽可能交给中共军队或创造条件让中共军队接管、控制。根据双方达成的默契，东北民主联军迅速行动，用全力控制长哈两市及中东全线，不惜任何牺牲，不准蒋军占领长哈及中长路。结果，中共军队最终控制了包括哈尔滨、长春、齐齐哈尔在内的东北大部分地区，国民党军队则主要占据了北平至长春铁路沿线地区和沈阳周围。此后，东北民主联军一方面力争坚持南满根据地，另一方面全力巩固北满根据地，形成了有利的战略态势。

苏军在东北采取的种种延缓迟滞国民党进军争夺东北的做法对国共两党争夺东北产生了重大影响。“这些做法使中国政府控制满洲的整个努力变得更加艰巨和危险。这种拒绝使精华部队在海上拖得筋疲力尽，并且用尽了给养。它使政府军不得不走陡路，靠着双脚和铁路疲惫战斗，一路受到共产党游击队的骚扰和铁路破坏的耽搁，由此造成的延误为中共军队深入满洲和从苏军丢下的库存中得到日本武器提供了时间。虽然失去的时间不多——大约四五个星期——但这几个星期至关紧要，它在控制满洲的较量中产生了极大的影响。”①

总之，“由于苏联红军出兵东北，打败了日本关东军。这为

① ［美］赫伯特・菲斯：《中国的纠葛》，第 422 页。

我们的大部队能抢在国民党前面迅速进入这个地区，为改善我们的装备，创造了十分有利的条件。那时，苏联对我们的力量估计不足，并有《雅尔塔协定》的约束，但他们还是尽力帮助我们的。东北背靠苏联，东邻朝鲜，这对于我们在和国民党作战中的后勤补给和伤病员的运送、安置也是十分有利的条件”。[①] 中共则根据苏军进军东北的有利形势，充分利用美苏矛盾和苏蒋矛盾，运用正确的外交政策和策略，立足于自力更生，积极争取苏联援助，先提出“向北发展，向南防御”的战略方针，后又在东北适时决定“让开大路，占领两厢”，发动群众，建立起巩固的东北根据地，为东北的解放奠定了重要基础。

第四节　围绕受降权和重庆谈判的外交斗争

1945 年 7 月 26 日，中美英三国迫令日本无条件投降的《波茨坦公告》发表，表明日本将很快被迫投降。占据东北、华北、华中、华南广大地区的上百万日军和伪军由谁去受降，将是国共双方面临的一个极为紧迫、极其重大的问题。从某种意义上说，取得了受降权就是取得了对未来中国的控制权。然而，“蒋介石的权力只及于西南一隅，华南和华东仍被日本占领着。长江以北则连任何一种中央政府的影子也没有。”[②] 共产党则在东北有抗日联军；在华北、华中、华南有广大的抗日根据地，实际上对日伪军占领的点和线形成包围，在战略上处于十分有利的地位。在此情况下，国共双方围绕着受降权展开了激烈的外交斗争。

---

① 《党史通讯》1984 年第 12 期，第 1 页。

② ［美］哈里·杜鲁门：《杜鲁门回忆录》第 2 卷，生活·读书·新知三联书店 1974 年版，第 72 页。

苏联对日宣战后，8月9日，毛泽东、朱德致电斯大林："我们代表中国人民，对苏联政府的对日宣战，表示热烈的欢迎。中国解放区的一万万人民及其军队，将以全力配合红军及其他同盟国军队消灭万恶的日本侵略者。"[①] 同日，毛泽东号召"八路军、新四军及其他人民军队，应在一切可能条件下，对于一切不愿投降的侵略者及其走狗实行广泛的进攻，歼灭这些敌人的力量，夺取其武器和资财，猛烈地扩大解放区，缩小沦陷区"。[②] 11日，朱德连续发出7号"延安总部命令"，命令各解放区抗日武装向附近敌伪送出通牒，限期缴械投降，如遇拒绝，予以坚决消灭。

8月10日，应蒋介石的邀请，美军参谋长联席会议电示魏德迈：侵华日军将向蒋介石及其代表投降；驻华美军将支持中国"中央政府军队重新占领现为日军所占的中国战区的一切地方"；魏德迈应"支持中国中央政府将其军队迅速运往中国关键地区"；美国将把他们在中国解放的地区转交给中国中央政府委派的机构和军队。[③] 在美国的支持下，国民党企图垄断受降权。11日，蒋介石连下三道命令：（一）命令中央军"各战区将士加紧作战努力，一切依照既定军事计划与命令积极推进，勿稍松懈"；（二）命令中共第十八集团军"所属部队应就原地驻防待命"，"勿再擅自行动"；（三）命令沦陷区各地下军及各地伪军，应就现驻地点负责维持地方治安，各伪军不得受未经本委员长许可之收编。

赫尔利、魏德迈都密切注视着上述事态的发展。8月11日，赫尔利致电国务卿贝尔纳斯：朱德的命令"显然是对蒋介石政府的公开违抗，并与波茨坦公告背道而驰，因为波茨坦公告指定日本应向三国政府投降"；"如果美国政府和联合国允许中国的一个

---

① 中央档案馆编：《中共中央文件选集》第15册（1945），第208页。

② 《毛泽东选集》第3卷，第1119页。

③ ［美］迈克尔·沙勒：《美国十字军在中国（1938—1945）》，第264页。

拥有武装的敌对政党接受日本投降，并缴收日本人的武装，那么中国的内战便会因而不可避免”；他“同意魏德迈将军的报告，并建议国务院敦促投降条件应规定：不准把日本人的武器交给共产党武装部队”。[①] 赫尔利的办法为美国政府所接受，为阻止中共受降，美国一方面对中共采取种种限制性措施；另一方面对日军“宽大为怀”，令其暂不解除武装，用以“维持秩序”，等待国民党军队来接管。杜鲁门公开声称：“假如我们让日本人立即放下他们的武器，并向海边开去，那么整个中国就会被共产党人拿过去。因此我们必须采取异乎寻常的步骤，利用敌人来做守备队，直到我们能将国民党军队空运到华南，并将海军调去保卫海港为止。因此，我们便命令日本人守着他们的岗位和维持秩序。等到蒋介石军队一到，日本军队便向他们投降，并开进海港，我们便将他们送回日本。这种利用日本军队阻止共产党人的办法是国防部和国务院的联合决定而经我批准的。”[②]

对于美国支持蒋介石垄断受降权的阴谋，8 月 13 日，朱德致电蒋介石：“坚决地拒绝这个命令”，因为它“违背中华民族的民族利益”，仅仅有利于敌伪。[③] 毛泽东则发表评论指出：“究竟谁有权接受日伪的投降呢？中国解放区的抗日军队，在国民党政府毫无接济又不承认的条件下，完全靠自己的努力和人民的拥护，得以独力解放了广大的国土和一万万以上的人民，抗击着侵华敌军的百分之五十六和伪军的百分之九十五。要是没有这一个军队，中国绝无今天的局面！实在说，在中国境内，只有解放区抗日军队才有接受敌伪投降的权利。至于蒋介石，他的政策是袖手旁观，坐待胜利，实在没有丝毫权利接受敌伪投降。”[④] 14 日，

① ［美］哈里·杜鲁门：《杜鲁门回忆录》第 2 卷，第 374 页。

② ［美］哈里·杜鲁门：《杜鲁门回忆录》第 2 卷，第 72 页。

③ 《毛泽东选集》第 4 卷，第 1142 页。

④ 《毛泽东选集》第 4 卷，第 1139 页。

新华社评论指出："蒋介石这种认贼作父、视民如仇"的命令，"就是他背叛祖国发动内战的动员令"。

8月15日，美国总统杜鲁门批准了由远东盟军最高统帅麦克阿瑟发出的第一号命令，其中划定中国（除东三省外）北纬16度以北的印支地区由蒋介石受降，只字不提中共抗日武装的受降权问题。

同日，朱德则以中国解放区抗日军总司令的名义命令冈村宁次："停止一切军事行动，听候中国解放区八路军、新四军及华南抗日纵队的命令，向我方投降，除被国民党政府的军队所包围的部分外"。[①] 同日，朱德向美、英、苏三国驻华大使赫尔利、薛穆和彼得罗夫发出说帖，以中共领导敌后军民浴血抗战八年而国民党却坚持"袖手旁观，坐待胜利"、"保存实力，准备内战"为根据，理直气壮地向三国政府及人民提出下列声明和要求：（一）国民党政府及其统帅部，在缔结接受日伪投降的协定及条约中，如"有涉及中国解放区、中国沦陷区一切真正抗日的人民武装力量之处，而又未事先取得我们的同意时，我们将保留自己的发言权"。（二）我们"有权根据波茨顿宣言条款及同盟国规定之受降办法，接受被我军所包围之日伪军队的投降，收缴其武器资材，并负责实施同盟国在受降后之一切规定"。（三）我们"应有权派遣自己的代表参加同盟国接受敌国的投降和处理敌国投降后的工作"。（四）我们"应有权选出自己的代表团，参加将来关于处理日本的和平会议及联合国会议"。（五）"为减少中国的内战危险"，请美国政府"立即停止对于中国国民党政府之租借法案的继续执行。如果国民党政府发动反对中国人民的全国规模的内战（此种内战危险，现已极其严重），请勿予国民党政

① 《朱德年谱》，人民出版社1986年版，第275页。

府以援助”。①

苏联没有表示支持朱德争取合理受降权的说帖。尽管一年多来，苏联对中共及其领导的解放区军民的英勇抗战和取得的巨大成就，在报纸杂志上连篇累牍地予以高度赞扬，对国民党政府的腐败及其军队的大溃败进行了尖锐的批评，但是，由于苏联政府在《中苏友好同盟条约》中已作出只支持蒋介石统一中国的承诺，所以对麦克阿瑟第一号总命令粗暴剥夺中共合理受降权的问题，斯大林没有提出任何异议。外长莫洛托夫甚至认为，对朱德的说帖，没有回答的必要，因为中苏条约的发表已经消除了这种必要性。②

魏德迈说帖转呈华盛顿，华盛顿发表声明：根据第一号命令的条款，在华日军只能向蒋介石投降，而且美国认为共产党引起的争端无助于实现一个统一民主的中国。③ 从而完全拒绝了朱德说帖关于受降权的五项合理要求。不但如此，为了帮助蒋介石垄断受降权，美国政府还破例继续向国民党政府提供租借物资。8月21日，杜鲁门宣布停止向一切国家运送物资，只有中国例外。9月5日，杜鲁门批准参谋长联席会议关于日本投降后的军事租借政策的备忘录，指示：“你在日本投降后的行动的依据是：目前的军援将继续下去，目的是支持中央政府军队重新占领现今为日军占的中国战场的一切地方。”④

鉴于美国全力支持蒋介石独占抗战胜利果实和苏联无法支持中共争取受降权的斗争，中共中央决定放弃原定占领大城市的计划。8月21日，中共中央下令停止已准备就绪的上海城市武装起

① 中央档案馆编：《中共中央文件选集》第15册（1945），第238—240页。
② ［美］赫伯特·菲斯：《中国的纠葛》，第394页。
③ ［美］赫伯特·菲斯：《中国的纠葛》，第393—394页。
④ 《美国外交关系，1945年》第7卷，第559页。

义计划，撤离已经到达上海郊区的新四军部队；同时也放弃在北平、天津等城市准备组织起义的安排。22日，中共中央发出指示，指出："苏联为中、苏条约所限制及为维持远东和平，不可能援助我们。蒋介石利用其合法地位接受敌军投降，敌伪只能将大城市及交通要道交给蒋介石。在此种形势下，我军应改变方针，除个别地点仍可占领外，一般应以相当兵力威胁大城市及要道，使敌伪向大城要道集中，而以必要兵力着重于夺取小城市及广大农村，扩大并巩固解放区，发动群众斗争，并注意组训军队，准备应付新局面，作持久打算。"① 根据这一指示，各解放区军民立即调整部署，继续对敌伪进行大反攻，最后同样取得了很大成绩。据不完全统计，八路军、新四军共毙俘日伪军35万余人，收复中小城市250多座，收复国土31万多平方公里，解放人口1871万人，使华北、华中广大解放区基本连成一片，为此后参加重庆谈判、开展外交斗争奠定了坚实的基础。

美国政府支持蒋介石垄断受降权，并不等于支持蒋介石打内战。8月10日，美军参谋长联席会议给魏德迈的指示仍然指出："美国的一项基本原则是，美国不支持中国中央政府进行内战。"② 9月13日召开的国务院、陆军部、海军部联席会议一致同意向国民党政府提供援助，但也都认为"重要的是要记得一点：即美国的意图并非要让中国运用这些军事装备进行内战或者支持一个不民主的政府"。③ 但是，赫尔利和魏德迈在执行中马上感到美国对华政策是自相矛盾的。早在8月19日，魏德迈致电参谋长马歇尔：在执行运送国民党军队的使命时，"我可能无意中直接帮助了中央政府征服中共的武装力量"，"如果就字面意思

① 中央档案馆编：《中共中央文件选集》第15册（1945），第243页。

② ［美］迈克尔·沙勒：《美国十字军在中国（1938—1945）》，第264页。

③ 《美国外交关系，1945年》第7卷，第559页。

来解释和遵循这一规定，就要撤消现在所给予委员长部队的支持”。当然魏德迈是赞成给国民党政府以“完全的支持的”。

战后初期美国对华政策的这种自相矛盾源自复杂的国际形势。二战结束后，美国成了世界上无可匹敌的大国，随着实力的增长，其扩张的欲望也大大膨胀，实现美国的“领导地位”成为杜鲁门政府种种决策和方针的出发点。但是，随着反法西斯战争的胜利，苏联也确立了军事大国的地位，美国决策者的心头因此蒙上了阴影。如同在战争中需要盟军一样，在战后谋求势力范围的竞争中美国也需要盟国。中国就是美国在亚洲的主要盟国。美国决策者把一个统一的、亲美的中国作为战后远东的主要稳定因素。在中国存在着国共两大对立派别的情况下，美国决策者越来越相信，中共是苏联扩张的工具。11 月 16 日，国务院中国科科长庄莱德在备忘录中指出：“考虑到中共的性质、意识形态及以往的态度，很难设想，美国的任何一种利益能在这样的共产主义国家中得到发展。”① 20 日，魏德迈在备忘录中说得更清楚：“今天，由于出现了强大的苏俄，中国也是世界上两个最强大国家，即苏俄与美国的政治和经济的角逐场所。中国共产党的胜利将使中国成为苏俄的一个傀儡国家，一旦如此苏俄就将实际上控制欧亚两洲。我们曾下决心防止日本把中国变成一个傀儡国家，如果我们要实现对华政策，那就不能允许俄国这样做。”② 既然如此，战后美国也只有全力以赴地支持国民党政权了。

但是，又有许多因素使美国要尽力避免中国的内战：（一）在对国共力量的估计时，美国对国民党信心不足。虽然国民党在军事上较中共拥有明显的优势，但美国政府对国民党能否在内战中取胜没有把握。自 1944 年以来，美国驻华人员发回的大量关于

① 《美国外交关系，1945 年》第 7 卷，第 633 页。
② 《美国外交关系，1945 年》第 7 卷，第 659 页。

国共双方政治、经济、军事状况的比较符合实际的报告的影响，并没有完全消失。既然如此，美国政府自然不敢贸然支持国民党打一场没有把握，甚至可能失败的内战了。（二）美国对苏联存在顾忌。美国希望维持雅尔塔体制，而不想与苏联迎头相碰，尤其不想为中国的问题导致美苏冲突。他们也担心，一旦中国爆发内战，将招致苏联的干涉，并为苏联扩大在华影响提供机会。（三）美国人民反对对华大规模武装干涉。美国民众纷纷抗议用美国兵和美国武器干涉中国事务，要求尽快撤回驻华美军，停止对华租借物资，并要求美国运用其影响去取得中国在民主联合政府基础上的统一。（四）美国力量存在局限性。战后，美国力量虽已登峰造极，但其势力范围也扩张到全球各地，它所承担的"义务"和力量之间显然是有差距的。尤其中国幅员辽阔，人口众多，日本失败的前车之鉴犹在，美国自然不敢贸然把军队投入中国的内战。虽然部分美军狂妄地坚持"美国无所不能"，但美国决策者清楚地意识到美国力量的局限性。杜鲁门后来回忆道："有两片广阔的土地不是任何近代的西方军队所能征服的，那就是俄国和中国。要想以武力把我们的生活方式强加于这两个巨大的地区，在过去是愚蠢的，在现在也是愚蠢的。"① 在此情况下，美国在竭力帮助蒋介石抢夺受降权的同时，仍然希望能通过和平的方式吃掉中共的军队。苏联在中苏条约中作了支持国民党政权的明确保证后，美国更认为形势对国民党有利，认为在美苏的共同压力下，中共有可能就范。中苏条约签订后，赫尔利立即建议蒋介石不失时机邀请毛泽东赴重庆谈判，以实现"军令政令统一"。正是在赫尔利的鼓动下，蒋介石于 8 月 14 日、20 日、23 日三次电邀毛泽东到重庆谈判。

在受降权的争夺中，苏联受雅尔塔协定和苏中条约的限制采

---

① ［美］哈里·杜鲁门：《杜鲁门回忆录》第 2 卷，第 104 页。

取了支持蒋介石的政策。这也反映了斯大林和苏共中央对中共七大确定的新民主主义方针不以为然，不看好中共潜力，对中共取得政权不抱期待。8 月 22 日，斯大林通过苏军驻延安情报组转给中共中央一封电报，内称：中国不能再打内战，要再打内战，就可能把中华民族引向灭亡的危险地步，等等。23 日，斯大林又向毛泽东发来第二封电报，指出：世界要和平，中国也要和平，尽管蒋介石挑衅想打内战消灭你们，但是他已再三邀请你去重庆协商国事，在此情况下，如果一味拒绝，国内、国际各方面就不能理解了。如果打起内战，战争的责任由谁承担？你到重庆去同蒋会谈，你的安全由美苏两家负责，等等。① 苏联还邀请中共代表去莫斯科讨论中国的形势，斯大林对中共代表指出："在中国开展武装斗争是没有前途的，中国同志们应当找到某种同蒋介石妥协相处的安排。他们应当参加蒋介石政府，并解散他们的军队。"②

在美苏连续促和的形势下，23 日，中共中央政治局召开扩大会议。会议分析了国际国内的政治形势，认为美苏都不愿打第三次世界大战，苏联因受中苏条约限制不能公开支持中共，美国也不便公开支持蒋介石打内战；人民需要和平，中共也需要和平，国民党兵力分散，内部矛盾重重，也不能下决心打内战，因此国内和平是有可能取得的。会议认为，抗日战争阶段已经结束，中国已经进入了和平建设的阶段，中共今后的新口号是：和平、民主、团结；同国民党进行谈判，争取通过和平途经实现中国的社会改革是必要的；也可能边谈边打，打打停停；为实现和平、民主、团结的目标，中共准备做出让步，但是让步是有限度的，以

① 师哲：《在历史巨人身边》，第 308 页。

② ［南］弗拉吉米尔·杰吉耶尔：《铁托传》下册，生活·读书·新知三联书店 1963 年版，第 118 页。

不伤害人民根本利益为原则。

8月28日，在国民党政府军委会政治部部长张治中和美国驻华大使赫尔利的陪同下，毛泽东、周恩来、王若飞飞抵重庆。到机场欢迎的有数百名各界人士和几十位记者。毛泽东现场发表了书面讲话，称："本人此次来渝，系应国民政府主席蒋介石先生之邀请，商讨团结建国大计。现在抗日战争已经胜利结束，中国即将进入和平建设时期，当前时机极为重要。目前最迫切者，为保证国内和平，实施民主政治，巩固国内团结。国内政治上军事上所存在的各种迫切问题，应在和平、民主、团结的基础上加以合理解决，以期实现全国之统一，建立独立、自由与富强的新中国。希望中国一切抗日政党及爱国志士团结起来，为实现上述任务而奋斗。本人对于蒋介石先生之邀请，表示谢意。"①

毛泽东飞抵重庆谈判，对苏联、美国都是一件大事。8月29日，斯大林对哈里曼说：他相信蒋介石与共产党间会达到一项协定。《真理报》当日发表评论文章说："中国两个主要政党的合作是和平的先决条件"，"中国只有一条路，即进步和发展以及与其他民主大国亲密合作的道路。在这条道路上，伟大的中华民族将遇到全世界民主主义及苏联人民方面的完全谅解和援助。"② 31日，《真理报》还转载了《中共中央对目前时局的宣言》和毛泽东在重庆机场的讲话。赫尔利则得意洋洋地致电美国国务卿，把毛泽东抵重庆视为自己的一大功劳，而且乐观地认为，苏联拒绝支持中共的行动已迫使毛泽东回到重庆的谈判桌上。但是，中共接受斯大林的建议与蒋介石谈判，绝非接受他所希望的那种模式，而是根据中国的实际情况，制定了适合中国国情的方针政

① 中央统战部、中央档案馆编：《中共中央解放战争时期统一战线文件选编》，档案出版社1988年版，第10页。

② 《解放日报》1945年8月31日。

策，即用革命的两手对付反革命的两手。为了实现“和平、民主、团结”的目标，中共确实准备做出让步，“但是让步是有限度的，以不伤害人民根本利益为原则”。

重庆谈判的关键问题是两个：一是关于解放区政权问题。中共根据“应承认解放区各级民选政府的合法地位”的原则，先后提出了几个方案，均被国民党方面以必须“政令统一”为借口加以拒绝。二是关于中共军队问题。中共最后让步至缩编为 24 个至少 20 个师，与国民党军队保持 1 比 6，国民党对此仍然推托敷衍。

9 月 21 日，急于带着成果回国述职的赫尔利找毛泽东谈话，要求中共交出解放区，要么承认，要么破裂。毛泽东沉着地回答他：不承认，也不破裂；问题复杂，还要讨论。[①] 赫尔利讹诈不成，倍感无奈。

蒋介石本无和谈诚意，邀请毛泽东来重庆，是企图以和谈掩盖备战，借机由美国帮忙运兵，抢占战略要地。现在谈判出现僵局，他幻想通过战场上的胜利来迫使中共屈服。至 9 月中旬，蒋介石共调动 73 个师向解放区进攻。但在解放区军民的英勇反击下，蒋介石的军事胁迫阴谋又告破产，仅在上党战役国民党就损失 3.5 万余人。解放区军民战场上的胜利强有力地支持了重庆谈判的斗争。

在重庆期间，利用谈判间隙，毛泽东广泛活动，统战对象既有各国政府驻华使馆人员，又有各国援华团体负责人士；既有驻华美军总部官员，又有美军士兵；既有中国新闻记者，又有外国新闻记者；既有各民主党派和无党派人士，又有国民党人士；既有国民党左派，又有国民党右派。毛泽东这些活动，一方面粉碎了国民党反动派的严密封锁，推动重庆谈判期间的政治形势向着

① 《毛泽东年谱（1893—1949）》下卷，第 28—29 页。

更有利于人民的方向发展；另一方面取得了第一手资料，掌握了国内外各界人士的思想动态。

重庆谈判经过43天曲折复杂的斗争，终于在10月10日签署了《政府与中共代表会谈纪要》，即《双十协定》。由于毛泽东在发表的时局宣言、机场讲话及整个谈判过程中，始终高举“和平、民主、团结”的大旗，蒋介石不得不承认和平民主建国的方针，承认共产党与国民党的平等地位，承认结束训政，给人民一些民主权利并召集各党派参加的政治协商会议。军队和解放区问题虽然没有解决，但中共也没有任何损失。至于中共答应退出江南八个解放区问题，也是因为“这些地区不可能保持”。10月11日，毛泽东在张治中的陪同下乘飞机回到延安。

重庆谈判是在美苏影响下中共进行的具有重要意义的国内政治斗争，它大大提高了中共在中国的政治地位，使中共在未来的国内外斗争中赢得了政治主动。正如毛泽东所说：“国民党再发动内战，他们就在全国和全世界面前输了理，我们就更有理由采取自卫战争，粉碎他们的进攻。”①

重庆谈判虽然结束了，但是围绕着受降权的现实斗争一直在激烈进行着。重庆谈判前后，驻华美军全力帮助国民党军队抢夺受降权，防止中共军队受降敌伪军。

根据美军参谋长联席会议的指示，魏德迈把第十四、第十航空队的全部运输机和空运司令部所属的大部分运输机都统一组织起来，帮助蒋介石大规模地空运军队。9月25日，美驻中国战区空军司令部斯特拉特迈耶宣称：在日本投降后的一个多月中，美国已用飞机运送国民党政府军14万人。从10月起，美军第七舰队也加入了大规模向华北、东北运兵的行列。

① 《毛泽东选集》第4卷，第1159页。

美国还直接派兵帮助蒋介石占领沿海要地。美国海军陆战队第三军团司令骆基中将奉命率两个海军陆战队师来华，并在天津建立了司令部，其所属各部分别于9月30日、10月1日和10日在塘沽、秦皇岛、青岛登陆。

美蒋勾结抢夺抗战胜利果实的新形势，对中共如何处理对美关系提出了严峻考验。

9月29日，中共中央向山东、晋察冀、华中各局发出《中央关于美军登陆后我之对策的指示》，指出："美军日内在天津及中国沿海登陆，如与我军及我之行政人员接触，我应取欢迎友好态度，避免与美军冲突，但照常执行职务。美军如有反我行动，向我开枪或拘捕我之人员，占我地区时，则系干涉中国内政，速将具体情形（时间、地点、人数、番号等）电告，并加公布，以便采取对策。"①

30日，《解放日报》对美军将在天津登陆之事发表新华社评论，指出："美国当局过去曾经宣布中国战区解除日军武装事，完全由中国方面负责，故此次美军将在天津大量登陆，殊难索解。据称，美军将在天津登陆目的，在于帮助中国军队解除日军武装，但尽人皆知，天津日军武装，即无美军登陆亦可顺利解除。目前日军武装之不能解除，完全不是由于中国无此力量，而是由于国民党当局之偏见所造成。八路军既然在华北八年抗战中有功于国家民族，而敌军又完全在八路军包围之中，那末接受华北敌军投降的权利，应归八路军，自属天经地义，平津敌军的局部受降更无论矣。然而国民党当局……宁愿要敌伪军'维持'其奴役中国人民的所谓'治安'，使华北广大人民在日寇投降后依然翻不了身，而不愿授权八路军接受日军投降……美国当局如果要帮助中国迅速解除日军武装，只要劝告蒋委员长以大公无私的

① 中央档案馆编：《中共中央文件选集》第15册（1945），第302页。

态度处理此事，即可达到目的，远不必劳师动众将渴望回国享受和平生活之美国官兵登陆中国也……国民党当局一再要求美军登陆平津之目的，显然不是真正为了要解除平津日军之武装，而是为了要利用登陆美军以反对八路军的占领平津，更进而至于反对华北所有的八路军……美国政府为了远东和平与中美两国人民的共同利益，应该不是帮助中国这一党反对那一党……而应该是以公平合理的态度以促进中国国内各党派的团结。”①

10月1日，刘少奇在《关于目前形势与对美方针给张爱萍的指示》中指出：“美军助蒋是美国政府目前的政策，即在美国亦有很多人反对，将来是否有改变政策可能，目前还难说，即美军观察组人员亦多不以美国政府目前政策为然，但他们作用不大。这是一个世界问题，为此苏联对蒋的态度更加坚定强硬，至今不许蒋派一个人到东北去。目前我各地对美军登陆部队及美军情报人员仍应采取友好态度，不可报复，以免给中国及美国反动派以借口，造成反我空气。但美军如有任何进攻我军行为，我必以严正态度对之，并立即报告和公布，以便不只是在中国而且在国际范围内采取对策。”②

上述文电说明，中共中央清楚“美国助蒋是美国政府目前的政策”，并意识到“这是一个世界问题”，即美苏在中国争夺势力范围的问题。但由于事态还不十分明朗，特别是美苏都反对中国打内战，因此，中共中央宣传部9月29日向各中央局、各区党委发出《关于目前宣传方针问题的通知》，明确指出：“希望美国舆论界同情中国人民之和平民主团结事业，重视中国人民之意见。”“赫尔利、魏特梅耶是很反动的，他们的方针是纵容日本，坚决支持蒋介石反苏、反共，但美国政界及舆论界

① 中央档案馆编：《中共中央文件选集》第15册（1945），第585—586页。

② 中央档案馆编：《中共中央文件选集》第15册（1945），第308页。

同情我们的甚多，我们对赫、魏暂时不采取公开揭露的政策。对美国情报人员、军事人员均应采取友善态度，不要敌视他们。如有美军在解放区登陆，应以主人翁地位予以欢迎、接待，但我仍应坚持留在该地，确实掌握行政及治安之权，并十分警惕对方非法行为之可能。如有美军向我开炮进攻，非法行为，或携带国民党军队登陆等事，应将其地点、时间、番号情形尽量确实详细报告，以便对全世界宣布其干涉内政的行为，同时我们在行动上则要忍耐一时，目的是为了将来很有理、有利的回击之。"①

但是，美国海军陆战队在塘沽、秦皇岛、青岛登陆，引起美国政界和人民的反对。9月20日，美国国务院远东司中国科科长范宣德向副国务卿艾奇逊递交备忘录，对魏德迈所说"美国军队来华的目的是为了维持秩序和有助于中国中央政府控制日本占领的地区"的说法提出异议，他反对由美国军队越俎代庖，替国民党军队"维持秩序"，并提议放弃派遣美国海军陆战队的计划。② 11月14日，众议员埃利斯·帕特森致函杜鲁门："以任何方式使用美国军队和美国武器进行干涉或者支持一派，是无论如何不可宽恕的，我们的海军陆战队必须尽快地从这一地区撤出。"③ 至于美国人民的要求则更为迫切，二战结束后，美军陆续回国，到10月中已复员200万人。但是美国当局仍在把他们的士兵运往中国，于是议会里、报刊上呈现一片"把我们的孩子送回来"的呼声。美国第七舰队的巴尔贝将军承认，在中国服役的士兵不满情绪在迅速滋长，他们认为战争既已结束，就该回家去。魏德迈也收到大量军人家属来信，要求让他们在中国服役

① 中央档案馆编：《中共中央文件选集》第15册（1945），第304—305页。

② 《美国外交关系，1945年》第7卷，第566—567、571页。

③ 《美国外交关系，1945年》第7卷，第577—578页。

的亲人回国。但是，美国与苏联对峙和扶植蒋介石领导下的中国成为亲美大国的政策不变，因此到1945年底，驻华美军反而增至11.3万人。

虽然中共中央对美军登陆持极为谨慎的态度，但是，中共军队并未因此而放慢大反攻和受降的步伐。由于美军目的是帮助蒋介石抢地盘，随着越来越多的美军在华北登陆，中共军队与美军发生冲突也就在所难免。同时，随着美军势力向华北乃至东北的渗透，苏联出于自身利益的考虑，也开始越来越明显地支持中共的发展。因此，在赫尔利9月下旬回国述职以后，美国驻华使馆就国共武装冲突的扩大和苏联支持中共问题向国务院连连报警，并预计冲突将继续扩大。在此情况下，杜鲁门仍然对赫尔利和魏德迈保证继续支持蒋介石政府，而参谋长联席会议在阐明总统政策时，却又强调美军不得卷入中国内战，并明确规定：如果由美国援助发展起来的中国武装力量被用于内战，美国将停止这种援助。魏德迈因此屡屡指出美国对华政策的矛盾，参谋长们和陆海军部也不能自圆其说，只好迫切要求国务院作对华政策上的指导。11月26日，陆军部长帕特森和海军部长福雷斯特尔联名致函贝尔纳斯，要求国务卿和总统为今后若干年制定一项明确的对华政策。

与此同时，美国报刊对驻华大使赫尔利的批评越来越多。10月30日和11月2日，《美国先驱论坛报》、《底特律新闻》等批评赫尔利应该对全面支持蒋介石负责，因为他的举动有违华盛顿的指示。11月26日，华盛顿州的议员休·德拉西在众议院演说批评赫尔利“全面支持反动的”蒋介石政权，从而使美国的援助被用于窒息中国人民合法的民主追求，赫尔利、魏德迈的计划构成了美国的帝国主义，并把中国引向内战。德拉西进而指责赫尔利要对高斯大使的辞职、罗斯福总统政策的“逆转”以及“清洗”那些有才干的“中国通”负责。[1] 在国外，苏联、英国舆论也对赫尔利进行批评。中共则公开表示，反对赫尔利继续担任驻华大使。

11 月 26 日，赫尔利向总统提出辞呈。在辞呈中，他声称：“美国对华政策并未获有国务院中一切职业外交家的支持”，“这些职业外交人员偏袒中国武装的共产党和主张保持中国内部分裂的诸帝国主义国家的集团”。“完成我们任务的主要阻力却都来自重庆大使馆和国务院远东司的美国职业外交家们”。因此，他要求总统“从下级官员开始改组整个决策机构”，并公布他的及与他意见相左的职业外交官的所有报告以澄清国际上对美国对华政策的误会。[2] 美国的对华政策陷入了前所未有的被动。

第五节　马歇尔使华与“中立美国”

1945 年 11 月，国、共、美、苏之间围绕东北问题的复杂斗争，使中共中央更加深刻地认识到：“目前世界的中心问题是美苏之争，反映在中国便是蒋共之争。”但是，美、苏之间存在着很大的不平衡：“美国政府对华政策是尽力扶蒋、打共、反苏”，而“苏联目前对华政策在形式上乃不得不与中共隔离，在对美斗争时有时中立蒋，在对蒋时亦常不联系美”。[3] 这样，蒋介石在反共时，可以使苏联保持局外中立；而中共由于同苏联“隔离”，常常要独力应付美、蒋两大对手。基于这一分析，中共中

① ［美］拉塞尔·布海特：《赫尔利与美国对华政策》，康奈尔大学出版社 1973 年版，第 265—267 页。

② 《中美关系资料汇编》，第 603—606 页。

③ 中央档案馆编：《中共中央文件选集》第 15 册（1945），第 455—456 页。

央提出了在对美、蒋斗争中“中立美国”的策略。中共中央指出：“我们目前在以对蒋斗争为中心时，一方面固应表示与苏联无关，另方面有时（甚至只是形式上的）也可中立美国，以减少我们一时或某一程度的困难。”“但这种中立美国，只是在对蒋斗争中的一种策略，即是对美采取不挑衅的政策，以减少美国寻隙借口，并非不反对美国殖民地化中国的政策，也非不抗议美国武装干涉中国内政和参加中国内战的政策，更非在美军进攻我们时采取不抵抗政策。相反地，对于美国这种帝国主义政策，应持坚定的立场，严正的批评和坚强的抵抗以反对之，方能给以打击和教育人民。”[①] 可见，这项在国内斗争中“中立美国”的政策的实质，就是在苏联表示不介入中国内部事务、在外交上与中共隔绝的条件下，利用美苏矛盾与美蒋矛盾，排除美国军事干涉的可能性。

中共中央提出“中立美国”政策之时，美国政府正在酝酿对华政策的调整。11 月 26 日，遭到中共极度唾弃的赫尔利因种种内部矛盾，宣布辞去驻华大使职务。杜鲁门当天即任命刚刚卸去陆军参谋长职务、“具有独一无二的资格和极高超的才干”[②] 的马歇尔担任总统特使，赴华“调处”国共冲突。12 月 15 日，杜鲁门发表对华政策声明，表示“国民政府为中国惟一的合法政府，为达到统一中国目标之恰当机构”；中共军队之存在“乃与中国政治团结不相符合，且实际上使政治团结不能实现”；国民政府应结束“一党‘训政’制度”，“由中国国内各主要政治党派的代表举行国民会议，从而商定办法，使他们在中国国民政府内享有公平与有效的代表权”；这种“广泛代议制政府一经设

① 中央统战部、中央档案馆编：《中共中央解放战争时期统一战线文件选编》，第 32 页。

② ［美］哈里·杜鲁门：《杜鲁门回忆录》第 2 卷，第 77 页。

立”，中共军队及其他一切武装部队就“应有效地结合成为中国国民军”。[①] 杜鲁门给马歇尔的来华使命是：“以适当而可行的方式，运用美国的影响”，“尽快地以和平民主的方法达到中国的统一”。他要求马歇尔“努力说服中国政府，召开一个包括主要党派的代表所组成的全国会议，以获致中国的统一，同时实行停战”。[②] 简言之，就是要将中共以一种类似西欧共产党所占的地位，纳入一个宪政政体的政治和军事范围之内。

中国局势的变化和美国对华政策的调整也引起世界大国的关注。12 月 16 日至 26 日召开的苏、美、英三国外长莫斯科会议关于中国问题达成三点妥协：（一）美苏承诺尽快从中国撤出各自军队，重申不干涉中国内政的政策；（二）双方承认国民党政府是中国的合法政府，但它必须进行民主改革，由民主分子广泛参加国民政府的所有部门；（三）促使国共两党停止军事冲突，苏联将支持美国调处国共争端的努力。23 日，斯大林对美国国务卿贝尔纳斯明确表示：“如果有什么人能解决这个形势的话，那就是马歇尔将军，马歇尔是仅有的几个既是政治家又是军人中的一个。”[③] 这实际上是对美国对华政策的默认。

中共中央也在密切关注着美国对华政策的调整，并及时做出反应。12 月 9 日，中共中央即致电驻重庆代表团：“整个局势并非对我不利。”“马歇尔来华在方法上有改变可能，故我宜严整阵容，在政治上取攻势，在军事上取守势，但同时又应使其在军事上知难而退，在政治上认为有道理可讲，有文章可作。”[④] 这是一项以政治攻势配合军事自卫、以军事斗争推动政治解决的有很大

① 《中美关系资料汇编》第 1 辑，第 628—629 页。

② 《中美关系资料汇编》第 1 辑，第 626 页。

③ 《美国外交关系，1945 年》第 7 卷，第 848 页。

④ 中央统战部、中央档案馆编：《中共中央解放战争时期统一战线文件选编》，第 34 页。

伸缩性的策略，包含着进一步影响美国的对华政策的意图。17日，中共中央发言人就杜鲁门对华政策声明发表公开谈话，欢迎关于停止敌对行动、召开党派会议、通过民主协商改组国民党政府等建议，要求“首先实践杜鲁门总统所建议的停止军事行动”，并表示“有充分诚意希望与中国国民党在杜鲁门总统建议的基础上求得妥协”。[①] 同日，中共代表访问美国驻华大使馆，通知美方中共赞成杜鲁门声明，并正等待马歇尔到中国。[②] 19日，中共中央发布党内指示，指出：“美国已决定不直接参加中国内战，不援助蒋介石武力统一中国，而援助中国的和平统一。所有美国政策的这些变动，对中国人民要求民主和平的当前斗争是有利的。”“我们准备利用杜鲁门的声明，在政治协商会议上向国民党展开和平政治攻势，以配合解放区的自卫斗争。”为了缓和与美国的关系，中共中央要求各解放区“对于在华美军及美方人员应采取友善态度，避免冲突，以免反动派作为挑拨的借口。对于美国飞行员之降落我区者，应加救护，给以热情招待和宣传后送其回队。对于美国人员之进入我区者，给以善意的招待。对于美国记者及其他外国记者之来我区者，应帮助其自由采访及报导我区的真实情况。使美国人员对我获得友好的印象，是能给美国对华政策以较进步的影响的。”[③]

中共发言人在公开声明中，改变了以往要求立即无条件撤退驻华美军的要求，仅仅提出美军应停止其超越协助受降范围的行动。[④] 这实际上是表明，中共中央有条件地承认美军可以继续留

---

① 中央统战部、中央档案馆编：《中共中央解放战争时期统一战线文件选编》，第35—36页。

② 《周恩来年谱（1898—1949）》，第646页。

③ 中央档案馆编：《中共中央文件选集》第15册（1945），第494—495页。

④ 中央统战部、中央档案馆编：《中共中央解放战争时期统一战线文件选编》，第36页。

在华北。中共领导人亦向延安美军观察组说明，中共愿意在解除在华日军武装的问题上与美军合作。中共领导人还通过报刊和各种公开场合，表示欢迎马歇尔使华调处国共争端。所有这一切表明，在美国对华政策明朗后，中共“中立美国”的政策已经从最初主要是单方面地对美国不挑衅和避免冲突转变为在同国民党进行政治斗争时，利用美国对华政策的变化，发动和平攻势以配合军事自卫。

12月底，国共双方的军事力量基本处于一种新的均衡状态。中共在华北处于战略防御地位，如果美军继续为国民党向华北运兵，显然将会使形势更加不利于中共。在东北，中共既不能阻止国民党军开入，也不能阻止其接受仍被苏军控制的长春路沿线的大城市。这种军事形势使中共利用马歇尔调处的机会迅速促成停战，成为相当紧迫的策略问题。为此，中共采取了两个策略。

第一个策略是利用美国与国民党政府的矛盾，以必要的妥协相配合，争取马歇尔在调处中采取中立的立场。

12月21日，马歇尔第一次见到蒋介石。他在首次谈话中强调：美国人民不愿采取任何被解释为干涉别国内政的行动，现在十分希望看到中国结束敌对行动，而总统提供援助的权力在很大程度上是受到公众情绪即公众对国共两党做出的真诚让步的反应的制约的；除非公众看到确实的证据，证明目前进行的获致和平解决中国内部争论的努力取得成功，他们将不允许总统对中国提供军事和经济援助。[①] 此前，杜鲁门命令财政部、商业部、进出口银行等几个部门，暂停一切对华财经联络，暂停各种援助，所有对国民党政府的援助均随马歇尔使命的进展情况而定。马歇尔

① 中国社会科学院近代史研究所翻译室译：《马歇尔使华》，中华书局1981年版，第29—30页。

的表态和美国政府的措施结合起来，对于若干年来须臾离不开美国援助的蒋介石无疑是有份量的压力。国民党被迫收敛其内战的锋芒，准备在一些问题上作出妥协。

22日，马歇尔抵达重庆。中共代表周恩来很快便在政治问题上与他建立了合作的基础。周恩来明确提出了国共双方的主要分歧，提出了停战—国家民主化—军队国家化这样一个解决国共争端的程序。为达此目标，中共做出两点妥协：其一，中共方面可保证支持蒋介石在改组后的政府中得到领袖地位，承认国民党在政府中的第一大党地位。其二，中共表示承认东北问题有其特殊性，关系到中国政府接收主权和美国经海路向东北运送国民党军队；对此类涉及国际条约的问题，中共方面不参与，应由国民党政府直接与美苏两国交涉解决。但是，中共也以不涉及国际条约为理由，反对将有关条款写入停战令的正文，并指出国民党军队进入东北后，只能从苏军手中接收地方，国民党军队要调动必须事先与中共方面协商。

与此同时，周恩来还向马歇尔明确表明："为了促进国共间的信任，我们欢迎外来的友谊协助。""中共一方面希望盟国过问中国的内争，但同时也希望盟国能恪守'不干涉中国内政'的诺言。如何方能做到二者兼顾不致顾此失彼，极为困难。但我们很愿在使这两方面结合起来的基础上考虑问题。"①

中共在承认蒋介石的领袖地位和承认中苏条约的有效性这两个问题上的妥协，让马歇尔实实在在地看到了调处成功的希望。他设想第一步实现停战，为解决其他问题造成必要的条件；第二步推动政治谈判取得成功，为整编中国军队奠定基础；最后完成军队整编，实现军队的统一。

① 中共中央文献研究室、中共南京市委员会编：《周恩来一九四六年谈判文选》，中央文献出版社1996年版，第28页。

中共方面承认中苏条约的有效性至少在客观上产生了加深美蒋矛盾的效果。蒋介石和马歇尔的主要分歧之一，是在华北和东北两个地区哪里是战略重点。蒋介石以华北作为军事进攻的重点，至于东北问题，则试图依靠运用外交手腕加以解决。而马歇尔正相反，他是以东北为重点，以华北停战作为尽早控制东北的条件。美国是着眼于取得对苏联的优势。马歇尔当然不会改变美国政府的既定方针。当中共方面表示承认美苏与国民党政府为解决东北问题达成的国际协定时，马歇尔更容易重视中共方面的其他建议。

中共中央采取的另一个策略是利用美苏矛盾，向马歇尔施加压力。中共中央根据以往的经验无法相信美国的调处会是公正的，因此认为如能使苏联参加调处，将“利多害少”。基于这种考虑，中共代表在停战谈判期间曾经多次请苏联出面，参与讨论东北和热河等有争议的问题。同时在谈判中也向马歇尔和国民党方面提出，国共双方争论的问题凡涉及中苏条约的规定，或与苏联和国民党政府达成的协议有关，均应请苏联代表共同解决。但苏联的基本方针是不直接介入国共谈判，除在东北等直接涉及其战略利益问题上通过中共方面反映它的主张外，始终坚持不出面。

中共采取利用矛盾的策略使马歇尔在调处一开始就面临着必须做出某种选择的局面。他或者向蒋介石施加压力，迫使其妥协，促成国共谈判成功；或者冒谈判破裂的风险，支持国民党政府，从而破坏与中共方面取得的谅解，进而可能意味着美苏与国民党政府间的一系列国际协议都变得没有实际意义了。他做出了前一种选择。

为了促进国民党方面接受停战，马歇尔在谈判中采取了一系列措施，其中包括拒绝为国民党向华北运兵，封锁美军控制的华北各港口，拒绝蒋介石关于立即商谈整军的要求，等等。他在会见国民党谈判代表时，要求他们放弃那种“相当不妥协的立场”。①

1946年1月5日，国共双方达成协议，由国民党政府代表张群、中共代表周恩来和美国政府代表马歇尔组成三人军事小组，会商停止武装冲突及有关事项。在三人小组领导下，各冲突地区陆续设立了国共美三方军事代表组成的军事调处执行部，负责两军冲突的调停工作。军调部根据三方一致同意的原则做出决定，达不成一致时，将分歧提交三人小组解决。

在马歇尔的推动下，10日，国共双方代表正式签订停战协定，并分别颁发停战令。此后国共迅速签署停战协议，蒋介石和毛泽东分别发布了停战令。随后，中共代表叶剑英、国民党政府代表郑介民和美方代表饶伯逊在北平成立军事调处执行部监督执行停战协定。这为马歇尔进一步调处奠定了重要基础。

停战协定签订的当天，有国民党、共产党、中国民主同盟、中国青年党和无党派代表38人出席的政治协商会议在重庆召开。中共中央联合民盟，把政协会议作为解决国民党训政独裁和实现政治民主化的第一步，这已超出国共合作的范围，受到美国和国际社会的支持。蒋迫于压力最终同意召开政治协商会议。会议历时22天，通过和平建国纲领、政治组织案、国民大会案、宪法草案、军事问题等五项决议。中共说服民盟做出重大让步，除了中共原来主动提出的承认蒋之地位，遵奉三民主义为建国最高指示原则，还放弃了“三三制”主张，同意中共和民盟在联合政府中只占三分之一席位，握有消极否决权。这些协议仍然保留了政治民主化与军队国家化相联系，非国民党化的党军分立，以及对人民政权有利的地方自治等原则。五项协议为基础的联合政府虽不是新民主主义性质的，如果实行却可以换来国民党一党专政的

① 《美国外交关系，1946年》第9卷，第1页。

结束。

2月1日，毛泽东签发了刘少奇起草的《中央关于目前形势与任务的指示》。指示说，重庆政协会议取得重大结果，决定改组政府，通过施政纲领和宪草原则，召开立宪国民大会，整编全国军队，实行军党分立、军民分治、以政治军、内阁制、地方自治、民选省长等原则。国民党一党独裁制度即开始破坏，在全国范围内开始了国家民主化。“从此中国即走上了和平民主建设的新阶段”。这是苏美英三国、国共民盟三党及三个主要力量（劳动人民、中等阶级、一部分大资产阶级）共同努力的结果。“中国革命的斗争形势，目前已由武装斗争转变为非武装的群众的与议会的斗争，国内问题由政治方式来解决”，“我党即将参加政府，各党派亦将到解放区进行各种社会活动，以至参加解放区政权”，“党将停止对军队的直接领导”。为了适应新的形势，党必须克服“狭隘的关门主义”，这是目前党内的主要危险倾向。当前的中心任务就是为了和平民主新阶段而奋斗。① 当天，刘少奇在延安干部会议上对新阶段做了乐观的估计，强调“这个新阶段已经开始了，不是将要开始。”②

按照毛泽东在中共七大上的分析，战后中国将处在两种命运的冲突中，必须防止1927年四一二事变和1944年12月希腊雅典血案的重演。③

但是在当时的国际环境下，要实现中共七大新民主主义路线并不容易。除美国支持蒋介石政府外，更重要的是苏联也不支持中共提出新民主主义方向。1943年共产国际的解散，表明苏共战

① 中央统战部、中央档案馆编：《中共中央解放战争时期统一战线文件选编》，第70—74页。

② 中国人民解放军政治学院党史教研室编：《中共党史参考资料》第10册，第119—127页。

③ 《毛泽东选集》第3卷，第1025—1026，1051页。

后不准备恢复战前以各国党夺取政权为内容的世界革命战略，而决定采取与盟国保持与发展关系、划分相互责任、共同支配世界的大国外交方针。这个方针有利于维持各国人民盼望已久的世界和平，总体上也有利于国际共运，有利于按照大国相互承认的地缘政治原则建立社会主义阵营，把一国胜利变成多国胜利。这是斯大林从苏联与西方关系出发的一种现实的战略考虑，也是国际共运的总路线总政策。

但是具体到中国，这个政策很难说符合中国革命的实际。根据雅尔塔协议的安排，凡划入美国势力范围的西欧国家，苏联将支持该国共产党人加入英美建立的资产阶级政府；对苏联势力范围内的东欧各国，苏联将实行共产党执政的新民主主义。中国是被划入西方阵营的，苏联理所当然地不支持中共取得政权，而主张中共参加国民政府。

毛泽东在《新民主主义论》指出中国不存在建立英美式共和国的前途，这不仅因为国内人民和国民党独裁势力不赞同，也因为国际上苏联和西方国家不容许中国走欧美老路。[①] 中共七大政治路线正是基于这一判断。问题是，战后国际环境已发生了变化，苏美都认为在中国建立欧美式政府是保持国内和平的唯一选择，而国民政府经过改组，在共产党和民主党派参加的条件下，可以成为这一政府的基础。这就在战后两个命运两个前途的决战之间提出了第三条道路的可能性问题，将其置于中共的面前。

战后蒋介石一周内三次电请毛泽东赴渝谈判，给中共施加了很大压力，加上来自美苏的国际压力，毛泽东准备接受第三道路的选择，尝试以和平迂回的方式取得政权。1945 年 8 月 23 日，毛泽东在中央政治局扩大会议上提出“弯路”策略。他指

① 《毛泽东选集》第 2 卷，第 679—681 页。

出："七大时讲的长期迂回曲折，准备出现最大困难，现在要实行了。现在我国在全国范围内可能成立资产阶级领导的而有无产阶级参加的政府。中国如果成立联合政府，可能有几种形式。其中一种就是现在的独裁加若干民主，并将存在相当长的时期。对于这种形式的联合政府，我们还是要参加进去，进去是给蒋介石'洗脸'，而不是'砍头'。走这个弯路将使我们党在各方面达到更成熟，中国人民更觉悟，然后建立新民主主义的中国。"①

中共七大方针是反内战反独裁的方针。美国提出中国应走第三道路，与反内战反独裁的方针是合拍的。杜鲁门总统说："美国深知目前中国国民政府是一党政府，并相信如果此政府的基础加以扩大容纳国内其他政治党派的话，即将推动中国的和平、团结与民主的改革。"他肯定政治民主化是军队国家化的前提，指出"广泛代议制政府一经设立……自治性军队及中国一切武装部队应有效地合成一中国的军队。"②

美国的主张也得到了苏联的响应。1 月 17 日政协会议期间，中共代表团接到了苏共中央的提醒："中共不应想苏维埃化，应决心停止内战，并取得蒋同意进行民主化。"还说"中共如不停战，美国军队和空军会压下来，要对美国有足够估计。"③

美国政府的目的是用第三道路吸引中共，解除其武装，使其成为议会党。这一政策在法国和意大利取得了成功。法共和意共交出了武器，参加了政府，最终被踢出政府。但在中国，杜鲁门马歇尔的政策不仅事与愿违，而且起到了相反效果。

中共高举和平民主团结的大旗，把政协会议变成了摧毁蒋介

① 《毛泽东文集》第 4 卷，第 7 页。

② 《解放日报》1946 年 1 月 7 日社论。

③ 《周恩来年谱（1898—1949）》，第 654 页。

石权力基础的工具。为了实现这一意图，中共中央充分利用了杜鲁门和马歇尔的民主化主张，表示完全赞成中国实行英美民主体制。政协会议结束时，周恩来向马歇尔转达了毛泽东对他的谢意，声称“我们在理论上是主张实现社会主义，但是目前不打算将它付诸实现，所以要学习美国的民主和科学，要使中国能进行农业改革、工业化，使企业自由，发展个性，从而建成一个独立自由富强的国家。”①

几天后他又向美国记者表示，中共在政协做出了基本让步，包括“在民主宪草原则问题上，接受英美式的初期民主”。② 2月9日，毛泽东也向美联社记者指出：“中国走上民主舞台的步骤，已经部署完成，其间马歇尔特使促成中国停止内战，推进团结、和平与民主，其功殊不可没”。③

马歇尔想用民主化来“溶共”，却不得不高调要求国民党首先放弃一党制。中共中央顺势向中共代表团面授机宜：“马歇尔所提办法，对于破坏国民党及许多军队的原系统是彻底的，但事实上今天行不通，可在原则上赞成他的意见。”④

总的来说，中共为争取和平民主而进行斗争在重庆政协会议前后达到了高潮，在国共之间和各党派之间达到了停战令、政协五项决议、整军方案、东北停战协议。这四大成果，尤其政协五项决议，集中表现为中共对国民党的政治与外交胜利。政治方面，中共与民盟等民主党派结成了休戚与共的关系，形成了政治优势，将压力卸给了国民党。国民党从此失去了中间力量的支持。外交方面，中共不仅中立了美国，而且充分利用了美国的价值主张和调停立场，成功地把民主化的矛头指向了

① 《周恩来年谱（1898—1949）》，第657—658页。
② 《周恩来年谱（1898—1949）》，第659页。
③ 《毛泽东年谱（1893—1949）》下卷，第56页。
④ 《周恩来年谱（1898—1949）》，第658—659页。

国民党。

但从另一方面来说，这个胜利又有很大的局限性。第三道路是人民渴望和平、苏美寻求妥协、国民党准备内战等多因素一时交织而形成的表面现象。蒋没有诚意实施民主，四大成果只是纸上的东西，昙花一现，最终还是落空了。

第六章　从“中间地带”勇敢突破（1946—1948）

中共中央很快放弃了“新阶段”，从和平民主斗争转向了人民民主革命。蒋介石发动全面内战后，毛泽东提出了“一切反动派都是纸老虎”的论断和中间地带理论，决定放弃此前与美合作和区别对待美蒋的策略，转而将美国视为阻碍中国革命的主要因素，制定并成功实施了反对美帝国主义及其国民党反动派的策略，为人民解放战争提供了政治指导和外交保障。

第一节　转向人民革命的外交斗争

尽管新阶段的提法过于乐观，中共中央对蒋介石愿否执行和怎样执行政协决议，还是充满疑虑并抱有警惕。毛泽东担忧美蒋玩弄阴谋，利用军队的统一整编搞政治溶共。1946 年 2 月 12 日，他在中央政治局会议上指出：“美国和蒋介石要以全国军队统一来消灭我们，我们要统一而不被消灭。军党分立还不是最危险的，合编分驻才是最危险的……我们现在只有对付好，才能摆脱危险。全国军队统一，原则上我们只好赞成，实行步骤要看具体情况，这是我们与法国不同的。”①

马歇尔的溶共政策充满矛盾。他的军援手段既用于支持国民

① 《毛泽东年谱（1893—1949）》下卷，第 57 页。

党政府，又用于要挟蒋实施民主。然而美国政府的根本政策是扶蒋，即使调停失败，马歇尔仍须支蒋搞武力统一。他用军援迫蒋，力度和空间十分有限；很多情况下，是做给中共和民主党派看。此外，马歇尔对中国民主化抱有不切实际的幻想，没有看到即使政协决议变成现实，蒋仍难维持统治地位，共产党上台是不可避免的。

与马歇尔不同，蒋介石不指望溶共能有多大效果，更迷信武力灭共。马歇尔的民主被中共当作摧毁蒋独裁统治基础的手段，也被蒋当作掩盖军备的烟幕。蒋高唱民主，牵着马歇尔的鼻子，用这种方式不断获得美国军援及运兵支持。

2 月 12 日，东北国民党军不顾停战令，向东北民主联军大举进攻，急速发展到关外大打。美国海军则继续送兵东北支持国民党准备内战。到了 3 月，运抵东北的国民党军队已达五个军，包括“五大主力”的新一军和新六军。美蒋还提出军调部只能随政府军行动，实际上是限制它的行动，遭到中共的抗议。

3 月 11 日，马歇尔回国诉职，留下吉伦中将代理职务。17 日，国民党利用马携政协决议向杜鲁门邀功的空档，迅速召开六届二中全会，推翻了政协决议，继续一党专政。蒋敢冒天下之大不韪，是因为摸准了马歇尔的底牌，料定美国政府无论如何也会支持他。

3 月 15 日，毛泽东在中央政治局会议上对局势做出了新的分析，共四条。第一条，法西斯主力军被打倒了，为世界各国人民民主势力的向前发展开辟了道路。第二条，法西斯残余势力与同盟国内的亲法西斯势力要继续组织反苏反共反民主的反革命运动，并企图掀起第三次世界大战。他们是当前和今后的主要敌人，如果不被克服，第三次世界大战是很难避免的。第三条，在各资本主义国家内有两部分民主势力，就是广大的人民及资产阶级和苏和共派。资产阶级和苏和共派又包括两部分人：资产阶级的中派和左派。蒋介石就是中派。他的主张，一是一切革命党全部消灭之；二是如果一时不能消灭，则暂时保留，以待将来消灭之。左派和蒋介石不同。这两派今天都是能和我们合作的，因为中派有“暂时保留”一说，这就产生了妥协的可能性。第四条，党的路线是联合广大的人民及资产阶级的中派和左派，打倒法西斯残余势力和资产阶级中的反革命势力。这是党历来的路线。对资产阶级中最顽固的、不能妥协的势力要反对；凡是能妥协的就联合。毛泽东最后指出：“不管风浪多么大，这几条我们要把握住。第一条很清楚。第二条是人们容易忘记的，稍微平静一点就忘了。二月一日到九日就忘了，较场口事件一来就又记得了。马歇尔能够放长线，蒋介石也和何应钦有不同，假如美蒋有一个放长线的，放半年我们有些人就会忘了第二条，就会觉得天下太平、四方无事，那就危险得很。”① 这是毛泽东对“新阶段”的初步反思（他认为“还不很定型”），其要点是把蒋划入可以暂时联合的“中派”，通过反对国民党内的法西斯分子来避免内战，推动政治局势朝着和平民主的方向发展。

中共花了一个月时间反对法西斯分子，督促蒋介石落实政协决议。3 月 16 日，中共中央作出《关于坚持实现政协决议给中共代表团的指示》，18 日又发出《中央关于坚决反对国民党反动派破坏政协决议的指示》。同日，周恩来对中外记者做了《关于国民党二中全会的谈话》。19 日，中共中央为抗议国民党六届二中全会，决定不派人出席国民党政府的参政会。《解放日报》亦先后发表《评国民党二中全会》和《驳蒋介石》的社论。4 月 1 日，中共中央指示重庆中共代表团采取坚决斗争的立场，“只有如此，才能保卫政协决议，而对于过去所取不适当的让步态度，因而使自己处于很不利的被动地位这一种情况，有求得解脱与恢

① 《毛泽东文集》第 4 卷，第 96—99 页。

复主动之可能。”[①]

随着东北冲突加剧，中共中央对美方针的重点从支持其和平民主的主张转向要求美方履行调停人的职责。3 月 31 日，周恩来向吉伦将军严正指出：“如果美军总部仍不停止运送政府军队继续进入东北，则我方认为美国对华政策已有改变，而政府方面决不愿在东北真正停战，我方亦不得不严重考虑对策。”[②] 4 月 4 日，他在中外记者会列举事实阐述“谁在动摇政协决议，谁在破坏停战协定”，并再次向美方指出：“我们希望同盟国应坚守杜鲁门总统声明和三国公告原则，帮助中国结束一党训政，取消独裁，坚持政协、停战、整军等决议……否则，中国人民将在国际不慎重的帮助下，受到灾害，增加混乱，中国人民与中国共产党是不欢迎这样的帮助的。”[③]

四平保卫战开始后，我军 4 月 18 日解放了长春，受到了美方指责，认为是“对停战令的重大违犯”。[④] 周恩来电告中央，蒋表面愿意求妥协，以欺骗国人，暗中布置军事，阴谋甚大。马歇尔（刚从华盛顿回到重庆）态度如何，尚难断定。根据这一情况，毛泽东指示各战略区准备一切条件应付任何事变，主要负责人不经中央许可不要离开队伍。[⑤] 次日，他下令东北我军集中优势兵力举行数次大的战役决战。29 日，中共中央要求国民党停止“围歼”中原我军，30 日又要求美国立即停止运送国民党兵到东北。

4 月下旬，政协的民主成果依然是一纸空文。中共、民盟的

① 《建党以来重要文献选编　1921—1949》第 23 卷，中央文献出版社 2011 年版，第 182 页。

② 《建党以来重要文献选编　1921—1949》第 23 卷，第 181 页。

③ 《建党以来重要文献选编　1921—1949》第 23 卷，第 195 页。

④ 中国社会科学院近代史研究所翻译室译：《马歇尔使华》，第 114 页。

⑤ 《建党以来重要文献选编　1921—1949》第 23 卷，第 216 页。

和平斗争已到尽头。国内局势不可避免地滑向内战。

毛泽东为此起草了《关于目前国际形势的估计》的党内指示，对当下趋势做出新的分析。他放弃了经过和平民主"弯路"实现中共七大路线的设想与努力，提出在苏美妥协的国际环境下，各资本主义国家的人民不应受两大阵营约束，而应根据各自情况选择斗争方式。他指出：战争危险是存在的，而世界人民的民主力量必能克服这一危险。"因此，美、英、法同苏联的关系，不是或者妥协或者破裂的问题，而是或者较早妥协或者较迟妥协的问题。所谓妥协，是指经过和平协商达成协议。所谓较早较迟，是指在几年或者十几年之内，或者更长时间。""这种妥协，不是说在一切国际问题上。这在美、英、法继续由反动派统治的条件下是不可能的。这种妥协，是说在若干问题上，包括在某些重大问题上。""这种妥协，并不要求资本主义世界各国人民随之实行国内的妥协。各国人民仍将按照不同情况进行不同斗争。"

毛泽东把蒋归入"反动势力"，不再视为"中派"，指出"反动势力对于人民的民主势力的原则，是能够消灭者一定消灭之，暂时不能消灭者准备将来消灭之。针对这种情况，人民的民主势力对于反动势力，亦应采取同样的原则。"①

从斗争策略出发，中共中央仍然坚持区分美蒋。4 月 20 日，中央指示周恩来在谈判中"不要准备对国美两方面同时弄僵。我们坚决反对国民党内战与独裁方针，力争和平与民主，为此目的，不怕与国民党弄僵。但对美国则除非他恢复赫尔利政策，公开全面地赞助国民党实行内战与独裁，我们不应和他弄僵。因此，我党一切反内战、反独裁的主张……均应向马歇尔严正表示意见，但应避免激烈态度与对抗形式。周马之间仍应尽可能保持

① 《毛泽东选集》1—4 卷合订本，人民出版社 1964 年版，第 1184—1185 页。

友好关系，使国民党无隙可乘。”①

根据这一精神，中共中央把美国援蒋与蒋发动内战以及美所标榜的中立联系起来，要求美国政府放弃援蒋政策。5 月 3 日，周恩来向马歇尔指出：“美海空军在运输上的协助对目前东北的严重局势实起决定作用……应立即停止帮助政府军运兵及军火去东北。”② 同日，中央发出《关于解放区外交方针的指示》，要求各地“应争取在对我有利条件下，直接与美、英、法各国解决一些地方问题。”③ 28 日，中共中央指示中共代表团向国际提出控诉，要求美国政府执行三国外长会议的决议，从中国撤军，停止援蒋。④ 6 月 5 日，《解放日报》发表《美国应停止助长中国内战》的社论。⑤ 22 日，毛泽东发表《关于反对美国军事援蒋法案的声明》。24 日，中共中央指示各地“动员各群众团体要求美国改变对华反动政策”。⑥

当中国内战全面爆发时，中共中央进一步对美国国内不同集团和美方不同人员采取区别对待的政策，提请全党“注意不要反对整个美国与整个美国政府，亦不要反对杜鲁门、马歇尔与美国调处中国内战，对美方公正人士与普通人员，仍应争取其同情，指明真正破坏中美友谊者乃是中美反动分子的反动政策，强调中美两国人民的友谊与合作。”⑦ 28 日，中共中央在《关于时局近况的通报》中提出要利用美国国内反对援蒋的不同声音，其中也包括历来拥蒋反共的反动刊物。⑧ 7 月 1 日，中共中央发言人公

① 《建党以来重要文献选编　1921—1949》第 23 卷，第 225 页。
② 《建党以来重要文献选编　1921—1949》第 23 卷，第 233 页。
③ 《建党以来重要文献选编　1921—1949》第 23 卷，第 243 页。
④ 《建党以来重要文献选编　1921—1949》第 23 卷，第 278 页。
⑤ 《建党以来重要文献选编　1921—1949》第 23 卷，第 294 页。
⑥ 《建党以来重要文献选编　1921—1949》第 23 卷，第 319 页。
⑦ 《建党以来重要文献选编　1921—1949》第 23 卷，第 320 页。
⑧ 《建党以来重要文献选编　1921—1949》第 23 卷，第 324 页。

开揭露和批驳了美国代理国务卿阿泽逊高唱援华计划“不能解释为支持中国任何党派之军事集团”的谎言。[①] 6日，中共中央在党内又重申了区分美蒋、区分美方不同人员的政策，要求“加强对美国民主人士之联系……注意拉拢美国一切人员，对马歇尔不要公开说他好，也不要公开说他不好。在谈判中仍须经过他来缓和局面。对各地美军，仍应成名冲突；对国民党军队，则看彼方态度，彼打我亦打，彼停我亦停。”[②] 21日，中宣部发出《关于对美宣传中的政策问题的通知》，要求“在一切宣传中必须严格掌握美国的政府与人民（后者一般地一贯同情支持我国民主势力）之间的区别；美国政府人员中的帝国主义分子与民主分子的区别；美国政府今天的政策与明天可能改变的政策之间的区别；甚至同一个人（如杜鲁门、马歇尔）今天与明天态度的区别；同一个人同一机所发的同一篇声明或谈话中不同语句中的区别；不要笼统反对，更不笼统反美。”[③]

从和平民主斗争转向人民民主革命，不仅是中共政策的调整和中华民族命运的转折。在更高层次上，它危及雅尔塔体系在中国存在的基础。美国作为头号超级大国和唯一拥有原子弹的资本主义国家，面对小米加步枪的中共，更没有理由放弃中国。

6月26日，内战爆发之日，美国国会通过了《军事援华法案》，两天后又决定延长对华租借法案的期限。根据法案，美国向国民党政府移交了7.8亿美元。至6月底，美国为蒋训练了15万军队，装备了45个师，运送14个军、41个师、3个警察总队共约54万人抵达进攻解放区的前线，并赠送给国民党军大量飞机舰船。在美国支持下，蒋介石反革命武装集团依仗显著的军事

① 《建党以来重要文献选编 1921—1949》第23卷，第328页。
② 《建党以来重要文献选编 1921—1949》第23卷，第335页。
③ 《建党以来重要文献选编 1921—1949》第23卷，第380页。

优势向解放区发动全面进攻的兵力共达 193 个旅或师约 160 万人，占其总兵力的 80%。

在这历史关头，8 月 6 日毛泽东会见美国记者安娜·路易斯·斯特朗，提出了“一切反动派都是纸老虎”的著名论断。

毛泽东惊人地指出：“原子弹是美国反动派用来吓人的一只纸老虎，看样子可怕，实际上并不可怕。当然，原子弹是一种大规模屠杀的武器，但是决定战争胜败的是人民，而不是一两件新式武器。一切反动派都是纸老虎。看起来，反动派的样子是可怕的，但是实际上并没有什么了不起的力量。从长远的观点看问题，真正强大的力量不是属于反动派，而是属于人民。”

他举出一些国家的实例：“在 1917 年俄国二月革命以前，俄国国内究竟哪一方面拥有真正的力量呢？从表面上看，当时的沙皇是有力量的；但是二月革命的一阵风，就把沙皇吹走了。归根结蒂，俄国的力量是在工农兵苏维埃这方面。沙皇不过是一只纸老虎。希特勒不是曾经被人们看作很有力量的吗？但是历史证明了他是一只纸老虎。墨索里尼也是如此，日本帝国主义也是如此。相反的，苏联以及各国爱好民主自由的人民的力量，却是比人们所预料的强大得多。”

关于美蒋反动派，他指出：“蒋介石和他的支持者美国反动派也都是纸老虎。提起美国帝国主义，人们似乎觉得它是强大得不得了的，中国的反动派正在拿美国的‘强大’来吓唬中国人民。但是美国反动派也将要同一切历史上的反动派一样，被证明为并没有什么力量。在美国，另有一类人是真正有力量的，这就是美国人民。”

他谈到了人民的力量：“拿中国的情形来说，我们所依靠的不过是小米加步枪，但是历史最后将证明，这小米加步枪比蒋介石的飞机加坦克还要强些。虽然在中国人民面前还存在着许多困难，中国人民在美国帝国主义和中国反动派的联合进攻之下，将要受到长时间的苦难，但是这些反动派总有一天要失败，我们总有一天要胜利。这原因不是别的，就在于反动派代表反动，而我们代表进步。”

斯特朗问起中共在内战中能支持多久。毛泽东充满信心地说：“就我们自己的愿望说，我们连一天也不愿意打。但是如果形势迫使我们不得不打的话，我们是能够一直打到底的。”

斯特朗担心美国可能举行反苏战争。毛泽东立刻排除了这种可能，指出这只是美国的宣传，它包括两个方面。“在一方面，美国帝国主义确是在准备着反苏战争的，目前的反苏战争宣传和其他的反苏宣传，就是对于反苏战争的政治准备。在另一方面，这种宣传，是美国反动派用以掩盖当前美国帝国主义所直接面对着的许多实际矛盾，所放的烟幕。这些矛盾，就是美国反动派同美国人民之间的矛盾，以及美国帝国主义同其他资本主义国家和殖民地、半殖民地国家之间的矛盾。美国反苏战争的口号，在目前的实际意义，是压迫美国人民和向资本主义世界扩张它的侵略势力。你知道，希特勒和他的伙伴日本军阀，在一个长时期中，都曾经把反苏的口号作为奴役本国人民和侵略其他国家的托辞。现在美国反动派的做法，也正是这样。”

毛泽东令人信服地指出：“美国反动派要掀动战争，首先必须进攻美国人民。他们已经在进攻美国人民了，他们从政治上、经济上压迫美国的工人和民主分子，准备在美国实行法西斯主义。美国人民应当起来抵抗美国反动派的进攻。我相信他们是会这样做的。”

毛泽东第一次提出了著名的“中间地带”理论：“美国和苏联中间隔着极其辽阔的地带，这里有欧、亚、非三洲的许多资本主义国家和殖民地、半殖民地国家。美国反动派在没有压服这些国家之前，是谈不到进攻苏联的。”

他说：“现在美国在太平洋控制了比英国过去的全部势力范

围还要多的地方，它控制着日本、国民党统治的中国、半个朝鲜和南太平洋；它早已控制着中南美；它还想控制整个大英帝国和西欧。美国在各种借口之下，在许多国家进行大规模的军事布置，建立军事基地。美国反动派说，他们在世界各地已经建立和准备建立的一切军事基地，都是为着反对苏联的。不错，这些军事基地是指向苏联。但是，在现时，首先受到美国侵略的不是苏联，而是这些被建立军事基地的国家。我相信，不要很久，这些国家将会认识到真正压迫它们的是谁，是苏联还是美国。美国反动派终有一天将会发现他们自己是处在全世界人民的反对中。”

他认为美国进攻苏联是最后目标，目前反苏只为掩护对中间地带国家的征服：“美国反动派不是不想进攻苏联。苏联是世界和平的保卫者，是阻碍美国反动派建立世界霸权的强大的因素，有了苏联，美国和世界反动派的野心就根本不能实现。因此，美国反动派非常痛恨苏联，确实梦想消灭这个社会主义国家。但是在目前，在第二次世界大战结束不久的时候，美国反动派如此大吹大擂地强调美苏战争，闹得乌烟瘴气，就使人不能不来看看他们的实际目的。原来他们是在反苏的口号下面，疯狂地进攻美国的工人和民主分子，和把美国向外扩张的一切对象国都变成美国的附属物。”

毛泽东的结论是：“美国人民和一切受到美国侵略威胁的国家的人民，应当团结起来，反对美国反动派及其在各国的走狗的进攻。只有这个斗争胜利了，第三次世界大战才可以避免，否则是不能避免的。”①

中间地带理论，毛泽东后来又说过多次。11 月 21 日，他在《要胜利就要搞好统一战线》一文中说：“今天主要矛盾是……美

---

① 《毛泽东选集》1—4 卷合订本，第 1191—1196 页。

国和中间地带的矛盾。”① 12月9日，他向三位西方记者指出：“美国反苏是放烟幕弹，是想独霸世界，首先是损害中国和英国的利益，其次是美苏之间的中间地带……这种政策一定要失败。”②

毛泽东与斯特朗的谈话为中共领导中国人民解放战争，战胜不可一世的美蒋反动派，突破苏美英搭建的雅尔塔国际体系，夺取全国政权，提供了精神力量和理论依据。

第二节　揭露和反对美国对华侵略

全面内战爆发后，《解放日报》于1946年6月28日载文指出：自日寇投降十个月来，美国政府及其在华驻军中的反动派，撕毁了莫斯科三国外长公报关于美苏两国在最短时间内撤离在华驻军的决议，违背了杜鲁门总统对华政策声明关于“美国的支持将不扩展至以美国干涉去影响中国任何内争的过程”的诺言，执行武装干涉中国内政和支持国民党反动派的对华政策。鉴此，中共要求美国政府改正这种绝对错误的政策，并希望美国人民起来改变美国政府的这种政策。③ 8月10日，马歇尔和司徒雷登发表实际宣布“调处”失败的联合声明。8月12日，中共中央致电周恩来，深刻指出：“过去调处的失败是由于美国援蒋错误政策的必然结果”，因此决定“对美错误政策可彻底清算与批评”。④

---

① 《毛泽东文集》第4卷，第197页。

② 《毛泽东文集》第4卷，第206页。

③ 中国人民解放军国防大学党史党建政工教研室：《中共党史教学参考资料》第18册，第200—209页。

④ 中央统战部、中央档案馆：《中共中央解放战争时期统一战线文件选编》，第126页。

从此，中共中央基本放弃“中立美国”的策略，公开转向了揭露和反对美国对华侵略的坚定立场。

马歇尔并不甘心自己调处的失败。8 月间，马歇尔仍在向蒋介石施加压力，迫使其放弃武力解决中共问题的企图，美国政府却又在考虑向蒋介石政府出售战时剩余物资。这一举动极其明显地表明，美国在谋求通过调处解决中共问题的同时，却在推行着在军事、经济上大举援助国民党的政策，这虽然构成了赫尔利、马歇尔、司徒雷登通过政治手段解决中共问题的后盾，但也是蒋介石继而发动全面内战的基本条件。8 月 23 日，周恩来就正在进行中的这项谈判向马歇尔正式提出抗议，指出：“设若中美政府仍然签订这样的协议，其严重后果几可立见，而美国政府对此实难逃避其应负的一部分责任。”[①] 28 日，中共中央发表声明，指出“这个谈判更进一步表示美国政府对华政策的虚伪性、帝国主义性与残酷性”，呼吁“全中国人民、全美国人民和一切联合国人民，一致奋起，反对和制止这个罪恶的买卖，反对和纠正美国当局坚持制造中国内战的罪恶政策，反对和不承认蒋介石的出卖主权以换取外国武器屠杀同胞的叛国行为”，中共声明：“美蒋之在此项和同类谈判中的任何条约协议，都是非法的，中国人民对此绝不负任何责任。”[②] 31 日，美国不顾中共的强烈反对，与国民党政府签订了《中美剩余战时财产出售协定》，将美国存放在中国、印度和太平洋 17 个岛屿的价值 9 亿美元的剩余战时财产，以 1.75 亿美元卖给国民党政府。马歇尔辩解说，这些是民用物资，而非军用装备，但这些物资中的卡车、交通器材、军队干粮和军用被服等均被直接用于内战，其他物资则在市场上出售，贷

① 中共江苏省委党史工作委员会等：《中共中央南京局》，中共党史出版社 1990 年版，第 128 页。

② 中国人民解放军政治学院党史教研室：《中共党史参考资料》第 10 册，第 292 页。

款被用作军费。9月1日，周恩来在上海举行记者招待会，强烈抗议美国帮助国民党打内战。9月14日、15日，周恩来分别致马歇尔备忘录：美国政府售与国民党政府8.25亿美元的剩余物资和设备，国民党政府获得的巨大美援，使中国内战空前未有，使中国人民感到极大的不安与愤怒，中共坚决反对美国政府干涉中国内政，并通过马歇尔向美国政府提出正式抗议，要求美国政府立即撤退驻华美军，冻结剩余物资，停止对国民党政府的一切援助。①

苏联方面也做出了强烈的反应。9月15日，苏联《真理报》又发表题为《美军在中国》的署名文章，揭露美军运送国民党军队到内战前线和“直接参加反对人民革命军队的军事行动”，指出：“驻华美军的所作所为和美方日益增加对国民党政府的军事援助，使得美国总统特使马歇尔将军在国民党同中国共产党之间进行‘调停的使命’失去了任何现实内容。就在马歇尔将军赴华调处的八个月中，内战不仅未能制止，反而愈演愈烈。”“现行美国对华政策同莫斯科会议的决议是背道而驰的。”② 在下旬召开的联合国安理会上，苏联代表葛罗米柯引证了大量美国干预中国内部事务的材料，指责美国政府在使中国内部问题复杂化，美国的行动会引起危险的后果。③ 24日，斯大林发表谈话，要求美军撤出中国。

这时，中共除了公开批评美国政府将军用物资、器材低价转让给国民党政府外，还针对党内在一定程度上存在的“恐美”思

① 《周恩来年谱（1898—1949）》，第709页。

② 安徽大学苏联问题研究所、四川省中共党史研究会编译：《苏联〈真理报〉有关中国革命的文献资料选编》第3辑，四川省社会科学出版社1988年版，第573—579页。

③ ［苏］C. A. 戈尼昂斯基：《外交史》第5卷（上册），生活·读书·新知三联书店1982年版，第185页。

想，集中揭露、批判美国企图变中国为殖民地的阴谋及蒋介石的卖国政策。毛泽东认为，随着内战爆发，党内对美蒋“幻想的时期已经过去了”，“目前解放区军民心目中的中心问题是能否胜利与如何胜利”的问题。[①] 为了解答这个问题，毛泽东提出了“帝国主义和一切反动派都是纸老虎”的著名论断，并指出：“美帝国主义及其走狗蒋介石的强大仅仅是暂时的，他们的进攻是可以粉碎的”，“我党和中国人民有一切把握取得最后胜利，这是毫无疑义的。”[②]

鉴于美国已有 25 个城市发生要求美军撤出中国的示威游行，上海也举行了美军退出中国运动周，并将致电联合国及美国政府要求美军撤退与不干涉中国内政，此运动将转为揭露美军暴行，北平、成都、重庆、香港、南洋亦将响应。9 月 29 日，中共中央发出《中央关于开展美军退出中国运动周的指示》，要求放弃“无条件停战”口号，把“美军退出中国”作为当前的宣传口号，在各大城市组织各种形式的斗争，“以打破和平攻势之欺骗”。各地按照中共中央的指示，与各民主党派、爱国人士密切合作，积极开展要求“美军退出中国”宣传活动。[③]

同日，毛泽东在会见美国《纽约时报》记者斯蒂尔时，就美国“调解”真相和中国内战前途指出：“我很怀疑美国政府的政策是所谓调解。根据美国大量援助蒋介石使得他能够举行空前大规模内战的事实看来，美国政府的政策是在借所谓调解作掩护，以便从各方面加强蒋介石，并经过蒋介石的屠杀政策，压迫中国民主力量，使中国在实际上变为美国的殖民地。这一政策继续实行下去，必将激起全中国一切爱国人民起来作坚决的反抗。”“如

---

① 《毛泽东新闻工作文选》，新华出版社 1983 年版，第 134 页。

② 《毛泽东选集》第 4 卷，第 1215、1216 页。

③ 中央档案馆编：《中共中央文件选集》第 16 册（1946—1947），中共中央党校出版社 1991 年版，第 299 页。

果美国政府放弃现行援蒋政策，撤退驻华美军，实行莫斯科苏美英三国外长会议的协定，则中国内战必能早日结束。如果不是这样，就有变为长期战争的可能。其结果，一方面，当然是中国人民受痛苦；但是，另一方面，中国人民必将团结起来，保卫自己的生存，决定自己的命运。不管怎样艰难困苦，中国人民的独立、和平、民主的任务是一定要实现的。任何本国和外国的压迫力量，不可能阻止这一任务的实现。”① 毛泽东的这次谈话表明了中共与美蒋反动派斗争到底的决心，同8月6日和美国记者安娜·路易·斯特朗的谈话一起，极大地鼓舞了解放区军民敢打必胜的信心。

9月30日，面对国民党军队对张家口的大举进攻，周恩来致函蒋介石和马歇尔，严正声明：“如果政府不立即停止对张家口及其周围的一切军事行动，中共不能不认为政府业已公然宣告全面破裂，并已最后放弃政治解决方针，其因此而造成的一切严重后果，当然全部责任均应由政府方面负之。”②

在强大的中外舆论压力下，10月2日，蒋介石宣布：如果中共立即提出中共方面国民政府要员出席国民大会代表名单，并限期进驻国民党规定之地区，国民政府可以宣告停止军事行动。马歇尔显然对这一时期的国民党内战的顺利进展估计过高，认为蒋介石的让步还有文章可做，于是劝蒋介石休战十天，美国同时做中共代表的工作。中共对这种调处已经不抱任何希望。中共明确提出：停战应当是长期的；蒋军应撤至1月13日位置，当前必须停止进攻张家口。但蒋军悍然于10月11日攻下张家口，达到了进攻解放区的顶峰。蒋介石利令智昏，当天即下令于11月12日召开伪国大。

---

① 《毛泽东选集》第4卷，第1202页。

② 《周恩来年谱（1898—1949）》，第711—712页。

10 月 14 日，马歇尔和司徒雷登又为蒋介石草拟了一个声明，提出八项和平条件，发动和平攻势。其实质是把国民党破坏停战令、破坏政协决议、侵占解放区的行动合法化，为扩大侵略解放区提供借口，以分化、引诱一些心存幻想的民主党派参加伪国大。马歇尔令司徒雷登鼓动第三方面人士出面斡旋，自己则隐居幕后操纵局势。

针对这一假和平阴谋，中共中央于 10 月 17 日发表声明：“必须承认停战、政协两协定的神圣效力，即承认恢复 1 月 13 日国共双方军事位置为一切军事商谈的准则；承认实行一切政协决议为一切政治商谈的准则。本党认为，蒋介石与马歇尔应该重视自己的信义和人格，没有任何理由推翻自己所签字的神圣协定。”①

11 月 15 日，伪国大正式开幕，中共、民盟及许多民主人士拒绝与会，连马歇尔也不得不承认，“在世人眼里，这无非是代表一党利益的大会”，因此，他谢绝了蒋介石的邀请，没有出席“国大”。

11 月 16 日，周恩来向马歇尔告别：“由于‘国大’召开，国民党已经关上了谈判的大门。我和中共代表团不得不返回延安，董老将继续留在南京，中共在宁、平、渝均留一些人员。蒋介石想用武力解决一切，我们不屈服。中国的人心背向是决定一切的。”周恩来的最后一句话使马歇尔如听霹雳，十分震惊。他感到已经没有理由挽留周恩来了，因此表示：“我愿意为周将军回延安提供飞机，也有义务保证上述各地中共人员之安全，负责将他们送回中共区域。”② 最后他要求周恩来回延安后给他一个最

---

① 中国人民解放军政治学院党史教研室：《中共党史参考资料》第 10 册，第 230—231 页。

② 《周恩来年谱（1898—1949）》，第 723 页。

后的答复：共产党是否还要他担任调解的角色？19 日，马歇尔带着不知延安作何答复的疑团，到机场为周恩来送行。

在等待延安答复期间，马歇尔依然想劝蒋介石放弃武力消灭共产党的做法。12 月 1 日，他对蒋介石说："国军行动消耗了政府预算的 85%，一旦财政崩溃，国民党将陷于危险境地，而共产主义的蔓延将获得肥沃的土壤。""共产党已经是一支大得不容忽视的军事和社会力量，要依靠军事行动消灭他们是不可能的。"但是，蒋介石仍在错误地估计形势，他说："经济上，由于中国是农业为基础的，在两年时间内，还不至于出现将军所说的崩溃局面。军事上，我有信心在一年内消灭共军。"仍然要求美国政府坚决支持他的内战政策。马歇尔认为："如此之大的一个共产党集团，在这个国家面临一场彻底的经济崩溃面前，国民党政府已经没有力量把它摧毁。"①

12 月 3 日，周恩来致电马歇尔："中共为适应中国人民的和平民主要求，认为只要立即解散此刻正在举行的非法'国大'，恢复 1 月 13 日停战令下达时双方军队驻地的位置，国共双方谈判仍可重新开始。"这等于拒绝继续承认马歇尔的调解身份。②

在马歇尔的所谓"调解"期间，国民党政府为了取得美帝国主义大量战争物资和贷款，进一步出卖国家主权，11 月 4 日，国民党政府外交部长王世杰与美国驻华大使司徒雷登在南京签订《中美友好通商航海条约》，简称《中美商约》。其主要内容是：允许美国国民在中国全境享有"居住、旅行及经商"，"从事并经营……商务、制造、加工、教育、宗教及慈善事业"，"取得、保有、建造或租赁及占用适当之房屋，并租赁适当之土地，选用代

① 袁小伦：《马歇尔——失去中国》，光明日报出版社 1995 年版，第 187—188 页。

② 《周恩来年谱（1898—1949）》，第 726 页。

理人或员工”等自由权利；美国船舶可以在中国“开放之任何口岸、地方或领水内”自由航行，“必要时”可以开入任何不开放的“口岸、地方或领水”；美国商品在中国交纳进出口关税和内地税方面，享有与中国商品和第三国商品同等待遇。①

《中美商约》一公布，立即遭到舆论的广泛谴责。11月26日，延安《解放日报》发表社论，指出：“这是历史上最可耻的卖国条约，是蒋政府把中国作为美国附属国的重大标志之一，是中华民族又一次新的大国耻。美帝国主义企图和其他国家订立这类商约，来达到其称霸世界的目的。许多国家不愿这样做，连英国这样的国家都迟迟不敢和美国订立商约。然而中国的蒋介石政府，为了取得外援坚持独裁、内战，却不惜签订卖国商约，甘为美帝国主义扩张政策的清道夫。”“在近代中国历史上，这是最大、最残酷苛刻的一个卖国条约。”“为袁世凯、汪精卫所不敢作的，蒋介石为了取得内战的赌本，现在都悍然地作了。”“蒋美商约的缔结，当然是美帝国主义殖民地化中国的政策的一个更大成就，所以合众社报道，美帝国主义者对之‘引为骄傲’。”“但是中国人民却可以从这个条约中更认识到美帝国主义灭亡中国的野心和蒋介石政府出卖中国的决心，可以更认识到今天解放区军民保卫和平、独立与民主，反对卖国与独裁的自卫战争的神圣意义。”“我们中国人民要和反对历史上所有的卖国条约一样，坚决反对这个蒋美商约！我们要更坚定不屈不挠的斗争，反对美帝国主义侵略中国的政策和蒋介石卖国的政策，洗刷蒋介石所制造的一次新国耻。”

12月10日，苏联《真理报》也发表署名文章《美中之间的不平等条约》，指出：“尽管这一条约是由刚刚结束的二次大战中

---

① 王铁崖：《中外旧约章汇编》第3册，生活·读书·新知三联书店1962年版，第1429—1451页。

的两大盟国所签订，可是实际上，这一条约却使中国重新处于半殖民地的地位。”“中美通商条约的签订，是国民党政府在美国垄断资本的压力下实行退让的新例证。国民党政府为了保住自己的反民主制度，不惜牺牲中国人民的切身利益。”“中国政府签订这个条约，是违反理智的，因为反动分子希望投靠美国是为了进行内战。”①

鉴于世界舆论对《中美商约》的强烈反对和拒绝继续承认马歇尔的调解身份，美国政府反应非常谨慎，12 月 18 日，杜鲁门总统再次发表对华政策声明，辩白美国对华政策以“充分尊重中国主权”为依据。但是，20 日，美国又与蒋介石政府签订了《中美航空协定》，规定：美国飞机可以在上海、天津、广州及“以后随时同意之地点”装卸和转运乘客、货物；美国飞机可以在中国领土内享有非交通之停靠权。新华社记者就此评论道：“这对杜鲁门的声明是一个残酷的讽刺，也是对他的所谓‘充分尊重中国主权’下了最好的注解。而卖国贼蒋介石正当其签订这一卖国新约之时，还在其伪‘国大’的‘宪草’演说中，厚颜无耻地大讲其‘废除不平等条约’。这再一次证明了蒋介石的所谓‘废除不平等条约’和当年汪精卫的‘废除不平等条约’无论在精神上与形式上，都毫无二致。”②

为系统阐述中共的对美立场，12 月 28 日，周恩来举行新华社记者招待会。关于杜鲁门对华声明的用意，周恩来认为：“杜鲁门总统的声明，主要地是为今年 3 月以来美国政府的反动的对华政策作辩护，并无新的内容，其用意则想以此种辩护来蒙蔽国内外舆论，堵塞各方面责难，而得以继续不变地执行反动的对华

① 安徽大学苏联问题研究所、四川省中共党史研究会编译：《苏联〈真理报〉有关中国革命的文献资料选编》第 3 辑，第 580—583 页。

② 中国人民解放军国防大学党史党建政工教研室：《中共党史教学参考资料》第 18 册，第 277 页。

政策，以便一方面美国调人仍可留驻中国，扬言所谓‘极愿帮助中国使其获得和平及真正民主的政府’。另方面美国政府却又可肆无忌惮地援助蒋介石政府，使其放手进行内战，好加速中国成为美帝国主义殖民地与附庸的过程，杜鲁门总统的这个声明显然不能代表美国的民意，相反的，它是与美国公正舆论对立的。在杜鲁门声明以前发表的美国共和党参议员弗兰得斯、民主党议员莫莱和美国四位著名中国专家的联合声明，便是这种美国人民公正舆论的代表。”关于一年来美国政府的对华政策是否符合莫斯科三国公告及杜鲁门总统自己在去年 12 月 15 日的声明，周恩来认为：“从今年 3 月以来，美国政府的对华政策，不仅不符合去年 12 月的莫斯科三国公告与杜鲁门总统声明的各项原则，并且完全违背了这些原则。今年一二月间，在中国成立的国共停战协定、政协五项决议与整军方案，是符合于上述原则的，而马歇尔将军在当时确尽了他的调解与推动之力，所以直到现在，即在蒋介石政府撕毁了这些决议以后，中国共产党及全中国人民仍然拥护这些决议的路线，我们并坚持依照 1 月 13 日停战令的双方军队位置，实行全国停战，依照政协路线，不承认国民党一手包办的非法的分裂的‘国大’及其所通过的任何形式的‘宪法’。”“就一年来经过的事实看，美蒋两方的政策，恰恰与这些原则相反。”关于杜鲁门所称“美军驻华的主要任务是协助中国受降与遣俘”一说，周恩来认为：“这都是借口。美军运送蒋介石军队至华北华中‘受降’结果，乃造成去冬及今夏以来的大规模内战，其真实目的显然就是帮助蒋介石造成这种内战局面，在这种内战局面造成以后，自己又来装模作样的‘调解’，以便达到其自私目的。遣俘用不着许多军队，亦未使日人在中国绝迹，留下的正好是那种在阎锡山等部队中担任进攻解放区的日本战犯。日本侵华第一号战犯冈村宁次，现在不但未审判，且受蒋介石政府优待。美海军在中国沿海横行，其陆战队在华北各地侵扰，均已一年多了。单就去年10月到今年7月的不完全统计，美军沿北宁路向我解放区侵扰的军事行动便将近有30次之多，其中有配合蒋介石政府军队一道行动的。这不仅是干涉中国内政，而且已参加中国内争了。”关于美国对华援助，周恩来指出：“一年来美国对华援助，是在蒋介石政府坚持内战坚持独裁，并未最后向和平与民主之途径进展时进行的。美国以海空军运送蒋介石政府军队至东北、华北、华中，不仅在1月停战令前，即在停战令后，也还违反协定运送了9个军，去扩大内战。对华借租物资，在抗战中，规定装备中国39个师，但在日本投降前仅装备了20个师，战后不但没有停止装备，竟反扩张为45个师，物资总值已达15万万美元，而在今年6月国共谈判最紧张时，美国政府又向其国会提议延长对华租借法案10年，并另送军舰271艘给蒋，以助长蒋介石敢于使谈判破裂的决心。剩余物资的处理协定，值价85500万美金，是在中国国内大打时签字的，此项交易恰恰包括飞机、军用汽车、交通器材及一切军队中的日常必需品，因为它们本来就是军队的剩余物资啊！对华贷款在战时已有75000万美元之巨，战后又有6600万美元，因此现时蒋介石政府在美存款尚有3亿美元，正在与美政府接洽购买军火，若再划出新借款5亿美元，则蒋介石政府受此鼓励，内战定将长期继续无疑。故单就这些最可靠而并不完全的数字看来，蒋介石政府得到美国的物资援助，价值已超过36亿美元，而这些援助，都是直接或间接地用之于内战，决不能使中国经济复兴，反而加剧中国经济的破坏，并且在这种美造军火下成千成万的牺牲者，在一年前都曾为杜鲁门声明和马歇尔来华，而欢欣鼓舞过的啊！”周恩来明确指出：“美国政府这种露骨的援蒋内战政策，其目的在想压服中国人民，将中国完全变成美国附庸。我们从最近签订的《中美友好通商航海条约》、《中美航空协定》及美国军事顾问团与各种军事训练的协定看来，即可证明蒋介石政府出卖国家主权和民族利益给美帝国主义的行为是与美帝国政府援蒋内战政策相适应的。不管杜鲁门如何强辩，说美国政府‘避免牵入中国内争’，实际它已是中国内战的制造者与鼓舞者，而他所说的仍愿保留协助中国人民实行经济复兴的话，不过是为美国政府继续以信贷援蒋内战的政策寻找借口而已。可是，美政府这种反动政策，不能不引起中国人民的极大愤怒与坚决反抗，不能不妨害中美两国人民传统的友谊，并引起国际上有关国家严重的注意。”关于美蒋合作所谓的“和谈”，周恩来认为：“它的主要目的还在适应美国政府的要求，哄骗美国舆论，以便美国政府得到拨付五亿美元借款与更多援助的借口，来加紧进行屠杀中国人民的长期内战。我们与中国人民，对于这种美蒋合作的意图，决不再受欺骗，决心反对到底！”①

《中美商约》、《中美航空协定》签订后，美蒋又签订了《国际关税与贸易一般协定》、《中美救济协定》、《中美农业协定》等一系列条约。这些条约，表面上都标榜“互惠”、“互不歧视对方”，明确规定中国也可以在美国享受类似美国在中国的一切权利。但实际上中国作为经济极端落后的半殖民地半封建国家，根本没有可能在美国行使这些权利，结果只是美国片面攫取了在中国的种种特权。通过这些条约和协定，美国的独占资本和蒋介石的官僚资本，紧紧地结合在一起，控制着全国的经济生活；美国陆海空军公开在中国的领土、领海、领空上任意侵驻和活动；美国顾问广泛打入蒋介石政府的各个部门，连警察、特务机构也要“中美合办”。美国实际上已经控制了国民党政府的各个方面，国民党政府已经成为美帝国主义殖民政策的代理人，国统区已形同美国的殖民地。

---

① 中央统战部、中央档案馆：《中共中央解放战争时期统一战线文件选编》，第134—139页。

由于国民党纵容，并规定驻华美军肇事只由美国宪警处理，美军在中国到处横行不法。据不完全统计，从1945年8月至1946年11月，在上海、北平、南京、天津、青岛五市发生的美军暴行至少有3800起，中国人民被害死伤者在3300人以上。这些暴行，不能不激起长期以来饱受帝国主义欺压的中国人民的极大民族义愤。

事实教育了许多中国人，使他们认识到，虽然美国是第二次世界大战中的同盟者，但战后美国政府的扶蒋反共政策是中国人民遭受苦难的一个重要根源。因此，1946年12月24日发生的美军在北平东单操场强奸一名中国女大学生的事件，成为导火线，触发了一场声势浩大的抗议驻华美军暴行的群众运动。

12月30日，北京大学、清华大学等高等学校学生5000余人在北平举行抗议美军暴行的示威游行，沿途高呼“美军退出中国”、“维护主权独立”等口号，得到广大市民的热烈同情。一些年轻的店员、公务员自动加入示威者的行列。这次示威不仅打破了回到国民党统治下的北平古城的沉寂，而且由此掀起了全国范围的反美斗争怒潮。同日，中共代表团驻上海联络处代表发表谈话，表示：在美国政府心目中，中国人民只是他们殖民地的奴隶；中共强烈要求美军立即从中国撤出，坚决支持上海学生抗议美军暴行的正义行动。①

12月31日，中共中央发出《关于在各大城市组织群众响应北平学生运动的指示》，指出：“北平学生因美军强奸女生事，已造成有力的爱国运动，上海、天津闻亦将响应。望各地响应北平学运，发动游行示威，造成最广泛的阵容，采取理直气壮的攻势，使国民党不敢压迫，并达到暴露国民党之媚外卖国及其国大

① 中共上海市委党史资料征集委员会：《解放战争时期上海学生运动史》，上海翻译出版公司1991年版，第92页。

制宪全系欺骗之目的。”“务使运动向孤立美蒋及反对美国殖民地化中国之途展开。”① 根据中共中央的指示，各地党组织坚持以“美军退出中国”为中心口号，把斗争引向深入。天津、上海、南京、杭州、重庆、广州、台北等地的学生也举行集会、罢课和示威游行，参加抗议活动的学生总数达50万人。在南京，马歇尔亲眼看到了游行示威学生代表到美国驻华大使馆向司徒雷登大使当面抗议的情景。

学生的爱国行动得到了各界人民的热情支持。北平、上海等地的许多教授、学者和文化界知名人士纷纷发表谈话，指出美军的暴行是对中国人民的侮辱，学生的行动“是替个人争人格、替国家争国格”。上海民主建国会、工商界协进会、重庆市商会等也发表声明，声援学生的爱国行动，要求美军退出中国。这就形成了具有反美反蒋统一战线性质的广泛人民运动。

群众性反美爱国运动的高涨，给中共中央以巨大鼓舞。1947年1月5日，中共中央发出《关于响应北平学生反对美蒋运动的指示》，指出：“在这一运动中，群众已对美蒋采取攻势，标志着全国性的革命高潮确已接近。对于这一事变的重大意义必须充分估计。这个运动可能取得胜利（惩凶、赔偿以至美军撤退）并使群众斗争继续高涨。我们要准备在这个继续高涨的基础上争取美军全部撤退（包括军事顾问团与海军训练学校）、废除中美商约、抵制美货及其他群众民主要求与经济要求。”“为避免引起国民党过早警觉，以致群众运动受到过早打击，我们在宣传上暂时保持冷静，准备从一月十日停战令及政协周年起，在解放区进行广泛的运动，来响应北平和全国的学生爱国运动。”② 1月6日，中共

① 中央统战部、中央档案馆：《中共中央解放战争时期统一战线文件选编》，第139—140页。

② 中央档案馆编：《中共中央文件选集》第16册（1946—1947），第378页。

中央又发出《关于利用平津京沪学运成绩扩大我党活动的指示》，指出："此次平津京沪学生的反美示威，成绩甚好，影响甚大。蒋介石在各学校罢课结束后，始发出禁止罢课的命令，同时，也更揭露他的独裁卖国行为。美帝国主义者虽万分恼怒，但对示威群众，仍不得不竭力避免冲突，而民族工商业家及自由主义教授，则一致同情这一运动。可见民主爱国运动的基础正日益扩大，与解放区自卫战争的胜利已渐能起着配合作用，而美蒋的统治则日趋孤立，其政策则更加反动。今后在民族主义口号之下的民主爱国运动，定会继长增高，层出不穷。""我党在蒋管区的工作，应尽量利用这次学运的成果，扩大民族爱国主义的宣传与活动。在1月10日停战协定与政协开幕的周年纪念时，更应尽量揭露美蒋合作破坏停战大打内战推翻政协继续独裁的阴谋，尤其要反对正在商讨中的美蒋借款与购械计划。经过学生活动与报章揭露，要将这些宣传深入到工人、店员、妇女、城市贫民、工商业家、自由职业者乃至华侨中去，引起他们的响应，以扩大这一运动。""在这次运动中已产生大批新的积极分子，我党应帮助这些积极分子组织起来，作为核心，才能使运动长期坚持下去。""我党在各地的领导同志，必须注意纠正对群众运动与民主来潮估计不足的右倾观点，方能有足够勇气与正确方针，领导这一运动的高涨。"①

学生在抗暴运动中喊出了广大人民积压心头已久的愤怒，紧密配合解放区军民自卫战争的胜利，再次标志着学生运动的先锋和桥梁作用，反映了解放战争时期的人民反对美帝国主义及其走狗蒋介石的第二条战线正在趋于形成。抗暴运动还彻底地暴露了美帝国主义侵华、侮华的殖民主义反动本质和国民党反动派出卖

① 中央统战部、中央档案馆：《中共中央解放战争时期统一战线文件选编》，第142—143页。

民族利益、丧尽国格的可耻嘴脸，沉重地打击了美国的侵华政策和蒋介石反动政权的媚外政策，帮助人们认识了美国干涉中国的行径同蒋介石的独裁统治和内战政策之间的内在联系，有力地推动了爱国民主运动的发展。这场运动，对于中共正确估量形势发展和群众力量，抓紧准备迎接新的革命高潮，起到了十分重要的作用。

由于马歇尔已经丧失了作为国共关系调解人的身份，在新的革命高潮来临之际，杜鲁门电召马歇尔回国任国务卿。1 月 8 日马歇尔离华返美。他在 7 日发表的《离华声明》中，宣称国共双方都有毛病，谴责国民党中的“反动派”和共产党中的“不妥协分子”使他的使命归于失败，并使问题目前须决定于内战。10 日，在延安各界代表在延安礼堂举行的声援全国学生爱国运动及纪念政协会议一周年的大会上，周恩来就此发表了题为《评马歇尔离华声明》的演说。关于美国对华政策对中国政局的影响，周恩来指出：“一年前，全中国人民都在欢迎杜鲁门总统的对华声明与马歇尔将军的来华调解，但是为时不久，美帝国主义的对华政策已原形毕露，蒋介石政府的卖国外交亦暴露无遗。于是全中国各大城市，从几十万学生一直到广大市民，都喊出‘美军退出中国’、‘反对美国干涉中国内政’、‘反对奴才外交’、‘反对中美商约’等口号。”关于马歇尔调处的失误及原因，周恩来指出：“马歇尔将军承认国民党内有反动集团，在国民党政府中占优势……但遗憾的是他并未指出蒋介石就是这个反动集团的最高领袖。”“去年召开的一党‘国大’，彻底破坏了政协路线，自始至终都是蒋介石一个人决定的。所以破坏停战协定，破坏政协决议的罪魁祸首，不是别人，正是蒋介石自己。”“马歇尔将军的声明只提政协决议，不提停战协定，这不是偶然忘记，而是有意规避他签字在上边的责任，并为三人会议及北平执行部的美方代表寻求解脱，但反而愈加证明美国政府是在有意助长蒋介石大打内战了。”最后，周恩来对马歇尔将军提出忠告：“现在马歇尔将军回去任美国国务卿了。我很希望他能站在故罗斯福总统对华政策的立场上，为着中美两大民族的传统友谊和利益，重新检讨美国政府近一年来的对华政策，不再继续过去的错误，停止援助蒋介石政府进行内战，撤退驻华美军，不再干涉中国内政，重新调整中美关系，那一定会有大助于中国人民对于和平、民主与独立的努力，也更有助于远东和平与国际合作。”①

1月21日，马歇尔回到白宫。杜鲁门张臂拥抱安慰说：“将军已经把橄榄球带到终端。蒋委员长没有接受您这位历史上最伟大的战略家的忠告，他看来是输给共产党了。”杜鲁门命马歇尔到中国的本意是想通过政治解决中国问题，以避免国民党在与中共的内战中遭到灭顶之灾，但蒋介石坚持通过内战来消灭共产党，以避免在与中共政治角逐中的失败。结果，毛泽东的运筹帷幄和周恩来的折冲樽俎，使共产党经受了政治和军事的考验，力量更加强大了。相反，美国政府明知国民党腐败无能和注定失败，仍然要和它拴在一起，预示着他们在中国扶蒋反共的政策必然要陷入失败的深渊而不能自拔。

马歇尔调处的失败，宣告了美国既支持蒋介石又企图避免国共两党之间大规模内战、避免美国直接卷入这种内战的政策的破产。面对对华政策失败的现实，美国政府没有接受中共的忠告，马歇尔说：“美国调解努力的结束，并不意味着美国有意退出中国。”杜鲁门也赞成道：“我们绝没有在中国问题上洗手不干的打算。”

中共同样毫不退缩，中共中央2月1日郑重声明：“本党为了挽救祖国的危机，维护国家权益和政治协商会议的尊严”，“对于一九四六年一月十日以后，由国民党政府单独成立的一切对外

① 《周恩来选集》上卷，人民出版社1980年版，第262—267页。

借款，一切丧权辱国条约及一切其他上述的协定谅解，与今后未经政治协商会议通过或未经征得本党和其他参加政治协商会议各党派同意的一切同类外交谈判，本党在现在和将来均不承认，并决不担负任何义务。”① 2月23日，《新华日报》发表社论《愤怒之火不可扑灭》，指出：“假若把中国人民今天的爱国运动化作烈火，那么美帝国主义的侵略政策侵略行为和中国反动派的卖国政策卖国行为就是燃料。燃料没有烧光，愤怒之火也就不可扑灭。”② 声明和社论宣告了中共彻底否认美国在华侵略权益的坚定立场，表明了中共争取民族独立的坚强信心。

第三节　对欧洲共产党和工人党情报局成立的反应

中国人民解放军经过一年多的防御作战，使国共双方的军事力量对比发生了根本性变化，并于1947年7月由战略防御转入战略进攻。伴随着战略形势的根本性好转，中国革命的外部条件也在发生着天翻地覆的变化。

1947年2月21日，英国政府鉴于自身严重的经济困难，无法继续向希腊、土耳其提供援助，建议美国接过援助希腊的担子，以免希腊落入苏联的控制之下。3月12日，美国总统杜鲁门在经过精心的准备之后，在国会参众两院联席会议上，宣读了一篇国情咨文，这份咨文的内容后来被概括为“杜鲁门主义”。杜鲁门在咨文中声称：世界已经分成两个敌对的营垒，一边是“独

① 中央档案馆编：《中共中央文件选集》第16册（1946—1947），第402页。

② 王维礼：《中国现代史大事纪事本末》（下），黑龙江人民出版社1987年版，第1194页。

裁政权”，另一边是“自由国家”；“在目前世界历史中，几乎所有国家必在两种生活方式中挑选一种”；“独裁政权无论其为直接或间接侵略，均足以贻害国际和平与美国之安全”，“美外交政策之一大目标为创设若干条件，在此种条件下，吾人及其他各国当能创造一种免受压迫之生活方式”。杜鲁门主义的一个重要特点是企图证明，以反对苏联为理由干涉别国的内部事务是完全合理的。“不论什么地方，不论直接侵略或间接侵略威胁了和平，都与美国的安全有关”，美国都有责任也有权进行干预。[①] 杜鲁门主义的提出，是美苏战时同盟公开破裂，美苏“冷战”全面展开的重要标志。6 月 5 日，国务卿马歇尔借在哈佛大学演讲的机会，提出了酝酿已久的、后来被称为“马歇尔计划”的“复兴欧洲”方案。这个方案的主旨是利用美国的财政经济援助，帮助欧洲战后的经济复兴，以防止苏联利用欧洲各国社会的混乱和动荡扩大其政治影响。

杜鲁门主义极大地鼓励了西欧资本主义国家的反共势力。法国共产党本来因在战后大选中得票率创造了历史最高纪录而声名卓著，舆论甚至认为只有共产党参加的内阁才能治理法国，但法共在与拉马迪埃政府合作时过高估计自己的力量，相继在印度支那战争、马达加斯加叛乱和冻结工资等问题上向政府发难并摊牌，导致法国总统于 1947 年 5 月 4 日免去了五名共产党部长的内阁职务，共产党被赶出政府。意大利共产党是在人数上仅次于苏共的大党，在 1947 年 2 月组成的加斯贝利第四届政府中，意共与社会党人结成联盟，却经常制造难题，导致加斯贝利 5 月 13 日辞职；而 5 月 31 日重新组建的天主教民主党和无党派联合政府则完全排斥了共产党。大体同时，比利时政府中的共产党阁员

① ［美］小阿瑟·施莱辛格：《世界强权动力学：美国外交政策历史文献（1945—1973）》，纽约 1973 年版，第 309—313 页。

辞职，卢森堡新政府也没有再吸收共产党人参加。这种状况对苏联战后奉行的共产党参加联合政府的政策是一个沉重的打击。更为严重的是，西欧这些共产党采取的步骤根本没有同苏共商议，甚至没有进行通报，莫斯科事前对此一无所知。作为各国共产党的领头人和共产主义运动的中心，苏联竟然失去了与西欧大党的联系，因此处于被动和尴尬的地位。

马歇尔计划则给东欧人民民主国家带来了巨大的冲击。接受美国的贷款，在战后东欧国家的政治纲领中已成为广泛共识，并得到普遍支持。不同派别的政治家，从自由党、民主党到社会党和共产党，都把自己的活动纲领同获得美援联系在一起。在相当一部分居民中流传着关于美国的生活水平和民主标准的说法。在经历了法西斯占领和军事独裁之后的东欧地区，这种说法显然是对美国有利的政治心理因素。而由于历史和政治等方面的原因，对苏联的不信任和反感情绪在东欧地区，特别是在波兰、匈牙利和罗马尼亚，有着深厚的社会基础。此时马歇尔计划的出现，自然会对东欧国家产生巨大的吸引力，尤其是波兰和捷克斯洛伐克政府出于经济上的原因表现得更为热心。苏联开始担心东欧国家出现离心现象。

面对美国外交攻势的冲击，为了对抗马歇尔计划，防止东欧国家出现离心倾向，苏联认为必须加强和扩大与各国共产党的组织联系，尽快筹建国际间共产党组织。

6 月 4 日深夜，斯大林会见了波兰工人党第一书记哥穆尔卡，建议他以波兰工人党中央的名义出面召集欧洲一些共产党和工人党的会议，讨论在新形势下如何加强各党的互相联系和可能的配合问题。波兰工人党中央经讨论决定接受苏共的建议与要求。

9 月 22 日至 27 日，苏联、南斯拉夫、波兰、匈牙利、捷克斯洛伐克、罗马尼亚、保加利亚、法国和意大利等欧洲九个国家的共产党和工人党代表，在波兰西里西亚的维利扎——古拉召开会议。苏共代表日丹诺夫在会议上作题为《论国际形势》的报告。大会根据日丹诺夫的报告，起草并通过了《关于国际形势的宣言》。宣言认为第二次世界大战的结束及战后发展，国际形势发生了“根本的变化”，其特点是“在世界舞台上活动的基本政治力量的重新部署”，“战胜国间关系的改变及其重新组合”。它宣称在处理战后所面临的国际问题时出现了两种截然相反的政治路线和政策，“一方面是苏联和其他民主国家的政策，目的在于摧毁帝国主义和巩固民主；另一方面是美国和英国的政策，目的在于加强帝国主义和绞杀民主”。宣言强调在战后国际政治舞台上已形成了两个完全相反和对立的阵营，“一个是帝国主义反民主阵营，它的基本目的是建立帝国主义的世界霸权和摧毁民主”，开展反对苏联和其他社会主义国家的“十字军运动”；“另一个是反帝国主义民主阵营，它的基本目的是摧毁帝国主义、巩固民主和根除法西斯残余势力”。会议认为两大阵营的出现是国际政治力量变化的结果，是“在资本主义总危机进一步加深，资本主义的势力日益削弱和社会主义与民主的力量更加强大的情况下发生的”。会议特别提醒人民密切关注帝国主义推行侵略、反民主的政策，对于帝国主义采取的“直接的暴力威胁、讹诈与勒索、各种政治和经济压力、贿赂、利用内部矛盾和冲突等”手段以及“右翼社会党人的叛卖政策”，应有充分的警惕。在这种新的国际局势中，各国共产党在目前的主要任务，就是高举起民族独立和维护国家主权的旗帜，保卫本国的主权、自由与独立，反对帝国主义的奴役与侵略。宣言认为，当前的主要危险是过低估计人民的力量，过高估计帝国主义阵营的力量。因此各国共产党应该加强领导，巩固队伍，“团结起来，共同奋斗，并把本国人民中一切民主爱国势力集合到自己的周围”，同帝国主义势力进行坚决的斗争。①

会议听取了哥穆尔卡关于各国共产党组织彼此交换经验和协同行动的报告。会议对于未来情报局的性质和作用进行了激烈的争论。面对复杂多变和严峻的国际形势，必须加强各国共产党的联系，甚至在某些方面的协调，各与会国代表对此有着共同的看法与愿望。但在要不要组建另一个共产党国际来进行指挥与调动则有着不同的看法。苏联提议召开这次会议的目的是明白的，即要把各国党的言论与行动统一到它的指挥与控制之下，以便更有力地对抗西方。斯大林曾经表示，苏联把建立情报局看作是各国政府合作的一种尝试（在共产国际时代，共产党还没有控制政府），其目的是提高工人阶级的生活水平和保卫各国的独立自主。② 会议经过讨论，与会代表作出了《关于出席会议的各国共产党之间交换经验和协调行动的决议》，认为“由于战后国际形势日趋复杂，各国共产党之间交换经验和自动地协调行动的必要，已甚为迫切”，否则对工人阶级“将是有害的”。会议作出了设立情报局及有关事项的五条决议：（一）设立情报局，由与会九国的共产党和工人党代表组成；（二）情报局的任务是“组织经验的交换，并在必要时，在相互协议的基础上，配合各党的活动”；（三）情报局由各成员党中央委派两名代表组成，各代表由各党中央任命与撤换；（四）情报局以《争取持久和平，争取人民民主》作为自己的机关刊物；（五）情报局总部设在南斯拉夫的贝尔格莱德。③

会上，各党代表分别做了各党中央委员会的工作报告。法共和意共的代表做了自我批评，承认他们的党未能及时揭破美帝国

---

① 《共产党情报局会议文件》，人民出版社 1954 年版，第 5—8 页。

② ［英］彼得·卡尔沃科雷西：《国际事务概览 1947—1948 年》，上海译文出版社 1990 年版，第 66—67 页。

③ 《共产党情报局会议文件》，第 9 页。

主义的政策，以致两党被赶出政府。

10 月 5 日，《真理报》公布了共产党情报局成立的消息，立即在国际上引起强烈反响。

情报局的成立得到了各国共产党的普遍欢迎。西方国家则认为，情报局的成立“是克里姆林宫对马歇尔计划的回答”，是“要阻止欧洲的经济复兴”。客观地说，波兰会议达到了苏联通过建立情报局这一机构恢复对欧洲各主要共产党的直接控制和指挥的目的；在反帝国主义的“民主阵营”的旗帜下开始实施同以美国为首的“帝国主义阵营”的集团对抗的战略。至此，美苏双方不仅发表了冷战宣言，而且确定了冷战政策，冷战格局终于在欧洲形成了。

二战结束后不久，世界政治中便出现各自以美苏为首的两大国家集团，从某种意义上说，这不过是美苏两个大国争雄对峙的一种表现形式。美国由于其得天独厚的地理位置，在战争中本土未受任何影响，而且利用世界大战的机会，获得了超一流的经济与军事实力，凝聚了向全球扩张的强大动力。苏联尽管在二战中损失惨重，但作为一个幅员极其辽阔、资源极其丰富的大国，在战争中表现出巨大的潜力，最突出的是建立起了庞大的军事工业和令人生畏的军事力量。苏联还利用苏军在战争中的巨大胜利，控制了超过俄罗斯历史上任何时期的势力范围，并使其他大国承认既成事实。可以说，美苏两国各有其优势和影响国际事务的能力。不仅如此，它们还代表着资本主义与社会主义两种根本对立的社会制度。因此，冷战从一开始就带有双重性质，它既是美苏两个大国的地缘政治斗争的产物，又是两种意识形态和政治制度的冲突的结果。

从表面上看，共产党情报局成立和宣布世界两大阵营的形成，是苏联战后对外政策发生重大转折的标志。苏联的行动表明，面对美国的挑战和威胁，苏联决心建立一个以苏联为中心的世界阵线。因此，情报局声明，将支持和鼓励“一切愿意保卫民族尊严和独立的力量”，反对和谴责美国和其他西方国家的一切扩张政策。不过，这些变化并不是苏联对外政策的全部内容。作为苏联对外政策的附属物，尽管情报局在组织形式上有别于以往的三个“国际”，仍可被看作是共产国际的替代品，但就其目标而言，二者之间的差别是十分明显的。如果说共产国际的纲领是推动世界革命，领导各国共产党彻底消灭资本主义制度，那么情报局则只是要求放弃与美国的合作，在欧洲的范围内组织共产党抵制和防御西方的进攻，而且只能按照苏联认可的时间和地点采取行动。情报局虽然鼓励各有关国家和人民进行反美斗争，但目的是给美国的对外政策造成巨大的困难，迫使美国放弃强硬的反苏政策，重新回到寻求妥协以解决国际纠纷的轨道上来。1946 年 9 月以来，苏联报刊先后发表了斯大林对英美记者提问的几次答复，以及会见已故罗斯福总统之子埃利奥特·罗斯福时的谈话。他多次表示：在“苏联一国建设共产主义是完全可能的”，无需“对外扩张”，苏联和西方民主国家可以长期和平共处。对于美国舰队在地中海游弋，他觉得“无所谓”，不相信有新战争的实际危险。他强调，必须揭露和约束丘吉尔之流的新战争的煽动者，但是应把现时进行的战争叫嚣同目前并不存在的新战争的实际危险区别开来。他认为：“两种经济制度的合作，是可能的和合乎愿望的”，苏联和西方民主国家可以消除分歧，长期和平合作。他“不怀疑，和平合作的可能性不仅不会减少，甚至能够增加”。[①] 所以，各国共产党进行的斗争，都是对美国对外政策的压力和制约，可以迫使美国领导人变得“清醒”而且“明智”，并最终放弃其被称为是“狂妄的扩张计划”。从苏联对外政策的角度，确切地说，就是迫使美国对雅尔塔体制采取认真负责的态

---

① 《斯大林文选》，人民出版社 1962 年版，第 476—487、491—502 页。

度，而不要总是妄想突破这个体制。苏联正是从这一目的出发，一面在原则上支持一切反对美国的力量；一面根据苏联利益的具体需要，对不同的国家的革命运动或是积极支持，或是消极支持，或是利用自己的影响力，将其限制在一定范围内。在苏联领导人看来，并不是一切革命运动都有利于世界和平，有些甚至会刺激美苏关系。日丹诺夫说，苏联“关心的是为建立共产主义社会创造最为有利的条件”，而“条件之一就是国外的和平环境”。在他报告的前几天，苏联代表副外长维辛斯基在联合国大会上发表演说，指出：“在现在的局势下，任何战争都势必发展成为世界大战。”[①] 他暗示：希腊和中国共产党领导的革命战争，都不是值得提倡的反帝斗争方式，因为它们有使苏联卷入另一次冲突的危险。正是由于苏联不赞成希腊和中国的革命战争，所以它没有邀请这两个国家的共产党参加共产党情报局组织，而且在情报局成立大会上，日丹诺夫在其在洋洋万言的报告中也只是顺便提到美国干涉中国和希腊，而对于中国和希腊两国共产党领导的革命运动的正义性及重要意义则根本未提。这些都体现了莫斯科的目标和行为的界限。

这样，美苏不论是在东方还是在西方，实际还是以雅尔塔体制作为基础，界定它们之间的关系。双方都想有所突破，也都力图避免引起直接的对抗和冲突，以致酿成新的世界战争。结果是美苏战后尽管在欧洲尖锐对抗，互相遏制，它们争夺的重点却是欧洲以外的地区，而且一些重要地区，伴随争夺而来的，往往是在既定的格局中寻求双方都能接受的妥协。因此，日丹诺夫的报告虽然可以被认为是莫斯科的冷战宣言，但其所反映的苏联冷战政策的实质是对抗和抵制，斯大林只是想通过采取强硬的路线，

---

① ［西］费尔南多·克劳丁：《共产主义运动——从共产国际到共产党情报局》（下），求实出版社 1982 年版，第 168 页。

迫使西方承认苏联已经取得的势力范围，保证苏联的安全和利益，而并非要对资本主义世界发动全面进攻——这与美国的“遏制”理论确有异曲同工之处。

因此，虽然冷战的大幕已经在欧洲拉开，但在亚洲，美苏之间的冷战并未对苏联对华政策造成根本影响。苏联仍希望在远东与美国妥协和合作，继续支持国民党政府并对中共能否取得战争胜利持怀疑态度。一方面，苏联极力反对美国干涉中国内政，谴责美国在中国的内战中支持国民党政府并向它提供军事和财政援助，并且特别反对美军无限期地驻在中国。1946 年 11 月，美国与国民党政府签订《中美友好通商航海条约》。苏联报刊对这一条约进行了猛烈的抨击，谴责该条约使中国再次处于半殖民地的地位。苏联的行动表明，它坚决反对美国在东亚的扩张，反对美国介入中国的内部事务。另一方面，苏联对中共的胜利表现出多少有些淡漠的态度，甚至在给予舆论同情和支持方面，都是谨小慎微的。苏联领导人确有他们最担心的问题，即中国革命的迅速发展最终可能导致美国的军事干预。而且从苏联的实际利益考虑，不论是美国的军事干预，还是中共取得最后胜利，都会冲击苏联从雅尔塔秘密协定中已经获得的好处。中共的胜利固然会起到阻止美国在东亚扩张的作用，但也会冲击东亚已经形成的基本格局，有可能导致美苏在这一地区的关系紧张。苏联领导人很可能已经感到中共胜利可能给东亚带来的冲击，以及这种冲击对苏联的既得利益可能并非都是正面的影响，所以需要予以十分谨慎的对待。对中共的胜利持谨慎态度，与反对美国援助国民党政府和反对美军驻华一样，都是为了防止美国进行直接的军事干预，以便维持住东亚已经大致形成的格局和苏联已经获得的利益。

正是苏联的这种对华政策决定了每当中国革命运动进入一个不同的阶段，苏联除了对中共已经获得的成果表示欢迎外，便是试图影响中国事态的进一步演变。1947 年 9 月，国民党召开六届四中全会，蒋介石在会议期间曾经意味深长地表示，中国在对日政策问题上，应与苏联一致，中国应加强与苏联的关系。与此同时，国民党内部一些高层人士也对美国援助不力表示不满。他们暗示，应该转向寻求苏联的帮助，由苏联出面，在国共之间斡旋。10月，毛泽东在陕北神泉堡给斯大林写信，对中国解放战争总的形势以及陕北、山东战况作了总的描述和初步估计，指出：虽然国民党对山东战场的压力仍然很大，但形势已有很大的变化，已形成对中共比较有利的局面。在陕北，由于西北野战军在沙家店战役的胜利，敌人已没有力量进行大规模的进攻了。总之，解放战争已有很大的转折，已进入了一个新的阶段。[①] 12月，毛泽东又给斯大林发去一份电报，再次强调战争已经达到了一个转折点，即人民解放军已经打退了国民党军队的总进攻，并使自己转入了反攻阶段。这是目前中国革命战争中所起的根本变化，这是一个历史性的转折点。[②] 然而，毛泽东的信和电报并未能引起斯大林和苏联政府的足够重视。12月19日，苏联在华官员在宴请国民党政府官员时仍然向国民党建议：中共问题不能用军事解决，应由苏联出面调停，达成政治解决。[③] 在此前后，苏联驻华大使馆武官罗申也向国民党官员张治中和邵力子等人表示：苏联希望中国内战早日结束，并在委员长的领导下恢复和平，委员长是能够实现这一目标的唯一领袖；假如中国政府邀请苏联出面调停国共内战，苏联愿意在这方面予以协助，并保证中国共产党人也会停止战争。[④]

尽管如此，美苏对抗加剧以及由此引起的国际政治格局的大变动，给中国革命运动的发展造成相当有利的外部条件。在中共

---

① 师哲：《在历史巨人身边》，第348页。
② 师哲：《在历史巨人身边》，第351页。
③ 《美国外交关系，1947年》第7卷，第411页。
④ 《中美关系资料汇编》第1辑，第309—310页。

中央决定进行战略反攻，并为此在党内和军队内部进行思想动员时，就更是如此了。

苏联终于举起反对美国扩张的领导者的旗帜，在亚洲所起的作用都是直接或间接地限制了美国干预这一地区事务的能力，最突出的是限制了美国干预中国内部事务的能力。1947年七八月间美国魏德迈将军使华的结果，证明美国对华政策的内在矛盾在加深，以及美国在新的国际格局中，干预中国内部事务的能力和意愿在下降。一方面，为了扶持国民党政府，阻止美国所谓的苏联共产主义势力在中国的代理人——中共取得胜利，美国必须援助眼看大势已去的蒋介石；另一方面，美国战略重心在欧洲，美苏在欧洲的关系在恶化，它们的矛盾正在进一步激化，这使美国政府不可能花费太多的精力和物力，照顾它在亚洲的蹩脚盟友。“如果我们失去西欧……我们要保住自己也会日益困难。相反，即使失去了整个亚洲大陆，我们仍能生存，重整旗鼓，并可能把它夺回来”。① 这是美国政府中居主导地位的看法。因此，尽管美国国会中亲国民党政府的“中国帮”和“院外援华集团”一再大声鼓噪，声称美国不能“忽视中国”，美国对不论是欧洲还是亚洲的反共力量都应“一视同仁”地慷慨解囊，等等，但是，美国政府采取的政策只能是向国民党政府提供有条件和有限度的援助。即使是这种有条件和有限度的援助，也不免带有作交易的味道，它是美国政府为换取国会支持马歇尔“复兴欧洲”的方案做出的让步。

美国不得不采取有条件和有限度地援助国民党政府的政策，除了受到力不从心这个根本因素的制约外，苏联越来越明确地反对美国直接干涉中国内政，是另一个极为重要的原因。

---

① ［美］威廉·曼彻斯特：《光荣与梦想》第2册，商务印书馆1979年版，第619—620页。

苏军全部撤出东北后，苏联在对华外交方面立即取得了主动地位。此后，利用外交手段迫使美军撤出中国，排除美国对中国内部事务的直接干预，成为苏联对华政策的主要内容。苏联在这一问题上与中共存在着重要的共同利益，实际上也同中共进行了合作。1947 年 4 月 7 日，苏联外长莫洛托夫致函马歇尔，重申苏联坚持莫斯科三国外长会议关于中国问题的协议的立场，指出："无论苏联或是美国，都有责任促使'苏军与美军根据各自承担的责任尽到自己的义务后，尽快撤离中国'。苏联政府始终认为这些义务的确切履行具有重要意义。""到 1946 年 5 月 3 日，苏军从满洲撤走的工作已全部完成。""从那时到现在，已经过去快一年了，但美军撤离中国一事不仅没有完成，而且，美国政府究竟何时才能履行这一义务，人们对此毫无所知。""中国目前的局势是不能令人满意的，社会舆论对于上述协议所规定的义务是否有决心履行深表怀疑。"① 与此同时，苏联舆论也不断抨击美国政府以军事援助国民党政府为手段，干涉中国的内部事务。4 月 7 日，《真理报》发表《美国给国民党军队的军事援助》一文，指出：美国给中国提供的所谓"服务""导致了中国的动荡不安，使中国国内局势恶化，中国内战的火焰也愈烧愈炽"。②

对苏联的强烈反应，美国政府当然不会掉以轻心。事实上，美国政府在中国采取每一项行动时，都不得不考虑如何避免给予苏联以介入的口实。

从中共方面看，共产党情报局成立，社会主义阵营形成和苏联举起反对美国扩张的领导者的大旗等一连串事件的发展，

---

① 安徽大学苏联问题研究所、四川省中共党史研究会编译：《苏联〈真理报〉有关中国革命的文献资料选编》第 3 辑，第 584—586 页。

② 安徽大学苏联问题研究所、四川省中共党史研究会编译：《苏联〈真理报〉有关中国革命的文献资料选编》第 3 辑，第 587—589 页。

给予中共中央极大的精神鼓舞。共产党情报局成立伊始，就公开宣布世界已经划分为两大阵营，而共产党情报局任务就是要团结和领导一切和平民主的力量，反对帝国主义、特别是反对美帝国主义的侵略行动。尤其重要的是，苏联又一次公开宣布，它将担当起世界反美斗争的领导者、组织者和主力军的角色。这对中国政局会产生何种影响，是不言而喻的。它表明，苏联至少已经开始放弃单纯以谋求大国妥协来维护国际和平的政策。这一变化对于中共中央来说，其意义决不仅仅在于获得了一般的道义支持，更重要的是苏联必将更为明确和坚决地反对美国直接干涉中国的内部事务。在诸多主客观条件中，苏联作为限制美国干预国共斗争的关键因素之一，必定是更为有力和更为有效的。

其次，共产党情报局会议发表的《关于国际形势的宣言》的一些内容非常适合中共中央解决这个时期党内存在的一些问题，与中共中央的政治需要十分契合。在中国革命内部一直存在着“对敌人力量特别是美帝力量的高估与对人民力量的低估”的最严重的问题，中共中央就此问题向全党说明：“在党内的右倾危险，是对人民的反蒋力量估计不足，而对美帝援蒋内战存在恐惧，因而缺乏充分信心去动员群众，进行彻底的土地改革，反对美帝侵略，将反蒋斗争进行到底。”①《关于国际形势的宣言》也认为，当前各国共产党面临的主要错误倾向，是过低估计自己的力量，过高估计美国集团的力量。但只要各国共产党团结起来进行斗争，不怕美国的战争恫吓和讹诈，就可以挫败美国在欧洲和亚洲国家的任何计划。《关于国际形势的宣言》强调，帝国主义力图发动新战争的愿望和组织这种新战争可能性之间，是有很大

① 中央档案馆编：《中共中央文件选集》第16册（1946—1947），第572—578页。

区别的。维护和平的力量如此强大，只要它们坚决地保卫和平，只要它们拿出力量和决心，侵略者的计划必将完全归于失败。不应忘记，帝国主义代理人掀起的关于战争危险的叫嚣，目的在于恫吓神经脆弱的人和不坚定分子，并用讹诈的手段来给侵略者取得让步。《宣言》的这些论述显然非常有利于中共中央克服中共党内的“恐美”思想或倾向。所以，自从共产党情报局的《宣言》发表以后，中共中央反复强调和宣传《宣言》中的这一内容。

1947 年 12 月，中共中央召开会议，讨论国内和国际形势，以及党的任务。会议期间很快反映出存在不同的意见，如与会干部中可能有人认为，存在爆发大的国际冲突的可能性，“全世界人民的力量尚不足以制止战争”，等等。毛泽东在会议上作了《目前形势和我们任务》的报告，并获得会议通过。毛泽东的报告表明，中共中央基本接受了苏联的观点，认为世界已经划分为相互对抗的两大阵营，以及苏联是和平民主阵营的领导者，等等。毛泽东在报告中充分发挥了共产党情报局的《宣言》的思想，认为美国由于国内外面临的各种矛盾不可调和，被迫“建立了奴役世界的计划”；但是全世界反美力量超过了美国及其阵营的力量，“优势是在我们方面，不是在敌人方面”；中共“应当在自己内部肃清一切软弱无能的思想。一切过高地估计敌人力量和过低地估计人民力量的观点，都是错误的”。①

毛泽东在会议的政治小组讨论会的发言中，重申了他在 1946 年 4 月提出的观点，并批评法国共产党和意大利共产党“右倾”，认为法共和意共热衷议会道路是导致那里的革命力量遭受挫折的根本原因。他还表示特别赞赏南斯拉夫共产党的政策，认为西欧国家的共产党上了波茨坦和雅尔塔的协议的当，只有南共坚持武

① 《毛泽东选集》第 4 卷，第 1259—1260 页。

装斗争，才取得了胜利。他特别指出，一些中国人害怕美国是一种精神作用，因为中国人一百年来在与帝国主义的战争中都失败了，所以精神上有些害怕。他说苏联也有此种情况，喜欢美国罐头和美国纸烟，等等，看不起伟大的现实，其根源即在于“战争受创伤，精神上未获解放，怕纸老虎”。毛泽东相信，要夺取中国革命的最终胜利，首先就要从精神上解放自己，去掉对美国干涉的恐惧感。显然，共产党情报局发表的宣言非常有利于中共中央在关键时刻统一全党的思想，因此它受到中共中央由衷的赞成，被中共中央称赞为“振奋了全世界被压迫人民的精神，指示了他们的斗争方向，巩固了他们的胜利信心”。①

在相当有利的国际条件下，中国革命进程突飞猛进的发展速度超出美苏两国原来的预料，至 1947 年底，战局已经发生了根本性的变化，正如周恩来所说：“一方面，我们已用事实证明给老百姓看，我们有力量打倒蒋介石；另一方面，老百姓也不要蒋介石，就连上层分子（除了少数反动集团外）、中产阶级也不想给蒋介石抬轿子了，也要推翻他了。”在此形势下，苏联对中共和中国革命的看法明显转变，从最初压迫中共交出军队、对中国革命前途持悲观态度转变为相信中共有能力领导中国人民推翻蒋介石反动政权，取得中国革命的胜利。1948 年 2 月 10 日，斯大林在同保加利亚共产党领导人季米特洛夫和南斯拉夫共产主义者联盟（南共联盟）领导人卡德尔举行的三党会谈中，坦率地承认自己在中国革命问题上犯了错误：“当时，我不相信中国共产党人能取胜，我那时认为美国人将会全力以赴地扑灭中国的起义。我曾劝说毛泽东，最好是与蒋介石和解，与蒋介石建立某种联合政府。我甚至把中国代表团召到莫斯科来。代表团来了，听取了我对他们讲的一切，照中国的习惯，他们都面带笑容，直点头，

① 《毛泽东选集》第 4 卷，第 1259—1260 页。

然后走了。他们回去以后，毛便开始发动了一场大攻势，最后取得了胜利。你们看，我也会犯错误。”① 在另一次谈话中，斯大林又说：“目前，拿中国的例子来说，现在我们承认我们错了，事实证明，正确的是中国同志，而不是我们。”② 此后不久，苏共中央决定接受中共中央的请求，帮助修复东北的铁路。5 月间，斯大林告诉受命前往援助中共的科瓦廖夫，苏联将尽一切力量帮助中共，只要“两国走上同一条道路，社会主义在全世界的胜利就能得到保证”。③ 苏共中央的决定和斯大林的谈话是一个重要的信号。如果说在此之前苏联与东北中共控制地区保持贸易联系是地区性的和策略性的行动，那么此后对中共的援助则是带有战略层次的考虑了。

可以说，情报局的成立给中共带来的是极大的精神鼓舞，但是，在帝国主义和社会主义两大阵营对峙的情况下，中共实行一套独特的政权建设理论，毛泽东特别赞赏南共联盟的政策，中共特别强调独立自主的立场，这些都让苏联联想到南斯拉夫而感到非常不放心。

中共在长期的革命实践中，形成了自己的一套独特的政权建设理论。由于中国革命的性质是反帝反封建的民主革命，民族资产阶级和小资产阶级带有进步性，并在抗日战争和解放战争中参加了共产党领导的革命斗争，与无产阶级结成了长期的统战关系，中共设想在将来组成新政权时吸收民族资产阶级和小资产阶级的代表参加，与工农两个阶级一道共同组成“各个革命阶级的联合专政”。据此，中共创造性地提出了人民民主专政的理论，并且强调人民民主专政与无产阶级专政的区别。显然，中共这时

① ［南］爱德华·卡德尔：《卡德尔回忆录（1944—1957）》，新华出版社 1981 年版，第 130 页。

② ［南］弗拉吉米尔·杰吉耶尔：《铁托传》下册，第 118 页。

③ 《国外社科信息》1992 年第 21 期，第 29 页。

所主张的“各个革命阶级联合专政”，确实是中共鉴于中国国情与苏联的不同而提出的与苏联的无产阶级专政有所区别的具有中国特色的国家制度。

苏联对中共“各个革命阶级联合专政”主张的态度，前后有所变化。在抗战胜利前后，苏联希望看到中国出现一个蒋介石领导下的有共产党人参加的联合政府。毛泽东发表《论联合政府》，强调各个革命阶级联合专政与无产阶级专政的区别，在苏联看来是中共会向蒋介石妥协的表示。而当中共即将取得全国政权之时，中共继续主张“各个革命阶级联合专政”，却令苏联感到不安。它怀疑中共是要走“第三条道路”，执行亲英美路线。于是，苏联便在南斯拉夫问题上向中共施加压力。

众所周知，南共联盟是东欧各国党中极个别的不靠苏联军队的力量而掌握政权的党，南共领导人铁托是一个独立意识很强的人。在建立苏南合营公司和巴尔干联邦等问题上，铁托拒绝了斯大林的意见，招致斯大林采取了停止苏南贸易、撤走苏联专家、将南共联盟开除出共产党情报局等报复手段。

苏联对南斯拉夫实行高压政策，既是对不听指挥者的惩罚，又是加强对东欧各国共产党控制的信号，同时也是对中共的一个警告。中共的情况与南共联盟的情况有类似之处，与南共一样，中共也不是靠苏联的军事援助，而是靠独立自主进行革命，甚至是在多次抵制苏联错误干预的情况下取得胜利的；与铁托相比，毛泽东的独立意识更是有过之而无不及。斯大林担心中共一旦在中国掌权又会出现另一个南斯拉夫，所以采取了惩罚南斯拉夫的严厉措施以求“杀一儆百”。1948 年 6 月，共产党情报局召开第三次会议，通过了《关于南斯拉夫共产党情况的决议》，宣布南共联盟已“处于兄弟的共产党的大家庭之外，处于统一的共产主义阵线之外，从而处于情报局的队伍之外”。[①]

本来，南斯拉夫问题与中共并无直接关系，但由于苏联怀疑中共会走南斯拉夫道路，为消除苏联的疑虑，中共不得不在南斯拉夫问题上尽快表明态度。7 月 10 日，中共中央作出《关于南斯拉夫共产党问题的决议》，表明了在苏南冲突中坚决支持苏联的立场。决议认为：情报局关于南共联盟的决议是正确的，“乃是国际共产主义者为保卫马克思列宁主义的原则，保卫世界工人阶级和各国人民的革命事业，所应尽的职责；乃是他们为保卫世界和平民主事业，保卫南斯拉夫人民免受美帝国主义的愚弄和侵略，所应尽的职责”。南共联盟领导集团“在其对内对外的背叛性的和错误的行动中，违反了马克思列宁主义的基本观点”，“从而陷入资产阶级民族主义和资产阶级政党的泥坑”；“中国共产党热切希望南斯拉夫共产党内的国际主义分子能够坚决地起来纠正铁托集团的错误，使南斯拉夫共产党重新走上马克思列宁主义的轨道，走上无产阶级国际主义的轨道”。“南斯拉夫党内所发生的事件，不是偶然的和孤立的现象；这是阶级斗争在无产阶级革命队伍中的反映。”“这种情况，要求共产党人努力提高觉悟，加强马克思列宁主义理论的教育，以便及时地识别和反对这些资产阶级分子，保卫无产阶级和人民的事业不受破坏和损失，保卫共产党在思想上和政治上的纯洁。为此目的，中国共产党中央委员会决定：全党干部都应当认真研究共产党情报局会议关于南斯拉夫共产党问题的决议，借以加强党内关于阶级的、党的、国际主义的、自我批评精神和纪律性的教育。”[②] 11 月 1 日，刘少奇发表《论国际主义与民族主义》。在文章中，刘少奇指责“铁托集团”对苏联的政策是“极端错误而有害的，乃是背叛马克思列宁主义

① 《南斯拉夫问题参考资料》，世界知识出版社 1958 年版，第 11 页。

② 《南斯拉夫问题参考资料》，第 13—14 页。

的基本原则，背叛无产阶级的国际主义，堕落到了资产阶级民族主义的立场的结果”。刘少奇还指出：目前世界民族的基本状况是世界各民族划分为两大阵营，民族问题的基本问题是美国企图压迫全世界各民族和全世界各民族反对美国的压迫。在两大阵营紧张斗争时期，“人们不是站在这一边，就是站在那一边”，中立是不可能的，被压迫民族要求得解放，必须站在苏联领导的人民民主阵营一边。刘少奇据此提出了一个基本的判断标准，即：“或者联合苏联，或者联合帝国主义，二者必居其一。这是爱国与卖国的界限，这是革命与反革命的界限，这是世界上不论哪个民族是走向进步或是走向倒退的界限，而反对苏联，必然只符合帝国主义的利益，背叛自己民族的利益。”①

与此同时，针对苏联对中共“各个革命阶级联合专政”主张的疑虑，中共在宣传上特别注意强调不仅在中国国内，而且在国际上，都是同样没有“第三条道路”可走。1948 年 11 月，毛泽东在给共产党情报局刊物的文章中，特意用反问的语气写道：“在世界范围内，难道除了这样一条革命路线以外，还有什么别的革命路线吗？31 年的历史难道还没有证明：一切既不满意帝国主义，又不满意苏联的人们，一切企图站在帝国主义者的反革命战线和反对帝国主义及其在各国的走狗的人们的革命战线之间的所谓‘中间路线’所谓‘第三条道路’的彻底虚伪与破产吗？”②

渡江战役胜利后，为争取苏联对即将成立的新中国内政外交方针的支持，1949 年 6 月 21 日，刘少奇率中共中央代表团从北平启程秘密访问苏联。7 月 11 日，中苏双方在克里姆林宫举行正式会谈。在会谈中，关于中国民族资产阶级的问题，斯大林说：你们同民族资产阶级合作并吸收他们参加政府的观点是正确的。

① 《人民日报》1948 年 11 月 7 日。

② 《人民日报》1948 年 11 月 7 日。

中国民族资产阶级同东欧各国以及德国的资产阶级不一样，那些国家的资产阶级由于在战争中与希特勒合作，自己污辱了自己，以后又与希特勒一起撤退，只留下他们的企业，因而在反希特勒胜利后，那些国家所要处理的只是他们的企业，而不是他们本人。但中国的民族资产阶级则不同，他们在对日作战时未投降日本，后来又未同日本一起撤退；日本投降后其中一部分虽企图与美国建立关系，想取得美国援助，但中美通商航海条约订立，对中国资产阶级不但在经济上而且航运上是极不利的，这是对中国资产阶级很大的打击。于是，中国资产阶级反对美国和蒋介石。蒋介石与美国的关系，不同于中国资产阶级与美国的关系。中共利用中国资产阶级的反美情绪，与他们建立比较长期合作的政策，是正确的。关于人民民主专政问题，斯大林说：你们实行人民民主专政的政体是对的。你们引述我在 1926 年所说的“中国未来的革命政权是偏重于反对帝国主义的政权”也是对的。在刘少奇答复关于政府组织机构设置的问题，说明中共政府的主席团是集体的总统，内阁服从主席团，为中央政府的执行机关后，斯大林说，这个制度可能对于目前的中国是很适当的。你们目前不实行过分的中央集权的观点，是对的。①

经过中共多方面的努力，苏联终于消除了对中共的顾虑。

从情报局对南共和中共的行为看，不可否认，情报局在开展反对美国帝国主义的侵略战争政策、提高各国共产党和人民群众对战争的认识、组织投入反对侵略战争、维护和平的斗争起了积极的作用，在抵制帝国主义的思想进攻方面也做了不少的工作。但它把相当的精力放在处理各成员党之间的意见分歧和矛盾方面，造成了极大的内耗，进而影响了它宣传、组织群众投入反对

① 李新芝、谭晓萍：《刘少奇纪事（1898—1969）》下，中央文献出版社 2011 年版，第 576 页。

侵略和捍卫和平的斗争。同时，一些成员党把自己的意见和见解强加于人，严重损害了各成员党平等、独立的基本原则。后来的事态表明，情报局逐渐变成了苏联共产党“强制命令的传达渠道和执行助手”，“指挥”与“协调”各国共产党行动的工具。①

第四节 迎接中国革命的新高潮

1947 年 1 月，马歇尔调处失败，离华返美，就任美国国务卿。此后，在欧洲美苏“冷战”逐步展开，在远东却暂时保持着雅尔塔体制所规定的基本格局。在中国，一方面，中共谈判代表团成员于 3 月 7 日全部返回延安，美军驻延安联络组人员也于 3 月 11 日撤离，国共之间、中共与美国之间中断了一切官方联系。另一方面，解放区军民取得了自卫战争的胜利，国民党统治区爱国民主运动也迅速发展。这两个事实越来越清楚地预示着中国革命的新高潮即将到来。为了对中国革命的形势作出正确的分析并据以研究迎接新的革命高潮的各项工作部署，2 月 1 日，中共中央在延安召开了政治局扩大会议。

在会议的总结发言中，毛泽东首先用历史唯物主义观点，分析了中国革命新高潮到来的规律性和不可避免性：“现在向全党对总的形势及个别问题作出结论，是有益处的。总的形势是：革命高潮快要到来。这种高潮在近半个世纪的中国历史上有过三次，第一次是辛亥革命，第二次是北伐战争，第三次是抗日战争，这三次都是全国规模的。”“现在全国规模的第四次革命高潮，可能很快到来。第一次革命高潮无产阶级没有参加领导，那时还没有共产党，是同盟会领导的。第二次、第三次是共产党和

---

① 《人民日报》1956 年 4 月 19 日。

国民党共同领导的。这一次高潮是由共产党单独领导的。也许有一些同志会怀疑革命高潮是不是要到来，他们认为这种高潮多少年才有一次，并不是容易的事。这的确不容易，但根据最近的形势来看，高潮是确定地快要到来了。凡是出现革命高潮，总是敌人有弱点，给我们以可乘之机，否则就很难。”“各次革命高潮都带有民族性，都是反帝的，这次是反对美帝国主义。国民党政府和美国政府签订的中美商约，是要把中国变为美国的殖民地，这不会因美军撤出中国而发生变化。”“在美蒋这些反动政策下，全国人民除了斗争，再无出路。为独立、为和平、为民主而斗争，仍然是现时期中国人民的基本要求。”“党的六次大会的决议提出两个基本矛盾没有解决，现在仍未解决，因此革命高潮不可避免地要到来。”接着，毛泽东又分析了推动中国革命新高潮到来的动力：“这次革命的动力是两条战线，就是解放区和蒋管区的人民运动，而以解放区为主。解放区的胜利越大，高潮就来得越快。”“指出革命高潮一定要到来这一点，使全党了解并从思想上、工作上、组织上预作准备，那末在这次高潮中我们就可能取得胜利。美国对蒋介石政府的政策（好比英国对希腊的政策），我们在去年还很难判定，现在可以确定了。我们现在的口号还不是打倒美蒋，但实际上是要打倒他们。”最后，毛泽东提醒全党：“革命胜利还有相当长的时间，我过去曾说过，少则三年到五年，多则直年到十五年。假如以少则三年到五年来说，那末，从日本投降时算起到现在已经过去一半了，即一年半了，但最后的困难我们还要估计到。”①

大会通过了毛泽东起草的《迎接中国革命的新高潮》的党内指示，认为：“国际形势的发展，对于中国人民的斗争，极为有

① 《毛泽东文集》第4卷，第219—223页。

利”。因此，“我党的任务是为争取这一高潮的到来及其胜利而斗争”。①

面临日益临近的中国革命的新高潮，美国应当如何重新估价自己的对华政策？用什么方式支持蒋介石才更符合美国的最大利益？国务卿马歇尔上任伊始，即吩咐下属对美国对华政策进行重新研究。2月7日，国务院远东司司长范宣德拟就了一份《美国对华政策的备忘录》，马歇尔将备忘录转发政府各部门首脑征求意见。陆军部长帕特森和海军部长福雷斯特尔提出了许多针锋相对的看法。双方的主要分歧有三点：第一，是否应当继续鼓励中国国共两党实行联合？第二，对国民党政府的援助是有条件的，还是无条件的？第三，是否应当向国民党政府提供大规模军事援助？随着争论的深入，“院外援华集团”、驻华美军军事顾问团和司徒雷登大使也纷纷卷入。随着杜鲁门主义的出笼，蒋介石政府在进行了所谓民主改组之后随即发动了救援攻势，使这场对华政策的争论更加激烈。作为美国外交政策（尤其是对华政策）的制定者的马歇尔莫衷一是。

但是，中国革命的迅猛发展并没有留给美国决策者太多的考虑时间，到1947年年中，中国内战形势经历了一个重要的战略转折，国民党军在重点进攻山东和陕北失败之后，已由战略进攻转入战略防御。与此同时，国民党统治区广大人民反饥饿、反内战、反迫害的爱国民主运动风起云涌，逐步形成了反对蒋介石反动统治的第二条战线。面临困境，国民党政府发起了新的救援攻势。6月18日，蒋介石亲自出马，约见司徒雷登。驻美大使顾维钧则向华盛顿要求延长1946年拨付的5亿美元贷款的付款期，并再提供至少2亿美元的贷款。6月25日，顾维钧会见马歇尔本人，递交救援照会。他还频频走访国会议员进行游说。

① 《毛泽东选集》第4卷，第1211—1217页。

然而，饱受战争摧残的西欧国家的经济恢复遇到极大困难。美国政府担心，西欧若爆发经济危机，势必影响美国经济，影响整个资本主义世界，遂决定以大规模的贷款和赠予的形式帮助西欧国家渡过难关，重建国家。五六月间，艾奇逊、马歇尔相继发表演说阐明这一方针，至6月5日，马歇尔计划出笼。

马歇尔计划刚刚出笼，立刻遭到美国政府内的亲蒋分子、“院外援华集团”和国民党方面的攻击。为了应付国会的亲蒋派，同时也为公开改变“不介入”中国内战的姿态找台阶，马歇尔提请杜鲁门派魏德迈到中国执行“事实调查的使命”。在给魏德迈的指示中，杜鲁门要求他向蒋介石表明：“只有中国政府能够提出令人满意的证据，证明其能采取有效办法以趋向中国元气的恢复，美国政府才能考虑援助复兴的计划。再则任何可能提供的援助，必须由美国政府的代表监督的情况下，予以利用。”① 魏德迈把这项使命理解为：说服中国人，他们必须提供证据，美国的援助不会被浪费掉；说服华盛顿，必须提供这样的援助。但他的观点是：“零敲碎打的援华方案殊非良策，那就像给一艘正在下沉的船的业已腐烂的躯壳堵漏洞，我们的援助应该是为该船造一新船壳，并委之于一位能干、正直的船长和精干的水手。”②

魏德迈正是怀着抢救国民党政权这艘百孔千疮的沉船的“壮志”踏上征程的。魏德迈使团于7月22日抵华，此后曾到上海、南京、北平、天津、汉口、青岛、济南、沈阳、抚顺、台湾等地，接触了大量国民党官员、其他党派人士和美国驻华外交官员，调查了中国货币稳定情况、清偿债务拨款情况、使用美援的能力、美国与中国现行政治经济体制合作的可能性以及中国人民对美国、国民党和共产党的态度等。8月22日，魏德迈应邀在国

① 《中美关系资料汇编》第1辑，第301页。

② 《美国外交关系，1947年》第7卷，第638页。

民党“国府委员会”和政府全体部长联席会议上发表演说。他狠狠训斥了国民党军队、政府、经济生活等各方面的弊端、贪污腐化、秘密警察横行、滥捕滥杀，指责国民党失去人心，助长了共产党的势力。24 日，魏德迈发表离华声明，强调国民党必须“立即施行彻底的、深远的政治和经济改革”，“必须承认徒有军事力量不能消灭共产主义”。该声明同时诬蔑和指责共产党“使用武力强使人接受他们的思想”，要中共放弃“暴力和破坏”，而以“和平方式”去做“帮助中国人民的事”。[①]

9 月 19 日，魏德迈正式向杜鲁门提交了一份对华政策长篇秘密报告。从“一个共产党统治下的中国，对美国的利益是有害的”的观点出发，他设想：在未来苏联的战争中，如果存在一个对美国不友好的亲苏的中国，美国就不能在中国得到重要的海空军基地，并将使美国在日本、琉球和菲律宾的海空军基地受到威胁；反之，一个与美国友好或结盟的中国，则不仅可供给重要的海空军基地，而且从它的幅员和人力来看，也是美国的重要盟友。因此，美国必须维持国民党政府这个“自由堡垒”，以保护美国的战略利益。为此，他建议向国民党政府提供长期的、大规模的军事、经济援助。鉴于魏德迈报告过于露骨，而且美国的战略重点在欧洲，马歇尔未予支持。

其实，马歇尔本人对中国形势早已清楚，他也不指望魏德迈会提出解决中国问题的锦囊妙计。派遣这个使团不过是马歇尔进退两难处境中采取的缓兵之计而已。从 10 月下旬起，美国国务院开始“重新审定对华政策”，确定美国在华短期目标是“阻止中国完全为共产党所控制”。它认为如果没有外来援助，国民党难以扭转共产党得胜的趋势。10 月 27 日，美国与国民党签署了以联合国善后救济总署名义提供的 2. 7 亿美元经济援助的协定。

---

① 《中美关系资料汇编》第 1 辑，第 770 页。

11月，马歇尔在参议院外委会听证会上，在提出“欧洲复兴计划”时，首先要求国会通过给蒋介石3亿美元的援助，从1948年4月起，为期15个月。在此之前，立即拨款6000万美元供救急之用。但亲蒋议员并不以此为满足，他们要求应该同欧洲一样，把中国也列入临时援助名单。众议员贾特声称：“我自己就不会投票支持花费200亿美元只守住一条战线，而忽略另一条对我们同样生死攸关的战线。”[①] 州长杜威则把自由世界比喻成一个病人，病人的两只腿——欧洲和亚洲——都得了坏疽；他断言光治一只腿上的坏疽是救不了病人的。[②] 国民党也同他们遥相呼应，多次要求美国给予紧急救济和制定长期的援助方案。国民党政府行政院长张群还发表一项改革财政措施的计划，以配合亲蒋派议员争取美国援助的舆论。

苏联对此表示了严重的关注。12月6日，《真理报》发表署名文章《中国人民解放斗争的高潮》，指出：“来自中国的许多报道证实，中国人民反对国内封建势力和美国帝国主义的解放斗争，出现了新的高潮。人民解放军的进攻势如破竹；工人罢工、农民暴动、学生闹‘学潮’，声势浩大，此伏彼起；国民党士兵的反战情绪有增无减；甚至国民党内部反对派的力量也得到加强，而解放区则日益巩固。美国干涉中国的内政，引起了社会各界的公愤，犹如潮水汹涌，波涛澎湃。”“国民党的外交政策，就是要变中国为美国帝国主义的殖民地，变中国为美国侵略意图的工具。这在中国人民当中是绝对行不通的。‘杜鲁门计划’和‘马歇尔计划’的远东变种都遭到了中国人民日益广泛的抵制。”因此，“尽管国民党政府有美国的援助并在全国实行无限制的恐怖政策，但他们想用从大洋彼岸运来的飞机、坦克和大炮来镇压

① ［美］邹谠：《美国在中国的失败》，上海人民出版社1997年版，第404页。
② ［美］邹谠：《美国在中国的失败》，第406页。

中国的民主革命运动却无能为力。这恰恰说明，中国的反动派和美帝国主义者都没有，而且也不可能有任何前途。”① 1948 年 1 月 19 日，《真理报》发表《中国战局综述》，全面叙述了中国解放战争的形势演变过程，详尽阐述了人民解放军的战略战术和鲜明特点，并且不无讽刺地转载了美国舆论的观点：“美国已经花费了大量的金钱，可是共产党人仍在继续取胜。”“真不知道需要用什么方式的美援，才能把蒋介石从目前的绝境中挽救出来。他的军队只不过是运输代理人，把美国武器通通送给敌军去了。”②

但是，既然美国要“遏制共产主义在中国的扩张”，它只能把自己牢牢拴在国民党的战车上。1948 年 2 月 18 日，杜鲁门向国会提出援蒋特别咨文，以 15 个月为期（1948 年 4 月至 1949 年 6 月），共 5.7 亿美元。对此，马歇尔提出以下考虑：企图担保中国经济和中国政府的军事努力，将成为美国经济的一个负担和军事责任，他不能提出以此作为政府行动路线的建议。美国应该做一些在目前情况下切实可行的事情，建议中的援华计划将如总统在特别咨文中所说“帮助制止经济的迅速恶化，从而给中国政府以更多的机会，采取必要步骤，建立较稳定的经济情况。但是很明显，只有中国政府自己才能够采取必要的重大措施，提供一个规模，使导向和平与真正经济复兴的努力能够发生效力”。“必须记住，目前的建议不可能预料这种援助所需要的确定时期，像欧洲复兴计划那样。”③ 言外之意，如按亲蒋势力的主张去办，可能给美国带来严重后果。马歇尔这样既为自己的政策进行了辩护，又谨慎地回击了亲蒋势力的攻击。

---

① 安徽大学苏联问题研究所、四川省中共党史研究会编译：《苏联〈真理报〉有关中国革命的文献资料选编》第 3 辑，第 605—609 页。

② 安徽大学苏联问题研究所、四川省中共党史研究会编译：《苏联〈真理报〉有关中国革命的文献资料选编》第 3 辑，第 610—615 页。

③ 《中美关系资料汇编》第 1 辑，第 313—314 页。

在国会两院就军援性质、援华法案与马歇尔计划的关系等问题进行了紧急磋商之后，作为美国《1948 年援外法》的一部分，《援华法》于 4 月 2 日由国会通过。次日总统批准。总数为 4.63 亿美元，为期 12 个月，其中 3.38 亿为经济援助，1.25 亿为特别赠款，由国民党政府斟酌使用。6 月，鉴于美国财政困难，贷款总额削减至 4 亿美元。

《援华法》是美国政府在进退两难中寻找出路的产物。它结束了 1947 年以来关于对华政策的辩论。辩论双方对于援蒋反共是没有异议的，分歧在于如何援蒋、在多大规模上援蒋。同马歇尔计划相比，《援华法》的通过标志着美国有限援蒋方针的正式确立。所谓“有限援蒋”，就是美国要帮助蒋介石赢得时间，巩固阵地，整顿内部，以便扭转日益恶化的局势，但不承担“帮助国民党打败共产党”的义务。有限援蒋方针与战后初期美国的对华政策并无本质不同，只不过是它已撕掉“不偏不倚”的外衣，公开实行帮助蒋介石打内战的政策，为已经溃败的蒋介石集团输血打气。从此，美国政府战后扶蒋反共的政策具体化为这样一种政策：用美国的经济和军事援助（包括一定数量的军事顾问），尽可能延长注定灭亡的国民党政府的寿命，纵然不能阻止中国革命的胜利，也要在这条道路上设置尽可能多的障碍，给中共制造尽可能多的困难。至于这点援助能在多大程度上扭转中国局势，挽救蒋介石注定要失败的命运，美国政府是不敢有太大的指望的。对于《援华法案》的通过，参议员康纳利说，这些援助就像“给街角上的乞丐一个小钱”，帮不了大忙。①

马歇尔返回美国后，中共一直密切关注着美国对华政策的演变。

---

① ［美］厄纳斯特·梅：《杜鲁门政府与中国（1945—1949）》，费城 1975 年版，第 83 页。

对于美国援助，新华社社论指出：“蒋介石的发言人，已经暗示南京将要接受‘同希腊相同的财政、政治和军事的监督’。但是重要的是，它是象征着蒋介石的统治将要总崩溃。”“美帝国主义的援助并不足以挽救蒋介石的崩溃。当蒋介石过去有力量实行军事、经济、政治总动员的时候，美帝国主义曾经给了他40亿美元的援助，但是蒋介石的进攻仍然被击退。今天蒋介石快要崩溃了，他只能实行象征的总动员了，那么，即使美帝国主义再援助他几十亿美元，又能有什么结果呢?!何况美国舆论已经在反对这种罪恶滔天的和证明无效的援助，而美帝国主义本身也正面临着巨大的困难。”周恩来公开表示：“美国能帮助多少？起多大作用？过去美国帮助了40万万美金……已经都用光了。”[①] 但是，国民党军队照样吃败仗。

对于魏德迈使华，中共予以严厉的声讨。7月16日，中共陕北电台发表声明指出：魏德迈访华意味着美帝国主义早已抛弃“中立”外衣，现在准备更进一步放手侵略中国，扶植垂死的蒋介石政权。8月27日，新华社就魏德迈离华声明发表评论指出：“魏德迈离华声明最大的贡献，是说明了三件大事，即是：第一，蒋介石独裁统治的贪污无耻和腐败‘颟顸’，已经无可掩饰；第二，全中国人民对这独夫统治与美国侵略的憎恨与其‘灭此朝食’的要求，已无从在全世界之前加以抹煞；第三，解放区人民，尤其是人民解放军的强大是不可战胜的。”中国人民的“‘永久的和平’只有在蒋介石贪污而‘颟顸’的统治彻底结束和美帝国主义势力彻底驱逐出中国以后，才有现实意义。”评论还说：“此次魏德迈来华执行美帝国主义扶助日本、侵略中国的政策和更进一步助蒋内战、监督蒋政府把中国彻底变为美国殖民地的政

① 中国人民解放军政治学院党史教研室：《中共党史参考资料》第11册，第23页。

策……激起全国人民的愤怒。”[①] 人民解放军则以痛击国民党军的实际行动来回答魏德迈使团的侵华活动。魏德迈来华不久，刘邓大军即于8月上旬越过陇海铁路，挺进大别山，揭开了人民解放军战略进攻的序幕。面对人民解放军的强大攻势，魏德迈公然要求中共“停止使用武力”。正当魏德迈与“院外援华集团”大肆鼓动大量援蒋反共活动之时，中共中央于10月10日发表了《中国人民解放军宣言》，提出了“打倒蒋介石，解放全中国”的响亮口号，并宣布人民解放军的八项基本政策，其中第八条指出：“否认蒋介石独裁政府的一切卖国外交，废除一切卖国条约，否认内战期间蒋介石所借的一切外债。要求美国政府撤退其威胁中国独立的驻华军队，反对任何外国帮助蒋介石打内战和使日本侵略势力复兴。同外国订立平等互惠通商友好条约。联合世界上一切以平等待我之民族共同奋斗。”[②] 宣言向全党、全军和全国人民指明了斗争的方向和革命的前途，大大推动和鼓舞了人民解放战争和革命斗争的迅猛发展。这是中共对魏德迈之流及美国“院外援华集团”等援蒋反共活动的有力回击。

对于杜鲁门向国会提出的援蒋特别咨文，中共发言人予以严厉的抨击，指出：“如果没有美国帝国主义的撑腰与援助，蒋介石匪帮发动内战的日子会迟一些，其因内战失败而灭亡的日子会早一些。”“不要误认杜鲁门、蒋介石及东方一切美国傀儡们的互相合作，多少亿的援蒋计划，会有什么了不起的作用。这些合作与援助，当然有一点作用，这就是病人临死前的强心剂的作用。”“优势是在民主力量方面，不是在反动力量方面。反动派的金钱和枪炮，并不是什么真正的优势，人心讨厌反动派，不赞成反动派，人们团结起来反对反动派，并和反动派作斗争，这个力量才

① 《中美关系资料汇编》第1辑，第828—829页。

② 《毛泽东选集》第4卷，第1238页。

是真正的优势。”“在蒋介石匪帮发动内战以前，曾经得到美国帝国主义者四十亿美元的帮助，又得到日本一百万军队留下的装备，蒋介石自己有四百多万军队，所有这些和中国人民解放军比较起来，应该算得是优势了。然而仅仅一年工夫，人民解放军即已打退了蒋介石的进攻，并使自己转入了进攻。这个具体事实，难道还不足以说明单是金钱和枪炮的优势，单是物质的优势，不能算是真正的优势，而只有人心加物质的总和，只有掌握物质的人们，即是说人民的革命力量才是真正的优势吗？如果过去如此大量的美国援助，不但不能使蒋介石匪帮得到胜利，而且使他们得到如此严重的失败，那么五亿七千万美元的新借款，又会有什么了不起的作用呢？”中共发言人发出号召：“中国人民必须明白美国帝国主义及其走狗蒋介石是一定要作垂死挣扎的，我们必须准备坚持的斗争，方能最后战胜他们。但是每一次卖国贼与其外国主人的丧权辱国的勾当，每一次美国反动政府给其中国走狗的新借款，已经激起并且还要激起中国人民的愤怒，这种愤怒将转化为力量，加速蒋介石匪帮的灭亡。”①

人民解放军以震惊中外的迅猛之势向前推进，使美国朝野大为震惊。眼看国民党大势已去，美国政府不得不重新审查其对华政策，以求逐步从中国“脱身”，摆脱被动局面，但是，反苏反共、称霸世界的既定国策，使美国陷于重重的矛盾之中。1948 年 9 月 8 日，美国国务院政策设计司提出一份名为《重审并制定美国对华政策》的文件，可以算是美国政府考虑改变对华政策的第一份政策文件。文件把美国对华政策的目标由“尽一切力量阻止中共取胜”转变为“尽可能阻止中国成为苏联的政治、军事附

---

① 中央档案馆编：《中共中央文件选集》第 17 册（1948），中共中央党校出版社 1987 年版，第 60—63 页。

庸”。[1] 文件尚在美国政府各部门传阅讨论过程中，从 1948 年 9 月到 1949 年 1 月，中国人民解放军同国民党军队进行了空前规模的战略决战。三大战役结束后，蒋介石赖以发动内战的精锐部队基本上被消灭，国民党反动政权的灭亡已是不可逆转了。美国对华政策走进了死胡同。

为了从中国内战脱身，美国政府从 1948 年 12 月起开始召回驻华军事顾问团，于 1949 年 3 月 1 日完成。与此同时，对于国民党政府和美国国会内外亲蒋集团里应外合掀起的一次又一次请求美国援助的浪潮，杜鲁门政府一概予以拒绝。

1949 年 1 月 21 日，杜鲁门第二任期开始，蒋介石也“因故不能视事”宣告引退，由李宗仁代理总统。22 日艾奇逊接替马歇尔任国务卿。2 月 24 日，当议员们要艾奇逊预测中国局势的发展时，他指出：当森林中有一棵大树倒下，在飞扬的尘埃落定以前，人们无法看清破坏的程度。第二天，艾奇逊的对华政策被描述为“等待尘埃落定”。[2] 他认为：美国“站在一个失去自己军队和自己人民的信任的政府一边，进行全面的干涉”，“将被中国广大人民所憎恨，并截然相反地改变我国历来的政策，并将受到美国人民的斥责”。[3] 根据“等待尘埃落定”政策，对于李宗仁政府军事经济援助、甚至道义上支持的请求，艾奇逊一概婉言拒绝。4 月 23 日，人民解放军解放南京。此后，人民解放军实行大迂回、大包围，以风卷残云之势，横扫大陆上残存的国民党军。

国民党政府行将崩溃，美国国内围绕“谁丢失了中国?”展开了激烈的争论。面对美国国会和舆论对美国对华政策的批评，艾奇逊向杜鲁门建议：政府应当把事实公诸于众；当初马歇尔在

① 《美国外交关系，1948 年》第 8 卷，第 146—155 页。

② ［美］邹谠：《美国在中国的失败》，第 433 页。

③ ［美］邹谠：《美国在中国的失败》，第 440 页。

任时因担心对蒋介石落井下石曾拒绝这样做，如今随着国民党统治的垮台，美国对华政策必须随之改变，准备一份美中关系过去五年中的详细文件并向公众发表，正当其时也。在杜鲁门的支持下，在美国驻华大使司徒雷登返回美国的当天，即 8 月 5 日，《美中关系白皮书》正式发表。

美国政府发表《白皮书》的本意是为其政策进行辩护，说明国民党政府的垮台不是它的责任。《白皮书》公布了大量最近期的美国对华关系和政策的内部文电、绝密档案，在国际上引起了强烈反响。中共认为，它的发表，不仅是美国承认大力支持镇压中国革命的自供状，而且等于美国政府公开宣布继续与即将成立的新中国为敌。特别是艾奇逊的《附信》，把中国共产党诬蔑为“为一个帝国主义效劳的政党”，把解放区描述为处于“悲惨局面”，甚至公然声称，美国将鼓励“中国民主个人主义者再显身手”，以推翻中共新政权。这激起了中国人民的极大愤慨。新华社于 8 月 12 日发表了题为《无可奈何的自供状》的评论。之后，毛泽东又亲自撰写了《丢掉幻想，准备斗争》、《别了，司徒雷登》、《为什么要讨论白皮书？》、《友谊，还是侵略？》、《唯心历史观的破产》等文章，深刻揭露和批判了美国的扶蒋反共政策，并抓住白皮书这一反面教材教育广大人民群众，特别是那些对美帝国主义存有幻想的人们，认清美国的帝国主义本质。

“等待尘埃落定”的艾奇逊并非甘心接受美国对华政策的彻底失败的现实，反而设想在中共与苏联之间打进楔子。这一设想的直接诱因是苏南冲突。1948 年 6 月 28 日，欧洲共产党和工人党情报局决定将南共开除出情报局。受到这一事件的鼓励，美国政府期望在中共成立新政权后，会发展铁托主义倾向。乔治·凯南认为：中共取得现在地位比铁托更少受惠于苏联；中共比铁托更独立于苏联；俄国在历史上和今天对中国都是个威胁；南斯拉夫在经济上是加入苏联集团的，中共现时尚没有，如此等等。①总之，中国的内在因素甚至比南斯拉夫更有利于西方，铁托主义几乎可以肯定将在亚洲蔓延。因此，他主张美国对华政策应当有助于中共内部的温和主义和独立倾向的发展。在此问题上，如同在美国对华政策的其他问题上一样，其内部也不是意见一致的。杜鲁门本人对此不抱乐观态度。

美国对华政策的变动，引起了中共中央的注意。1949 年 1 月 8 日，中共中央召开政治局会议，指出："美帝国主义的对华政策，已由单纯地支持国民党武装反共，转变为两面性的政策。这即是：一方面，支持国民党残余军事力量及地方军阀，继续地抵抗人民解放军，另一方面，则派遣其走狗混入革命阵营组织所谓反对派从内部来破坏革命。在人民解放军接近于全国胜利时，甚至不惜用承认人民共和国的方法，以求得合法地位，实施这一'内部破坏'的政策。对于这一帝国主义的阴谋计划，我们必须提高警惕性，并坚决地将其击破。"为了击退这一内部破坏政策，毛泽东在会议报告中指出：我们不要忙于求得帝国主义国家的承认，我们是反帝，是要打倒它，而不是承认它，将来我们要做生意，发生承认与否的问题，我们也不忙于承认他们。周恩来则在会上说：外交政策以暂不承认为好，对帝国主义国家要观察，根据需要将来再说。因此，这次会议确定了不急于与美英等西方国家建交的方针。

但是，美国以居高临下的态度，以救世主的姿态对待中国，认为新政权有求于它，把承认视作一种恩赐。5 月 13 日，艾奇逊致电司徒雷登大使提出了承认新政权的三项条件：（一）在事实上控制国家的领土和行政机关；（二）政府既有能力又有愿望承

① 袁明、[美] 哈里·哈丁：《中美关系史上沉重的一页》，北京大学出版社 1989 年版，第 248—252 页。

担其国际义务；（三）得到中国人民普遍认可。[①] 第一和第三项条件可以随着事态发展而自然解决，但第二项实质是要求新政权承认国民党政权与外国订立的一系列丧权辱国的条约和协定。美国的这一要求与中共的一贯立场是针锋相对的。对于国民党政府签订的卖国条约，中共早在 1947 年 2 月 1 日就已经郑重声明“不承认”，10 月 10 日《中国人民解放军宣言》又予以“否认”和“废除”。此后，中共又一再重申这一立场。中共在一系列政策声明和报刊文章中，对于中美商约和其他美蒋之间在这一时期缔结的条约进行了猛烈抨击。1949 年 4 月 30 日，毛泽东为中国人民解放军总部发言人起草声明（即李涛声明），提出了新中国与其他国家建立外交关系的基本原则：“中国人民革命军事委员会和人民政府愿意考虑同各外国建立外交关系，这种关系必须建立在平等、互利、互相尊重主权和领土完整的基础上，首先是不能帮助国民党反动派”，“外国政府如果愿意考虑同我们建立外交关系，它就必须断绝同国民党残余力量的关系，并且把它在中国的武装力量撤回去”。[②]

另一方面，中共中央又坚持了政策的原则性和策略的灵活性：（一）在思想上和军事上，做好迎击美国直接武装干涉的准备。渡江战役前，总前委即以整个二野作为中央军委手中准备随时对付帝国主义直接武装干涉的强大的战略预备队。这样，一旦美军在上海登陆，中共便可集中二、三野百万大军的绝对优势，对付美国侵略者。（二）在外交上，实行“另起炉灶”和“打扫干净屋子再请客”的方针，即不承认国民党政府与各国建立的旧的外交关系；不急于与帝国主义国家建交，而是先把帝国主义在中国的残余势力加以清除。（三）在经济上，贯彻把经济与政治

① 《美国外交关系，1949 年》第 9 卷，第 11、41—42、21—22 页。

② 《毛泽东选集》第 4 卷，第 1461 页。

分开，奉行互通有无的原则。毛泽东指出：“关于同外国人做生意，那是没有问题的，有生意就得做”，“我们必须尽可能地首先同社会主义国家和人民民主国家做生意，同时也要同资本主义国家做生意”。[①] 只要美国能够断绝同国民党的关系，改弦更张，在平等、互利、互相尊重主权和领土完整的基础上，中共愿意考虑与美国政府建立外交关系的问题。这充分体现了中共在策略上的灵活性。

中共外交人员正是本着这一原则与美国驻华使馆人员接触的，并且采取了谨慎又灵活、积极又不失分寸的政策，即：不急于建交；政治与经济分开；只希望美国放弃援蒋、平等待我，改变以往错误的对华政策，对新中国采取善意的友好态度。

一边是中共原则性与灵活性相结合的外交政策，一边是美国政府敌视新中国的反动政策，驻华大使司徒雷登束手无策，无法填平美国与中共之间的鸿沟。8 月 5 日，美国发表《白皮书》，使中美关系再次转入对抗。中共随即发动了声势浩大的批判《白皮书》运动，并加快了与苏联结盟的步伐。

随着人民解放军迅速取得辽沈、淮海、平津三大战役的伟大胜利，苏联对华政策发生了很大变化。此时中国形势呈现出两个鲜明的特点：其一，中国人民解放战争的全面胜利已成定局。人民解放军百万大军云集长江北岸，随时准备打过长江，对国民党反动派发起最后一击。其二，李宗仁政府企图依靠美国的支持和国民党的残余部队守住长江，与共产党“两分天下”。

苏联开始看到中国革命迅速取得全国胜利的可能，并在行动上为适应这一新形势做了一定的准备。

1949 年初，苏联《新时代》杂志在评论 1948 年世界形势时，认为“中国人民解放军的胜利”是“全世界民主反帝国主义阵营

① 《毛泽东选集》第 4 卷，第 1435 页。

不间断的扩大和巩固”的象征之一。天津、北平解放后，苏联报刊为此发表了长篇专文。此后，苏联报刊开始以大量篇幅报道中国人民解放军胜利的消息。

早在1948年4月，毛泽东提出访苏，同斯大林商量建国方针，并讨论苏联援助问题。斯大林在接到电报后，经过长时间的考虑，5月回电：“现在是中国革命接近胜利的关键时刻，你是统帅，不能离开，你有什么话要说，我们愿意听，我可以派人去，派政治局的人去。”① 三大战役结束后，摆在中共领导人面前的一个急待解决的问题，是制定新中国的外交政策。1月31日至2月7日，苏联部长会议第一副主席、苏共中央政治局委员米高扬受斯大林委派，来到中共中央所在地河北平山县西柏坡。

第二天，米高扬与中共中央书记处举行正式会谈。米高扬明确表示，他是“带着耳朵来的”，他只听取中共的情况介绍或询问有关问题，而后向斯大林汇报，由斯大林亲自作答。2月1日至3日，毛泽东向米高扬介绍了当时中共的情况，解放战争的战略、策略、方针和有关政策，以及即将成立的新政府的性质和组织形式，阐述了新中国对外政策的总方针。毛泽东说：“我们这个国家，如果形象地把它比作一个家庭来讲，它的屋内太脏了，柴草、垃圾、尘土、跳蚤、臭虫、虱子什么都有。解放后，我们必须认真清理我们的屋子，从内到外，从各个角落以至门窗缝里，把那些脏东西通通打扫一番，好好加以整顿。等屋内打扫清洁、干净，有了秩序，陈设好了，再请客人进来。我们的真正朋友可以早点进屋子来，也可以帮助我们做点清理工作，但别的客人得等一等，暂时还不能让他们进门。”②

---

① 外交部外交史编辑室：《新中国外交风云》，世界知识出版社1990年版，第7页。

② 师哲：《在历史巨人身边》，第379页。

5 日，周恩来来到米高扬住处，详细讨论了新政权的组成形式与各主要部门的职能。米高扬介绍了苏联政府机构情况，并对新中国政府机构问题谈了自己的看法。他指出：“将来成立中央政府时，究竟应由哪些部委组成，这是应该及早考虑的问题。但这又是灵活机动的问题，绝非一成不变的。从原则上说，中央政府各部门只在十分必要的情况下才设立。否则，政府部门的臃肿庞大、重叠、复杂，几乎不是人的意志可以转移或控制的。我们数十年来，政府机构每年都在变化，着力于压缩、精简。但结果是，机构一年比一年庞杂、臃肿、笨重、不灵活，工作效率提高不快。卡冈诺维奇曾经说过，机构重叠，不务正业，于是一个部门在解疙瘩，另一个部门却在结疙瘩。表面上看来，他们的工作很紧张，但实际上是无效劳动。这个现象必须防止。我们苏联在这方面的经验很值得参考。总的说来，新政府一成立，无非是要先抓好内政与外交两方面的工作。”①

米高扬的来访，是战后苏联领导人和中共领导人第一次直接高层接触，说明苏联领导人已开始重视迅速发展的中国革命运动，并开始为与即将诞生的新中国打交道做准备，对加强中苏两国、两党的关系起到了很好的作用。所以，毛泽东明确表示：“我们与苏联应该站在一条战线上，是盟友，只要一有机会就要公开发表文告说明此点。”② 4 月 4 日北大西洋公约组织签字当天，中共与民主党派发表《反对北大西洋公约的联合声明》，公开表明：新中国将是苏联盟友。如北约组织产生导致新的世界大战，新中国将坚定地站在苏联一边，反对美国等北约国家。

为了迎接革命在全国的胜利，中共于 3 月 5 日至 13 日召开了七届二中全会。毛泽东在报告中，详细阐述了新中国“另起炉

① 师哲：《在历史巨人身边》，第 387—388 页。

② 《胡乔木回忆毛泽东》，第 547、548 页。

灶”和“打扫干净屋子再请客”的外交方针。关于“另起炉灶”，他指出：“关于帝国主义对我国的承认问题，不但现在不应急于去解决，而且就是在全国胜利以后的一个相当时期内也不必急于去解决。我们是愿意按照平等原则同一切国家建立外交关系的，但是从来敌视中国人民的帝国主义，决不能很快地就以平等的态度对待我们，只要一天它们不改变敌视的态度，我们就一天不给帝国主义国家在中国以合法的地位。”关于“打扫干净屋子再请客”，他指出：“旧中国是一个被帝国主义所控制的半殖民地国家”，随着“国民党军队被消灭、国民党政府被打倒的每一个城市和每一个地方，帝国主义者在政治上的控制权即随之被打倒，他们在经济上和文化上的控制权也被打倒。……对于这些，我们必须分别先后缓急，给以正当的解决。不承认国民党时代的任何外国外交机关和外交人员的合法地位，不承认国民党时代的一切卖国条约的继续存在，取消一切帝国主义在中国开办的宣传机关，立即统制对外贸易，改革海关制度，这些都是我们进入大城市的时候所必须首先采取的步骤。在做了这些以后，中国人民就在帝国主义面前站立起来了。剩下的帝国主义的经济事业和文化事业，可以让它们暂时存在，由我们加以监督和管制，以待我们在全国胜利以后再去解决。对于普通外侨，则保护其合法的利益，不加侵犯。”①

渡江战役的重大胜利促使苏联尽快转变对华政策，并在行动上对新中国筹建工作开始给予积极支持。

毛泽东、朱德下达渡江战役命令之后，苏联各主要报纸均在显著位置予以全文刊登，并报道了新华社发布的解放军渡江战况。南京解放后，《真理报》发表评论说：“中国人民解放军解放了22年来国民党反动统治的中心南京，这宣告了国民党反动政

① 《毛泽东选集》第4卷，第1434—1435页。

权的灭亡。”此后，“新中国”成了苏联舆论中经常使用的字眼。

7月，苏联政府与东北人民政府达成了为期一年的换货协定。根据协定，东北解放区将向苏联提供大豆、菜油、大米和玉米等农产品，苏联将供给东北解放区工业设备、汽车、石油产品、纺织品、纸张、药品等。这样的换货协定，无疑是苏联对中国人民解放战争的一种有力支援。

7月上旬至8月上旬，刘少奇率领中共中央代表团秘密赴苏访问，与斯大林商量新中国建国事宜。苏联表现了极大的热情，表示同意首先承认新中国；给予经济、技术、专家等项援助；承认与国民党政府所签中苏条约是不平等条约，拟于毛泽东访苏时加以解决。斯大林还做了自我批评，说：“中国同志总是客气的、讲礼貌的。我们觉得我们是妨碍过你们的。你们也有意见，不过不肯说出来就是了。你们当然应该注意我们讲的话正确与否，因为我们常常是不够了解你们事情的实质，可能讲错话。不过，如果我们讲错了，你们还是说出来好，我们会注意到的。”①

8月，应中共方面的邀请，苏联政府向中国解放区派来了大批专家，首批到达的就有250人之多。其中一部分人帮助中共制定国家管理体制和各个部委的职能与章程，并参加组织和建立国家经济管理系统的实际工作；另一部分人则直接派往大工厂，组织修复工作，管理和经营新开工的企业。

虽然苏联对新中国的筹建工作给予了一定支持，外交重心也转到与即将成立的新中国发展关系上来，但是，随着新中国的各项准备工作全面展开，一批民主党派和无党派民主人士将加入人民政府的各个部门，苏联领导人开始怀疑中共要走“第三条道路”。

为消除苏联顾虑，中共采取了各种有效措施，并在1949年6

① 师哲：《在历史巨人身边》，第414页。

月30日，借纪念中共成立28周年之机，毛泽东发表了《论人民民主专政》。在文章中，他分析了近半个世纪以来世界政治发展的趋势和近百年来先进的中国人奋斗救国的历史，断言：“一边倒，是孙中山的四十年经验和共产党的二十八年经验教给我们的，深知欲达到胜利和巩固胜利，必须一边倒。积四十年和二十八年的经验，中国人不是倒向帝国主义一边，就是倒社会主义一边，绝无例外。骑墙是不行的，第三条道路是没有的。我们反对倒向帝国主义一边的蒋介石反动派，我们也反对第三条道路的幻想。”“在帝国主义存在的时代，任何国家的真正的人民革命，如果没有国际革命力量在各种不同方式上的援助，要取得自己的胜利是不可能的。胜利了，要巩固，也是不可能的。”“我们在国际上是属于以苏联为首的反帝国主义战线一方面的，真正的友谊的援助只能向这一方面去找，而不能向帝国主义战线一方面去找。”①

毛泽东在此提出的“一边倒”，无疑是一项政治宣言，它表明：中共在推翻国民党反动统治之后，不仅决无可能走“第三条道路”，而且在两大阵营对峙的世界大格局中，将领导新中国站在以苏联为首的社会主义阵营一边。这一选择，奠定了新中国对外关系的基本格局。

“一边倒”的方针是美苏冷战，世界分裂成两大阵营的国际大气候的产物。这个方针的提出，是马歇尔使华失败以来中共对外政策合乎逻辑的发展，是中共对美国坚持扶蒋反共政策做出的反应。这一决策的形成固然不能排除意识形态的影响，但国家利益的需要无疑是主要因素。面对着国民党对大陆沿海的封锁、骚扰、偷袭、轰炸，面对着从朝鲜半岛到日本、台湾、菲律宾这一美国控制下的岛屿链对大陆的虎视眈眈，背靠苏联使新中国有了

---

① 《毛泽东选集》第4卷，第1472—1475页。

一个稳固的后方。中共估计到西方国家在一个时期内不承认新政权的可能性，要打破政治上的孤立状态，只能寻求苏联和社会主义国家的支持。新中国成立前夕，中共领导人相当担心国际上的承认问题，认为“我们建国以后如果外国三天不承认，就有问题了”。[①]“一边倒”宣言的发表，对消除中苏两党的隔阂起了重要作用。10月2日，苏联率先对中华人民共和国中央人民政府给予外交承认，接着，保、罗、匈、捷、波、朝、蒙、民主德国、阿尔巴尼亚等国承认了新中国。苏联和社会主义国家的果断行动推动了一些亚洲国家和西方国家陆续与人民共和国建立了不同级别的外交关系，粉碎了美国拼凑的孤立新中国的“共同阵线”的图谋。由于中共坚持“一边倒”的方针，苏联提供相当数量的贷款、派来专家、提供技术资料，帮助新中国克服了成立初期由于以美国为首的帝国主义国家的封锁禁运造成的经济困难，并在此后的中国社会主义建设中给予了大量的帮助。自然，拥有几亿人口的新中国的成立和中苏结盟，也大大地增强了以苏联为首的和平民主社会主义阵营的力量，因而削弱了以美国为首的帝国主义的力量。这对保卫世界和平和促进人类的进步事业做出了巨大的历史贡献。

“一边倒”方针只是说明了新中国外交在两大阵营中做出的倾向性选择，它并不能取代具体的外交政策和策略。中共在外交上坚持原则性和灵活性相结合，既坚持列强在华特权必须取消，中华民族的独立解放必须实现；在具体执行上，又十分谨慎，区分情况，分别对待。例如中共不承认美国驻解放区各地的旧外交人员的官方地位，只把他们当外国侨民对待，但对他们着意进行保护，而且在1949年允许他们继续使用密码与华盛顿进行联系。鉴于当时大多数干部来自农村，缺乏外交方面的经验，中共在外

① 外交部外交史编辑室：《新中国外交风云》，第8页。

交事务方面建立了高度集中统一的体制，外交决策由毛泽东、周恩来直接掌握，凡涉外事件要求各地及时请示汇报，并在保护外侨方面为进入大城市的部队规定了严格的纪律。唯其如此，美国国务院在1949年11月初的一份报告中也承认，在中共区域内，没有一个美国人遭到杀害，也没有发生没收美国人财产的事件。[①] 在这样大的一场革命战争中，要做到这种程度显然不是容易的。

作为特定时代的产物，“一边倒”方针也有其时代的局限性。它使新中国的外交政策受到一定程度的制约，部分地失去了纵横捭阖的灵活性。但是，问题在于，在当时的情况下，中共别无选择。

作出“一边倒”并不意味着中共放弃了独立自主的原则。在“一边倒”方针提出前后，对苏联在对华政策方面存在的问题，诸如新疆问题、不平等的中苏条约问题，毛泽东坚持独立自主方针，在平等协商的基础上加以解决。[②] 周恩来指出：“我们对外交问题有一个基本的立场，即中华民族独立的立场，独立自主、自力更生的立场。”[③] “就兄弟国家来说，我们是联合的，战略是一致的，我们要走社会主义的道路”，但是，“国与国之间在政治上不能没有差别，在民族、宗教、语言、风俗习惯上是有所不同的。所以，要是认为同这些国家之间毫无问题，那就是盲目的乐观。……‘人心不同，各如其面’，人与人之间尚有不同，何况国家、民族呢?”[④] 当然，由于苏联仍存在着大国沙文主义和民族利己主义思想，有些问题并未得到彻底解决。但是，后来的事实证明，对于坚持独立自主原则，中共是决不含糊的。

总之，在新中国成立前夕确立的“另起炉灶”、“打扫干净屋

① 《美国外交关系，1949年》第9卷，第891—892页。

② 《国外中共党史研究动态》1995年第5期，第1—9页。

③ 《周恩来选集》上卷，第321页。

④ 《文献和研究》1984年第10期，第11页。

子再请客”和“一边倒”的外交决策，正确地解决了新中国诞生后将面临的三大问题，即：如何着手建立自己的外交关系？如何对待美国和其他帝国主义及资本主义国家？如何对待苏联和其他社会主义国家？随着这三大决策的贯彻实施，中华人民共和国彻底结束了旧中国的屈辱外交，而以全新的外交姿态屹立于世界东方。

主要参考资料

文集

《毛泽东选集》，人民出版社 1991 年版。

《毛泽东文集》，人民出版社 1993 年版。

《毛泽东军事文集》，军事科学出版社、中央文献出版社 1993 年版。

《毛泽东在七大的报告和讲话集》，中央文献出版社 1995 年版。

《毛泽东外交文选》，中央文献出版社、世界知识出版社 1994 年版。

《毛泽东新闻工作文选》，新华出版社 1983 年版。

《刘少奇选集》，人民出版社 1981 年版。

《周恩来选集》，人民出版社 1980 年版。

《周恩来一九四六年谈判文选》，中央文献出版社 1996 年版。

《陈云文集》第一卷，中央文献出版社 2005 年版。

《陈云文选（1926—1949）》，中国人民解放军战士出版社 1984 年版。

《张闻天文集》第二卷，中共党史出版社 1992 年版。

《王稼祥选集》，人民出版社 1989 年版。

《王明言论选辑》，人民出版社 1982 年版。

《董必武选集》，人民出版社 1985 年版。

《马克思恩格斯选集》第一卷，人民出版社 1972 年版。
《斯大林文选（1934—1952）》，人民出版社 1962 年版。
《斯大林全集》第 13 卷，人民出版社 1956 年版。
《斯大林选集》下卷，人民出版社 1979 年版。
《季米特洛夫文集》，解放社 1950 年版。

文献集

中央统战部、中央档案馆编：《中共中央抗日民族统一战线文件选编》（上），档案出版社 1984 年版。

中央统战部、中央档案馆编：《中共中央抗日民族统一战线文件选编》（中）、（下），档案出版社 1985 年版。

中央统战部、中央档案馆编：《中共中央解放战争时期统一战线文件选编》，档案出版社 1988 年版。

中央档案馆等编：《晋察冀抗日根据地》第一册（文献选编下），中共党史资料出版社 1989 年版。

中央档案馆编：《中国共产党关于西安事变档案史料选编》，中国档案出版社 1997 年版。

中央档案馆编：《中共中央文件选集》第 10—17 册，中共中央党校出版社 1991、1992、1993 年版。

中央档案馆编：《皖南事变（资料选辑）》，中共中央党校出版社 1982 年版。

中国社会科学院现代史研究室编：《中国现代革命史资料丛刊西安事变资料》第 1 辑，人民出版社 1980 年版。

中国社会科学院现代史研究室编：《西安事变资料》第一辑，人民出版社 1980 年版。

中国社会科学院近代史研究所翻译室译：《共产国际有关中国革命的文献资料（1929—1936）》第二辑，中国社会科学出版社 1982 年版。

中国人民政治协商会议全国委员会文史资料工作委员会编：《文史资料选辑》第71辑，中华书局1980年版。

中国人民解放军政治学院党史教研室编：《中共党史参考资料》第8、9、10、11、15册。

中国人民解放军国防大学党史党建政工教研室编：《中共党史教学参考资料》第17、18册。

中国人民解放军历史资料丛书编审委员会编：《巩固和发展陕甘苏区军事斗争（1）》，解放军出版社1999年版。

中国人民解放军历史资料丛书编审委员会编：《八路军·文献》，解放军出版社1994年版。

中国人民大学国际共运史研究室编：《共产国际第七次代表大会文件Ⅰ》，中国人民大学出版社1991年版。

中国革命博物馆党史研究室编：《党史研究资料》（2），四川人民出版社1981年版。

中国第二历史档案馆编：《中华民国史档案资料汇编》第五辑第二编外交（一册），江苏古籍出版社1997年版。

中共中央文献研究室、中央档案馆编：《建党以来重要文献选编（1921—1949）》第18册，中央文献出版社2011年版。

中共中央党史研究室第一研究部译：共产国际、联共（布）与中国革命档案资料丛书：《联共（布）、共产国际与中国苏维埃运动（1931—1937）》第14、15卷，中共党史出版社2007年版。

中共中央党史研究室第一研究部译：共产国际、联共（布）与中国革命档案资料丛书：《联共（布）、共产国际与抗日战争时期的中国共产党（1937—1943.5）》第18、19卷，中共党史出版社2012年版。

中共中央党史研究室第一研究部译：《共产国际、联共（布）与中国革命档案资料丛书：共产国际、联共（布）与中国革命文献资料选辑（1938—1943）》第 20 卷，中共党史出版社 2012 年版。

中共中央党史研究室编：《中共党史资料》第 41 辑，中共党史出版社 1992 年版。

中共浙江省委党史资料征集研究委员会、浙江省档案馆编：《浙东抗日根据地》，中共党史资料出版社 1987 年版。

中共江苏省委党史工作委员会等编：《中共中央南京局》，中共党史出版社 1990 年版。

苏联外交部编：《1941—1945 年苏联伟大卫国战争期间苏联部长会议主席同美国总统和英国首相通信集》（中译本）第 1 卷（斯大林同丘吉尔和艾德礼的通信），世界知识出版社 1961 年版。

世界知识出版社编：《中美关系资料汇编》第 1 辑，世界知识出版社 1957 年版。

世界知识出版社编：《南斯拉夫问题参考资料》，世界知识出版社 1958 年版。

荣孟源主编：《中国国民党历次代表大会及中央全会资料》下册，光明日报出版社 1985 年版。

南方局党史资料编辑小组编：《南方局党史资料》三，重庆出版社 1990 年版。

郝成铭、朱永光编：《中国工农红军西路军·文献卷》上卷，甘肃人民出版社 2004 年版。

复旦大学历史系编：《中国近代对外关系史资料选辑》下卷第二分册，上海人民出版社 1977 年版。

安徽大学苏联问题研究所、四川省中共党史研究会编：《苏联〈真理报〉有关中国革命的文献资料选编》第 3 辑，四川省社会科学出版社 1988 年版。

《美国外交关系，1949 年》第 9 卷。

《美国外交关系，1948 年》第 8 卷。

《美国外交关系，1947 年》第 7 卷。

《美国外交关系，1946 年》第 9 卷。

《美国外交关系，1945 年》第 7 卷。

《美国外交关系，1944 年》第 6 卷。

《美国外交关系，1943 年》中国卷。

《美国外交关系，1942 年》中国卷。

《近现代史资料》总 79 号，中国社会科学出版社 1991 年版。

《共产党情报局会议文件集》，人民出版社 1954 年版。

《德黑兰、雅尔塔、波茨坦会议记录摘编》，上海人民出版社 1974 年版。

《党史资料丛刊》编辑部编：《党史资料丛刊》1981、1982 年，上海人民出版社 1981 年版。

［英］珍妮·德格拉斯选编：《共产国际文件》第二卷（1923—1928），世界知识出版社 1964 年版。

［台］秦孝仪主编：《中华民国重要史料初编——对日抗战时期》，第三编战时外交（一），台北中央文物供应社 1981 年版。

［台］秦孝仪主编：《中华民国重要史料初编》第七编战后中国（一），台北中央文物供应社 1981 年版。

年谱与年表

中共中央文献研究室编：《毛泽东年谱（1893—1949）》，中央文献出版社 2002 年版。

中共中央文献研究室编：《刘少奇年谱（1898—1969）》上卷，中央文献出版社 1996 年版。

中共中央文献研究室编：《朱德年谱》，人民出版社 1986 年版。

中共中央文献研究室编：《周恩来年谱（1898—1949）》（修订本），中央文献出版社 1998 年版。

中共中央文献研究室编：《任弼时年谱》，人民出版社、中央文献出版社 1993 年版。

张培森主编：《张闻天年谱》上卷（1900—1941），中共党史出版社 2000 年版。

周国全、郭德宏编：《王明年谱》，安徽人民出版社 1991 年版。

《董必武年谱》编纂组：《董必武年谱》，中央文献出版社 1991 年版。

《彭真传》编写组编：《彭真年谱》，中央文献出版社 2002 年版。

张友坤、钱进编：《张学良年谱》，社会科学文献出版社 1996 年版。

王维礼编：《中国现代史大事纪事本末》，黑龙江人民出版社 1987 年版。

陕西省地方志编纂委员会编：《陕西省志外事志》，陕西人民出版社 2001 年版。

张篷舟编：《中日关系五十年大事记 1932—1982》第二卷（1938—1941），文化艺术出版社 2006 年版。

张铁男、宋春、朱建华编：《中国统一战线大事纪事本末》，吉林大学出版社 1990 年版。

[英] 彼得·卡尔沃科雷西编：《国际事务概览 1947—1948 年》，上海译文出版社 1990 年版。

回忆

《胡乔木回忆毛泽东》，人民出版社 1994 年版。

师哲：《在历史巨人身边》，中央文献出版社 1991 年版。

《峰与谷——师哲回忆录》，红旗出版社 1992 年版。

《周恩来军事活动纪事》编写组编：《周恩来军事活动纪

事》，中央文献出版社 2000 年版。

怀恩编：《周总理生平大事记》，四川人民出版社 1986 年版。

《杨尚昆回忆录》，中央文献出版社 2001 年出版。

张国焘：《我的回忆》，东方出版社 1998 年版。

《顾维钧回忆录》，中华书局 1987 年版。

中华全国总工会中国工人运动政策研究室编：《张浩纪念集》，上海人民出版社 1986 年版。

山西省史志研究院编：《罗贵波纪念文集》，中央文献出版社 2000 年版。

南方局党史资料征集小组编：《南方局党史资料大事记》，重庆出版社 1986 年版。

金城：《延安交际处回忆录》，中国青年出版社 1986 年版。

吴冷西：《十年论战（1956—1966）——中苏关系回忆录》，中央文献出版社 1999 年版。

中国人民政治协商会议全国委员会文史资料研究委员会《辽沈战役亲历记》编审组编：《辽沈战役亲历记（原国民党将领的回忆）》，文史资料出版社 1985 年版。

中国人民政治协商会议江苏省委员会文史资料研究委员会编：《中统内幕》，江苏古籍出版社 1987 年版。

丁晨主编：《亲历中国共产党 90 年》，人民出版社 2011 年版。

［保］季米特洛夫：《季米特洛夫日记选编》，广西师范大学出版社 2002 年版。

［苏］瓦·崔可夫：《在华使命——一个军事顾问的笔记》，新华出版社 1980 年版。

［苏］彼得·弗拉基米洛夫：《延安日记》，现代史料编刊社 1980 年内部版。

［美］哈里·杜鲁门：《杜鲁门回忆录》，生活·读书·新知

三联书店 1974 年版。

［美］舍伍德著：《罗斯福与霍普金斯——二次大战时期白宫实录》，商务印书馆 1980 年版。

［美］约翰·戴维斯：《抓住龙尾——戴维斯在华回忆录》，商务印书馆 1996 年版。

［美］乔治·凯南：《凯南回忆录（1925—1950》，波士顿 1967 年版。

［美］D·包瑞德：《美军观察组在延安》，解放军出版社 1984 年版。

［美］威廉·李海：《我在现场》，华夏出版社 1988 年版。

［美］沃尔特·米利斯编：《福莱斯特尔日记》，纽约，瓦伊金出版社 1951 年版。

［英］安东尼·艾登：《艾登回忆录》，商务印书馆 1976 年版。

［日］古屋奎二：《蒋总统秘录》，中央日报社 1980 年版。

［南］爱德华·卡德尔：《卡德尔回忆录（1944—1957）》，新华出版社 1981 年版。

传记

中共中央文献研究室编：《刘少奇传》，中央文献出版社 1998 年版。

中共中央文献研究室编：《陈云传》，中央文献出版社 2005 年版。

《董必武传》撰写组编：《董必武传（1886—1975）》，中央文献出版社 2006 年版。

唐纯良：《李立三全传》，安徽人民出版社 1999 年版。

程中原：《张闻天传》，当代中国出版社 2006 年版。

徐则浩：《王稼祥传》，当代中国出版社 2006 年版。

李海文、熊经浴：《张浩传》，当代中国出版社 2001 年版。

毕兴、贺安华：《阎红彦传略》，四川人民出版社 1987 年版。

《陈毅传》编写组编：《陈毅传》，当代中国出版社 1991 年版。

周国全、郭德宏：《王明传》，安徽人民出版社 1998 年版。

冯嘉琳：《史迪威将军》，中国和平出版社 2000 年出版。

［美］洛贝克：《帕特里克·赫尔利》，芝加哥 1956 年版。

［南］弗拉吉米尔·杰吉耶尔：《铁托传》，生活·读书·新知三联书店 1963 年版。

著作

马红霞、马熙文：《共产国际和中国革命的关系》，陕西人民出版社 2005 年版。

秦生：《红西路军史》，中国社会科学出版社 2011 年版。

黄修荣：《苏联、共产国际与中国革命的关系新探》，中共党史出版社 1995 年版。

刘统：《北上，党中央与张国焘斗争纪实》，广西人民出版社 2004 年版。

杨奎松：《西安事变新探——张学良与中共关系之谜》，江苏人民出版社 2010 年版。

杨云若、杨奎松：《共产国际和中国革命》，上海人民出版社 1988 年版。

李湄：《家国梦萦——母亲廖梦醒和她的时代》，人民文学出版社 2015 年版。

裘克安编：《斯诺在中国》，生活·读书·新知三联书店 1982 年版。

杨奎松：《毛泽东与莫斯科的恩恩怨怨》，江西人民出版社 2005 年版。

雷铎、曹柯、谢岳雄：《粤、海军民征战纪实》，解放军文艺出版社 1995 年版。

黄秋耘、夏衍、廖沫沙等编：《秘密大营救》，解放军出版社 1986 年版。

王作尧：《东纵一叶》，广东人民出版社 1983 年版。

张开明：《新四军统战纪实》，中共党史出版社 2007 年版。

陶文钊、杨奎松、王建朗：《抗日战争时期中国对外关系》，中国社会科学出版社 2009 年版。

袁小伦：《马歇尔——失去中国》，光明日报出版社 1995 年版。

《彭真传》编写组编：《彭真主持东北局》，人民出版社 2007 年版。

中国社会科学院近代史研究所翻译室译：《马歇尔使华》，中华书局 1981 年版。

中共上海市委党史资料征集委员会编：《解放战争时期上海学生运动史》，上海翻译出版公司 1991 年版。

外交部外交史编辑室编：《新中国外交风云》，世界知识出版社 1990 年版。

［台］郭荣赵：《中美战时合作之悲剧》，（台）中国研究中心出版社 1979 年版。

［美］埃德加·斯诺：《红星照耀中国》，河北人民出版社 1996 年版。

［美］埃德加·斯诺：《红色中华散记 1936—1945》，江苏人民出版社 1991 年版。

［美］埃德加·斯诺：《斯诺文集》（一）、（三），新华出版社 1984 年版。

［美］托马斯·阿瑟·毕森：《抗日战争前夜的延安之行》，东北工学院出版社 1990 年版。

［美］埃文斯·福代斯·卡尔逊：《中国的双星》，新华出版社 1987 年版。

［美］伊斯雷尔·爱泼斯坦：《中国未完成的革命》，新华出版社 1987 年版。

［美］伊斯雷尔·爱泼斯坦：《爱泼斯坦新闻作品选》，今日中国出版社 1995 年版。

［美］鲁思·本尼迪克特：《菊与刀》，商务印书馆 1990 年版。

［美］肯尼思·休梅克：《美国人与中国共产党人》，吉林文史出版社 1989 年版。

［美］哈里逊·福尔曼：《来自红色中国的报告》，解放军出版社 1985 年版。

［美］约瑟夫·W·埃谢里克：《在中国失掉的机会》，国际文化出版公司 1989 年版。

［美］赫伯特·菲斯：《中国的纠葛》，北京大学出版社 1989 年出版。

［美］伊·卡恩：《中国通——美国一代外交官的悲剧》，新华出版社 1980 年版。

［美］白修德、贾安娜：《中国的惊雷》，新华出版社 1988 年版。

［美］邝治中：《纽约唐人街·劳工与政治（1930—1950）》，上海译文出版社 1982 年版。

［美］迈克尔·沙勒：《美国十字军在中国（1938—1945）》，商务印书馆 1982 年版。

［美］拉塞尔·布海特：《赫尔利与美国外交政策》，康奈尔大学出版社 1973 年版。

［美］罗伯特·达莱克：《罗斯福与美国对外政策（1932—1945）》，商务印书馆 1984 年版。

［美］弗莱明：《冷战及其起源》，纽约 1961 年版。

［美］威廉·曼彻斯特：《光荣与梦想》第二册，商务印书馆 1979 年版。

［美］邹谠：《美国在中国的失败》，上海人民出版社 1997 年版。

［美］厄纳斯特·梅：《杜鲁门政府与中国（1945—1949）》，费城 1975 年版。

［美］哈里·哈丁、袁明编：《中美关系史上沉重的一页》，北京大学出版社 1989 年版。

［苏］C. A. 戈尼昂斯基：《外交史》第四、五卷，生活·读书·新知三联书店 1980、1982 年版。

［英］班威廉、克兰尔：《新西行漫记》，新华出版社 1988 年版。

［英］林迈可：《八路军抗日根据地见闻录》，国际文化出版公司 1987 年版。

［英］斯蒂芬·克利索德：《南苏关系，1939—1973》，人民出版社 1980 年版。

［英］冈萨·斯坦因：《红色中国的挑战》，上海译文出版社 1999 年版。

［英］理查德·巴尼特：《干涉与革命》，伦敦 1972 年版。

［日］香川孝志、前田光繁：《八路军内日本兵》，解放军出版社 1985 年版。

［日］水野靖夫：《反战士兵手记》，解放军出版社 1985 年版。

［日］小林清：《在华日人反战组织史话》，社会科学文献出版社 1987 年版。

［西］费尔南多·克劳丁：《共产主义运动——从共产国际到共产党情报局》，求实出版社 1982 年版。

报刊

《人民日报》
《解放日报》
《新华日报》
《抗战日报》
《苏中报》
《盐阜报》
《华商报》（香港版）
《历史研究》
《近代史研究》
《抗日战争研究》
《中共党史研究》
《党的文献》
《文献和研究》
《党史博采》
《百年潮》
《党史通讯》
《地方革命史研究》
《国外社科信息》
《国外中共党史研究动态》
《苏共历史问题》

后　记

中共中央在延安十三年史（15）《外交工作史》属于中国延安精神研究会“一史两志”课题研究十年规划项目之一。2008年3月，中国延安精神研究会在中国社会科学院当代中国研究所张星星常务副所长和国防大学有关领导同志的支持下，成立了中共中央在延安十三年史：“外交工作史”课题组，并批准了课题组的立项。

课题组由当代中国研究所罗燕明研究员和国防大学研究员姜晓德组成。罗燕明任课题主持人。

中共中央在延安十三年史之外交工作史是中共党史新开辟的一个研究领域。改革开放以来，中共历史档案文献陆续问世。中共执政前之外交史的研究也随之启动，相伴而行，硕果累累。本课题在汲取这些成果的基础上做了三方面的工作。

首先，我们进行了综合。此前，中共执政前外交史的研究分为两支。一是关于中共对英美外交的研究；二是中共与共产国际、苏联相互关系的研究。本课题的设计合并了这两个方向的研究，将其整合成一个较完整的中共外交史。当然，这还不是全部内容，但主要部分已经有了。如果再扩大一些，还应包括中共与共产国际东方各党关系的研究。总结历史是为了理解今天。理解新中国的大国外交传统和特点，应从此前中共对共产国际、苏联和美英的外交入手。理解新中国的周边外交及对第三世界外交，也应从中共与东方各党的关系入手。由于我们掌握的资料不足，后一项内容只能留待时机成熟时填补了。

其次，本书试图从外交史角度观察并阐明中共如何修改了苏美英主导的战后雅尔塔体系。战后没有任何一个国家能够摆脱被这一体系支配的命运。中国是一个绝无仅有的例外。日本投降时，世界列强无不认同蒋介石对中国的统治，没有一家看好毛泽东。他们对中共七大通过的新民主主义建国方针不屑一顾。曾几何时，历史发生了惊人的逆转。我们认为，战后新中国的成立是堪与冷战比肩的世界大事，其历史意义甚至大于社会主义阵营的出现。后者本来就是雅尔塔体系的产物，亦可理解为一个扩大版的苏联。只有新中国是国际政治秩序演化的全新因素。现在苏联已垮，社会主义阵营随之而亡，中国特色社会主义却如日中天。个中缘由，令人回味。

最后，我们得出了新的结论。第一，中共外交史提供了以弱联强的成功经验，包括联苏、联美两个维度，国际国内相互交叉，错综复杂。战争年代，外交工作和国际统战的主要内容是争取外援，寻求联合和结盟。中共处在弱小状态，正如在战场上必须面对强敌，在联合中也必须寻找强大的盟友，在苏、美之间纵横捭阖，或依靠或自主，既争取也提防，又联合又斗争，妥善处理与他们的关系。学界不乏关于中共外交及国际统一战线的经验总结。在这些经验中，最有价值的方面，恰在于中共中央如何联合强者来发展自己而不受其限制。在这个意义上，中共中央在延安 13 年的全部外交经验，可以归结为以弱联强的经验。

第二，中共是通过改变中国面貌来改变世界的。这个意思是说，中共中央不谋求直接改变国际秩序，其外交活动只是为了改变中国而争取外援。例如中共中央没有要求苏联放弃或改变外交政策。但在中国国内问题上，中共中央又坚持自己的原则，积极争取苏联的理解与支持。这么做的结果是，当中国发生变化时，世界在很大程度上必然跟着转变。时至今日，中国已成为世界强国，被誉为全球经济的发动机，更应通过自身发展来推动人类历史。这实际上便是中国和平发展及“一带一路”倡议的精髓。

中国革命获得成功是因为它深植于民众之中。全心全意为人民服务，一切从人民利益出发，是中国共产党和人民军队的宗旨。这是中共中央在延安 13 年外交工作取得伟大成就的根本原因。

本书的写作历经十个春秋。拖了这么长时间，是因为课题组成员在本单位担负了满额的工作量，只能利用业余时间进行创作。可幸的是，这种迫不得已的拖延带来了收益。2012 年中共中央党史研究室出齐“共产国际、联共（布）与中国革命档案资料丛书”的最后四卷，即 18—21 卷，涵盖了从全民族抗战到共产国际解散的重要时段，从而丰富了本书对档案资料的利用。

本书分工：罗燕明撰写了前言、第一、二章及第三章的 1—4 节。姜晓德撰写了第三章的 5—7 节和第四、五、六章。罗燕明最后进行了统稿。

本书得到了当代中国研究所张星星副所长、原中共中央党史研究室齐彪研究员、国防大学科研部王锡武副部长、国防大学军队建设和政治工作教研部董志铭教授等专家学者的热情帮助和鼓励，俞邃和陈夕两位专家审阅了全部书稿，并提出了许多宝贵意见，在此一并表示衷心感谢。

由于种种主客观条件的限制，书中疏漏不当甚至错误之处在所难免，恳盼学界同仁和读者不吝赐教。

罗燕明

2018 年 4 月

图书在版编目（CIP）数据

外交工作史 / 罗燕明，姜晓德主编；中国延安精神研究会编 . -- 北京：中共党史出版社，2019.8
(中共中央在延安十三年史)
ISBN 978-7-5098-5095-4

Ⅰ . ①外… Ⅱ . ①罗… ②姜… ③中… Ⅲ . ①中国共产党—外交史—研究— 1935–1948 Ⅳ . ① D829

中国版本图书馆 CIP 数据核字 (2019) 第 043492 号

出版发行： 中共党史出版社
责任编辑： 潘鹏
复　　审： 姚建萍
终　　审： 汪晓军
责任校对： 申宁
责任印制： 谷智宇
责任监制： 贺冬英
社　　址： 北京市海淀区芙蓉里南街 6 号院 1 号楼
邮　　编： 100080
网　　址： www.dscbs.com
经　　销： 新华书店
印　　刷： 北京盛通印刷股份有限公司
开　　本： 160mm × 230mm　1/16
字　　数： 382 千字
印　　张： 32.25
印　　数： 1—2550 册
版　　次： 2019 年 8 月第 1 版
印　　次： 2019 年 8 月第 1 次印刷

ISBN 978-7-5098-5095-4
定　　价： 68.00 元

此书如有印制质量问题，请与中共党史出版社出版业务部联系
电话：010-82517197